U0879455

梅县年鉴

MEIXIAN NIANJIAN

2017

梅县区年鉴编纂委员会
梅县区年鉴编辑部 编

方志出版社
Publishing House of Local Records

图书在版编目(CIP)数据

梅县年鉴.2017 / 梅县区年鉴编纂委员会，梅县区年鉴编辑部编
——北京：方志出版社，2017. 11
ISBN 978-7-5144-2731-8

I.①梅… II.①梅… ②梅… III.①梅县—2017 —年鉴
IV.①Z526.54

中国版本图书馆CIP数据核字(2017)第296773号

梅县年鉴（2017）

编　　者：	梅县区年鉴编纂委员会 梅县区年鉴编辑部
责任编辑：	刘方圆
出 版 人：	冀祥德
出 版 者：	方志出版社 地址 北京市朝阳区潘家园东里9号（国家方志馆4层） 邮编 10021 网址 http://www.fzph.org
发　　行：	方志出版社图书经销中心 电话（010）67110500
经　　销：	各地新华书店
印　　刷：	梅州程江彩色印刷厂有限公司
开　　本：	889×1194　1/16
印　　张：	21.5
字　　数：	562 千字
版　　次：	2017年11月第1版　2017年11月第1次印刷
印　　数：	0001~800册

ISBN 978-7-5144-2731-8　　定价：200.00元

·版权所有　翻印必究·

梅县区年鉴编纂委员会

主　任：张运全（区委副书记、区长）

副主任：张志锋（区委常委、区委办主任）

　　　　谢　芳（区政府副区长）

委　员（按姓氏笔画为序排列）：

王志华　王庆润　丘孝良　叶福祥　刘森江

李孟文　李晓斌　郑伟荣　曾婉玲　廖峰松

梅县区年鉴编辑部

主　　编：曾婉玲

副 主 编：叶永生

编　　辑：黄　森　黎志康　卢　清

　　　　　邓慧聪　陈福君

图　　片：翁尚华　许国义　宋志锋

　　　　　有关单位提供

编辑说明

一、《梅县年鉴》以马克思列宁主义、毛泽东思想、邓小平理论、“三个代表”重要思想、科学发展观、习近平新时代中国特色社会主义思想为指导，坚持辩证唯物主义和历史唯物主义的立场、观点和方法，旨在全面、系统、准确地反映梅县区自然、政治、经济、文化、社会等各方面的基本情况，为有关单位和社会各界人士了解和研究梅县区提供基本资料，并为编纂梅县区地方史志积累资料。

二、《梅县年鉴（2017）》为总第23卷，采用分类编辑法，以篇目、类目、分目、条目组成主体部分，图文结合，以文为主。全书设大事记、梅县区概况、政治、经济、科教文、社会生活、乡镇建设、国民经济主要指标、内设机构、名录、文献辑存等11篇、共38章、125节、799个目、彩照18版，约56万字。

三、《梅县年鉴》资料主要来源于辖区内各单位提供的资料及内部情况通报、调查材料、网络、报刊、杂志等。各单位提供的资料均经供稿单位领导审阅，供稿人署名标在文后。所用的统计数字由各单位和区统计局提供，单位提供数字与统计局提供数字不一致的，以区统计局编制的《国民经济主要指标》统计数字为准。

梅县区行政区划图

比例尺 1：350 000 0 3.5 7.0 10.5 14.0 17.5 千米

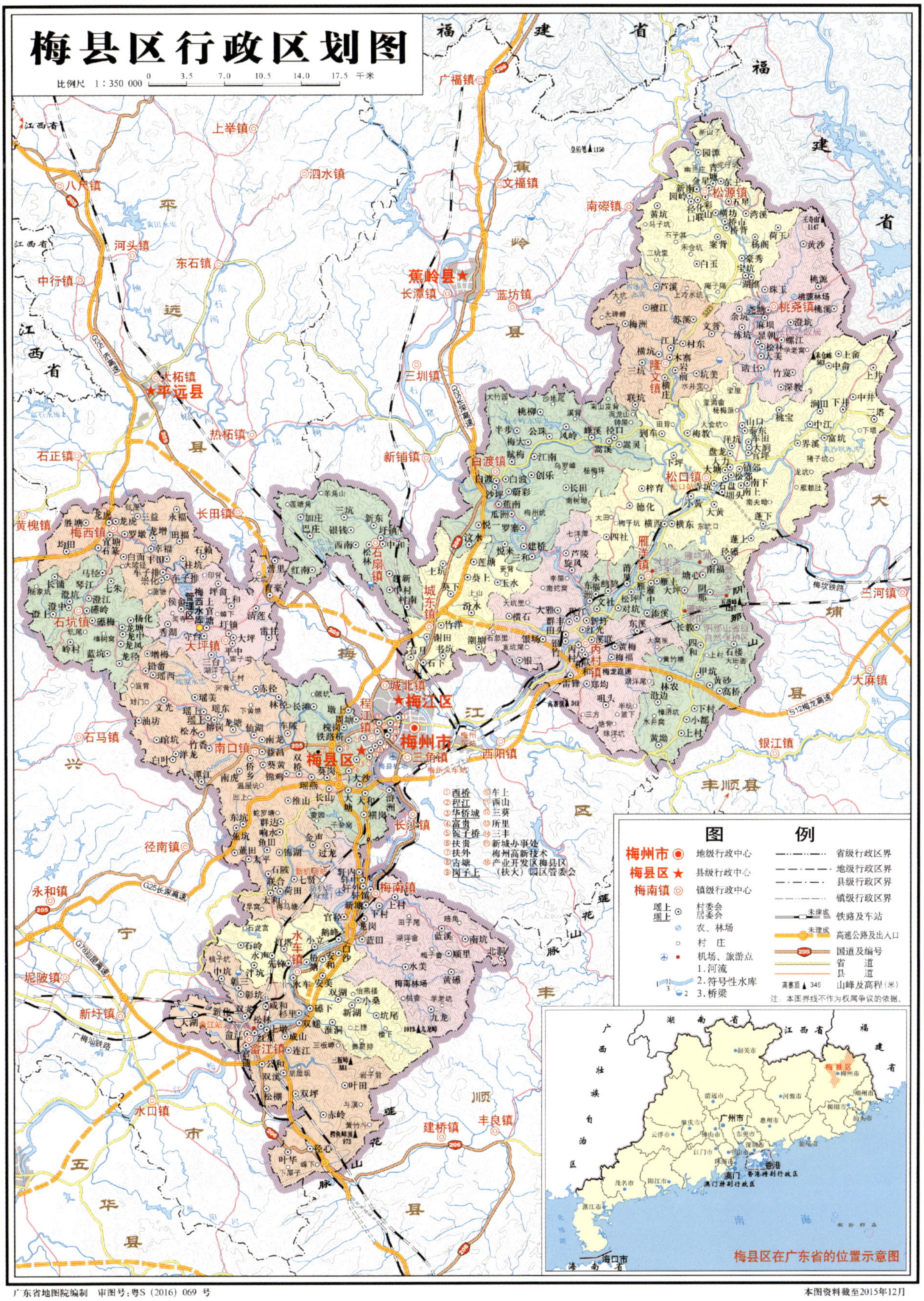

广东省地图院编制 审图号：粤S（2016）069 号

本图资料截至2015年12月

2016年1月31日，中国共产党梅州市梅县区第十二届委员会全体会议在区政府后楼九楼会议室召开

2016年2月25日，广东省政府原副省长谢强华（居中）在市、区领导陪同下到松源镇调研

大事要闻

2016年5月7–9日，泰国开泰银行董事长兼首席执行官伍万通到松口镇中心小学看望师生

2016年6月25日，中国社会科学院原副院长、中国地方志指导小组原常务副组长朱佳木出席在雁洋镇召开《地方志工作文稿》（增订本）出版座谈会

2016年10月15日，锦绣国际家居博览中心盛大开业

2016年11月7-10日，梅县区人大一届一次代表大会在新县城召开，选举产生新一届区人大、区政府领导班子

2016年11月11日，中山三院——粤东医院专家门诊挂牌成立

2016年12月28日，梅县区两间中小企业——泰鸿科技、自远环保挂牌仪式在北京举行

美丽乡村

白渡镇中心区

白渡镇凤岭村

白渡镇沙坪村

美丽乡村

丙村圩镇

丙村镇白沙村

丙村镇联和村

美丽乡村

雁洋镇塘心村

雁洋镇阴那村

雁洋镇雁下村

美丽乡村

梅南圩镇

梅南镇水美村

梅南镇顺里村

梅西镇柱坑村

梅西镇永乐村

梅西圩镇

美丽乡村

南口镇侨乡村(南华又庐)

南口镇坝里村

南口镇径背村

畲江圩镇新貌

畲江碧桂园别墅区

美丽乡村

石扇镇巴庄村

石扇镇南岭背村

美丽乡村

城东镇葵上村

水车镇白沙村

石坑镇杨化村

美丽乡村

桃尧镇黄沙村

桃尧镇麻坝村

桃尧镇桃源村

隆文镇泮溪村

隆文镇岩前村

美丽乡村

松口镇横东村

松口镇大力村

美丽乡村

松源镇白玉村

松源镇官田新村

松源镇园谭村

目　　录

大　事　记

●**大事记**（2016年）
1月……………………………………（1）
2月……………………………………（1）
3月……………………………………（1）
4月……………………………………（2）
5月……………………………………（2）
6月……………………………………（3）
7月……………………………………（3）
8月……………………………………（4）
9月……………………………………（5）
10月 …………………………………（5）
11月 …………………………………（5）
12月 …………………………………（6）

梅县区概况

基本概况 ……………………………（7）
·位置面积
·自然环境与资源
·气候
·旅游景区景点
·荣誉与人物
·行政区划
经济社会发展概况 ……………………（8）
·简述
·工业
·农业
·招商引资
·国内贸易、对外经济
·电子商务
·旅游
·固定资产投资
·基础设施建设
·城乡建设
·建筑房地产业
·社会民生
·人口管理
·国土资源
·环境保护
·科技
·教育
·文化艺术
·医疗卫生
·传染病防治
·爱国卫生运动
·体育
党的建设概况…………………………（19）
·思想、组织、作风建设
·党的干部队伍建设
·党风廉政建设

政　治

●**梅县区领导机关**
中共梅州市梅县区委…………………（23）
·区委十二届六次全会
·区委主要工作
·组织
·宣传
·党校
·老干部工作

·直属机关工作委员会
·信访
区人大常委会……………………………（33）
·概述
·区十四届人大六次会议
·区一届人大一次会议
·监督工作
·依法行使重大事项决定权
·依法行使人事任免权
·代表工作
·区镇人大换届选举
区人民政府……………………………（35）
·区政府常务会议
·区政府主要工作
区政协…………………………………（38）
·区政协十三届六次全会
·区政协一届一次全会
·提案办理
·协商议政
·民主监督
·专题调研考察
·联谊交流
·专委会活动
·关注民生
区纪委…………………………………（39）
·区纪委十二届六次全会
·党风廉政建设
·体制改革
·作风建设
·查处违纪违法案件
·集中排查基层违纪违法线索
·宣传教育
·机构改革
·干部队伍建设
●民主党派
民革……………………………………（41）
·概述
·思想建设
·组织建设
·参政议政
·社会服务
民盟……………………………………（43）
·概述
·思想建设
·组织建设
·参政议政
·社会服务
农工党…………………………………（44）
·概述
·换届选举
·参政议政
·自身建设
·社会服务
致公党…………………………………（45）
·概况
·思想建设
·组织建设
·参政议政
·海外联谊
·社会服务
●人民团体
总工会…………………………………（46）
·概述
·基层工会组织建设
·争先创优
·职工服务
·职工维权
·职工活动
·经费收缴
·工会管理监督
共青团…………………………………（47）
·概述
·基层团队组织建设
·青少年思想建设
·志愿服务
·扶贫助学

· 服务青年就业创业
· 青年交流
妇联……………………………………（49）
· 概况
· 基层组织建设
· 精神文明建设
· 城乡妇女事业
· 关爱妇女儿童健康
· 维护妇女儿童权益
· 扶贫帮困
· 妇儿规划
工商联…………………………………（50）
· 概况
· 思想建设
· 组织建设
· 联络交流与宣传
· 参政议政
· 服务非公企业
· 履行社会职责
●军事
人民武装………………………………（52）
· 概述
· 队伍建设
· 军事训练
· 征兵工作
· 后勤保障
· 双拥工作
人民防空………………………………（53）
· 人防宣传教育
· 人防结建工程
· 健全体制建设
●法治
政法委及综治…………………………（54）
· 概述
· 维护社会稳定
· 社会治安综合治理
· 防范与处理邪教问题
· 执法督查
· 创建平安梅县
· 社会工作
法治政府建设…………………………（56）
· 依法行政
· 依法监督
· 依法治区
· 法制教育
· 维护社会稳定
· 社会治安综合治理
· 创建平安梅县
· 执法督查
· 打击刑事和经济犯罪
公安……………………………………（59）
· 概述
· 队伍建设
· 维护社会稳定
· 治安管理
· 刑事案件侦查
· 经济犯罪案件侦查
· 网络安全监管
· 道路安全
· 禁毒工作
· 消防管理
· 户政管理
· 出入境与往来港澳台管理
· 监所管理
· 警务监督
· “110”报警服务
检察……………………………………（61）
· 概述
· 打击刑事犯罪
· 预防职务犯罪
· 社会管理与服务
· 诉讼监督
· 执法监督
法院……………………………………（63）
· 概述
· 刑事审判

· 民事审判
· 行政审判
· 案件执行
· 司法体制改革
· 司法为民
· 队伍建设
司法行政……………………………… (64)
· 概述
· 普法教育
· 人民调解
· 信访工作
· 社区矫正
· 安置帮教
· 律师事务
· 法律援助
· 司法公正
●统战 · 侨务 · 港澳台代表团来访
统战……………………………………… (67)
· 思想建设
· 民主党派建设
· 参政议政
· 社会服务
· 非公经济
· 港澳台侨统战
· 民族宗教
外事侨务……………………………… (69)
· 国外代表团来访
· 交流往来
· 为侨服务
· 对外宣传
港澳台事务…………………………… (70)
· 港澳台代表团来访
· 港澳台同胞支持家乡建设
●行政管理事务
编制管理……………………………… (71)
· 行政管理体制改革
· 机构编制管理
· 行政审批检查评估
· 事业单位分类改革
· 事业单位登记管理
· 政务和公益中文域名
· 档案管理
行政服务……………………………… (73)
· 概述
· 加强实体中心规范化建设
· 完善网上办事大厅
· "12345" 政府服务热线
· 行政审批改革创新

经　济

●经济管理
发展与改革…………………………… (77)
· 规划编制
· 重点项目建设
· 固定资产投资管理
· 铁路建设
· 经济运行监测
· 价格管理
· 收费管理
· 价格监督检查
· 价格服务
· "双公示" 管理系统建设
工商行政管理………………………… (78)
· 概述
· 登记注册管理
· 企业监督管理
· 市场监管执法
· 商标与广告管理
· 消费者权益保护
国土资源管理………………………… (79)
· 概况
· 整合和盘活土地资源
· 土地征收储备、融资
· 用地预审、规划修改、耕地占补平衡
· 基本农田保护

· 矿产资源管理
· 执法监察
· 不动产登记
· 信访和土地权属纠纷调处
· 地质灾害防治
· 地价评估、土地使用权交易
· 土地变更调查与遥感监测
· 测绘管理
· 信息化服务
统计……………………………………（82）
· 经济运行形势监测
· 联网直报
· 基层建设
· 统计服务
· 专项调查统计
· 统计法制
审计……………………………………（84）
· 概述
· 财政审计
· 经济责任审计
· 专项资金审计
· 交叉审计
经济与信息化…………………………（84）
· 概述
· 机构改革
· 支柱产业
· 工业建设
· 信息化建设
· 服务企业发展
· 安全生产
· 节能降耗
· 商流贸易
· 电商产业
质量技术与监督………………………（86）
· 概述
· 稽查打假
· 标准化工作
· 计量管理及检测
· 重要消费品安全保障
· 特种设备安全监察
招商引资………………………………（87）
· 招商措施
· 招商情况
食品药品监督管理……………………（94）
· 机构改革
· 食品药品安全监管
· 药品、医疗器械监管
· 保健食品、化妆品监管
· 整治制假售假
中小企业………………………………（95）
· 概况
· 服务体系建设
· 争取专项资金
· 开展融资服务，促银企对接
· 开拓企业产品市场
· 技能培训
安全生产监督管理……………………（95）
· 综述
· “一岗双责”制度
· 安全监管
· 执法监察
· 应急救援
· 职业安全健康
· 宣教培训
●**农业**
综述……………………………………（98）
种植业…………………………………（98）
· 概述
· 粮食生产
· 金柚生产管理
· 金柚基地与品牌建设
· 经济作物
· 蔬菜基地建设
· 种子管理
· 农业科技推广与技能培训
· 病虫害预测与防治

·农产品认证与质量监管
·农业执法检查
·惠农补贴
·农业综合开发与项目扶持
·农业产业化与服务体系建设
·农业经济组织管理
·农业信息化建设
·农业可再生能源开发与利用
·农村土地承包与经营权流转
林业……………………………………（104）
·概述
·植树造林与森林抚育
·自然保护区与森林公园建设
·乡村美化绿化与生态公益林管理
·森林资源保护
·林政资源管理
·依法收回苗圃场国有土地
畜牧·水产…………………………（106）
·概述
·畜牧
·水产
水利水电……………………………（108）
·概述
·水利工程建设与管理
·农田水利建设
·农村安全饮水工程建设
·农村小水电建设
·水资源保护与开发利用
·水土保持
·河道管理
·三防工作
·水政执法
气象……………………………………（110）
·气候情况
·天气预报
·气象服务
·灾害天气预警发布
·测报站点管理
·防雷安全管理
·基础建设
●工业……………………………………（112）
·概述
·项目建设
·支柱产业
·招商引资
·中小企业发展
·科技创新
·安全生产与节能降耗
·供电
●交通·通信
交通·运输…………………………（115）
·概述
·交通基础设施建设
·公路改造
·公路养护
·公路绿化
·路政管理
·道路运输管理
·安全生产管理
·基层站建设
·创建文明安全示范路
邮政……………………………………（118）
·概述
·代理金融业务
·邮务类业务
·邮政营业网建设与管理
通信……………………………………（118）
·概述
·电信
·移动
·联通
●城乡建设
住房和城乡规划建设…………………（120）
·概述
·城乡规划
·城乡基础设施建设

· 建筑市场管理
· 房地产管理与开发
· 建筑设计
· 窗口服务
城市综合管理 ……………………… （124）
· 概述
· 环境卫生管理
· 市政道路
· 园林绿化
· 路灯、灯饰
· 城市管理监察
· 管道燃气
· 惠民亮点工程
环境保护 ……………………………（125）
· 概述
· 环境监测
· 环境保护管理
· 污染减排
· 环境综合整治
●对外经济贸易 ………………………（127）
· 外商投资
· 对外经济贸易
· 对外经济管理
●商贸流通
供销商业 ……………………………（128）
· 概述
·“新网工程”建设
· 农民专业合作社建设
· 农超对接和平价商店建设
· 市场监督管理
· 基层组织建设
烟草专卖……………………………（130）
· 概述
· 烟叶生产
· 卷烟营销
· 专卖管理
食盐专卖……………………………（131）
· 概述
· 体制改革
· 主营业务
· 市场管理
· 营销宣传
电子商务与物流……………………（132）
· 扶持措施
· 培育工作
· 发展规划
粮食储备……………………………（133）
· 概述
· 仓储管理
· 粮食轮换
· 调控监测
· 应急机制
· 集资矛盾化解
●旅游业………………………………（134）
· 旅游发展规划
· 重大项目建设
· 配套设施
· 景区（景点）建设
· 旅游宣传
●财政 · 税务
财政…………………………………（138）
· 概述
· 财政改革
· 民生支出保障
· 财政监督管理
税务…………………………………（139）
· 国家税务
· 地方税务
●金融
银行业………………………………（142）
· 中国工商银行股份有限公司梅县区支行
· 中国建设银行梅县区支行
· 梅县区农村信用合作联社
· 中国农业银行梅县区支行
· 中国农业发展银行梅州市梅县区支行
· 中国邮政储蓄银行梅县区支行

·梅县区客家村镇银行股份公司
保险业……………………………………（148）
·中国人民财产保险股份有限公司梅县区支公司
·中国人寿保险股份有限公司梅县区支公司
●上市公司
梅雁吉祥……………………………………（150）
·经营情况
·分配预案
宝新能源……………………………………（151）
·经营情况
·分配预案
超华科技……………………………………（152）
·经营情况
·分配预案
嘉元科技……………………………………（154）
骅锋科技……………………………………（155）
泰鸿科技……………………………………（155）
自远环保……………………………………（155）

科 教 文

●科学技术……………………………………（157）
·概述
·科技创新与项目申报
·科技成果与奖励
·人才引进工作
·专利与知识产权
·防震减灾
·机构改革
·经济与信息化
·支柱产业
·电子信息产业
·新能源产业
·商贸物流产业
·工业建设
·信息化建设
·服务企业发展
·安全生产
·节能降耗
·商流贸易
·外商投资
·对外经济贸易
·对外经济管理
·电子商务与物流
●教育……………………………………（162）
·强镇复评
·民生重点项目
·学前教育
·中小学教育
·中等职业教育
·成人教育
·特殊教育
·特色教育
·民办教育
·教师队伍建设
·教育经费
·教学设施
·校园安保
·德育工作
·体、艺工作
●文化艺术……………………………………（164）
·概述
·文化设施建设
·文学艺术创作
·群众文化
·文化市场整治
·电影放映
·公共图书馆
·文物保护
·文化遗产保护与传承
·文化产业
●广播电视……………………………………（174）
·概况
·宣传报道

·事业发展
·技术装备
·队伍建设
·安全播出
●体育……………………………………（175）
·概述
·基础设施建设
·群众体育
·竞技体育
·体育产业管理
·梅县区业余体校
·富力切尔西足球学校
·梅县客家足球俱乐部
●社会科学
党史资料征集与党史研究……………（177）
·党史资料征集与编纂
·史料服务
地方志编修………………………………（178）
·综合年鉴编纂
·资源开发利用
·信息化建设
·自然村落历史人文普查
档案工作…………………………………（179）
·基础设施建设
·基层档案
·馆藏档案
·档案收集整理
·档案利用
·档案综合管理
·档案达标升级
·信息化建设

社会生活

●人力资源和社会保障……………………（181）
·概述
·社会保障
·培训转移就业
·和谐劳动关系
·人事人才
·工资福利
·梅县区技工学校
●卫生和计划生育…………………………（183）
·概述
·卫生强区创建
·基本公共卫生
·卫生监督检查
·传染病防治
·卫生科研与应用
·爱国卫生运动
·红十字会
·无偿献血
·便民惠民服务
·医疗卫生业务
·安全生产
·信息化工作
●扶贫开发…………………………………（186）
·概述
·农村改革
·农村环境建设
·涉农维稳
·扶贫开发
·老区建设
·“大禹杯”竞赛活动
·智力扶贫
·扶贫农业龙头企业
●民政………………………………………（189）
·概述
·社会保障
·防灾救济
·基层政权建设
·双拥优抚安置
·社会福利机构
·军休所和光荣院管理
·民间组织管理
·公益慈善事业

·福利彩票
·婚姻登记
·收养登记
·老龄工作
·殡葬改革
·区划地名
●残疾人事业……………………………（191）
·概述
·民生工程
·残疾人康复
·扶残助残
·信访工作

乡镇建设

新城工委、办事处……………………（195）
·概述
·工商企业
·基础设施建设
·民生
·综治维稳
·计划生育
·文化
·教育
·社区建设
·党的建设
扶大高新区管理委员会………………（196）
·概述
·农业
·工商企业
·圩镇与农村基础设施建设
·环境保护与治理
·土地保护与利用
·民生
·综治维稳
·计划生育
·卫生
·文化
·教育
·党的建设
程江镇…………………………………（198）
·概述
·农业
·工商企业
·圩镇与农村基础设施建设
·环境保护与治理
·土地保护与利用
·民生
·综治维稳
·计划生育
·卫生
·文化
·教育
·党的建设
南口镇…………………………………（201）
·概述
·农业
·工商企业
·圩镇与农村基础设施建设
·土地保护与利用
·民生
·综治维稳
·计划生育
·卫生
·文化
·教育
·党的建设
畲江镇…………………………………（202）
·概述
·农业
·工商企业
·征地拆迁
·圩镇与农村基础设施建设
·环境保护与治理
·民生
·综治维稳

· 计划生育
· 文化
· 教育
· 党的建设
· 广东省工艺编织专业镇
水车镇……………………………………（205）
· 概述
· 农业
· 工商企业
· 征地拆迁
· 圩镇与农村基础设施建设
· 环境保护与治理
· 民生
· 综治维稳
· 计划生育
· 卫生
· 教育
· 党的建设
· 梅县区水车生物谷
梅南镇……………………………………（207）
· 概述
· 农业
· 工商企业
· 征地拆迁
· 圩镇与农村基础设施建设
· 民生
· 综治维稳
· 计划生育
· 卫生
· 教育
· 党的建设
梅西镇……………………………………（208）
· 概述
· 农业
· 工商企业
· 圩镇与农村基础设施建设
· 环境保护与治理
· 土地保护与利用
· 民生
· 综治维稳
· 计划生育
· 卫生
· 教育
· 党的建设
石坑镇……………………………………（210）
· 概述
· 农业
· 工商企业
· 圩镇与农村基础设施建设
· 环境保护与治理
· 土地保护与利用
· 民生
· 综治维稳
· 计划生育
· 卫生
· 教育
· 党的建设
大坪镇……………………………………（212）
· 概述
· 农业
· 工商企业
· 圩镇与农村基础设施建设
· 环境保护与治理
· 土地保护与利用
· 民生
· 综治维稳
· 计划生育
· 卫生
· 教育
· 党的建设
城东镇……………………………………（214）
· 概述
· 农业
· 工商企业
· 圩镇和农村基础设施建设
· 环境保护与治理

·土地保护与利用
·民生
·综治维稳
·计划生育
·卫生
·文化
·教育
·党的建设
·城东白渡产业园
·广东省机电专业镇
石扇镇……………………………………（216）
·概述
·农业
·工商企业
·圩镇和农村基础设施建设
·环境保护和治理
·民生
·综治维稳
·计划生育
·卫生
·体育
·文化
·教育
·党的建设
·广东省金柚专业镇
丙村镇……………………………………（218）
·概述
·农业
·工商企业
·圩镇与农村基础设施建设
·旅游
·环境保护与治理
·土地保护与利用
·民生
·综治维稳
·计划生育
·卫生
·体育
·文化
·教育
·党的建设
雁洋镇……………………………………（221）
·概述
·农业
·工商企业
·圩镇与农村基础设施建设
·环境保护与治理
·土地保护与利用
·民生
·综治维稳
·计划生育
·卫生
·体育
·文化
·教育
·党的建设
·广东省旅游专业镇
白渡镇……………………………………（225）
·概述
·农业
·工商企业
·圩镇与农村基础设施建设
·民生
·综治维稳
·计划生育
·卫生
·文化
·教育
·党的建设
松口镇……………………………………（227）
·概述
·农业
·工商企业
·圩镇与农村基础设施建设
·旅游
·环境保护与治理

·土地保护与利用
·民生
·综治维稳
·计划生育
·卫生
·体育
·文化
·教育
·党的建设
·中国历史文化名镇、名村
隆文镇……………………………………（230）
·概述
·农业
·招商引资
·圩镇与农村基础设施建设
·旅游
·环境保护与治理
·土地保护与利用
·民生
·综治维稳
·计划生育
·卫生
·体育
·文化
·教育
·党的建设
桃尧镇……………………………………（232）
·概述
·农业
·工商企业
·圩镇与农村基础设施建设
·旅游
·民生
·综治维稳
·计划生育
·教育
·党的建设
松源镇……………………………………（233）
·概述
·农业
·工商企业
·圩镇与农村基础设施建设
·环境保护与治理
·土地保护与利用
·民生
·综治维稳
·计划生育
·卫生
·文化
·教育
·党的建设

国民经济主要指标

2016年梅县区主要经济指标（一）……………………………………（237）
2016年梅县区主要经济指标（二）……………………………………（238）
2016年梅县区主要经济指标（三）……………………………………（239）
2016年梅县区主要经济指标（四）……………………………………（240）
2016年梅县区主要经济指标（五）……………………………………（241）
2016年梅县区主要经济指标（六）……………………………………（241）
2016年梅县区主要经济指标（七）……………………………………（242）
2016年梅县区主要经济指标（八）……………………………………（243）
2016年梅县区主要经济指标（九）……………………………………（243）
2016年梅县区主要经济指标（十）……………………………………（243）
2016年梅县区主要经济指标（十一）……………………………………（244）

2016 年梅县区主要经济指标（十二）……………………………………（245）
2016 年梅县区主要经济指标（十三）……………………………………（246）

内设机构

2016 年年底梅县区直和各部门内设机构……………………………………（247）
2016 年年底梅县区各镇（办事处、高管会）内设机构……………………………（253）

名　录

●领导干部名录
2016 年年底梅县区领导班子成员名单……………………………………（255）
2016 年年底梅县区直和各部门领导干部名单……………………………（256）
2016 年年底梅县区各镇（办事处、高管会）领导干部名单…………（265）
●先进名录
先进单位……………………………………（270）
先进个人……………………………………（274）

文 献 辑 存

●振奋精神　务实创新　努力实现“十三五”发展良好开局
——在区委十二届六次全体会议上的报告……………………………………（275）
●政府工作报告
——2016 年 2 月 17 日在梅县区第十四届人民代表大会第六次会议上……………………………………（286）
●梅县区典型案件报告曝光工作的规定（试行）……………………………（298）
●梅县区简化优化公共服务流程方便基层群众办事创业工作方案……………（299）
●政府向社会力量购买服务实施暂行办法……………………………（303）

大事记

大 事 记（2016年）

1月

6日　中共广东省委第十二巡视组组长符祥青代表巡视组分别向中共梅县区委书记张文广和梅县区领导班子进行巡视反馈。

8日　印尼著名实业家、梅州市荣誉市民黎次珊、汤建英伉俪在区长钟光灵的陪同下参观梅县外国语学校、粤东医院、梅县华侨中学。

10日　中共广东省委常委、常务副省长徐少华在市领导谭君铁、叶胜坤、丁文、李远青和区委书记张文广等的陪同下先后到梅畲快速干线客都大桥建设现场、广州（梅州）产业转移园综合保税区等工程建设工地，实地调研“三大抓手”、穗梅对口帮扶等情况。

31日　中共梅县区委召开十二届六次全体会议。

2月

1日　中共梅县区委、区政府举行梅县区老干部代表迎春座谈会。

是日中共梅县区委、区政府举行梅县区社会各界人士代表迎春座谈会。

2日　中共梅州市委书记黄强在市委常委、组织部部长杜敏琪和区委书记张文广等的陪同下到梅县区扶大高管会开展“送温暖”慰问活动。

3日　中共梅县区委召开纪委十二届五次全体会议。

17日　中共梅县区委、区政府召开2015年度企业纳税大户表彰大会。

18日　梅县区开展农村集体资产清理核实自查工作。

3月

3日　梅县区供销合作联社荣获广东省供销社系统县级社综合业绩考核评价三等奖。

8日　梅县区举行成立“森林消防专业队”挂牌仪式。

9—10日　中共湛江市委书记刘小华率湛江市党政学习考察团在市委书记黄强和区领导张文广、钟光灵等的陪同下到雁洋镇省级新农村连片示范点和新城城市建设相关项目进行参观考察。

11日　中共梅县区委、区人大、区政府、区政协班子全体领导及法院院长、检察院检察长、区纪委副书记和区有关部门干部在梅南镇梅南公园参加义务植树活动。

16日　广东省交通集团交通实业投资有限公司董事长古水灵一行在区领导张文广、张志锋、赖启忠等的陪同下到梅县区文体中心、富力城、粤东医院、梅县外国语学校等地进行参观考察。

是日　国家开发银行广东省分行副行长常守国一行在区委书记张文广、副区长赖启忠等的陪同下到粤东医院、幸福家园安置区、梅县外国语学校、富力城、锦绣国际·家居博览中心、文体中心、扶大三丰棚户区改造项目等地进行调研。

18日　广东省政协常委、文史委副主任、广东省地方志办原主任陈强和广东省地方志办主任温捷香一行在区长钟光灵的陪同下到南口镇开展自然村落历史人文调研。

21日　广东省老区建设促进会会长陈开枝一行在区长钟光灵，区委常委、组织部部长林砝等的陪同下到梅州市综合保税区、畲江镇江头村作庐、畲江镇江头村韬奋学校、梅南镇水美村红军烈士纪念碑、梅南镇顺里村来安楼等地调研。

22日　梅州市市长谭君铁在市委常委、政法委书记、市政府党组副书记黄伟闻和区领导张文广、钟光灵、曾繁伟等的陪同下到松口镇灾区实地察看防汛设备设施运作情况，现场检查灾后清淤、消杀等工作。

20日　梅县区农业局在白渡镇举行梅县区信息进村入户试点县项目启动仪式。

23日　梅州市副市长李远青在区领导张文广、钟光灵、张志锋、曾庆辉等的陪同下到雁洋镇调研新型城镇化规划建设工作。

是日　梅县区政府召开自然村落历史人文普查工作动员会。

26日　中共中央政治局原委员、中国法学会会长王乐泉率中国法学会副会长王其江及广东省政协原副主席、省法学会会长梁伟发一行在市领导黄强、黄伟闻、彭耀新和区领导张文广等的陪同下到叶剑英纪念园、雁南飞、雁鸣湖、南福金柚公园、茶山生态园等地参观考察。

27日　香港梅州社团总会主席、香港丝宝集团董事长梁亮胜率香港梅州社团总会访问交流团一行到梅县区参观考察。

30日　中国农业发展银行监事会主席于学军一行在中共梅州市委常委、常务副市长丁文和区委书记张文广、副区长赖启忠等的陪同下到梅县区外国语学校、粤东医院、剑英大道延长线、桥溪古韵等地考察。

4月

1日　北京梅州商会名誉会长、企业家李泗磷在区委书记张文广、副区长黄增国等的陪同下到梅县区文体中心、粤东医院、梅县外国语学校、亲水公园、富力城和锦绣国际·家居博览中心等地参观考察。

7日　梅州市检察机关“一镇一检察官”工作现场会在梅县区召开。

12日　广东省农业厅副厅长黄斌民率队到南口镇四季佳禾现代农业园、广东十记果业有限公司、丙村稻丰水稻全程机械化示范基地、雁洋雁归来金线莲种植基地、松口大黄金柚产业园、锦绣国际茶博城等地调研梅县区春耕春种开展情况和现代农业发展情况。

14日　广东省交通集团交通实业投资有限公司董事长古水灵一行到南口镇葵岗村和客都大桥延长线等地现场查看梅河高速葵岗出口的选址，详细了解城市交通道路建设的情况。

15日　广东省审计厅党组书记、厅长何丽娟在市委常委、常务副市长丁文和区领导张文广、钟光灵等的陪同下到梅县区文体中心、粤东医院、外国语学校、锦绣国际·家居博览中心等地参观调研。

是日　由省总工会、省文化厅等单位联合主办的“中国梦·劳动美”广东工人艺术团送文艺进基层活动在梅县文化中心礼堂举行。

19日　中共梅县区委、区政府召开全区农业农村、政法、卫生计生、扶贫开发、招商引资工作会议。

29日　中共梅县区委召开镇级领导班子换届工作会议。

是日　区委办印发《关于在全区党员中开展“学党章党规、学系列讲话，做合格党员”学习教育实施方案》的通知。

5月

1日　第五届禅茶文化旅游节开幕暨梅县区茶叶协会成立。

3日　中共梅县区委召开“两学一做”学习教育工作会议。

6日 梅州市副市长、市公安局局长史明锋在区委书记张文广和副区长、区公安局局长黄黎明等的陪同下到程江镇派出所、建设银行梅县区分行、公安局梅县区分局等地调研“飓风2016”专项行动和治安防控体系建设工作进展情况。

7—9日 泰国开泰银行董事长兼首席执行官伍万通一行在市委常委、统战部部长张丽霞和区领导张文广、钟光灵、张小兰等的陪同下到梅县新城、麓湖山、雁鸣湖、雁南飞、桥溪古韵和叶帅故居等地参观考察。

10日 中共梅州市委书记黄强在市委常委、秘书长彭耀新和区委书记张文广、区委副书记钟秀堂等的陪同下到城东镇谢田村调研软弱涣散基层党组织整顿工作。

12日 中共梅县区委、区政府发出《关于2016年度镇级工作绩效考核的实施办法》和《关于2016年度镇级推进振兴发展工作考核的实施办法》。

19日 中共梅州市委书记黄强率队到梅县区专项督查经济发展情况。

23日 由广东省经信委副主任李向明率领的省促进粤东西北地区振兴发展2015年度评估考核实地检查组到梅县区现场检查客都大桥项目建设情况和梅县新城扩容提质取得的成效。

24—25日 梅县区2016年“中小学文艺会演”在梅县区文体中心举行。

6月

15日 广东省副省长许瑞生在副市长李远青和区领导钟光灵、曾庆辉等的陪同下到松口镇中国移民广场、世界客侨展览馆、松口古街、火船码头、松口旅社等地调研古驿道保护利用、农村人居环境改善等工作。

18—19日 原中国社会科学院原副院长、中国地方志指导小组常务副组长朱佳木一行在副市长陈丽霞和区领导张文广、钟光灵、赖启忠等的陪同下到松口镇的移民纪念广场、松口古街、世界客侨展览馆、华侨文史博物馆、火船码头、松江旅社和雁洋镇的桥溪古韵等地考察梅县区文化古迹保护、发掘和开发工作。

21日 广东省政协副主席温兰子率队到丙村镇称子岌、雁洋镇南福村、桥溪古韵等地检查污染山地生态修复、乡村美化绿化建设以及保护区生态建设情况。

22日 中共梅州市梅县区第十二届委员会第七次全体会议在区委五楼常委会议室召开。

28日 中共梅州市委常委、秘书长彭耀新在区委常委、纪委书记古裕等的陪同下到丙村镇开展“七一”慰问活动。

是日 广东省老促会常务副会长林华景、副会长谭世勋在区领导张文广、钟光灵、罗时亮等的陪同下到九龙嶂革命历史纪念馆、东江红军军事学校旧址等地考察九龙嶂革命遗址的保护和开发利用情况。

29日 中共梅县区委、区政府召开梅县区2016年广东扶贫济困日活动启动仪式。

7月

5—6日 四川省宜宾市高县县长黄修国率领考察团一行在区领导钟光灵、曾庆辉、刘敏等的陪同下到雁洋镇大坪村、雁南飞、桥溪古韵、叶剑英纪念园等地考察交流国际慢城创建工作经验和做法。

6日 梅州市副市长陈建青在区领导张文广、钟秀堂等的陪同下到梅江大桥建设现场、水车预制场、梅南预制场等现场考察梅畲快速干线建设工作。

14日 松口镇被广东省专业镇发展促进会认定为省级金柚专业镇。

是日 贵州省城镇发展中心主任袁远刚率领考察团一行在区委常委、政法委书记曾庆辉的陪同下到雁洋镇叶剑英纪念园、桥溪古韵、金柚公园、同学汇等地参观考察国际慢城项目。

是日 雁洋镇获“2016年中国十大美丽乡

镇”殊荣。

18日　梅县区民政局联合梅州市复退军人医院到石坑镇开展“关爱功臣”送医送药活动。

是日　广东省安全监管局应急指挥中心主任章云龙率省政府督查组一行在区领导张文广、张志锋、王杞杨等的陪同下到梅县区人武部察看县级应急装备和物资筹备情况及观摩民兵应急分队训练。

中旬　梅县区荣获“省双拥模范城”称号。

21日　中共广东省委“两学一做”学习教育党课巡回宣讲团成员、中共河源市东源县委书记何广延到梅县区作宣讲。

29日　广东省司法厅副厅长张荣辉在区委书记张文广、副区长李丹玲等的陪同下到雁洋镇长教村、南福村、雁洋司法所等地调研法治宣传教育工作。

31日　梅县区山歌剧团大型山歌剧《合家福》作为广东省唯一入选剧目参加在北京举办的全国基层院团戏剧会演。

8月

1日　梅县区人民政府地方志办公室组织开展史志成果进军营活动，向驻梅中国人民解放军火箭军某部赠送志书。

4日　梅县区雁洋镇“南福春秋”和梅西水库“金丰休闲农业园”被认定为“第三批省级休闲农业与乡村旅游示范点”。

5—7日　由洛阳奥吉特菌业股份有限公司和首善财富管理集团有限公司负责人等组成的考察团一行在区领导张文广、钟光灵、张志锋、黄增国等的陪同下到丙村、雁洋、畲江、南口、新县城等地，对梅县区的生态环境、工业产业、休闲旅游、城市建设等方面进行详细深入的考察，实地了解梅县区生态保护、生态资源、产业集聚、土地储备、项目规划和功能配套情况，重点了解梅县区招商引资优惠政策和鼓励措施，并现场签订“洛阳奥吉特菌业发展项目投资框架协议”，计划在梅县区投资1.8亿元建设一个集蘑菇种植、深加工、农业旅游和养生保健为一体的菌业发展项目。

8日　中共广州市委常委、统战部长卢一先率团在市委常委、副市长谈志向和区委常委、常务副区长罗时亮等的陪同下到梅南镇水美村考察穗梅全面对口帮扶工作。

10日　增城区区长罗思源率队在区领导钟光灵、曾京铭、罗时亮、曾志佐等的陪同下到畲江现代创业产业园考察规划建设情况和南口镇七贤村考察该村的精准扶贫工作情况，并召开增城区——梅县区党政联席会议。

是日　中共梅州市委副书记、代市长方利旭在区委书记张文广、区长钟光灵等区领导陪同下到广东客商银行建设现场、梅县区电子商务产业园、梅县文体中心、曾宪梓体育场、中山大学粤东医院、梅州富力城、梅县外国语学校、锦绣国际家居博览中心、剑英大道延长线、客都大桥延长线、新城自来水厂建设现场等地考察调研。

11日　中共梅州市委书记谭君铁和市委副书记、代市长方利旭一行在区领导张文广、钟光灵、罗时亮等的陪同下到新城水厂建设工地现场检查民生工程进展情况。

12日　梅县区文化馆选送的舞蹈《排排坐唱山歌》荣获“广东省第十届少儿艺术花会”三等奖。

15日　广东省军区司令员张利明一行在市委常委、军分区司令员武启龙和区领导张文广、张志锋、王杞杨等的陪同下到梅县区检查指导征兵工作。

27日　“广东宏远VS深圳新世界”2016年梅州对抗赛在梅县区文体中心举行。

28日　中共梅州市委副书记、代市长方利旭在市委常委、副市长、高新区党工委书记谈志向和区领导张文广、张志锋、黄增国等的陪同下到畲江镇的梅州综合保税区进行调研。

31日　中共梅州市委书记谭君铁、市长方利旭一行在区长钟光灵、副区长黄增国、管纪城等的陪同下到畲江医院、畲江镇中心小学扩建工程、梅州综合保税区等项目建设现场和安盛华黄金珠宝等工业园企业调研梅兴华丰产业集聚带核心区规划建设情况。

9月

2日　中共梅县区委召开梅县区纪律教育学习会，全面推进全区的纪律教育活动。

8日　广东省民政厅党组书记、厅长卓志强一行在市委常委、市政府党组副书记黄伟闻和区委副书记、区长钟光灵等的陪同下到梅县区福晋老年公寓等地调研社会救助、福利养老等相关民政工作。

9日　梅县区召开2016年教师表彰大会。

是日　广东省司法厅党委委员、副厅长余继军，广东省法律援助局局长叶金昌一行在区委常委、政法委书记曾庆辉等的陪同下到梅县区调研司法工作。

30日　梅州市、梅县区、梅江区领导和驻梅部队官兵代表在梅县区南口镇革命烈士陵园举行烈士公祭活动。

10月

4日　中共广东省委常委、常务副省长徐少华率队在市领导方利旭、叶胜坤和区领导钟光灵、梁惠文等的陪同下到梅汕客专梅江特大桥（畲江）施工现场调研项目建设情况。

8日　梅县区被广东省森林防火指挥部和广东省林业厅列为全省36个重点监管县之一。

8—9日　中国共产党梅州市梅县区第一次代表大会在文化活动中心隆重召开。

9日　中共梅州市梅县区第一届委员会举行第一次全体会议，会议选举产生新一届区委班子，张文广当选中共梅州市梅县区第一届委员会书记。

10日　中共梅州市委副书记、市长方利旭一行在区领导钟光灵、罗时亮、张志锋、赖启忠、管纪城等的陪同下到梅县区数字城管中心、亲水公园、锦绣国际家居博览中心、高铁西站、进城大道等地调研城市规划建设管理工作。

14日　雁洋镇入选首批中国特色小镇。

17日　广东鸿泰科技股份有限公司（证券简称：鸿泰科技，交易代码：839343）在北京全国中小企业股份转让系统举行梅县区专场挂牌仪式。

是日　梅县区公安分局启动城区社会治安巡逻防控工作。

19日　中共梅州市委书记谭君铁在市委常委、组织部部长杜敏琪和区领导钟光灵、林砧、张志锋等的陪同下到城东镇调研软弱涣散基层党组织整顿工作和发挥乡镇班子核心作用工作。

25日　中共梅州市委副书记、市长方利旭在副市长陈建青和区领导钟光灵等的陪同下到广梅园创新创业孵化园等地调研梅兴华丰产业集聚带建设情况。

是日　梅州市副市长、市公安局局长陈俊钦在区领导钟光灵、李惠文等的陪同下到梅县区调研公安工作。

11月

2—4日　梅县区杰出乡贤陈志杰、古德生、张楚汉一行在区领导张文广、钟光灵、张志锋、黄增国等的陪同下到梅县外国语学校、锦绣国际·家居博览中心、新城水厂、富力城、粤东医院、文体中心、亲水公园、福晋老年公寓等地参观考察。

4日　在梅县区人民广场举行梅县区公共自行车运行启动暨绿色健康骑行活动，1300辆公共自行车正式启用。

7—10日　梅县区人大一届一次代表大会和政协梅县一届一次会议在梅县新县城召开，会议选举产生新一届区人大、区政府、区政协领导班子。

10日　中共梅县区委、区政府召开全区农村人居环境综合整治暨创建国家环保模范城市工作推进会。

11日　梅州市政协主席李金元率市政协机关干部在区领导张文广、张志锋、余洪昌等的陪同下到松口镇开展纪念孙中山诞辰150周年纪念活动。

是日　松口镇圳头村、白渡镇峰溪村委石溪村、松源镇横坊村委横江村入选第四批中国传统村落。

16日　中共梅州市委书记谭君铁一行在区领导张文广、张志锋等的陪同下到程江镇西山村调研卫生计生工作。

19—21日　上海市美术家协会副主席郑辛遥一行到梅县区新城、南口、松口和雁洋等地考察。

19日　中共西安市蓝田县委书记王浩率党政考察团一行在区领导张文广、曾庆辉、张志锋、郭龙元等的陪同下到新县城和雁洋镇等地参观考察新城建设和国际慢城申报工作。

23日　汕头海关副关长刘红率调研组一行在市委常委、副市长谈志向和区领导钟光灵、黄增国等的陪同下到梅县区对梅州综合保税区的规划、选址、建设等情况进行调研。

12月

2日　中共梅州市委常委、宣传部部长张丽霞在区长钟光灵的陪同下到白渡镇、梅西镇等地专项督查乡镇卫生院标准化建设情况。

6日　印尼梭罗王子威廉·玛丽·张·艾迪那格罗率领的皇家访问团一行在市委常委、统战部部长、中共梅县区委书记张文广和区委常委、统战部部长张小兰等的陪同下到梅县外国语学校、锦秀国际家居博览中心和梅县文体中心等地参观考察。

是日　广东省安监局党组成员、执法监察总队总队长邓伟风率检查组一行在区领导钟光灵、罗时亮等的陪同到丙村镇福庆浏阳烟花有限公司和石扇镇石矿开采企业检查安全生产工作情况。

7日　梅县区被国家农业部命名为“第一批国家农产品质量安全县”。

8日　广东嘉元科技股份有限公司荣获“2016年度最具影响力锂电材料新三板企业”称号。

9日　广东自远环保股份有限公司（证券简称：自远环保，交易代码：839987）在北京全国中小企业股份转让系统举行梅县区专场挂牌仪式。

13日　广东省科协主席、广东省合生珠江教育发展基金会理事长、中山大学原校长黄达人一行在市领导谭君铁、陈丽霞等和区领导钟光灵、管纪城等的陪同下到中山大学粤东医院参观考察。

13—14日　上海交通大学教育集团副总裁、园区总校长董俊平率考察团一行在市委常委、统战部部长、中共梅县区委书记张文广和区长钟光灵、副区长赖启忠等的陪同下到富力切尔西足球学校、叶剑英纪念园、桥溪古韵、粤东医院、富力城、文体中心、外国语学校等地考察。

15日　中共梅州市委书记谭君铁到白渡镇、程江镇、南口镇等地调研，考察博森光能公司企业生产经营情况，实地查看程江河堤景观提升工程、高铁梅州西站、市廉政信息教育基地等项目建设进展情况，听取农村党员干部“两违”线索集中排查情况介绍和剑英大道延长线、客都大桥连接线、梅畲快速干线、广梅汕客运专线、高速葵岗出口等重点项目建设推进情况。

19日　中共梅州市委常委、秘书长余其豹在区长钟光灵的陪同下到梅县区调研院士工作站建设工作。

21日　广东省老促会会长陈开枝一行在区委副书记钟秀堂的陪同下到雁鸣湖景区、桥溪古韵、雁南飞茶田等地调研中央苏区政策落实及开发建设情况。

23日　梅县客家村镇银行股份公司（证券简称：客家银行；证券代码：839969）在北京全国中小企业股份转让系统举行梅县区专场挂牌仪式。

29日　中共广东省委常委、宣传部部长慎海雄在市领导张丽霞、张文广等的陪同下到叶剑英纪念园、桥溪古韵等地调研考察。

是日　梅县区获“2014—2016年全国计划生育优质服务先进单位”荣誉称号。

梅县区概况

基本概况

【位置面积】 梅县区位于广东省东北部，韩江上游，梅州市中部。介于北纬23° 55′ — 4° 48′ 、东经 115° 47′ — 16° 33′ 之间，东西宽 78 公里，南北长 98 公里；东邻大埔，西界兴宁，南连丰顺，北接蕉岭；东北与福建省上杭、永定毗连，西北与平远接壤，中部环接梅州市梅江区。2016 年底，全区总面积 2482.86 平方公里；向有“八山一水一分田”之说，盆地、丘陵、山地分别占总面积 22.5%、55.4%和 22.1%。

【自然环境与资源】 境内千米以上山峰 9 座，最高阴那山五指峰 1297 米，次为王寿山 1147 米。主要河流有梅江河、石窟河、程江河和松源河，梅江为主干流（母亲河），流经区境约 70 公里，年平均径流总量 90 多亿立方米，水能理论蕴藏量 30 万千瓦，占全县水能理论蕴藏量 40.13 万千瓦的 75%。隆文镇岩前村“绿窟潭”是国内首个顶级待开发的水下全淹洞。

矿产资源以大理石、煤、铁、锰、钨、锌、铜、石灰石等为大宗，其中大理石储量 40 多亿吨、煤近 4 亿吨、铁 1318 万吨、锰 700 万吨。

野生动物资源兽类主要有野猪、黄猄、大灵猫（五段子）、狐、狸、野兔、黄鼠狼、豪猪、松鼠等 10 多种，禽类有竹鸡、雉鸡等，鸟类有斑鸠、鹧鸪、猫头鹰、喜鹊等 10 多种，鱼类有河鲶、斑鱼、黄鳝、泥鳅等近 10 种，两栖爬行类有田螺、鳖鱼、龟、青蛙、穿山甲、金环蛇、银环蛇等 10 多种。

植物资源主要有金柚、茶叶、柑橙、香蕉、柿子、西瓜、烤烟、仙人草、竹笋、南药等。

【气候】 2016 年，梅县区平均气温 21.7℃，比历年平均偏高 0.1℃；年降水量 2410.3 毫米，比历年平均偏多 61%；年日照时数 1553.6 小时，比历年平均偏少 16%。年极端最高气温 38.3℃，出现在 7 月 24 日，年极端最低气温-1.4℃，出现在 1 月 25 日。最冷月（2 月）平均气温比历年同期平均偏低 2.6℃，最热月（7 月）平均气温比历年同期平均偏高 0.1℃。年一日最大降水量 90.5 毫米，出现在 3 月 21 日。

受冷空气影响，1 月 27—29 日出现大到暴雨。受多波动东移的西南流场和切变线影响，3 月 19 日至 3 月 25 日，梅县区普降大到暴雨，局部大暴雨。过程降雨量大于 250 毫米的有 2 个自动站，过程最大降雨量出现在梅县南口镇为 262 毫米；过程降雨量大于 100 毫米的有 28 个自动站。

受台风“海马”环流影响，10 月 21—22 日全区普降暴雨到大暴雨，并伴有 8—10 级阵风。此次台风过程，全区平均降雨量为 86 毫米。

【旅游景区景点】 主要有国家 AAAAA 级旅游景区雁南飞度假村，国家 AAAA 级旅游景区叶剑英纪念园、雁鸣湖度假村、千年古刹灵光寺，国家 AAA 旅游景区南寿峰健康产业园，省文物保护单位元魁塔，最具代表性的中国五大特色建筑客家民居围龙屋南华又庐、丙村温公祠，国家级文化产业园南口麓湖山庄，国家级古村落水车茶山村、南口侨乡村，广东省十大最美古村落雁洋桥溪村、国家历史文化名镇和历史文化名街松口、世界最大圆形建筑——梅县文体中心，主要地方名胜阴那山、王寿山、九龙嶂等。

【荣誉与人物】 梅县区先后荣获中国金柚之乡、全国水果百强县、中国旅游强县、全国文化先进县、中国民间艺术之乡（山歌艺术之乡）、中华诗词之乡、全国绿化模范县、全国绿色小康县、全国文明县城、全国卫生城市、国家农产品质量安全县、中国候鸟旅居县、全国计划生育优质服务先进单位、广东省双拥模范城等称号，并被确认为中央苏区县、中国长寿之乡。是传统的文化之乡、足球之乡、华侨之乡。客家文化源远流长，客家话方言以梅县客家话为代表，文化底蕴深厚，孕育出不少杰出人物。著名的有清代著名诗人宋湘、黄遵宪，辛亥革命烈士陆军上将邓仲元，中华人民共和国开国元勋、全国人大常委会委员长叶剑英，现代著名画家林风眠，全国政协副主席叶选平，全国人大常委、香港金利来集团有限公司董事局主席曾宪梓，两院院士古德生、张楚汉等 14 人。

【行政区划】 2016 年底，梅县区设新城办事处、扶大高新区管理委员会 2 个镇级建制单位和程江、南口、畲江、水车、梅南、梅西、石坑、大坪、城东、石扇、白渡、丙村、雁洋、松口、隆文、桃尧、松源 17 个镇，下辖 355 个村委会、33 个居委会。2016 年，全区人口出生率为 12.47‰，死亡率为 5.35‰，自然增长率为 7.12‰。年末，全区户籍人口 611638 人，其中城镇人口 289560 人，农村人口 322078 人。

经济社会发展概况

【简述】 2016 年，梅县区抢抓国家促进原中央苏区、省促进粤东西北地区振兴发展两大政策机遇，扭紧“三大抓手”，围绕“一区两带”建设，主动适应、把握和引领经济发展新常态，着力推进供给侧结构性改革，不断壮大实体经济，统筹城乡发展，全面推动经济建设。全年全区完成地区生产总值（GDP）187.18 亿元，比上年增长 8.1%，其中，第一产业增加值 46.64 亿元，同比增长 4.1%，拉动 GDP 增长 1 个百分点；第二产业增加值 67.72 亿元，同比增长 6.9%，拉动 GDP 增长 2.6 个百分点；第二产业中工业增加值 57.82 亿元，同比增长 6.1%，拉动 GDP 增长 2 个百分点；第三产业增加值 72.82 亿元，同比增长 11.8%，拉动 GDP 增长 4.4 个百分点。三次产业结构为 24.9：36.2：38.9。全区公共财政预算收入完成 21.89 亿元，同比增长 1.8%。全区税收总收入 31.55 亿元，同比增长 0.2%。其中，国税税收 12.63 亿元，增长 22.9%；地税税收 18.92 亿元，下降 10.8%。公共财政预算收入总量在粤东西北 74 个县（区）中排名第二位。

完成固定资产投资总额 152.99 亿元，同比增长 10.5%。分产业看，第一产业投资 0 亿元，同比减少 100%；第二产业投资 39.7 亿元，同比增长 10.5%；其中，工业投资 39.7 亿元，比增 10.5%，工业技术改造投资 12.1 亿元，同比增长 46.2%；第三产业投资 113.28 亿元，同比增长 16.0%。

全区全体居民人均可支配收入 22329 元，同比增长 10.7%。其中：城镇居民人均可支配收入 28304 元，同比增长 10.3%；农村居民人均可支配收入 16182 元，同比增长 10.6%。

【工业】 2016 年，梅县区努力落实省工业转型升级攻坚战三年行动计划，制定出台招商引资以及中小微企业和建筑行业资质上规模、上等级、上档次等方面的扶持激励措施，做强做大经济总量。继续促进企业增资扩产、技术改造、转型升级和企业上市。一是做大做强主导产业，大力培育发展装备制造、电子信息、新能源、商贸物流等主导产业，梅雁、宝丽华、超华、华银、BPW（梅州）车轴、卡莱（梅州）轮胎、嘉元科技、振声科技等龙头企业实力明显增强，规模以上企业达到 101 家，工业增加值实现 50.71 亿元，增长 5%。二是深入实施创新驱动，完成技改投资 12.1 亿元，增长 46.2%；新增高新技术企业 2 家、省级创新产业化基地 1 家；大力推进国家知识产权强县工程试点区创建，全年专利授权量 340 件，获批“创建广东省质量强县（市、区）示范城市”。三是民营经济全年新增 3 家新三板挂牌企业，民营企业产值实现 131 亿元；招商引资新引进项目 31 个，计划总投资 87.5 亿元，实际完成投资 31.24 亿元。发挥现有上市企业和骨干企业的龙头带动作用。全年全区完成规模以上工业总产值 176.73 亿元，同比增长 6.3%；实现规模以上工业增加值 50.71 亿元，同比增长 5.0%。畲江工业园区完成规模以上工业总产值 40.22 亿元，同比增长 30.4%。

规模以上工业总产值按经济类型分：国有企业产值 7342 万元，同比下降 28.9%；集体企业产值 4696 万元，同比增长 6.0%；股份合作企业产值 12000 万元，同比下降 9.8%；股份制企业产值 1354405 万元，同比增长 2.7%；外商及港澳台投资企业产值 265681 万元，同比下降 7.4%；其他经济类型企业产值 123155 万元，同比增长 317.3%。

全区规模以上工业企业实现利税总额 23.4 亿元，同比增长 5.2%，其中利润总额 19.5 亿元，同比下降 4.6%。全年规上工业企业用电量 11.61 亿千瓦时，同比下降 8.3%。

工业产品主要有发电量、电子元件、水泥、车轴、橡胶轮胎、编织工艺品、电解铜箔、服装、覆铜板、精炼铜等 10 类产品。

【农业】 2016 年，梅县区以国家级现代农业示范区建设推动农业转型升级，深入推进粮食稳定增产和现代农业生产基地建设，巩固提升特色优势农业。运用“互联网+现代农业”“文化旅游+现代农业”，积极发展生态农业、休闲农业。大力发展农产品电子商务，拓宽农产品线上线下销售渠道。推动农产品精深加工和流通，促进农业由第一产业向二、三产业优化提升。

加强品牌农业建设，培育发展绿色安全健康农产品。将农业龙头企业、农民专业合作社、家庭农场、新型职业农民列入新一轮产业发展贷款贴息扶持范围。加快推进农业科技创新驱动，加强农业、农村信息化和农村三资平台建设，建立健全新型农业社会化服务体系，提升农业发展活力。全年完成农林牧渔业总产值 74.75 亿元，同比增长 4.1%。其中，农业产值 57.99 亿元，同比增长 4.1%；林业产值 0.85 亿元，同比增长 14.7%；牧业产值 11.69 亿元，同比增长 1.8%；渔业产值 3.04 亿元，同比增长 7.3%；农林牧渔服务业产值 1.17 亿元，同比增长 12.1%。全区实现农林牧渔业增加值 47.16 亿元，同比增长 4.2%。

全年粮食播种面积 3.17 万公顷，总产 24.15 万吨，其中水稻种植面积 2.34 万公顷，全年粮食产量 19.18 万吨，同比减少 1.3%；其中水稻产量 16.26 万吨，同比减少 0.9%。经济作物产量中，花生同比增长 6.1%，烤烟同比增长 3.8%，蔬菜同比增长 5.1%，甘蔗同比增长 5.6%。

全年水果总产量 78.5 万吨，同比增长 6.2%；其中，金柚面积 1.93 万公顷，柚子产量 54.6 万吨，同比增长 6.9%，总产值约 28 亿元，人均金柚收入约 5500 元，占人均纯收入的 30%。

全年生猪饲养量 61.9 万头，同比增长 1.0%；猪肉产量 4.29 万吨，同比增长 1.4%；水产品产量 2.96 万吨，同比增长 3.8%；三鸟饲养量 893.8 万只，同比减少 0.06%。

2016 年，全区完成造林 2786.67 公顷，其中碳汇工程造林 953.3 公顷，发动社会造林 1533.33 公顷，封山育林 300 公顷。完成景观林带建设 20 公里，完成森林抚育 1.63 万公顷，建设生物防火林带 150 公里，新建森林公园 7 个，森林覆盖率 74.63%。

【招商引资】 2016 年，全面启动畲江产业园、水车产业园和城东白渡产业园“三园合一”集聚区的规划建设，制定实施培育发展装备制造、电子信息、新能源、商贸物流四个产值超百亿元产业方案。至 11 月，引进至畲江产业园梅州综合保税区项目 7 个，计划总投资合计 43.6 亿元。投资 8 亿元的广州中新集团汽车零部件制造项目正在规划设计中；投资 3 亿元的深圳安盛华集团珠宝加工项目厂房正在进行建筑施工设计，预计近期动工。计划投资 20 亿元的广东盈方创投发展有限公司盈方高科产业孵化园项目已动工；投资1亿元的梅州琉璃光电力设备项目已完成土地招拍挂，近期动工，投资10亿元的广铁国际物流项目正完善规划设计和用地报批前期工作。投资1.5亿元的深圳有信达集团保税物流项目首期用地已办理手续，快件中心正在进行规划设计。

全年引进项目31个，投资总额87.5亿元，已投入资金31.24亿元。其中，动工项目14个，竣工项目17个。引进的31个项目中，工业项目13个，计划投资15.29亿元，已投入6.58亿元（其中动工项目6个，投产项目7个）；计划投资10亿元以上的项目3个。完成市政府下达的全年“完成新签合同项目计划投资额70亿元以上、当年完成实际投入28亿元以上，并至少引进1个计划投资额10亿元以上的合同项目”的目标任务。

【国内贸易、对外经济】 2016年，全区实现社会消费品零售总额142.01亿元，同比增长14.1%。其中，城镇零售总额99.96亿元，同比增长14.6%；农村零售总额42.05亿元，同比增长13%。

分行业零售总额中，批发和零售业零售总额123.61亿元，同比增长14.6%；住宿和餐饮业零售总额18.39亿元，同比增长10.7%。年末，居民消费价格指数比上年同期上涨2.3%，商品零售价格指数比上年同期上涨0.2%。

2016年，对外经济贸易新签外商投资项目（已批准）3个，合同利用外资金额4887万美元，同比减少10%。实际利用外资1092万美元，同比减少42.5%。

全年完成外贸进出口总额28735万美元，同比减少46%。其中，出口总额23120万美元，同比减少51.6%；进口总额5615万美元，同比增长3.6%。

【电子商务】 广东喜之郎集团有限公司投资的锦绣国际·家居博览中心建设一期工程在11月15日竣工并正式对外营业。该中心投入运营，标志着粤东西北乃至粤闽赣边区规模最大、现代化程度最高、交易品种最全、服务最完善、辐射能力最强的一站式家居建材中心在梅县区“诞生”。梅县区电子商务产业园引进云电商基金建设云电商生态城，形成了以云电商生态城、电商创业大厦、淘宝创业园、现代农业示范区电商园为主体的电子商务发展平台和产业集聚区已引进电商企业58家，全区现有电商企业80家。还引进广东工业设计城有限公司进驻梅县区，建立广东工业设计粤东基地，实现网店运营、设计、客服、营销、仓储、物流、售后等服务一体化，打造工业创业平台。2016年，全区电商销售额12.6亿元，同比增长26.67%。完成商贸业产值98亿元。

【旅游】 2016年，梅县区积极推动梅江韩江绿色健康文化旅游产业带、全域旅游示范县（市、区）建设，稳步推进旅游项目建设和旅游招商引资，继续擦亮“中国旅游强县”金字招牌，打响“叶帅故里、客都明珠、国际慢城”的特色旅游品牌。

围绕把旅游产业打造成为战略性先锋产业和幸福导向型产业，将旅游产业与特色高效农业、生态文明建设、美丽乡村建设紧密结合，谋划梅县区旅游改革发展的新格局：东部以雁洋国际生态慢城为核心，向松口古镇拓展，进一步延伸到桃尧镇、隆文镇、松源镇，重点打造雁洋、松口两个特色旅游小镇，带动周边的乡村旅游发展；南部保护和利用好九龙嶂革命老区的红色旅游资源，进一步开发休闲养生、漂流等项目，推动新南湾水岸游乐休闲中心、水车镇茶山村等旅游开发；西部以麓湖山文化产业园为重点，带动南口镇侨乡村等古村落的乡村旅游开发；北部以上官塘水库和梅西镇固村·香溪木屋主题度假村旅游开发为抓手，形成连接平远县及江西省的北部重要节点；中部以梅县新县城、槐岗新城、葵岗新城建设为中心，布局发展城市休闲和商务旅游，构建好梅县区全域旅游发展的基本框架。

至年底，梅县区有国家AAAAA级旅游景区雁南飞度假村1个，国家AAAA级旅游景区叶剑英纪念园、雁鸣湖度假村、千年古刹灵光寺等3个，国家AAA旅游景区南寿峰健康产业园1个，及国家级文化产业园南口麓湖山庄，国家历史文化名镇和历史文化名街松口，国家级古村落水车茶山村、南口侨乡村和中国五大特色建筑客家民居围龙屋南华又庐、丙村温公祠等主要景区景点。

2016年，梅县区被评为全国客家文化生态旅游知名品牌示范区和中国候鸟旅居县，县域旅游综合竞争力连续六届跻身全省十强、位居全省第三，有四季佳禾、麓湖山产业园等5家单位入选梅州市第一批旅游推荐单位。全年全区接待游客1633万人次，同比增长12.3%，其中住宿设施接待过夜游客1213万人次，同比增长10.1%。旅游总收入136.48亿元，同比增长11.8%。

【固定资产投资】 2016年，全区完成固定资产投资总额152.99亿元，同比增长10.5%。分产业看，第一产业投资0亿元，同比减少100%；第二产业投资39.7亿元，同比增长10.5%；其中，工业投资39.7亿元，比增10.5%，工业技术改造投资12.1亿元，比增46.2%；第三产业投资113.28亿元，同比增长16.0%。

全年完成房地产开发投资总额47.86亿元，同比下降1.3%。商品房施工面积209.9万平方米，同比下降10.7%；商品房竣工面积41.4万平方米，同比下降72.6%；商品房销售面积122.3万平方米，同比增长19.8%；商品房销售额58.4亿元，同比增长27.0%。

【基础设施建设】 推进交通互联互通。2016年，全区完成公路交通基础设施投资19亿元，其中高铁建设约9亿元、公路建设约10亿元。统筹交通建设与园区、城区、镇村建设，全力配合抓好境内“两高一场”建设，强力推进征地拆迁，确保梅平高速、东环高速和梅汕高铁建设无障碍施工。改造G206径义段等一批国省道，加固G205南口潘屋桥、雁洋大桥，加快推进客都大桥连接线、新进城大道、梅畲快线、白渡园区快速干线等一批城区和产业园区道路建设，提升294公里县乡公路为省道干线。加快构建互联互通快速综合交通体系。

至2016年底，区域内通车总里程为2803公里，每百平方公里公路密度112.9公里。其中高速公路4条共116.5公里；国道2条共84.4公里；省道12条共455.5公里；县道169公里；乡道1977.6公里；村道471条共974.63公里。全区开通城乡公交线路38条，投入运营车辆约360辆，241个行政村通车，占比67.7%。全区有3家出租公司，2家客运企业，货运企业59家。全年旅客运输量390万人，旅客周转量50721万人公里，同比增长7.1%；货物运输量1754万吨，货物周转量315693万吨公里，同比增长9.6%。

改善农村发展条件。全年全区投资4.1亿元实施62宗水利工程项目建设，主要包括：21宗中小型灌区续建与节水改造工程，13宗农村中型及重点小型机电排灌工程，2宗小流域综合治理工程，8宗山区中小河流治理工程，6宗一般小型病险水库除险加固工程，5宗水系连通试点工程，程江涝区治理工程，新城水质净化厂配套集污管网项目，村村通自来水管网改造工程，水库移民工程，亲水公园二期工程，程江河堤除险加固及提升改造工程等。至年底，实际完成投资3.4亿元，占总投资82.92%。

推进信息化建设。贯彻落实“互联网+”行动计划，实施宽带普及提速工程。加快4G网络建设，实现行政村、重点旅游景区、主干道路全覆盖。深入实施“全省农业信息进村入户试点县”、智慧校园等工程，加快推动电子政务向镇村延伸覆盖。推进原中央苏区农村超高速无线局域网应用试点工作。梅县区有359个行政村列入试点（包括市直管的梅西水库、上官塘、侯畲村3个行政村）。推进“公共大数据中心”及“政务信息资源共享平台”建设，通过信息技术提升交通、医疗、教育、旅游和城市管理等领域的管理水平，全力推进“智慧梅县”建设。

全年向社会主动公开政府信息2339条，其中发布工作动态信息1268条，视频新闻251条、规范性文件信息50条、其他类信息770条。另外各行政机关向社会公开的信息有近1214条，其中发布工作动态信息902条、通知公告126条、政策法规、办事指南等信息186条。

【城乡建设】 城市建设 2016年，新县城全年投入资金16.54亿元，建设项目55项，建筑面积132.91万平方米。年末，新县城累计投入资金235.32亿元，建设项目4604项，建筑面积1514.79万平方米，建成区面积20平方公里，建成区绿化覆盖率38.69%，绿地率35.35%，人均公共绿地面积18.06平方米。

巩固提升华侨城、大新城、新城西片区基础设施，加大城区交通治堵力度，继续完善在建的10条市政道路，优化提升府前大道、人民南路等城区道路；打通2条断头路、新建3条市政道路；探索建设城市公共自行车项目，倡导绿色出行。加快市政综合管廊、程江河亲水公园、梅江西堤亲水公园二期等城市公共配套设施建设；年底新城水厂建成运行，缓解了新县城居民用水不足难题。

依托梅县新城发展和“两高一场”建设，精心谋划好梅县新城、槐岗新城、葵岗新城、雁洋新城和畲江新城的规划建设。协助做好《梅州市城市总体规划（2015—2030）》《梅县区新城西片区控制性详细规划》《梅县区槐岗片区控制性详细规划》《梅县区葵岗片区控制性详细规划》。全年完成88宗用地规划，面积共190.34公顷，核发建设用地规划许可证15宗，总用地面积49.13公顷。依据《中华人民共和国城乡规划法》，对各规划建设的项目进行严格、规范的规划核实。通过规委会审议的建设项目有29宗，核发建设工程规划许可证179宗，总建筑面积181.8万平方米；梅县城乡建设工程规划核实159个项目，面积145.5万平方米。

新农村建设。紧紧围绕二十字方针，坚持“政府主导、农民主体”的基本原则，以雁洋省级新农村示范片、重点烟区新农村示范村和幸福村居示范片建设为抓手，以点带面，典型引路，改善农村人居环境。一是打造雁洋省级新农村示范片。以“叶帅故里·国际慢城·美丽雁洋”为主题，以雁上村、南福村、大坪村、塘心村和阴那村等五个村为主体，连片规划面积40.3平方公里，涉及18个自然村29个村民小组，共1752户7024人。在前期投入2亿多元的基础上，2016年投入5000多万元推进村庄整治、建设民生项目、扶持产业发展，启动实施43个项目建设。2016年10月，雁洋入选首批中国特色小镇。二是建设重点烟区新农村示范村。按《梅州市重点烟区2015—2018年新农村建设实施方案》的要求，制定《梅州市梅县区2015—2018年重点烟区新农村建设实施方案》，规划建设三个示范村，每个村补助500万元，分别是：2015年松源镇横坊村、2016年松口镇中江村、2017年隆文镇木寨村。三是推进幸福村居示范片建设。按粤委农工〔2015〕86号和梅市农办〔2015〕26号通知精神，积极开展“中央苏区县创建幸福村居示范片”相关工作。梅县区示范片项目有“梅县区南口镇—丙村镇幸福村居示范片”，核心村为南口镇葵黄、益昌2个行政村和丙村镇群丰、大雅村2个行政村。年底，已完成项目建设、档案资料整理等工作，迎接省的检查和验收。

【建筑房地产业】 2016年，发放商品房预售许可证77宗（同比减少18宗，下降18.9%），批准预售面积69.73万平方米（同比减少11.37万平方米，下降14%）、4981套（同比减少420套，下降7.8%）。全年完成房地产销售10584套，与上年同比增长23.74%。全年净化解非住宅商品房5.76万平方米，非住宅商品房去库存2万平方米。

2016年，全区完成建筑业增加值10.1亿元，同比增长11.9%。全区资质等级以上建筑业总产值22.69亿元，同比增长29.3%。实现房地产税收5.81亿元。

【社会民生】 强化社会保障体系建设。坚持保基本、兜底线、促公平、可持续方向，扩大社会保险覆盖面，积极稳妥推进机关事业单位养老保险制度改革，着力提高城乡居民最低生活保障、农村五保供养等底线民生保障水平，加大对困难弱势群体帮扶力度，提高城乡医疗救助水平，稳定保障贫困残疾人基本生活、医疗康复等基本需求，保障残疾人在新农合、新农保等各项惠民政策中得到特别扶助。

至 2016 年底，全区累计征收社保费 8.67 亿元，完成全年任务 108%，累计支付 6.64 亿元。全区有 5.16 万人参加社会养老保险，2.4 万人参加失业保险，5.23 万人参加职工医疗保险，3.92 万人参加工伤保险，3.94 万人参加生育保险，48.74 万人参加城乡居民医疗保险，8.17 万人参加城乡居民养老保险。全年社保费征收 10.25 亿元，完成全年任务 8.06 亿元的 127%。

全年新增低保 1604 户、3806 人，取消低保 1081 户、3119 人。从 2016 年 1 月起，全区城镇、农村低保补助标准分别为每人每月 419 元、191 元；年底，全区有城乡低保对象 9011 户 20401 人，全年发放低保金 5025.3 万元。分散、集中供养孤儿标准分别为每人每月 820 元、1340 元，全年累计发放基本生活费 70.51 万元。农村五保供养标准为每人每月 732 元，全区有农村五保供养对象 2018 人，全年发放五保金 1926.5 万元。

全年组织城乡劳动力技能晋升培训 51 期 2538 人，培训后实现转移就业 786 人，新增转移就业 12658 人。全年接受鉴定申请 55 期 2174 人，核发技能等级证书 1683 人，其中初级工 1493 人，中级工 190 人。

实施脱贫攻坚工程。因人因地施策，打好新时期精准扶贫、精准脱贫攻坚战，重点在产业扶持、技能培训、转移就业、基础设施、医疗教育等方面精准扶贫，落实机关企事业单位挂点责任，办好社会扶贫活动，广泛动员全社会力量参与扶贫。一是扎实推进新时期精准扶贫精准脱贫工作。2016 年 4 月启动精准扶贫精准脱贫工作，全区核定录入新时期精准扶贫精准脱贫相对贫困人口 7611 户、17079 人（其中，省定 32 个相对贫困村有相对贫困户 1236 户 3315 人，分散相对贫困户 6375 户 13764 人），贫困发生率 2.8%。已投入帮扶资金 2.85 亿元，实施种养项目 21003 个，引进或培育壮大龙头企业 37 家，发展村旅游项目 7 个，建立电子商务平台 18 个，培训贫困户劳动力 126 次 1223 人，帮助转移就业 45 人，帮扶贫困户子女上学 2470 人，完成农村危房改造 46 户，完成 200 人以上自然村道路硬底化改造 7.73 公里，解决农村饮水安全 1122 户，建设村文体或休闲活动场所 23 个。至年底，全区 30% 以上的相对贫困人口实现脱贫。全年完成农村危房改造 780 户。二是圆满完成新一轮扶贫开发“双到”工作。新一轮“双到”工作全区 33 个帮扶单位共投入帮扶资金 1.69 亿元，贫困村的建设项目全部高质量完成，贫困户全部实现脱贫。33 个贫困村集体经济总收入 218.3 万元，平均每村 6.62 万元。

农村人居环境综合整治。以美丽乡村、幸福村居、省级新农村示范片建设为切入点，围绕“一编二拆三清四改五建六美”要求，开展村庄规划、外立面改造、村巷道硬底化、村村通自来水、小公园、文化活动场所、美化绿化亮化、村容村貌整治、卫生保洁队伍、雨污分流、生活污水处理、畜禽集中圈养人畜分离、村规民约、章程及村民理事会等工作，扎实推进人居环境综合整治。全年投入资金 2.8 亿元用于农村“三清”“四改”和“五有”（有功能分区的整治规划、有文体活动场地、有绿化美化、有垃圾收集屋、有污水处理简易设施）建设。

提升社会事业发展水平。进一步完善义务教育阶段标准化学校的设施设备，完善梅县外国语学校建设，加快城区德兴小学标准化学校建设和畲江镇中心小学扩建工程；突出外语、体艺、足球特色，打造一批特色名校。加快广播电视数字化、网络化、信息化的进程。支持成立镇级足球协会或足球俱乐部，抓好葵岗足球训练基地建设，培育发展足球文化产业、休闲体育产业。加快粤东医院综合楼、中医医院、梅州畲江医院、妇幼保健计划生育综合服务大楼等卫生计生基础设施建设。

【人口管理】 扎实推进人口计划生育工作。2016 年，全区人口出生率为 12.47‰，死亡率为 5.35‰，自然增长率为 7.12‰，政策生育率 96.72%，出生人口性别比为 105.37。梅县区被国家卫生计生委授予“2014—2016年全国计划生育优质服务先进单位”荣誉称号。一是落实层级责任，工作重心下移。坚持党政“一把手”亲自抓，将计生工作列入党委、政府会议议题，列入全区推进振兴发展工作年度绩效考核内容，实行“一票否决”。二是创新管理机制，完善区域协作“一盘棋”服务管理机制，夯实基本公共服务均等化基础，开展计生服务管理专项活动，部门联动，切实做好流动人口的计生综合监管。三是开展“全面两孩”政策宣传，开展以“婚育新风进万家”、创建“幸福家庭”为主题的大型计生宣传活动。四是坚持法治，严格管理。依法开展一孩、二孩生育登记服务和再生育审批工作；大力开展违法生育综合防控，加强社会抚养费征收管理。五是强化信息支撑，提升管理水平。健全完善四级人口和计生信息资源网络，实现部门信息互通，资源共享，进一步提高全员人口信息系统数据的完整、准确和及时更新。六是优化服务，大力开展“新一轮全国计划生育服务先进单位”创建活动。七是落实经费保障，增强服务能力。保证计生经费足额到位，2016年区财政投入计生经费2870万元，人均53.40元。年末，全区户籍人口611638人，其中城镇人口289560人，农村人口322078人。

【国土资源】 2016年，梅县区有耕地面积1.65万公顷（其中基本农田1407.14公顷）、园地1198.43公顷、林地1.2万公顷、草地138.31公顷、城镇村及工矿用地824.01公顷、交通运输用地233.95公顷、水域及水利设施用地512.18公顷，其他土地195.20公顷。

至2016年底，梅县区有35家矿山企业（13家建筑石场、2家矿泉水企业、3家铁矿、1家铜矿、13家石灰石、1家银锑矿、2家大理石）。

整合和盘活土地资源。争取新增建设用地指标11批次，累计面积477.6公顷。其中，经国土资源部审批单独选址项目2宗，面积187.6公顷；经省审批项目9宗，面积290公顷。上报至省国土厅尚未批准项目1宗，面积168.33公顷。依法依规挂牌出让新增国有建设用地使用权23宗、面积51.7公顷、出让金额5.37亿元；划拨新增国有建设用地使用权3宗、面积17公顷；审批个人建房用地120宗，面积1.07公顷，审批设施农用地16宗，面积2.73公顷；“三旧”改造出让3宗，面积4.98公顷，出让金额1314.25万元。

土地征收储备、融资。协助做好汕梅高铁（畲江至南口）166.67多公顷、梅畲快速干线200公顷、新城自来水厂6.67多公顷、新县城约66.67公顷的征地工作；协助做好梅平高速28.53公顷征地工作；协助做好东环高速128.4公顷征地前期准备工作。做好农行4.5亿元土地储备融资的后续贷款工作。

保障基本农田耕地红线。完成由国土资源部门负责实施的2014年度松源、白渡、城东镇共497.2公顷高标准基本农田建设任务；分别做好2015年度实施的畲江镇、水车镇、程江镇共662.2公顷高标准基本农田建设工程施工工作和2016年度实施的梅西、大坪镇共796.67公顷高标准基本农田前期规划设计工作。配合做好2016年度省政府耕地保护考核组对市政府耕地保护责任制考核工作，以及市对区耕地保护责任制考核工作，完成2016年度区与镇、镇与村、村与村民小组耕地保护责任书签订工作；完成2016年度基本农田经济补偿资金拨付工作，拨付资金991.72万元。另耕地地占补平衡，报批梅汕高铁、梅平高速、梅畲快速干线等重点项目共占用耕地174.87公顷，补充耕地74.87公顷。

【环境保护】 2016年，梅县区突出环境优先，树立底线意识，严格环境监管，扎实推进污染减排，着力解决突出环境问题。按照梅州市创建国家环境保护模范城市工作部署，从优化经济发展、环境质量提升、环境基础设施建设、生态环境安全建设和环境监管能力建设等五个方面深入开展各项工作。同时，认真做好中央环保督察组11月28日进驻广东后的转办件调查处理、调阅资料报送等工作。

认真贯彻执行环保法律、法规，落实产业政

策，强化环评审批集体审议、信息公开和事中事后监管，严把建设项目环评审批关。全年审批建设项目165宗；否决16宗选址不当的申报项目。建设项目环境保护竣工验收 53 宗。办理排污许可证57宗。

加强对国控企业的日常监管及各项环保设施和在线监测系统正常运行的日常监督；新城水质净化厂二期污水处理能力逐步增强。雁洋、畲江和松源3个中心镇污水处理厂通过验收。全年削减化学需氧量排放量 708.5 吨、氨氮排放量80.51吨、二氧化硫排放量5341.51吨、氮氧化物排放量698.43吨。

开展环保专项执法检查行动。全年检查企业612 家次，发出《责令改正违法行为决定书》25份，立案13宗，处罚金额27.4471万元，结案8宗，罚款入账9.0471万元，清理整顿关停9个违法建设项目，办理备案203宗。全年排污费入库额747.5万元。

重点整治方面完成 10 个镇的集中式饮用水源保护区的划定以及保护的相关工作；对梅县区梅江流域 11 个断面的水质进行调查，为水环境管理工作提供依据。加强机动车污染防治，实施黄标车闯限行区电子执法。全年发放机动车环保标志7136个，淘汰黄标车、老旧车2340辆，完成锅炉淘汰整治 14 台套。检查餐饮店 930 家，发放整改通知书657份。重金属污染防治清洁生产审核验收重点企业9家。已通过审核验收的有5家，3家待验收，1家正在施工。

2016年，全区环境质量保持良好，空气质量优于国家二级标准，城区空气质量优良率98.1%，局部环境空气质量持续向好；地表水水质基本达到划定功能区标准，饮用和备用水源水质达标率100%；城区环境噪声基本符合城市噪声质量标准。为全区经济社会发展提供了良好的环境保障。2016年，环保责任考核位列全市第一。

梅县区环保局 2016 年 9 月被省人民政府授予广东省环境保护先进集体称号。

【科技】 梅县区获取2016年度科学技术奖12项。其中，市级6项、县级6项。全区专利申请量 450 件（发明专利 60 件，实用新型专利 227件，外观设计专利 163 件），其中发明专利申请量同比增长27.66%；专利授权量340件（发明专利 28 件，实用新型专利 210 件，外观设计专利102 件），发明专利授权量同比增长 100%。发明专利申请量及授权量连续3年位居全市第一。全年区财政拨款 135.24 万元对 1736 件授权专利进行补助，以提高全区科技创新热情。

年末，全区有国家高新技术企业 15 家；广东省高企培育入库企业4家；广东省创新型企业2家、创新型试点企业 1 家；省级工程技术研究开发中心7家、市级4家；广东省省部产学研示范基地3家、科技特派员工作站5个；省部产学研合作重点实验室培育单位1家；省级技术创新专业镇7家、市级2家；全国企事业知识产权试点单位1家、省知识产权优势企业5家、省知识产权教育试点学校2所。

2016 年组织申报省级科技计划项目 14 项，获准立项6项，获得财政资金支持760万元。松口镇人民政府获批为省金柚技术创新专业镇；梅州市梅县区佳禾现代农业有限公司的“梅县佳禾现代农业省级青少年科技教育基地”和梅州哆梦创客科技有限公司的“梅州市青少年创客省级青少年科技教育基地”均被确认为广东省青少年科技教育基地；广东十记果业有限公司的“现代农业示范区电商园”被确定为广东省众创空间试点单位。

2016 年 11 月，梅州市专利技术孵化产业园揭幕挂牌。产业园包括产业孵化、产业研发、人才培训及配套高级人才公寓、综合楼、研发楼等。园区实行分期建设，首期投资1亿多元，占地7.73公顷，年底，项目已全面动工。

年末，全区拥有科学技术人员 9191 人，同比增长 1.7%。其中：高级职称 1149 人，同比增长 7.5%；中级职称 4859 人，同比增长 0.2%。

【教育】 2016年面向全国招聘74位“211”工程院校全日制师范类应届毕业生或全日制师范

类本科起点的硕士研究生到梅县外国语学校任教，招聘 40 位师范类本科毕业生充实到各中小学校任教。深入开展优秀教师、优秀教育工作者、优秀班主任、教改积极分子等评比活动，促进教师爱岗敬业。全年累计培训校长、教师近 1 万人次，派出校长到东北师大等学习培训 300 人次。

继续对新建的高标准、现代化、有特色的梅县外国语学校的后续工程建设进行完善。投资 2300 万元的程江镇德兴小学于 9 月交付使用，顺利实现新增学位 1500 个。计划投资 4000 多万元择地新建梅县区特殊教育学校并进入全面施工阶段。畲江镇中心小学的提质扩建工作也正加紧推进。

筹措资金对相关学校的设备设施进行充实和完善，以进一步巩固提升教育“创强”成果。4 月，剩余梅西镇、南口镇等 7 个乡镇的“强镇”复评通过省专家组的督导验收。6 月，创建“全国义务教育发展基本均衡县”复审工作通过国家复检验收。在争创“广东省推进教育现代化先进区”工作中，累计投入资金 4000 多万元，对全区中小学校的设备设施进行充实和完善，全区有 543 位教师正在进行学历提升。

2016 年高考再创佳绩，全区考生 4396 人，上重点本科线 199 人，比上年增加 39 人；上本科线 1552 人，比上年增加 232 人，入围率为 35.31%；上省三 A 线 2539 人，入围率 57.76%。高级中学再上新台阶，上重点本科线 171 人；考上本科线以上 979 人，入围率 82.34%；考上省三 A 线 1148 人，入围率 96.55%。中考全区考生 3989 人，其中 750 分以上有 7 人、700 分以上 180 人；高级中学考生 285 人，700 分以上 75 人；宪梓中学考生 1476 人，700 分以上 71 人。

2016 年末，梅县区有各类学校 59 所，其中：完全中学 8 所，初级中学 17 所，中心小学和直属小学 27 所，中等职业学校 2 所，教师进修学校、富力足球学校、特殊教育学校、青少年宫、技工学校各 1 所。全区有中小学生 64368 人（其中：普通高中 9305 人、中等职业学校 3411 人、初级中学 12684 人、小学 38968 人），适龄儿童入学率和小升初升学率均 100%，高中毛入学率 96.06%。

全区有各级各类幼儿园 110 所（其中：区直属幼儿园 1 所、镇中心幼儿园 19 所、学校附设幼儿园 18 所、民办幼儿园 72 所），其中有省一级幼儿园 1 所，市一级幼儿园 18 所，区一级幼儿园 20 所，规范化幼儿园 76 所。全区幼儿园有教职工 2094 人，教师学历达标率为 100%；在园幼儿 20060 人，全区学前三年毛入园率 99.3%。

【文化艺术】 2016 年，中共梅县区委、区政府将农村文化俱乐部创建工作列入十件民生实事，列入对镇级工作绩效考核的指标。全年完成 16 个农村文化俱乐部的建设。创建了雁洋、白渡 2 个乡镇文体广场示范点和雁洋雁中村、南口侨乡村 2 个行政村综合性文化服务中心示范点。全区公共图书馆、文化馆、博物馆、乡镇综合文化站等公共基础设施场地全部免费开放。

文学艺术创作获省市奖主要有歌曲《家乡话》，获省群文创作二等奖和梅州市群文创作一等奖；相声《特殊会议》获省群文创作三等奖和梅州市群文创作一等奖；表演唱《老汉进城》获省群文创作三等奖和梅州市群文创作二等奖；舞蹈《排排坐唱山歌》参加广东省第十届少儿艺术花会荣获三等奖等 10 多个。

群众文化活动亮点纷呈，大型山歌剧《合家福》作为广东省唯一入选剧目参加全国基层院团戏曲会演；大型山歌剧《古寨牛人》参加了“2016 广东戏曲喜剧特邀展”；山歌表演唱《月下恋歌》参加了“两岸暨港澳地区”客家山歌（东莞·凤岗）邀请赛荣获金奖。举办梅县区第二十八届中秋山歌节文艺演出、“中国梦 丝绸路—文化迎春松口行”和非遗文化进校园等系列活动。

木偶剧团演艺公司新创作的大型人偶剧《海族总动员》在梅州市山歌剧院首演，并在广州、潮州、深圳，重庆、海南等地区进行巡演。在 2016 年春节期间应中国文联的邀请参加北京市 2016 年百花迎春晚会；参加第十二届深圳文博会。

全年完成农村电影放映 4260 场，广场电影

322 场，关爱残疾人送影下乡放映活动放映 790 场，扶贫济困敬老院放映活动 332 场，梅县区人防科教影片《居安思危备战人防》放映活动 740 场，广东工会情系职工放映活动 6 场，观众 30 多万人次。

2016 年，梅县区图书馆新增藏书 1 万册，电子图书 100 万种；全年到馆人数 10 万多人，借阅纸质图书 20 万多册。以 4 · 23 世界读书日为契机，成功举办“书香梅县 共享阅读”全民阅读活动暨梅县区数字图书馆落成仪式；邀请知名作家现场签名赠书活动。

完成梅县区第一次全国可移动文物普查工作报告，全区有各级文物保护单位 53 处。其中：国家级文物保护单位 1 处、省级文物保护单位 14 处、市级文物保护单位 19 处、县级文物保护单位 19 处。第三次全国文物普查登录的文物点有 380 处，公布的不可移动文物名录有 267 处。市级历史建筑 44 处。中国历史文化名镇有 1 个。中国历史文化名村 1 个、广东省历史文化名村 1 个。历史文化名街有国家级 1 个（松口古街区）。中国传统村落有 15 个。

文化遗产传承保护，认真做好“丙村开锅肉丸”申报梅州市第七批市级非物质文化遗产代表性项目的申报工作，成功被列入市级非物质文化遗产代表性项目名录。至 2016 年底，梅县区有省级非遗项目 4 项、市级非遗项目 7 项、县（区）级非遗项目 32 项，共有 9 类 43 项；各级非遗项目代表性传承人 42 人。

全区有文化产业企业 167 家。其中：文化旅游产业 3 家、动漫制作 4 家、文化艺术传媒 6 家、动漫电子游艺城 2 家、电影放映单位 4 家、歌舞娱乐场所 10 家、互联网服务营业场所 45 家、文艺表演团体 4 家、音像零售 26 家、国内版书报刊 40 家、印刷企业 10 家；工艺美术 13 家。其中注册资金 100 万元以上的有 32 家、10 万元以上 55 家、10 万元以下 80 家。同时，从事文化产业的工作人员总计 11000 多人。

文化市场整治，全年出动执法人员 1846 人次，检查文化经营单位 1972 家次,其中：检查歌舞娱乐场所 260 家次，检查网吧 432 家次，检查书报刊经营单位 444 家次,检查印刷经营单位 132 家次，检查文物单位 482 家次等,作出行政处罚 11 家，收缴非法出版物 158 册（张）。开展“扫黄打非”专项行动，净化出版物市场。以“清源”“秋风”等专项行动为重点，有效地净化梅县区文化市场。

年底，梅县区成立有 18 家文艺家协会。文艺家协会有区级会员 1036 人、市级会员 251 人、省级会员 139 人、国家级会员 32 人。

【医疗卫生】 医药卫生体制改革　一是加强组织领导，落实责任。二是落实经费保障，确保按人均 45 元保障基本公共卫生经费足额配套到位。三是以梅县区中医院为试点单位，稳步推进第二批县级公立医院改革试点。四是健全体制机制，保障公共服务。初步建立分级诊疗制度和家庭医生签约服务，在丙村镇、程江镇开展家庭医生式签约试点服务，探索推进签约服务工作。严格执行基本药物制度并实行零差率销售，有效控制药品费用的不合理增长。建立健全综合监管体系，监督覆盖率 100%。五是落实基本公共卫生服务，12 类国家基本公共卫生服务、4 项重大公共卫生服务项目全部免费或补助的方式向全民提供。

卫生强区创建　一是加强组织领导，落实保障措施。根据省、市卫生强省、强市要求，区委区政府于年初印发《中共梅州市梅县区委 梅州市梅县区人民政府关于建设卫生强区的意见》《关于印发〈梅州市梅县区关于开展创建基本医疗和基本公共卫生服务示范镇活动的实施方案〉的通知》《关于印发梅州市梅县区医疗卫生强基创优三年行动计划（2016—2018 年）的通知》等三个文件，成立卫生强区工作领导机构，全面启动卫生强区创建工作。二是完善人事制度，稳定工作队伍。对乡镇卫生院在编人员实行工资财政兜底，并实施绩效工资、津贴补贴等措施；加大人员招聘力度，充实基层医技人员，全年公开招聘基层医技人员 230 多人。三是加大基础设施建设投入，加快卫生强区创建步伐。2016 年投入公共卫生经费超2亿元，推进卫生强区创建和各项医改任务落实。已开工建设的项目有粤东医院感染大楼、梅县区中医医院改扩建、区妇保院出生缺陷干预中心大楼、梅州畲江医院、梅西镇卫生院综合大楼、白渡镇卫生院综合大楼、程江镇卫生院改建工程；其余镇卫生院新建和改造项目有序推进，松源、雁洋等卫生院改造工程已完成。全区规划建设标准化卫生站301间，医疗卫生机构设备配套工作正在同步进行。

基本公共卫生　落实经费保障，确保按人均45元保障基本公共卫生经费足额配套到位。在丙村镇、程江镇开展家庭医生式签约试点服务，探索推进签约服务工作。严格执行基本药物制度并实行零差率销售，有效控制药品费用的不合理增长。落实基本公共卫生服务，12类国家基本公共卫生服务、4项重大公共卫生服务项目全部免费或补助的方式向全民提供。

继续做好梅县区农村孕产妇住院分娩补助、农村妇女增补叶酸预防神经管缺陷，重点加强孕产妇规范管理与督导。9月28日在全区范围内全面实施农村妇女宫颈癌检查及农村地区宫颈癌监测工作；继续实施出生缺陷综合防控项目工作，全区实现连续三年重型地贫儿零出生。梅县区被广东省卫生计生委认定为2016年度“省级妇幼健康优质服务示范区”。

公共卫生检查　一是医疗卫生机构检查。采取日常监督、突击检查、专项整治三结合等措施，依法查处违法行为。2016年，受理各类行政许可总数824份，出动卫生监督人员约1682人次，检查有关涉嫌无证行医的场所或门店38间、医疗保健机构407家、疾病预防控制机构1家、采血点1家、消毒产品生产企业1家；查处无证行医2宗，取缔2宗；查处医疗卫生机构超范围执业1宗；实施行政处罚3宗，罚款金额7000元；对1家医疗卫生机构的不良执业行为实施记分查处，共记2分；调查处理群众投诉举报6宗；收缴非法医疗广告牌7块；全年共发出卫生监督意见书1796份。二是饮用水卫生检查。全区有集中式供水单位30家，持有生活饮用水卫生许可证的有18家，持证率60%。三是学校卫生检查。联合区教育局、区食品药品监督管理局对辖区内12间中小学开展学校卫生综合评价工作，经检查及评价，11间中小学校均能达到B级（学校卫生合格学校），针对部分学校医疗及保健室管理不完善、无有效医疗机构执业许可证、从业人员未取得执业医师资格证等问题提出了指导建议，逐步提升学校卫生工作管理水平。

【传染病防治】　疾病预防控制　一是加大宣传力度，提高群众预防保健意识。二是抓好疾病预防控制，落实免疫规划疫苗接种管理，抓好适龄儿童免疫规划疫苗基础和加强接种工作。查卡册和随访适龄儿童卡介苗、乙肝疫苗等“八苗”基础和加强免疫接种率均98%以上；脊髓灰质炎灭活疫苗（IPV）试点工作圆满成功。三是预防接种信息管理，及时建卡造册。四是加强与学校和托幼机构配合，落实儿童入托、入学预防接种证的查验、接种（或补种）工作。五是加强卫生应急演练，完善应急预案，做好应急物资的储备工作。做好传染病管理和调查处置,全年有效处置疑似诺如病毒感染、人感染H9N2禽流感、水痘疫情各1起，有效保障群众生命安全。

慢性病防治　一是建立“政府主导、部门合作、专业机构支持、全社会参与”的慢性病综合防控工作机制，创建省级慢性非传染性疾病综合防控示范区工作取得阶段性成效。二是加强宣传，防治结合。组织开展慢病主题日宣传活动与义诊相结合，全年共举办义诊6次，免费发放药品价值约3万元，发放健康教育资料约2.6万份；制作慢性病防治知识等宣传节目共10期。三是落实肺结核患者或疑似患者的报告和转诊制度，加强网络专报信息系统和转诊到位情况核查，积极做好肺结核病人的发现、治疗和管理工作。四是对高血压、糖尿病患者管理进行规范管理，高血压患者规范管理率98.42%，Ⅱ型糖尿病患者规范管理率98.67%。

【爱国卫生运动】　一是落实“三个一”环境卫

生整治制度，大力开展农村环境卫生综合整治。二是加大宣传力度，提高群众卫生防病意识。三是加大投入，区财政全年安排 1900 万元专项经费，用于农村生活垃圾处理。投入 30 万元聘请专业消杀队伍在城区开展药物消杀工作，经监测，梅县区鼠、蝇、蚊、蟑密度控制水平均达国家 C 级标准，符合国家卫生城市标准要求，全区病媒生物防制水平进一步提升。四是建立健全长效机制，落实“巩卫”责任，2016 年有 96 个村通过省爱卫办考核验收，授予广东省卫生村荣誉称号；112 个村通过市爱卫办考核验收，授予梅州市卫生村荣誉称号。

2016 年，全区 117 个医疗卫生事业机构拥有床位 2697 张，各类卫生技术人员 2445 人，其中医生 982 人、护士 998 人、药剂人员 263 人。其中镇卫生院有 18 间、拥有病床位 642 张。疾病防控和妇幼保健工作得到进一步发展，全年未出现重大“疫情”。

【体育】 2016 年，梅县区体育部门牵头制定《梅州市梅县区全民健身实施计划（2016—2020 年）》《梅州市梅县区振兴“足球之乡”实施方案》及《梅州市梅县区职业足球俱乐部建设扶持办法》《梅州市梅县区足球场地建设补助办法》《梅州市梅县区足球队奖励办法》等 3 个足球改革方案配套文件，为重振“足球之乡”雄风，擦亮“足球之乡”品牌提供政策支持。

梅县区体育基础设施较为完善，至年底，全区有大、小足球场 103 座，乒乓球桌（室） 78 个，田径场 25 座，篮球场 256 个，游泳池 2 个。大型的体育设施分别有梅县文体中心和曾宪梓体育场。此外，还设有梅县业余体校、富力切尔西足球学校和梅县客家足球俱乐部。

群众体育，加强城乡体育健身基础设施建设，完成铁炉桥社区体育公园建设，全年下拨 82 套小全民健身路径；16 个室内乒乓球台；43 个室外乒乓球台等器材。为承办 2017 年梅州市第八届运动会，对曾宪梓体育场进行田径场地塑胶跑道的全面改造。承办参加具有影响力的国内品牌赛事，如：2 月 3—5 日，协助举办 2016 年梅州市第六届“贺岁杯”足球比赛，参加队伍有新疆天山雪豹、呼和浩特中优、梅州客家三支中甲队伍及中乙梅县铁汉生态队；4—8 月，承办中乙 2016 美摄中国足球协会乙级联赛“梅县铁汉生态”的主场赛事（预赛）；4 月 12 日，承办中国“足协杯”足球比赛（梅县赛区）等。

竞技体育，分别获得：①广东省青少年女子足球乙组联赛（2001—2002 年龄段）亚军；②广东省青少年男子足球乙组联赛（2004—2005 年龄段）第四名；③广东省青少年男子足球甲组联赛（2001—2002 年龄段）第四名；④梅州市少年男子足球选拔赛（2002—2003 年龄段）冠军；⑤梅州市少年女子足球锦标赛甲组冠军；⑥梅州市少年男子足球锦标赛乙组冠军；⑦梅州市少年男子足球锦标赛甲组冠军；⑧梅州市少年女子足球锦标赛乙组亚军。

党的建设概况

【思想、组织、作风建设】 2016 年，中共梅县区委、组织、宣传部门继续发挥党委（党组）理论中心组龙头作用，服务好区委理论中心组日常学习工作，加强对基层党委（党组）理论中心组学习的督促指导，印发《2016 年梅县区基层党委（党组）学习型党组织建设工作计划》，明确学习内容，创新学习形式。深入开展“两学一做”学习教育活动，把学习贯彻习近平总书记系列重要讲话精神作为首要政治任务，推动各级党组织和广大党员干部及时学、专题学、深入学。全年发出《学习活页文选》《全面小康热点面对面》《党委（党组）中心组理论学习资料汇编》《习近平总书记系列重要讲话读本（2016年版）》等理论学习资料5万多册。

远程教育。全区415个站点100%完成每月开机任务，开机使用率每月在全市排名第一。抓好“两学一做”学习教育，认真组织全区党员参与“党员考学”活动，参与考学人数2.29万人，参考率位于全市各县（市、区）前列。3月25日，组织全区党员干部通过远教平台收看市委市政府举办以“危机管理与突发事件应对”为主题的客家讲坛报告会。

干部监督管理。设立“12380”信访举报电话，安排24小时专人值守。实施“八小时以外”监督管理试点工作。选取松口镇、梅南镇、教育局、国税局等单位作为“八小时以外”监督管理试点单位，通过建立党员领导干部双重组织生活制度，“八小时以外”重大问题、重要事项请示报告等制度，全方位、立体化推进干部“八小时以外”监督管理，净化领导干部的社交圈、生活圈、休闲圈。

严守政治纪律和政治规矩。要求全区党员干部绷紧政治纪律和政治规矩这根弦，把严明政治纪律和政治规矩摆在首要位置，牢固树立纪律和规矩意识，对党绝对忠诚，自觉在思想上、政治上、行动上同以习近平同志为总书记的党中央保持高度一致，坚决维护党中央权威。按中央和省、市的部署，在全体党员中开展“学党章党规、学系列讲话、做合格党员”学习教育，坚定理想信念，增强看齐意识，立足岗位奉献。牢固树立大局意识和责任意识，把中央、省和市“十三五”规划开局之年的各项决策部署与本地区、本部门的实际创造性地结合起来，努力交出振兴发展的满意答卷。

基层党组织建设。扎实开展“两学一做”学习教育，重点做好党员组织关系集中排查、党代表和党员违纪违法未处理情况排查清理、基层党组织按期换届检查、党费收缴工作专项检查、推进非公企业和社会组织“两个覆盖”等工作。

坚持会商研判排查、一村一策整顿软弱涣散基层党组织。确定20个村党组织作为帮扶整顿对象。完成20个村党组织的整顿工作。全年筹集近700万元资金，完成82件民生实事。

从严从实抓好驻点联系工作。全区19个镇（办事处、高管会），组建388个驻点团队，共上门联系、走访慰问群众13.58万户，占全区总户数的90.25%，召开座谈会1074场次，定点接访9761人次，收集群众反映问题5869条，至年底，解决5488件，占93.5%。投入资金928万元帮助村解决各类民生实事。

完成区镇两级党代会换届选举工作。组成9个换届工作指导组，对镇级换届工作程序、选举程序等进行全面指导，确保乡镇换届选举工作依法依规、民主透明。同时，通过“严把党代表推荐关、严把党代表考察关、严把党代表选举关”选出市区镇三级党代表。

落实基层党建基础保障。全区388个村（社区）均有村级组织活动场所，村级运作经费方面，按照每个村不少于6万元办公经费、村干部报酬不低于2200元的标准，落实好村级经费保障。

2016年，中共梅县区委下辖基层党（工）委42个，其中区直系统党委11个、区直单位党委4个、镇（办事处、高管会）党（工）委19个、非公企业党委7个、村级党委1个；辖党（总）支部972个，其中村支部355个、社区支部29个。全区有党员34163人，其中：农民党员20367人，公有经济单位职工7919人；非公有制企业党员1222人，女性党员10062人。新发展党员211人，其中女性党员78人、农牧渔民党员120人。

【党的干部队伍建设】 干部选拔任用。2016年，全面完成镇党委、人大、政府班子换届选举工作。全区19个镇（办事处、高管会）配备镇级领导班子成员291人，平均年龄41.2岁；大专以上学历286人，占98.3%；35周岁以下年轻干部60人，占22.6%；女干部38人，占13%。全区17个镇选拔“三类人员”17名，每个镇均配备 1 名；选配专职党委副书记或常务副镇长 19 名，每个乡镇配备 1—2 名。全区乡镇换届工作在领导班子年龄结构、性别结构、人员类别结构以及选拔任用程序等方面均符合规定，达到省、市的有关要求。

召开区第一次党代会。大会表决通过各项决议决定，选举产生区委委员、区纪委委员、出席市党代会代表。会后，还选举产生新一届区委和区纪委领导班子。

党员干部培训。2016 年，梅县区党员干部培训工作围绕中心、服务大局、突出党性锤炼和干部能力素养的提高，把学习贯彻中共十八大精神和习总书记系列重要讲话精神与梅县区工作大局业务培训有机结合，牢固树立“五大发展”理念和增强“四个自信”意识，以党校为教育主阵地，整合全区各职能部门培训资源，精心组织举办产业发展、依法行政、基层党建、中青年骨干理论和区、镇两级换届工作业务知识培训等七类 10 期专题培训班，有 780 多名各级党政干部参与培训。协助区纪检、人社、统战、直工委等部门和部分乡镇举办各项专门业务知识培训十多场，培训干部约一万多人次。选送科级以上干部 60 人参与中央、省、市各级部门的业务培训。

人才工程建设。依托“三个平台一个项目计划”，破解山区引才难题。一是抓好区管第六批拔尖人才选拔工作，选拔 25 名区管拔尖人才，行业涉及教育、卫生、农林水、企业科技工程、建筑规划设计、社会科学、文学艺术、非物质文化等。二是抓好人才新政策的落实。市“千人计划”政策向企业人才倾斜落地，全年引进“千人计划”人才 6 名。三是推进乡贤人才回归工程和“扬帆计划”项目，分别争取乡贤华南农业大学教授洪添胜等 10 人组成的“山地果园机械研发”创新创业团队、中山大学教授葛发欢等 5 人组成的“红豆杉新品种关键技术”创新开发团队落地梅县区，争取“电商精英孵化集聚工程”“扬帆计划”人才项目。组织区属优秀企业家 8 人参加清华大学企业创新驱动高级研修班等人才工程建设。

【党风廉政建设】 全区各级党组织严格履行全面从严治党政治责任，坚持挺纪在前，通过开展形式多样的以“学党章强党性，讲规矩守纪律”为主题的纪教月活动，全区党员干部的“四个意识”不断夯实。各级纪检监察机关回归党章要求，聚焦监督执纪问责主业，把实践“四种形态”贯彻于管党治党的全过程。健全责任追究工作机制，落实“一案双查”，以严格的问责倒逼责任落实。

换届监督立足严肃纪律。在区、镇两级换届重要时期，区委书记、区长、纪委书记、组织部长分别对 19 个乡镇、区直有关单位负责同志和负责换届工作部门、重点岗位工作人员开展换届谈话提醒，督促履行换届工作主体责任和监督责任，印发《关于加强换届风气监督严肃换届工作纪律的通知》，严明“九个严禁”纪律。严格把好党员领导干部“党风廉政意见回复”关，坚决防止干部“带病提名”“带病提拔”，区纪委向组织部门出具 1378 人（次）的廉政意见。

作风建设　正风肃纪持续发力。坚持抓常、抓细、抓长，坚持动辄则咎、标本兼治，通过开展全面检查与专项检查、明察暗访、群众来信来访等多种形式进行督促检查，严肃执纪，坚决纠正损害群众利益的不正之风。2016 年，全区开展明察暗访 85 次，制作专题暗访片 5 期，查处违反作风建设问题 17 人次。

监管向全方位延伸。制定党员领导干部“八小时以外”12 项重点监督清单，明确重点对象、重点时期、重点场所；印发《梅县区党员领导干部“八小时以外”活动监督管理办法（试行）》、《梅县区党员领导干部“八小时以外”活动明察暗访制度（试行）》等制度，形成组织监督、制度监督、群众监督和家庭监督四道防线，监督的触角向全方位延伸。

查处违纪违法案件　积极实践“四种形态”，保持惩治腐败力度不减、尺度不松。2016 年，区纪委监察局受理群众信访举报 210 件（次），应核 124 件，初核 124 件，核查率 100%；全区纪检监察机关立案 82 件，其中科级干部 13 人；结案 83 件（含 2015 年未结案件），给予党纪政纪处分 81 人，其中党内严重警告以下和行政降级以下等处分45人，占党纪政纪处分总人数55.6%；党纪政纪处分 36 人，占 44.4%。同时，严格落实“三个区分开来”，为 31 名受到诬告、错告的党员干部澄清问题。

建立健全长效机制，印发《关于开展谈话提醒构建抓早抓小工作机制》等系列文件，将谈话提醒工作落实到各级党组织履行两个责任的日常工作中，及时处理轻微违纪问题。据统计，2016 年全区开展谈话提醒 6863 人次，诫勉谈话 19 人次，红脸出汗谈话 56 人次，信访函询 5 人。

集中排查基层违纪违法线索　紧盯“七类问题”线索，重点加强扶贫领域的监督执纪问责，协助区委、区政府制订落实扶贫政策核查方案，制定各级纪检监察机关落实扶贫政策督查办法，开展扶贫政策落实情况入户核查督查，严肃查处群众身边的不正之风和腐败问题。建立区直涉农单位和乡镇联动机制，有效提高线索排查质量和水平。2016 年，全区排查出违纪违法线索 479 条，涉及七类范围线索 413 条；立案 79 件，已结案 72 件，党纪政纪处分 72 人。

宣传教育　重视廉洁教育宣传。纪教月期间，组织 300 多名党员干部观看反腐倡廉话剧《韩文公》；开展“廉洁火炬杯”党规党纪知识竞赛和专题教育学习会，大力宣传和解读《廉洁自律准则》、《纪律处分条例》和《问责条例》，强化党员干部的纪律规矩意识。完善充实“四个教育基地”（反腐倡廉教育基地、涉农预防警示教育基地、“宋湘廉洁文化”教育基地、“孝廉文化”教育基地）和“两个长廊”（“河滨清风”廉洁文化长廊、法纪教育长廊）内容，以案释纪，以案明纪。全区 19 个镇（办事处、高管会）开展“一镇一基地，村村有宣传”活动，大力开展廉洁文化教育和警示教育，引导党员干部勤廉从政。提升“纪检监察之窗”电视栏目和内刊《正道》质量水平，改版提升梅县区纪检监察网，并针对重要节点，通过手机客户端、领导干部微信群、短信平台发送廉洁短信，传导遵纪守法正能量。

注重源头预防腐败。针对执纪审查中发现的问题，督促发案单位查找根源、建章立制，加强风险防控，推动办案成果向治本成果转化。认真落实省关于推动构建新型政商关系的意见，营造“亲”“清”政商关系。

加大信息报送力度。注重“三转 ”工作苗头性、倾向性问题以及监督执纪问责中发现的问题，认真分析、解剖和研讨，为领导决策提供参考。全年向省、市纪委报送信息 50 多篇，分别在省级、市级媒体刊发稿件 7 条、12 条。

责任编辑：叶永生

政治

梅县区领导机关

中共梅州市梅县区委

【区委十二届六次全会】 2016年1月31日下午，中共梅州市梅县区委召开十二届六次全体会议。中共梅县区委书记张文广主持会议，区委常委、区委委员、候补委员出席会议，不是区委委员、候补委员的区人大、区政府、区政协领导、区法院院长、区检察院检察长、区副县级干部和区纪委常委等列席会议。会上，张文广代表区委常委会作工作报告。会议指出，2016年，全面贯彻落实中共十八届三中、四中、五中全会和省委十一届四次、五次全会精神，按照市委市政府建设"一区两带"的工作部署，认真落实"两大振兴政策"，扎实开展"三严三实"专题教育活动，深入推进各项改革，扭紧"三大抓手"，坚守"两条底线"，经济实现中高速增长，各项事业全面进步，开创振兴发展的新势头。会议回顾2015年及"十二五"期间取得的成就：2015年，全区生产总值169.65亿元；固定资产投资138.39亿元、增长30.2%。税收总收入31.48亿元，增收4.14亿元；公共财政预算收入21.5亿元，增收3.49亿元，增长19.39%。公共财政预算收入和本级税收总量均在粤东西北12个市74个县（区）中排名第二位。区财政在全省县级中唯一荣获全国先进集体殊荣，被认定为第三批国家现代农业示范区，被命名为"中国民间文化艺术之乡""中华诗词之乡"。县域旅游综合竞争力连续五届跻身全省十强，位列第三。电子商务产业园被评为"广东省电子商务示范基地"。企业上市实现新突破，新增3家上市企业。同时，2015年也是"十二五"规划的收官之年，"十二五"时期，紧扣振兴发展主线，主动适应新常态，积极有效应对，不断创新发展模式，经济社会发展取得显著成果，2010—2016年全区生产总值年均增长10.5%，人均GDP由2010年的22464元增至2015年的32348元，增长40%；税收、公共财政预算收入分别由14.37亿元、7.58亿元增至31.47亿元、21.49亿元，分别增长1.19倍、1.84倍。中共梅县区委副书记、区长钟光灵就经济工作作专题讲话。2016年，梅县区将重点突出五城联动、聚焦产业项目、完善交通网络、创新招商模式、办好民生实事、转变作风，打造法治效能政府等六个方面的工作，坚定不移地加快推进全区振兴发展。要牢固树立和贯彻落实"创新、协调、绿色、开放、共享"发展理念，切实把思想和行动统一到党中央、国务院和省、市对经济形势的准确判断和决策部署上来，按照区委十二届六次全会工作安排，狠抓各项工作落实，大力推进供给侧结构性改革，致力补齐发展短板，推动全区经济更好更快发展。会上，区委副书记钟秀堂还宣读梅县区2015年度镇级工作绩效考核的情况通报。

【区委主要工作】 推进供给侧结构性改革，实体经济平稳健康发展。主动适应和引领经济发展新常态，认真落实"三去一降一补"措施，推进供给侧结构性改革，经济保持平稳增长，质量和效益不断提升。一是产业平台建设快速推进。产业集聚区供水、供电、医院、学校、道路等基础设施和配套设施建设扎实推进，航鑫科技首期、BPW（梅州）车轴6期、博森光电首期、安盛华集团珠宝加工等一批项目投产见效，省市共建创新创业孵化园、专利技术孵化园、铁路货场物流园和深圳有信达保税物流等一批省市重点项目2016年有序建设中，综合保税区得到省委省政府的大力支持优先向海关总署申报，2016年边申报边建设，商贸物流、休闲健康医疗、新型电子、新材料等产业集聚发展。集聚区现有企业52家，建成投产40家。二是民营经济快速发展。突出做强做优工业，全力支持服务梅雁吉祥、宝新能源、超华科技、集一建材、嘉元科技、骅锋科技、泰鸿科技、自远环保、客家村镇银行等9家上市企业和华银、恩华、BPW车轴、卡莱、振声等骨干企业做强做优做大。通过“助保贷”为19家企业发放贷款6930万元，通过贷款贴息基金促成金融机构为23家企业发放贷款6.83亿元，切实解决中小企业融资难题。落实企业上市（新三板）扶持办法，对2015年挂牌上市的3家企业累计发放奖励金500万元，促成梅州客商银行获批筹建，泰鸿科技、自远环保和客家村镇银行3家企业在“新三板”上市，还有客家园林、客都物业、力天世纪3家企业已提交材料在“新三板”待审批，5家企业近期准备上报材料。三是招商引资成效明显。创新出台个人（单位）招商引资奖励、扶持企业上规模（限额）奖励办法，充分调动全区各级各部门和社会各界招商引资积极性，促进企业投资增长。全年，新引进项目31个，计划投资总额87.5亿元，动工项目14个，已投入资金31.24亿元。四是优化全域旅游规划，改造提升景区景点和旅游基础设施，实施“旅游+”战略，全年接待游客1600万人次，旅游总收入134.3亿元，均比上年增长10%，县域旅游综合竞争力连续六届跻身全省十强。五是以国家现代农业示范区建设为契机，大力发展特色种养业和农产品精深加工业，建成松口大黄金柚产业园、丙村富柚生物科技农产品等一批农业发展项目，实现农业“接二连三”。

实施“五城联动”，城乡统筹协调发展。坚持以城促产、以产兴城，五城联动，加快城市扩容提质。梅县新城锦绣国际家居博览中心建成开业，富力城、宝丽华集团和金利来集团经济总部及“众创金融一条街”等产业项目建设加快，市政综合管廊、新城水厂、棚户区改造等城市公共配套设施不断完善，市容市貌进一步改观，城市品位提升。新城建成区面积增至20平方公里、人口增至18万人。葵岗新城进城大道建设有序推进，铁汉生态梅州区域总部开工建设、足球产业基地项目正式启动。槐岗新城程江河段景观提升工程动工建设，正在与中山大学和上海交通大学教育集团沟通对接，谋划建设教育小镇。“国际慢城•雁洋新城”提升工程全面启动，雁洋评为中国十大美丽乡镇、入选中国特色小镇。畲江新城市政道路、管网、配套医院、中心小学扩建等工程建设有序推进。同时，扎实开展中心镇、重点镇建设，以城带乡、城乡互动，推进了新型城镇化快速发展。

加快交通设施建设，发展环境不断优化。统筹交通建设与园区、城区、镇村建设，在全力配合抓好境内“两高一场”建设的同时，突出抓好梅畲快线、S223出省快速通道和西部快线的规划建设，着力打通与周边省市县快速通道，加快构建快速综合交通体系。投资18亿元、全长29.6公里的梅畲快速干线工程正有序建设；投资32亿元、全长70公里的S223线出省快速通道项目前期准备工作有序推进，近期准备动工建设，预计2019年底建成通车；投资15亿元，全长45公里的西部快线正在线路比选，2016年动工。同时，新的进城大道和白渡园区快速干线正紧张施工，葵岗高速出口前期工作正在推进。城区至各镇的公交线路进一步完善，建成绿色公共自行车项目，道路等级和通车能力进一步提升。梅县新城水厂、程江河景观提升、中小河流治理等一批重点水利项目加快建设。城市数字化管理、信息网络、农村电网等基础设施建设稳步推进。

推进生态文明建设，宜居环境不断提升。加大资源环境和生态保护力度，推进绿色发展、循环发展、低碳发展，宜居宜业宜游的环境不断提升。一是按照“六个一”要求扎实推进镇村建设，完善城乡规划，建设完善镇村交通道路和学校、医院、公园等公共设施，解决发展用地，建设高品质住宅小区、商业体，建设便民利商政务中心和信息基础设施等，以城带乡、城乡互动，推进了新型城镇化快速发展。二是助推国家生态文明先行示范区和国家环境保护模范城市创建，严格落实环保责任，全力配合做好中央环保督察组提交案件整改落实，加强环保专项执法检查，推动了全区垃圾、污水、大气等重点整治。三是扎实推进绿色发展，深入开展“绿满梅州”大行动，全年造林面积 2786.67 公顷。四是突出农村公共服务、基础设施、公共卫生、人居环境、社会事业、生态文明建设，全面推进农村人居环境综合整治。全年投入 6000 多万元，围绕“一编二拆三清四改五建六美”要求推进人居环境综合整治，城乡宜居宜业水平不断提升。

改善民生福祉，社会事业全面进步。全面落实深化改革要求，行政审批制度改革、工商登记制度改革、农村土地承包经营权确权登记颁证、医改等重点改革有序推进。加大民生领域投入，全面完成十项民生实事。新时期精准扶贫精准脱贫工作扎实推进。程江镇德兴小学扩容提质工作基本完成，新建区特殊学校、扩建畲江中心小学正有序推进，创建“全国义务教育发展基本均衡县”通过国家复检验收。落实优抚安置政策，荣获“全省双拥模范城”称号。投入 5.16 亿元，卫生强区创建扎实推进，有序建设粤东医院感染楼、区中医医院扩建、畲江医院等。

全面从严管党治党，党群干群关系进一步提升。深入贯彻落实中共十八届六中全会精神，加强基层治理，从严管党治党，从严选用管理干部，全面夯实基层党建基础。一是深入开展以上门送学、结对帮学、新媒体助学“三学”活动为主要形式的“两学一做”学习教育。二是结合换届选举，选好配强区镇领导班子和基层干部队伍，实现整个换届零差错、零违纪、零事故。加强干部思想作风建设，加强党性、党风、党纪教育，精心组织举办各类专题培训班，全年集中培训 1070 名党员干部。全面落实“凡提四必”要求规范选人用人，全年调整科级干部 9 批次 278 名。三是健全驻点联系问题解决联动机制，持续用力解决影响基层稳定的突出问题。健全软弱涣散基层党组织整顿机制，全面完成整顿任务。大力推进“智慧党建”云平台建设，扎实推进“扬帆计划”、“百人计划”，积极探索人才引育新方法，为振兴发展提供人才保障。四是从严惩治“四风”。加强干部的日常管理监督，建立健全抓早抓小、谈话提醒等工作机制，深入贯彻落实“四种形态”，与班子成员、各镇党政正职和区直各单位一把手全面开展谈话提醒，加强对领导干部“八小时以外”的监督管理，有效防止“四风”反弹回潮。五是坚持依法治区，完善决策规程，深入推进政务公开、简政放权和职能转变，区级行政审批事项有效压减。

【组织】　2016 年，中共梅县区委下辖基层党（工）委 42 个，其中区直系统党委 11 个、区直单位党委 4 个、镇（办事处、高管会）党（工）委 19 个、非公企业党委 7 个、村级党委 1 个；辖党（总）支部 972 个，其中村支部 355 个、社区支部 29 个。

基层党组织建设　2016 年，梅县区认真贯彻落实中共十八届三中、四中、五中、六中全会精神和中央、省、市、区组织工作会议精神，围绕科学发展大局，突出工作重心，积极推动组织工作创新发展，圆满完成了各项工作任务，有力地推进和加强了基层组织建设，为加快梅县区振兴发展提供强有力组织保障。扎实开展“两学一做”学习教育。重点做好党员组织关系集中排查、党代表和党员违纪违法未处理情况排查清理、基层党组织按期换届检查、党费收缴工作专项检查、推进非公企业和社会组织“两个覆盖”等工作。积极协调解决基层治理源头性“6+3”专项问题。明确 7 个单位 17 项工作任务以及时间进度，并积极与区直牵头单位和各乡镇沟通联系，及时收集、汇总掌握全区基层治理的情况。坚持会商研判排查、一村一策整顿软弱涣散基层党组织。确定 20 个村党组织作为帮扶整顿对象。完成 20 个村党组织的整顿工作。全年全区筹集近 700 万元，实施 82 件民生实事。继续从严从实抓好驻点联系工作。全区 19 个镇（办事处、高管会），组建 388 个驻点团队，上门联系、走访慰问群众 135761 户，占全区总户数的 90.25%，召开座谈会 1074 场次，定点接访 9761 人次，收集群众反映问题

5869条，解决5488件，占93.5%。投入资金928万元，帮助解决各类民生实事。完成区镇两级党代会换届选举工作。组成9个换届工作指导组，对镇级换届工作程序、选举程序等进行全面指导，确保乡镇换届选举工作依法依规、民主透明。同时，通过“严把党代表推荐关、严把党代表考察关、严把党代表选举关”，顺利选出市区镇三级党代表。进一步落实基层党建基础保障。全区388个村（社区）均有村级组织活动场所；村级运作经费方面，按照每个村不少于6万元办公经费、村干部报酬不低于2200的标准，落实村级经费保障。

党员队伍建设 2016年，梅县区党员人数为34163人，其中：农民党员20367人，公有经济单位职工7919人（党政机关工作人员3748人）；非公有制企业党员1222人。全体党员中女性党员10062人。从年龄看，35岁及以下7577人，36岁至45岁5855人，46岁至55岁6089人，56岁至60岁2584人，61岁及以上12058人。从学历看，研究生118人，大学本科4969人，大学专科7197人，中专2924人，高中、中技8871人，初中及以下10084人。新发展党员211人，其中女性党员78人。

党代表工作责任制 按照中央、省、市提出的“试行乡镇党代会年会制”的要求，先后在雁洋、丙村、城东三个镇试行党代会年会制，实行年会“重要情况通报、重要事项旁听、重大事项垂询”三项制度。同时，实施党代表分区域联系服务党员群众制度，深入联系服务区域开展“五个一”活动；推行党代表轮值接待制度等。2016年，完成区镇两级党代会换届选举工作，共选举产生市、区、镇三级党代表3805名。结合“两学一做”学习教育稳妥有序对党代表违法违纪未给予相应处理情况进行排查处理，推动全面从严治党落实到每一个基层党组织，全年终止党代表职务21名。

干部选拔任用 2016年，全面完成镇党委、人大、政府班子换届选举工作。全区19个镇（办事处、高管会）配备镇级领导班子成员291人，平均年龄41.2岁；大专以上学历286人，占98.3%；35周岁以下年轻干部60人，占22.6%；女干部38人，占13%。全区17个镇共选拔“三类人员”17名，每个镇均配备1名；选配专职党委副书记或常务副镇长19名，每个乡镇配备1—2名。配合做好区领导班子换届考察工作。积极主动与市委换届考察组进行工作衔接，做实做细各项准备工作，配合做好动员大会、会议推荐、民主测评等会务工作，并抽调工作人员做好谈话引导、配合相关单位进行考察等工作，扎实有序完成区领导班子换届考察的各项工作任务。顺利召开区第一次党代会。大会表决通过各项决议决定，选举产生区委委员、区纪委委员、出席市党代会代表。会后，选举产生新一届区委和区纪委领导班子。

干部监督管理 以区镇换届为契机，将选人用人监督关口前移，落实干部选任“凡提四必”，建立选拔任用工作纪实档案，全面加强对选人用人全过程和各环节的监督，坚决防止干部“带病提名”“带病提拔”。落实换届督查督导工作制度，对全区开展4轮督查督导，营造换届风气监督的强大声势。建立换届舆情监测机制，设立“12380”信访举报电话，安排24小时专人值守。实施“八小时以外”监督管理试点工作。选取松口镇、梅南镇、教育局、国税局等单位作为“八小时以外”监督管理试点单位，通过建立党员领导干部双重组织生活制度，“八小时以外”重大问题、重要事项请示报告等制度，全方位、立体化推进干部“八小时以外”监督管理，净化领导干部的社交圈、生活圈、休闲圈。

档案管理 组织部管理在职干部档案86个单位1936卷，退休干部档案3900多卷。服务2016年区、镇换届工作，做好换届人选档案审核。执行凡提必审档案。抓好干部基本信息认定，做好干部档案专项审核收尾工作。抓好档案日常管理，做到严格执行档案管理制度。2016年，办理查阅档案863人次，借阅档案416人次，接收档案106卷，转出档案40卷。完成2015年退休干部档案整理造册62卷。做好档案材料收集归档、新录用干部档案审核整理。加强档案保管和保密，做好库房“六防”管理工作。指导全区人事档案工作，对组工干部进行档案业务培训2期。

党员干部培训　2016年，梅县区党员干部培训工作围绕中心，服务大局，突出党性锤炼和干部能力素养的提高，把学习贯彻中共十八大精神和习近平总书记系列重要讲话精神与梅县区工作大局业务培训有机结合，牢固树立“五大发展”理念和增强“四个自信”意识，以党校为教育主阵地，整合全区各职能部门培训资源，精心组织举办产业发展、依法行政、基层党建、中青年骨干理论和区、镇两级换届工作业务知识培训等7类10期专题培训班，780多名各级党政干部参与培训。协助纪检、人社、统战、直工委等部门和部分乡镇举办各项专门业务知识培训10多场，培训干部1万多人次。选送科级以上干部60人参与中央、省、市各级部门的业务培训。

党员远程教育　抓好管理维护，确保全面完成开机任务。全区415个站点100%完成每月开机任务，开机使用率每月在全市排名第一。做好省拨电视机分配工作，把23台远程教育专用电视机合理分发至23个最需要的站点。抓好“两学一做”学习教育，认真组织全区党员参与“党员考学”活动，参与考学人数22873人，参考率位于全市各县（市、区）前列。3月25日，组织全区党员干部通过远教平台收看市委市政府举办以“危机管理与突发事件应对”为主题的客家讲坛报告会。与区广播电视台继续合作开设“梅县党建”专题栏目，制作播出四期专题节目。专题片《大黄扬帆，党建领航》《强基固本激活力》《嘉元科技的“红色引擎”》被广东省党员教育网采用展播，同时被市委组织部采用播出的专题数量居全市第一。

人才工程建设　依托“三个平台一个项目计划”，破解山区引才难题，为振兴发展提供人才服务。一是抓好区管第六批拔尖人才选拔工作，选拔25名区管拔尖人才，行业涉及教育、卫生、农林水、企业科技工程、建筑规划设计、社会科学、文学艺术、非物质文化等。二是抓好人才新政策的落实。市“千人计划”政策向企业人才倾斜落地，2016年，引进“千人计划”人才6名。至2016年底，梅县区上市和新三板挂牌企业新引进研究生、副高以上专业技术和管理各类人才146名。三是推进乡贤人才回归工程。富力地产、昌盛集团等大批优质乡贤企业在家乡发展势头正旺，部分全国、全省知名专家回乡创业劲头十足。四是继续推进“扬帆计划”项目。乡贤华南农业大学教授洪添胜等10人组成的“山地果园机械研发”创新创业团队、乡贤中山大学教授葛发欢等5人组成的“红豆杉新品种关键技术”创新开发团队在梅县区落地，并分别获得省财政支持300万元。2016年，梅县区争取“电商精英孵化集聚工程”“扬帆计划”人才项目资金80万元。五是发挥党校、人社、农业、科工商务、中小企业、旅游等部门职能作用，抓好本土初级人才职业技能培训。依托云电商学校，举办电商培训43期1508人次；选派农艺师、农机人员等农业人才培训3期360人次；组织区属优秀企业家8人参加清华大学企业创新驱动高级研修班。

【宣传】　2016年，梅县区的宣传工作在市委宣传部的具体指导和区委、区政府的领导下，着眼梅县区“十三五”规划，围绕“振兴发展”大局、“两大政策”机遇、“一区两带”战略，适应新常态、打好主动仗、弘扬主旋律、凝聚正能量，为区域的振兴发展提供思想保证、精神动力和文化支撑。

重大主题宣传教育　结合中共十八届五中、六中全会精神，组织开展全区治国理政新理念新思想新战略宣讲，邀请省市专家教授分赴雁洋镇、松口镇等12个乡镇开展基层宣讲活动，受益的党员干部群众2000多人。

网络舆论引导　调试上线使用网络舆情监控服务系统，加强微信、网站、论坛、微博、贴吧等重点领域的舆情信息监控，发现并处置涉及梅县区的舆情信息15起，编印舆情月报7期。充实网络评论员队伍，完成上级下达的发帖、跟帖和转帖等网络评论任务120件，同时加强与上级部门、网警部门和兄弟单位的沟通联系，迅速高效处理涉及梅县区的不良网络信息。重点关注南方日报、梅州日报、羊城晚报等新闻媒体，把80多起负面不良信息反馈给相关部门跟踪处置，达到宣传群众、解疑释惑、推动工作的良性循环。

对外宣传　大型纪录片《美丽梅县 · 乡村风采》完美收官。不断加强与凤凰网等权威主流媒体的沟通合作，共有7篇高质量新闻稿件被采用。设立“今日头条”的“梅县发布”订阅号。打造《梅县新闻》品牌栏目，新闻稿件被市电视台市电台采用总量分居全市第一和第二。

群众文化活动　开展送戏送影下乡活动，举行“书香梅县 · 共享阅读”全民阅读活动，开展“客家山歌进校园”活动和梅县区第二十八届中秋山歌节文艺演出及联合组织2016年“风清气正 · 依法治区”文艺巡回演出。全年完成农村电影放映4260场、广场电影322场、关爱残疾人送影下乡放映活动放映790场、扶贫济困敬老院放映活动332场、梅县区人防科教影片《居安思危备战人防》放映活动740场。

文艺创作　新创作生产女子群舞《勤劳客家妹》、歌舞《共筑中国梦》、歌曲《节日欢歌》、表演唱《八月十五看月光》。山歌剧《合家福》作为广东省唯一入选全国基层院团戏曲会演的剧目，在北京梅兰芳大剧院盛大开演。山歌表演唱《月下恋歌》参加“两岸暨港澳地区”客家山歌（东莞 · 凤岗）邀请赛并荣获“金奖”。成功打造大型抗日题材音乐剧《风雨白石龙》，在深圳市保利大剧院公演为建党95周年献礼。新创作排演大型人偶剧《海族总动员》隆重上演，受邀到潮州、广州、海南、阳江等地演出。出版《梅县古今联选》、长篇小说《客家寻梦》等书籍。

文明创建　大力推进核心价值观公益广告宣传，在城区机关企事业单位、社区、学校、医院、车站等设置200多个视频网点宣传；各主要街道的供电箱美化屏制作“图说我们的价值观”宣传；主要公交候车亭设置大幅灯箱广告、人民广场设置大型LED视频公益宣传；在大型住宅小区内设置公益广告宣传栏；在高速路出口和城区主要路道设置10多块大型公益广告宣传牌；在雁洋镇打造社会主义核心价值观示范点。全区投放核心价值观宣传面积5000多平方米。由梅县区推荐的粤东医院副院长陈燕铭被评为第六届梅州市道德模范。统筹雁洋镇雁上、南福、塘心、阴那、大坪、长教六村，开展新农村文明示范片创建工作。评选出20个祠堂为梅县区“示范文化祠堂”，其中“雁洋李氏春山公祠”和“丙村井塘训创温公祠”被评为梅州市示范文化祠堂。

爱国主义教育　策划《红色苏区行》系列报道。选拔华侨中学合唱队和3名歌手参加“永远跟党走——广东省第十二届‘百歌颂中华’歌咏活动”。组织开展“清明祭英烈”活动。发挥区32个爱国主义教育基地的作用，努力开展爱国主义教育。梅南九龙山革命斗争纪念馆获评省级爱国主义教育基地。

文化惠民工程　完成19个乡镇综合文化站、387个行政村（居）委文化室的设备设施建设，实现公共文化信息资源共享全覆盖。建成梅县区数字图书馆，免费对外开放公共电子阅览室。创建16个农村文化俱乐部。

文化遗产保护利用　城东镇谢田谢氏祖祠、白渡镇悦来敦尚楼、松口铜琶爱春楼等10处文保单位入选第四批梅州市文物保护单位。举办客都明珠——梅县区历史文化专题陈列展，大力弘扬客家历史文化。成功举办“文化遗产日”主题系列活动，推进非遗文化的保护与传承。完成全区7个国有单位共7291件/套可移动文物的数据采集和信息登录工作，编制完成梅县区第一次全国可移动文物工作报告。松口古镇被评为“广东十大海上丝绸之路文化地理坐标”。

文联事业　在梅南镇挂牌成立“梅县区文艺创作基地”。梅县区被授予“中华诗词之乡”称号，雁洋镇被授予“广东省诗词之乡”称号。成功召开梅县区第一届文联代表大会。

文化广电事业　成功参展第四届客家文化创意博览交易会。新推出《鲁豫有约》《非常幽默》电视节目，推出《梅县党建》等11个专题节目。《桥溪古韵 · 梦里客家》获中国电视艺术家协会评电视专题一等奖，《不安分的老农》获省广播电影电视协会电视新闻类一等奖，被广东省新闻工作者协会评为广东新闻二等奖。广播、电视通联工作均排在全市第一名。

社会宣传　策划《扭紧三大抓手 加快振兴发展》《开好局 起好步》《红色苏区行》等10多个专题专栏和系列报道，举办梅县区“十二五”发展成果图片展，组织多家文化企业参加第十二届中国（深圳）国际文化产业博览交易会，启动第二届梅县区微电影大赛。

（供稿：陈坤荣、侯永克）

【党校】　*领导干部学习培训*　2016年，梅县区分校举办中青年干部培训班、党建理论专题研讨班、依法行政专题培训班、基层党建专题培训班、科局级干部中共十八届六中全会精神专题研讨班（一期、二期、三期）；与区直工委联合举办“两学一做”学习教育活动专题研讨班；与区人社局联合举办新录用和调任公务员培训班（一期、二期）；举办10期主题班次的培训，组织学员到浙江大学、福建上杭县、大埔县等地学习。完成主题班次的培训任务，培训轮训党员干部900人次。

编印学习资料：

1.《2016年梅州市梅县区中青年干部培训班资料汇编》（2016年4月）；

2.《2016年梅州市梅县区党建理论专题研讨班资料汇编》（2016年5月）；

3.《梅州市梅县区 2016 年依法行政专题培训班资料汇编》（2016年6月）；

4.《2016年梅县区新录用和调任公务员培训班资料汇编》（一、二期）（2016年10月）；

5.《梅县区 2016 年科局级干部党的十八届六中全会精神专题研讨班资料汇编》（一、二、三期）（2016年11月）；

6.《梅县区 2016 年基层党建专题培训班资料汇编》（2016年12月）。

学历教育　一是抓好仲恺农业工程学院农业推广硕士研究生班招生工作。2012年，梅县区委党校和仲恺农业工程学院联合举办硕士研究生班。至2016年底，毕业35人，在读46人。二是抓好电大招生和教学。2007年起，与梅州市广播电视大学合作，开设电大教学班。至2016年底，在读学员130多人。

学术研讨　钟启明在《梅州远程教育 2016 第一期》发表《按照“两学一做”要求，认真践行“四讲四有”》；杨普兰在《梅州远程教育 2016 第一期》发表《梅县区乡村旅游的若干思考》；林锋在《梅州远程教育 2016 第一期》发表《梅县区以休闲观光农业促进新农村建设问题探究》；林锋的《关于梅县区休闲观光农业旅游开发的几点思考》在区“争当建设‘一区两带’排头兵加快梅县区振兴发展”征文活动中获得二等奖。

（供稿：黄志妮）

【老干部工作】　2016年，梅县区老干部局负责全区离休干部和区处级退休干部服务管理工作。负责离休干部“两个待遇”落实，组织开展各项有益老干部身心健康活动，组织老干部发挥余热，健全和管理老干部活动场所，协助离休干部“病、老” 过程的服务。同时，按照上级文件精神，负责做好区五套班子退休干部的服务管理工作。至年底，全区有离休干部145人，其中：机关单位离休干部62人、事业单位离休干部20人、企业离休45人、省直离休干部14人、易地离休干部4人；另有原五套班子退休干部32人，合计总人数177人。

落实待遇　工资待遇方面：2016年，按照全国工资调整的方法，为处级离休干部每月增加离休费65元，科级每月增加离休费50元；全县处级离休干部每月增加住房维修和物业补贴700元，科级离休干部每月增加住房维修和物业补贴650元。医疗待遇方面：梅县区人民医院搬迁至新县城的粤东医院后，离休老干部的门诊开药、住院、床位费等发生变化，区委、区政府及时对各项收费情况作出调整，做到既改善医疗环境，又保障老干部的各项医疗待遇。积极主动抓好《关于进一步加强和改进离退休干部工作的意

见》贯彻落实；特别是根据《关于做好建国初期参加革命工作的部分退休干部在生活上给予适当照顾的通知》（区组通〔2016〕14 号）文件精神，协同区委组织部、人社局共同审批核实符合条件的相关人员 31 名，其中机关退休的 12 人、事业单位退休的 11 人、企业退休的 8 人。按文件要求积极做好增发生活补助、提高医疗补助和发放护理补助工作。

组织文体活动　一是先后多次组织“五老”和中、小学生进行“牵手你我，携梦人生”和“大手牵小手，共筑中国梦”的书画创作，共创作 50 多幅优秀作品送省参展；二是以重大节日纪念日为切入点，充分利用叶帅纪念园，南口、车子排革命烈士纪念碑、梅南革命历史纪念馆等红色教育资源，在清明节、建党节、国庆节组织学生青少年进行参观、瞻仰和祭扫活动，开展生动的“两史”和价值观教育。

关心下一代工作　区关工委坚持开展以“大手牵小手”为载体的“三百”活动，各级关工委充分发动“五老”开展“一对一”、“多对一”的帮扶贫困学生青少年的活动。发动社会各界捐资，成立各类基金，用于奖教奖学、扶困助学。2016 年，全区筹集资金 500 多万元，成立 10 多个基金会，一大批优秀学生、困难学生得到奖励、资助。同时，在市关工委的重视下，先后在城东镇小、程江镇小、叶剑英红军小学建立留守儿童“爱心之家”，为留守儿童搭建学习活动平台，全区三年来共帮扶帮教留守儿童 1.67 万对，帮扶资金 132 万元。

离退休干部联谊会　以老干部活动中心为阵地，积极组织开展乒乓球、麻将、象棋、跳棋、书法等文娱体育活动。老人节期间，积极组织各项比赛，不断丰富老干部的精神文化生活。各联谊会分会会长每月 9 号定期召开碰头会，汇报交流各分会开展活动情况，每年秋季组织到邻近的县镇进行参观学习。

（供稿：黄继朋）

【直属机关工作委员会】　机关作风评议。2016 年，梅县区以解决“四风”问题为重点，扎实开展治理“庸、懒、散、虚、玩、奢”等不良风气，切实转变工作作风，全面提升机关效能。一是领导高度重视，精心组织部署。以区委、区政府的名义印发《关于 2016 年开展机关作风评议活动实施办法》，明确指导思想、评议范围、评议内容、方法步骤、和奖惩办法，要求各级各单位要高度重视，充分认识加强机关作风建设和党建工作的重要意义；严格落实中央“八项规定”和整治“四风”等一系列加强作风建设的措施，切实加强机关作风建设。二是开展明察暗访。为贯彻落实省纪委《关于整治庸懒散奢等不良风气切实改进工作作风的意见》、区委党廉办《关于加强公务用车管理的通知》及区委整治“庸懒散虚玩奢”行为的工作意见精神，深入治理机关工作人员在工作作风、工作纪律、服务态度、工作效能等方面存在的问题。区评议办组成 2 个明察暗访工作组，不定期深入各镇（办事处、高管会）、区直单位以及休闲娱乐场所等进行暗访，重点督查、暗访区委、区政府召开的大型会议会风以及机关单位上下班、考勤制度执行和服务质量等方面情况。全年开展明察暗访 85 次、制作专题暗访片 4 期，查处公车私用 1 宗，涉及的单位 1 个；为官不为问题 2 起，对 10 名相关责任人进行问责。三是强化宣传引导。加大机关作风建设宣传力度，充分利用学习园地、宣传栏、简报、网络微博、手机短信等平台，多层次、多渠道、多形式加大宣传力度，广泛宣传活动开展情况，营造良好的机关作风建设氛围。采写简报 3 期，及时报导工作开展情况和推广各单位好经验、好做法。四是评议总结。作风评议坚持贯穿全年，采取查、访、评、曝等方式。①检查各被评议单位对照中央“八项规定”，省、市、区关于干部纪律作风方面的有关要求和规定深化学习查找问题、整改落实情况；②采取专项评议，进一步畅通投诉渠道，最大限度地了解群众诉求，区纪委执法和效能监察室（电子监察）、区政府纠风办（行风热线）、区信访局、区评议办、区广播电视台（梅县民声）、区综合政务服务管理办公室等单位，根据有关情况及案件情况，对被评议部门作风建设情况进行评价；③组织领导、群众、企业代表共 1270 人对各被评议单位进行评议；④采取网上评议。依托区政府公共网站平台，在规定时间内接受社会群众对参评单位提出评议意见。通过综合评议，评出 A 类单位前 8 名、B 类单位区直机关前 8 名、乡镇机关前 7 名、C 类单位前 7 名为先进单位报区委区政府表彰。

民主评议政风行风。按照上级要求，制订《2016 年民主评议政风行风工作方案》下发到相关单位，提出总体要求，确定重点评议单位 5 个、回头查单位 10 个以及评议时间、内容、措施和评定方法。11 月 29 日、30 日由区直工委相关负责人和各单位相关工作人员组成的评议团，分成两个小组，先后到城综局、烟草、残联、公路局、供电局等 5 个单位开展面对面评议。评议团通过看政务公开栏、宣传栏、标语横额、意见建议箱、投诉电话、服务窗口，查政风行风评议相关资料、会议记录，听政风行风评议开展情况汇报等方式，对 5 个单位进行政风行风评议，并现场给出改进意见和建议。通过评议，有力推动被评议单位纠正“四风”，为实现新常态下梅县区振兴发展提供有力保障。

机关党务工作。1. 继续推进 “三个五党建工程”。按照“五强”党委、“五有”支部、“五优”党员的要求，切实增强党建“主业”意识，严格执行党内“五个一”制度，健全“三会一课”、按期换届、党费收缴、发展党员等工作，使机关党建工作逐步走上制度化、规范化轨道。按照区委的部署，完成 11 个系统党委的换届选举工作。按照“五有”支部的要求，重视支部建设，严格执行组织生活制度，全年召开支委会 12 次、支部会 6 次，上党课 6 次，收缴党费 16895.86 元(含补缴党费)。2. 搞好教育培训。根据《中国共产党发展党员工作细则》，为做好发展党员工作，确保新党员质量，5 月下旬，工委举办一期党员发展对象培训班，来自区直机关的 42 名党员发展对象参加培训；6 月下旬，为切实提高机关党务工作者的业务能力和理论素养，在区委党校举办“两学一做”学习教育专题研讨班，研讨班以学习党章党规、习近平总书记系列重要讲话精神为主要内容，聘请党校资深讲师授课，来自区直 11 个系统党委的专职副书记、党办主任和 4 个基层党委分管党务的工作人员以及工委全体干部共 33 人参加研讨班。3. 以实际行动庆祝党的生日。在纪念建党 95 周年之际，主要做好四项工作：专门召开各系统党委专职副书记会议进行布置，要求各党委要结合自身实际，通过慰问特困党员、召开学习座谈会、组织党员参观红色教育基地等形式，开展系列纪念活动；组织 42 名新党员培训并举行入党宣誓仪式；结合纪教月活动，与区纪委联合举办“廉洁火炬杯”党规党纪知识竞赛活动，来自全区 31 支参赛队伍参加竞赛；对区直机关困难党员和精准扶贫挂钩村雁洋镇东洲村扶贫户进行慰问，共慰问特困党员 28 人、贫困户 11 户，送上慰问金 7800 元。

（供稿：梁敏）

【信访】 2016 年，区信访局完善工作机制，加强源头治理，及时调处、化解各类矛盾纠纷，全年信访工作整体态势平稳。

本级受理情况：

1. 群众来信 30 件，与上年持平。

2. 接待群众来访 373 批 1523 人次，比上年分别下降 2.5%和增长 57.2%（其中：集体访 67 批 1102 人次，重复来访 70 批 103 人次）。来访立案 194 批 847 人次，比上年分别增长 23.6%和 124.1%（其中：集体访 43 批 686 人次，比上年分别增长 43.3 和 133.1%）。

3. 受理群众网上信访来信 1113 宗（其中：书记、市长信箱 274 宗），与上年基本持平，已全部按时办理回复。

上级受理情况：

1. 群众进京上访 21 宗 32 人次，其中非正常上访 16 宗 21 人次。

2. 群众到省上访 37 宗 45 人。

3. 群众到市集体上访 11 批 318 人，批次与上年持平，人次增长 146.5%。

落实领导接访群众制度。按照省信访联席办《关于广东省各级领导干部定期接待群众来访的意见》(粤信联发〔2015〕2号)通知要求,区委、区政府领导干部每月至少安排1天时间接待来访群众。一是区委、区政府党政领导坚持轮流到群众接访大厅公开接待上访群众,带头做好接访、下访工作,有效推动信访突出问题的调处化解。处理大量信访问题,把大批上访人稳定在辖区范围内。二是区委、区政府领导分别到挂点单位和相关镇接待群众来访,通过重点约访、专题接访、带案下访、下基层接访、领导包案等形式,及时了解掌握辖区群众反映的热点难点问题,有效解决一批与群众利益相关的信访问题,有效解决群众的合理诉求,在源头上消除不稳定因素,有效地控制和减少群众越级上访。据统计,2016年,领导接访日定点接待群众到区上访161宗221人次,其中:集体上访14批109人次。到挂点单位和相关镇接待群众,参与接访领导人次187人,接待来访群众443批1291人次。

规范信访基础业务办理。一是针对信访基础业务办理工作中存在的问题,区信访局进行全面梳理、逐案审查。组织各镇(办事处、高管会)和各相关单位分管信访工作的领导和业务操作人员的跟班学习培训,对信访基础业务工作办理中存在的问题进行通报,并对进一步规范办理工作进行业务培训、业务指导。要求各相关单位对信访业务基础办理方面存在的不足进行整改、纠正,做到应补尽补。二是针对责任单位材料缺失、不按规定回复信访人,超期未办结等办理不规范的情况,在每月《信访动态》中进行专案督办,全区通报。

执行"诉访分离"制度。一是在实际工作中,区信访工作人员耐心细致做好来访群众的解疑释惑和指引工作,推动通过法定途径分类处理信访投诉请求工作。积极引导和帮助、引导信访人依照法定途径和信访渠道。坚持通过疏导解释,向群众树立正确的信访行为导向,让信访人以理性合法的方式逐级表达诉求。二是召开专题培训会,使信访业务干部熟悉法律法规,以《广东省信访条例》规定的不予受理的九种情形为基础,清晰判定诉访分类的标准,准确判定涉法涉诉的信访事项。三是加大宣传普及的力度,印制宣传资料,在各单位的办事大厅向群众分发、宣传。促使广大群众进一步了解、理解诉访分离的含义,宣传引导信访群众自觉按法定程序维护自身的权益。三是政法、公安、法院、检察院、司法、法制办等部门结合实际,认真做好诉访分离的善后衔接工作。积极引导信访人安法定途径反映诉求,有效防止涉法涉诉信访案件无人理的现象。四是利用现有的司法救助、民政救助、信访救助、社会救助等帮扶救助措施。通过帮助涉法涉诉信访人解决生活、生产实际困难和问题的办法,有效疏导化解一批涉法涉诉案件,促使信访人息诉罢访。据统计,2016年,引导信访人申请行政复议18宗,依照相关法律申请仲裁14宗,通过人民法院诉讼途径解决矛盾22宗。

维护敏感时期的社会和谐稳定。紧扣2016年全国"两会"、G20杭州峰会、十八届六中全会、省"两会"及市、区重要会议等各个重要时期的维稳任务,强化组织领导,及早筹谋、周密部署,通过下发文件、通知和召开会议部署等方式全力以赴做好各个敏感时期的信访维稳各项工作。一是工作部署到位。加强信访问题的分析研判,增强信访工作的预见性和针对性,制订相应的信访维稳工作方案、应急预案,切实加强组织领导,牢牢把握化解处理的主动权。二是抓责任落实。严格落实单位、部门一把手为第一责任人,抓好重点对象的排查化解、疏导稳控。三是充分利用公安、国安、维稳的职能作用,密切掌握重点人员动态,严加防范控制。四是突出重点稳控。在彻底摸清可能引发群众上访不稳定因素的基础上,启动应急预案,对重点人员进行24小时监控。五是强化应急处理。进一步完善应急预案,特殊时期实行24小时值班制度,启动信访信息零报告制度。

调处化解历史积案。2016年,开展化解信访积案集中攻坚的工作,上级第一批交办梅县区信访积案4宗。各相关镇和职能单位切实把信访积

案化解工作抓紧抓实，通过召开专题研判会、约访会、现场调查核实情况等多种方式积极调处化解，4 宗积案全面化解，有效减少信访积案对信访维稳工作造成的压力。如：2016 年 3 月，国家信访局会同住房和城乡建设部、广东省信访局等组成督查组，实地督查城东镇 2003 年梅州名磊高尔夫球场项目征地补偿等遗留问题。区委、区政府高度重视，认真落实督查组指出的问题，研究提出切实可行的意见，认真做好整改工作，最后妥善处理此信访积案。

区人大常委会

【概述】 2016 年，区人大常委会在区委的领导下，围绕全区工作大局，坚持改革创新，积极主动作为，依法履行职责，各项工作取得新进展。全年举行常委会会议 9 次、审议议题 33 项，听取和审议专项工作报告 9 项、专题调研报告 3 项，开展专项视察 8 项、执法检查 1 项，依法作出决议决定 13 项，完成区十四届人大六次会议确定的各项目标任务。

【区十四届人大六次会议】 2016 年 2 月 17–19 日，梅县区第十四届人民代表大会第六次会议在梅县文化中心召开。本次大会听取和审议区政府工作报告、人大常委会工作报告、人民法院工作报告和人民检察院工作报告，审查批准梅县区 2015 年国民经济和社会发展计划执行情况的报告及 2016 年国民经济和社会发展计划、区 2015 年财政预算执行情况的报告和 2016 年财政预算，表决通过关于政府工作报告、国民经济和社会发展第十三个五年规划纲要、2015 年国民经济和社会发展计划执行情况与 2016 年计划报告、2015 年预算执行情况和 2016 年预算报告、区人大常委会工作报告、区人民法院工作报告和区人民检察院工作报告等 7 个决议。会议期间，来自全区各条战线的人大代表，认真履行宪法和法律赋予的职责，积极参政议政，提出许多宝贵的意见建议。本次大会收到建议 18 件（其中议案转建议 1 件）。

【区一届人大一次会议】 2016 年 11 月 7—10 日，梅县区第一届人民代表大会第一次会议在梅县文化中心召开。本次大会听取和审议区政府工作报告、人大常委会工作报告、人民法院工作报告和人民检察院工作报告，审查梅县区 2016 年前三季度国民经济和社会发展计划执行情况的报告和区 2016 年前三季度预算执行情况的报告，选举产生梅县区第一届人民代表大会常务委员会主任、副主任、委员，梅县区人民政府区长、副区长，梅县区人民法院院长、梅县区人民检察院检察长，选举出席梅州市第七届人民代表大会代表，表决通过政府工作报告等六个决议。张文广为新当选的区人大常委会主任、区人民政府区长、区人大常委会副主任、区人民政府副区长、区人民法院院长颁发当选证书，区检察长需报市检察院审批后由市人大常委会颁发当选证书。区人大常委会主任曾庆辉为新当选的区人大常委会委员颁发当选证书。会上，新当选的区地方国家机关领导人员在梅县区第一届人大常委会主任曾庆辉的领誓下，举行宪法宣誓仪式。张文广主持宪法宣誓仪式并进行监誓。会议期间，来自全区各条战线的人大代表，认真履行宪法和法律赋予的职责，积极参政议政，提出许多宝贵的意见建议。本次大会收到议案 2 件、建议 23 件（其中议案转建议 6 件）。

【监督工作】 区人大常委会坚持围绕中心、服务大局，突出监督重点，改进监督方式，加大监督力度，推动区委重大决策部署和人民群众普遍关注的热点难点问题的解决，促进“一府两院”依法行政、公正司法。

监督区重点项目实施　2016 年，区人大常委会围绕“三大抓手”、“一区两带”、供给侧结构性改革等重大决策，采取听取专项工作报告、组织视察调研、重点督办等方式，对梅县区产业集聚区建设、中心城区扩容提质、交通基础设施建设、文化旅游产业发展和农村人居环境综合整治等工作持续开展跟踪监督，针对短板提出建设性的意见，全力助推“三大抓手”重点工作的有效落实。

监督财政经济工作 密切关注宏观经济走势和年度目标任务的落实，分别听取和审议关于2015年区本级财政决算的报告、2015年区本级预算执行及其他财政收支审计情况的报告、2016年上半年计划和预算执行情况的报告。认真贯彻落实新《中华人民共和国预算法》，严格审查和批准年度相关预算调整方案，促进政府进一步提高预算资金使用效率。加强对政府投资项目和政府性债务的审查监督，听取和审议梅县区2016年地方政府债务限额的议案，全面掌握政府性债务管理情况，要求建立更加规范的地方政府债务管理机制，防范化解债务风险，有效保障政府债务的安全可控和财政资金的高效运行。

监督民生问题 针对群众反映的热点问题，区人大常委会持续跟踪督办十件民生实事、农村人居环境综合整治等民生工程，听取和审议区政府关于2016年十件民生实事实施情况、棚户区改造和保障性住房建设工作情况等专项工作报告，组织开展生态旅游开发和美丽乡村建设、市政建设、学前教育、乡镇卫生院建设、推广应用互联网交通安全综合服务平台等工作情况视察调研，针对存在问题，提出要结合供给侧结构性改革、推进“三大抓手”、落实“两大政策”，科学统筹实施民生项目，让改革发展的成果更多更好地惠及人民群众。

监督法律法规实施 区人大常委会组织开展《中华人民共和国社会保险法》执法检查，提出要加强法律宣传引导、社保扩面征缴、基金监督管理、基层基础建设等建议，督促区政府及相关部门切实改进工作，确保《中华人民共和国社会保险法》全面贯彻实施，促进社会和谐稳定。听取和审议区人民法院关于规范司法行为、维护司法公正工作情况和区人民检察院关于推进公、法、司、镇处置调解邻里纠纷工作情况的报告，组织代表参加旁听庭审、见证执行和“检察活动日”等活动，支持“两院”深化司法体制改革，强化司法公开，规范司法行为，完善监督机制，提高司法公信力。同时，严格执行规范性文件备案审查制度，从源头上规范行政管理行为，维护法制统一，推进依法行政。

监督推进依法治区 认真贯彻省委“法治广东”建设要求，突出法治文化建设，深入推进依法治区工作。扎实推进雁洋、松源、畲江、南口等镇先行创建省级法治镇建设。着力抓好法制宣传教育，通过开设《以案说法》法治宣传电视专栏，开展“法律六进”活动，建设法治绿道、法治公园，利用“一村（社区）一法律顾问”讲座平台等多种形式，引导广大干部群众尊法学法守法用法，树立宪法法律权威。以法治思维引导信访，以法治方式化解矛盾，全年受理群众信访149件（次），及时进行交办督办。

【依法行使重大事项决定权】 听取和审议《梅县区阴那山风景名胜区总体规划（2015—2030）》等议案，提出完善产业布局、加强环境保护、强化规划约束等措施。依法审议通过产业集聚区基础设施建设、畲江园区服务配套项目及城市扩容提质、水车镇新农村建设、新城棚户区改造、新城地下综合管廊等市政基础设施建设、部分县道路面改造及丙村大桥建设工程、雁洋粮库建设等7个项目财政责任支出资金列入财政预算的议案，要求政府要加强对财政责任支出部分的监督管理，确保如期实现项目建设目标，全力助推“一区两带”重大工程项目的实施。

【依法行使人事任免权】 坚持党管干部与人大依法任命相结合的原则，严格实行任命人员任前法律考试和宪法宣誓等制度，并加强对干部任后监督，进一步增强领导干部依法履职、勤政为民的意识。2016年，依法任免地方国家机关工作人员62人次，举行任前法律知识学习考试3批21人；依法组织2次宪法宣誓仪式，63名国家工作人员在就职时公开进行宪法宣誓。

【代表工作】 区人大常委会高度重视做好代表工作，把充分发挥代表作用作为增强人大工作活力的重要抓手，不断深化和拓展代表工作。

强化代表履职服务保障 认真落实代表执行职务的各项保障措施，为代表履职提供必要条件。进一步规范镇级人大代表联络室活动，全区有市、区、镇人大代表 300 多人次参加联络室活动，接待群众 550 人次，收集意见建议 168 件，协助解决问题 95 宗。拓宽代表的知情知政渠道，定期给代表寄送人民之声、区人大会刊等资料，及时通报有关工作情况，提高代表的综合素质和依法履职水平。

加强闭会期间代表沟通联系 重视开展代表小组活动，积极安排人大代表参与执法检查、视察调研等活动，注意听取代表意见，较好地发挥人大代表在闭会期间的作用。邀请 36 名区代表列席常委会会议，先后组织省市区代表 110 多人次参加执法检查、视察调研、旁听庭审等活动。

加强代表议案建议跟踪督办 “一府两院”和有关部门高度重视代表建议办理工作，常委会认真协调督办，通过召开交办会、发函催办、现场调研、领导督办、听取专项工作报告等措施，促进建议办理工作的有效落实。区十四届人大六次会议代表提出的 18 件建议，已全部办理完毕，反馈满意率达 100%。

【区镇人大换届选举】 区人大常委会认真落实中央和省、市、区委工作部署，坚持党的领导、充分发扬民主、严格依法办事，确保选举工作风清气正，确保选举结果人民满意。

依法选举区镇人大代表 区人大常委会根据省、市换届选举的统一部署，加强组织领导和督查指导，认真落实区委转发的《关于认真做好区镇两级人民代表大会换届选举工作的意见》，依法成立选举工作机构、做好宣传动员、确定和分配代表名额、划分选区和登记选民、提名和确定代表候选人、组织选民投票选举等各环节工作，特别是加强对代表人选的民主推荐和组织考察，严把“入口关”，确保新一届区镇人大代表具有广泛性和代表性。在区镇两级的共同努力下，依法选举产生新一届区人大代表 234 名、镇人大代表 1046 名。

依法选举产生新一届区镇国家机关领导人员 9 月 28—29 日，全区 17 个镇召开新一届人大一次会议，依法选举产生各镇新一届人大和政府领导班子。11 月 7—10 日，召开区第一届人大一次会议，依法选举产生新一届区国家机关领导人员。

（供稿：张凤明）

区人民政府

【区政府常务会议】 2016 年召开 15 次，主要讨论研究以下问题：2016 年政府工作报告、2016 年财政预算编制计划；安全生产、梅县伟业公司发行企业债券有关工作情况；《梅县区突发事件现场指挥官工作规范（试行）》；安全生产、消防安全有关工作情况；《梅县区加快农村电子商务发展的实施意见》；关于传达学习全国人大、政协“两会”以及《国务院关于机关事业单位工作人员养老保险制度改革的决定》精神；《梅县区财政资金股权投资管理办法（试行）》；梅县区 2016 年河砂开采权出让招标相关工作；安全生产、精准扶贫相关工作；《梅县阴那山风景名胜区总体规划（2015—2030）》；提高五保供养标准；关于贯彻全市创建“国家旅游休闲示范城市暨梅江韩江绿色健康文化旅游产业带建设推进会”精神；《梅州市梅县区关于推进行政许可和行政处罚等信用信息公示工作实施方案》；梅县区生物防火林带建设；中共梅州市委书记黄强来梅县区督查经济工作时的有关指示精神；关于组织政府党组成员开展“两学一做”学习教育；安全生产工作；全区镇级污水处理设施项目建设；关于组织政府党组成员开展“两学一做”学习教育；关于传达学习《广东省党政领导干部生态环境损害责任追究实施细则》等重要文件会议精神；关于村村通自来水工程和韩江治理工程梅县段项目建设采用政府购买服务的问题；关于传达学习全省城市、质量工作会议精神和《广东省行政执法监督条例》文件稿；安全生产、主要经济指标运行及区2015年度疑似违法图斑核查情况；《梅县区部分县道路面改造工程实施方案》；关于传达学习梅州市进一步加快振兴发展会议、招商引资联席会议精神和《中国共产党问责条例》；上半年全区经济运行情况及安全生产隐患排查情况；区政府工作部门权责清单；民生实事进展、经济运行及梅江河辖区内水污染排查整治等情况；关于梅县区农产品质量安全检验检测中心建设；关于传达学习市政府全体会议精神、深入贯彻落实中央“八项规定”精神，坚决防止中秋国庆期间“四风”问题反弹；安全生产工作情况；《政府向社会力量购买服务实施暂行办法》；关于传达学习中共广东省委书记胡春华到梅县调研精准扶贫工作精神；近期信访维稳工作要求和全区近期森林防火工作要求；安全生产工作情况；全区经济运行情况；关于拨付省道S223线梅县区雁洋至松源段出省快速通道项目勘察设计费用；关于传达学习全省农村人居环境综合整治工作（粤东、粤北）现场会精神、中共十八届六中全会精神和市委常委扩大会议精神（书面）和习近平总书记对安全生产工作的要求；《政府工作报告》；农村生活垃圾处理工作和全区生产安全隐患排查治理工作情况；关于划拨公交站场用地；全区安全生产情况、中央环保第四督查组交办案件的落实情况；关于学习《中华人民共和国宪法》；2017年十件民生实事和重点项目工作；关于聘请浙江卓创旅游规划设计有限公司为梅县区“美丽乡村”建设顾问指导单位；全区城乡环境综合整治、精准扶贫和森林防火情况；《梅县区人民政府部门标准编制公共服务事项目录（2016年版）》。

【区政府主要工作】 2016年，区政府抢抓“两大振兴政策”机遇，聚焦“一区两带六组团”建设，全力推进供给侧结构性改革，统筹做好稳增长、促改革、调结构、惠民生、防风险各项工作，保持经济社会平稳健康发展，实现“十三五”良好开局。2016年，全区生产总值187.18亿元、人均生产总值34628元，分别增长8.1%、7.6%；公共财政预算收入21.89亿元、税收31.55亿元，公共财政预算收入总量在粤东西北74个县（区）中排名第二位；全社会固定资产投资152.99亿元，增长10.5%；社会消费品零售总额142.01亿元，增长14.1%；全体居民人均可支配收入22329元，增长10.7%。

加快现代产业培育步伐 供给需求协同发力，大力发展战略性新兴产业，三次产业比重调整为24.9∶36.2∶38.9。一是做大做强主导产业。大力培育发展装备制造、电子信息、新能源、商贸物流等主导产业，梅雁、宝丽华、超华、华银、BPW（梅州）车轴、卡莱（梅州）轮胎、嘉元科技、振声科技等龙头企业实力明显增强，规上企业达到101家，规上工业增加值实现50.71亿元，增长5%。二是深入实施创新驱动。完成技改投资12.1亿元，增长46.2%；新增高新技术企业2家、省级创新产业化基地1家；大力推进国家知识产权强县工程试点区创建，全年专利授权量340件，获批“创建广东省质量强县(市、区)示范城市”。三是民营经济蓬勃发展。全年新增3家新三板挂牌企业，民营企业产值实现131亿元；招商引资新引进项目31个，计划总投资87.5亿元，实际完成投资31.24亿元。四是做优做强特色高效农业。市级以上农业龙头企业47家、农民专业合作社925家、家庭农场893家、“三品”认证农产品115个、省农业名牌产品14个，新增省级金柚专业镇1个，“梅县金柚”成功注册地理标志证明商标。五是新型业态迅猛发展。电子商务、文化旅游、金融服务、总部经济等新型服务业加速发展，客商银行获准筹建；县域旅游综合竞争力连续六届跻身全省十强，荣获中国候鸟旅居县；建成19家镇级电商服务站、100个惠农信息社，电商企业实现交易额12.6亿元；文化产业企业167家，第三产业增加值72.82亿元，增长11.8%。

不断夯实发展基础　扭紧“三大抓手”，优化产业平台，厚植优势，增强后劲。一是有序推进五城联动建设。加大城区公共基础设施建设投入，完成剑英大道延长线及10条市政道路建设，改造升级人民南路等一批道路，开工建设新城自来水厂，粤东医院、外国语学校等功能配套项目服务能力进一步增强，富力城、宝丽华集团和金利来集团经济总部及“众创金融一条街”等产业项目建设加快，锦绣国际家居博览中心一期正式对外营业。创新推出“8点4线”城区网格巡控，深入推进城区道路交通秩序、市容市貌综合整治。有序建设进城大道，扎实推进高速葵岗出口、高铁梅州西站、槐岗新城教育小镇等筹建工作，加快建设雁洋新城提升项目，畲江医院、学校等服务配套逐步完善，全区新型城镇化步伐加快，城镇化率51.05%。二是有效增强园区承载力。扎实推进产业集聚地道路、管网等基础设施建设，综保区申报工作取得新进展，有序建设省市共建创新创业孵化园、专利技术孵化产业园，航鑫科技首期、BPW（梅州）车轴6期、博森光电首期、安盛华集团珠宝加工等一批项目投产见效。集聚地落地企业54家，建成投产40家，2016年园区固定资产投资、规上工业增加值分别增长68.7%、55.02%。三是不断完善交通基础设施建设。新建、改建公路110公里，梅畲快线建设进展顺利，县乡公路不断改造升级，“两高一场”建设无障碍施工。开通公交线路38条，城乡公交实现全覆盖。建成城区公共自行车系统，启动县乡公路“安全生命防护”工程。

优化提升城乡环境　持续开展新一轮绿化广东大行动，全年完成造林2786.67公顷、景观林带建设20公里、生物防火林带150公里、森林抚育1.63万公顷，新建森林公园7个，森林覆盖率74.63%。有效推进创建国家环保模范城市工作，加强环境监管力度，全年关停9个违法建设项目，解决6项突出环境问题，及时办结24宗中央环保督查组转办案件，全面完成节能减排任务，全年空气质量优良率98.1%，环保责任考核评定为“优秀”等次。大力开展农村人居环境综合整治，全年实施水利工程62宗，完成新农村公路82公里，整治农田906.67公顷，稳步推进村村通自来水工程，投入使用19个标准化乡镇气象服务站建设；新增移动通信基站424座、光纤接入用户5.2万多户，有序建设原中央苏区农村超高速无线局域网应用试点，乡镇中心区域4G信号基本覆盖；深入推进农网升级改造，畲江变电站建成投产；推广应用“数字梅县”地理空间框架和“一村一镇一地图”；创建46个绿化美化乡村和208个省、市卫生村，雁洋镇荣获“中国十大美丽乡镇”称号并入选“中国特色小镇”。

民生事业　基本完成十大民生实事47个项目。为全区户籍人口、农房购买自然灾害公众责任保险、自然灾害财产保险。低保、五保等底线民生保障水平和医疗救助水平得到提高，社保扩面征缴工作扎实推进，市内特定病种门诊实现即时结算，基本医疗保险异地就医即时结算联网医院增加到242家。公共就业服务体系进一步健全，就业形势保持稳定。启动敬老院公建民营改革，建设村居养老服务站和农村“颐养居”，引进社会资本投资兴办老年公寓。投入帮扶资金2.85亿元，实施精准扶贫项目2万多个，实现贫困户3815户5840人精准脱贫。全面完成教育强镇复评工作，有序推进教育现代化先进区创建工作。不断完善镇村文化设施，建成区数字图书馆，创建16个农村文化俱乐部。梅南九龙嶂革命斗争纪念馆获评省级爱国主义教育基地，松口古镇获批“广东十大海上丝绸之路文化地理坐标”，大型山歌剧《合家福》参加全国基层戏曲会演。大力推动足球振兴，全民健身活动蓬勃开展。完成一批乡镇卫生院和村标准化卫生站建设，开展家庭医生式签约试点服务，卫生强区创建和医改工作扎实推进。全面建立区、镇、村三级食品药品监管网络，获评“国家农产品质量安全县”。启动“七五”普法工作，法治宣传教育工作加强。狠抓安全生产责任制落实，保持对违法犯罪的高压态势，深入排查化解社会矛盾，公众安全感和满意度持续上升。实施“全面两孩”政策，被授予“2014—2016年全国计划生育优质服务先进单位”、“2016

年度省级妇幼健康优质服务示范区”。扎实推进国防建设、双拥等工作，荣获“省双拥模范城”称号，实现“四连冠”。做好外事侨务、港澳和对台工作，民族宗教、法制、人事编制、妇女儿童、老区建设以及监察、统计、审计、供销、气象、残联、文联、打私、打假、人防、方志、档案等工作取得新成绩。

不断增强发展动能　以改革增动力，添活力，加快简政放权，优化服务改革。公布权责清单，继续取消行政审批事项 11 项，清理规范行政审批中介服务事项 13 项。全面落实“营改增”税制改革，有效推进司法体制改革，全面铺开农村土地承包经营权确权登记颁证工作。深化商事制度改革，实行企业投资项目网上备案，出台财政产业专项资金股权投资管理办法，推广“柚农宝”等支农信贷产品，全民创新创业积极性明显提高，全年新发展各类企业 1111 户、新发展个体工商户 3648 户，分别增长 13.9%和 37.3%；深入开展各类市场专项整治行动，大力推广信用信息应用，诚实守信氛围进一步加强。坚持向人大及其常委会报告工作，向人民政协通报情况，主动自觉接受监督，人大建议、政协提案办复率和满意率均 100%。启动“一门式、一网式”政府服务模式改革，建成 383 个村（社区）公共服务站，建成不动产登记办事大厅、国地税联合办税大厅，政务服务平台进一步完善。行政复议案件有效办理，行政应诉工作得到加强，行政执法行为有效规范。认真开展“两学一做”学习教育，加强“慵政怠政”整治，深入推进政务公开和廉政监管，政府服务热线等受理事项全部按时办结。

区 政 协

【区政协十三届六次全会】　中国人民政治协商会议第十三届梅州市梅县区委员会第六次会议，于 2016 年 2 月 17 日至 18 日在梅县新县城举行。这次会议是在全区深入贯彻落实中共十八届五中全会精神和习近平总书记系列重要讲话精神以及省委、市委、区委全会精神关键时刻召开的一次重要会议。会议审议通过曾京铭代表十三届区政协常务委员会所作的工作报告及钟梅福代表十三届区政协常务委员会所作的提案工作情况的报告。委员们列席区第十四届人民代表大会第六次会议，听取并讨论钟光灵所作的政府工作报告，讨论梅县区国民经济和社会发展第十三个五年规划纲要（草案）、区人民法院工作报告、区人民检察院工作报告以及其他报告。会议表彰区政协十三届五次会议以来的优秀提案、承办提案先进单位和优秀信息员。会议完成各项议程。

【区政协一届一次全会】　中国人民政治协商会议第一届梅州市梅县区委员会第一次会议，于 2016 年 11 月 7—9 日在梅县新县城举行。会议审议通过受曾京铭委托由钟梅福代表十三届区政协常务委员会所作的工作报告及余洪昌代表十三届区政协常务委员会所作的提案工作情况报告。会议选举产生政协第一届梅州市梅县区委员会主席、副主席和常务委员。会议期间，委员们列席区第一届人民代表大会第一次会议，听取并讨论钟光灵所作的政府工作报告。会议完成各项议程。

【提案办理】　中国人民政治协商会议第十三届广东省梅州市梅县区委员会第六次会议期间收到提案 41 件，会后收到提案 1 件。按照《政协梅县区委员会提案工作条例》，提案审查委员会对收到的提案进行认真的审查，立案 34 件，转意见建议 8 件。经研究，挑选 8 件提案作为 2016 年的重点提案，由领导挂案督办。

【协商议政】　区政协组织政协委员围绕政府工作报告（征求意见稿）深入讨论，广泛征求意见建议。此外，围绕区委中心工作和社会民生热点，组织政协委员开展视察活动，组织委员围绕视察主题，深入开展协商议政。主要围绕“企业上规工作”、“农村人居环境综合整治”等开展专题视察，提出意见建议，形成调研报告供区委区政府决策参考。

【民主监督】 区政协切实履行民主监督职能，通过开展专题调研、专题视察、委员提案、“委员之家”网络平台等方式，把民主监督贯穿其中，对政府职能工作提出意见建议，促进政府职能工作的民主化和科学化。

【专题调研考察】 主要是组织开展对“企业上规工作”、“农村人居环境综合整治”的专题调研视察，深入了解情况，积极建言献策，形成调研视察报告《梅县区政协视察我区企业上规工作的情况报告》《梅县区政协视察农村人居环境综合整治的情况报告》2 篇。

【联谊交流】 一是开展对在外创业委员和港澳委员的走访活动，通报乡情、增进感情、共谋发展。二是热情接待福建东山县、湖南双牌县、广西毛南县、珠海香洲区等县（区）政协来梅学习考察。

【专委会活动】 按照“以专委会为单位，每季度组织一次调研视察活动”的要求，区政协各专门委员会围绕民营经济发展、文化旅游开发、民营医疗机构发展、残疾人权益保护、居民小区建设、古民居保护开发、凝聚社会力量共同扶贫帮困等专题，积极组织开展专题调研及视察活动。

【关注民生】 一是筹集 32 万元帮扶资金，做好挂点隆文镇芦溪村的帮扶工作。二是组织医卫专家队伍到隆文镇芦溪村开展送医送药活动。三是组织机关干部职工开展扶贫济困捐款活动，全年捐款 6600 元。

（供稿：办公室）

区 纪 委

【区纪委十二届六次全会】 2016 年 2 月 3 日，梅县区纪委召开十二届第六次全体会议，会议由区委常委、纪委书记罗时亮主持，会议传达中纪委十八届六次全会、省纪委十一届五次全会和市纪委六届六次全会精神，纪委书记罗时亮在会上总结全区 2015 年党风廉政建设和反腐败工作情况，研究部署 2016 年的工作任务，区委书记张文广在会上作重要讲话。

【党风廉政建设】 全区各级党组织严格履行全面从严治党政治责任，坚持挺纪在前，通过开展形式多样的以“学党章强党性，讲规矩守纪律”为主题的纪教月活动，全区党员干部的“四个意识”不断夯实。各级纪检监察机关回归党章要求，聚焦监督执纪问责主业，把实践“四种形态”贯彻于管党治党的全过程。健全责任追究工作机制，落实“一案双查”，以严格的问责倒逼责任落实。

换届监督立足严肃纪律。在区、镇两级换届重要时期，区委书记、区长、纪委书记、组织部长分别对 19 个乡镇、区直有关单位负责同志和负责换届工作部门、重点岗位工作人员开展换届谈话提醒，督促履行换届工作主体责任和监督责任，印发《关于加强换届风气监督严肃换届工作纪律的通知》，严明“九个严禁”纪律。严格把好党员领导干部“党风廉政意见回复”关，坚决防止干部“带病提名”、“带病提拔”，区纪委向组织部门出具 1378 人（次）的廉政意见。

【体制改革】 建立执纪审查协作机制。将全区 19 个镇（办事处、高管会）划分为 4 个执纪审查协作片区，区纪委相关纪检监察室对口统筹、组织、指导，切实提高乡镇纪委执纪审查效率和质量。2016 年，乡镇纪委立案数 48 件，实现全区乡镇纪委办案率 100%。

全面实行线索处置和执纪审查“两报告”制度，区纪委按线索和案件涉及的干部级别上报、镇级纪委对线索处置和执纪审查情况全部上报。制定完善《谈话室使用制度》《办案人员工作守则》及违纪线索、款项移交等制度，对办案谈话过程实施同步监管，有效规范执纪审查程序。2016 年，投入 40 多万元，率先在全市实现乡镇纪委标准化谈话室全覆盖。落实执纪审查安全责任制，开展对基层执纪审查工作的督查，严把审理质量关，全区纪检监察机关自办案件实现“零事故”、“零申诉”。

【作风建设】 正风肃纪持续发力。坚持抓常、抓细、抓长，坚持动辄则咎、标本兼治，通过开展全面检查与专项检查、明察暗访、群众来信来访等多种形式进行督促检查，严肃执纪，坚决纠正损害群众利益的不正之风。2016 年，全区开展明察暗访 85 次，制作专题暗访片 5 期，查处违反作风建设问题 17 人次。

监管向全方位延伸。制定党员领导干部“八小时以外”12 项重点监督清单，明确重点对象、重点时期、重点场所；印发《梅县区党员领导干部“八小时以外”活动监督管理办法（试行）》《梅县区党员领导干部“八小时以外”活动明察暗访制度（试行）》等制度，形成组织监督、制度监督、群众监督和家庭监督四道防线，监督的触角向全方位延伸。

【查处违纪违法案件】 积极实践“四种形态”，保持惩治腐败力度不减、尺度不松。2016 年，区纪委监察局受理群众信访举报 210 件（次），应核 124 件，初核 124 件，核查率 100%；全区纪检监察机关立案 82 件，其中科级干部 13 人；结案 83 件（含 2015 年未结案件），给予党纪政纪处分 81 人，其中党内严重警告以下和行政降级以下等处分 45 人，占党纪政纪处分总人数 55.6%；党纪政纪处分 36 人，占 44.4%。同时，严格落实“三个区分开来”，为 31 名受到诬告、错告的党员干部澄清问题。

建立健全长效机制，印发《关于开展谈话提醒构建抓早抓小工作机制》等系列文件，将谈话提醒工作落实到各级党组织履行两个责任的日常工作中，及时处理轻微违纪问题。据统计，2016 年全区开展谈话提醒 6863 人次，诫勉谈话 19 人次，红脸出汗谈话 56 人次，信访函询 5 人。

【集中排查基层违纪违法线索】 紧盯“七类问题”线索，重点加强扶贫领域的监督执纪问责，协助区委、区政府制订落实扶贫政策核查方案，制订各级纪检监察机关落实扶贫政策督查办法，开展扶贫政策落实情况入户核查督查，严肃查处群众身边的不正之风和腐败问题。建立区直涉农单位和乡镇联动机制，有效提高线索排查质量和水平。2016 年，全区排查出违纪违法线索 479 条，涉及七类范围线索 413 条；立案 79 件，已结案 72 件，党纪政纪处分 72 人。

【宣传教育】 重视廉洁教育宣传。纪教月期间，组织 300 多名党员干部观看反腐倡廉话剧《韩文公》；开展“廉洁火炬杯”党规党纪知识竞赛和专题教育学习会，大力宣传和解读《廉洁自律准则》《纪律处分条例》和《问责条例》，强化党员干部的纪律规矩意识。完善充实“四个教育基地”（反腐倡廉教育基地、涉农预防警示教育基地、“宋湘廉洁文化”教育基地、“孝廉文化”教育基地）和“两个长廊”（“河滨清风”廉洁文化长廊、法纪教育长廊）内容，以案释纪，以案明纪。全区 19 个镇（办事处、高管会）开展“一镇一基地，村村有宣传”活动，大力开展廉洁文化教育和警示教育，引导党员干部勤廉从政。提升“纪检监察之窗”电视栏目和内刊《正道》质量水平，改版提升梅县区纪检监察网，并针对重要节点，通过手机客户端、领导干部微信群、短信平台发送廉洁短信，传导遵纪守法正能量。

注重源头预防腐败。针对执纪审查中发现的问题，督促发案单位查找根源、建章立制，加强风险防控，推动办案成果向治本成果转化。认真落实省关于推动构建新型政商关系的意见，营造“亲”“清”政商关系。

加大信息报送力度。注重“三转 ”工作苗头性、倾向性问题以及监督执纪问责中发现的问题，认真分析、解剖和研讨，为领导决策提供参考。全年向省、市纪委报送信息 50 多篇，分别在省级、市级媒体刊发稿件 7 条、12 条。

【机构改革】 夯实监督执纪问责的基础。按照省、市纪委要求，区纪委监察局内设机构由原来的 11 个调整为 10 个；推进执纪审查规范化，区纪委监察局机关突出主业主责，直接从事监督执纪问责的科室 8 个，占内设机构总数 80%，执纪审查人员占比达 80%以上。

【干部队伍建设】 选优配强各级纪委班子。落实各级纪委正、副书记提名考察以上级纪委会同组织部门为主的规定，完成区镇两级纪委换届工作。区纪委选举产生委员 25 人，纪委常委 7 人；镇级纪委选举产生委员 133 人，班子成员 57 人，其中新晋 34 人。

着力提升干部队伍素质。区纪委通过召开周例会、专题组织生活会、“一室一课”培训会，健全党组织“三会一课”等形式，深入开展“两学一做”学习教育活动，边学边改，学思践悟，不断坚定纪检监察干部的政治定力。以开展“能力建设年”活动为契机，进一步加强业务培训、轮岗交流和跟班学习力度。2016 年，区纪委选送干部参加中央、省、市各类培训 53 人（次），选调乡镇纪检监察干部到区纪委机关跟班学习 6 人（次），选派干部参与配合上级纪委执纪办案 11 人（次）。

（供稿：刘森江）

民主党派

民　革

【概述】 2016 年，民革梅县区委员会围绕中共梅县区委、区政府的中心工作，不断加强思想、组织、制度等各方面建设，积极发挥参政党的作用。至年底，全区有支部 5 个，党员 63 人。有市人大代表 1 人、市政协委员 2 人、区政协副主席 1 人、区政协委员 8 人（常委 1 人）。

【思想建设】 一是以马克思列宁主义、毛泽东思想、邓小平理论、“三个代表”重要思想和科学发展观为指导，认真学习中共十八大及其历次全会精神。11 月，组织民革党员参加中共梅县区委组织部、区委党校联合举办的“党的十八届六中全会精神专题研讨班”学习。二是定期组织学习法律法规和党的各项方针政策，提高全体成员的政治理论水平。三是努力学习民革中央、省、市有关文件精神，自觉阅读党报、党刊。四是积极学习新时期统一战线理论，为做好海外联谊工作打下扎实基础。五是学习民革的党章党史。通过学习，广大民革党员进一步树立正确的世界观、人生观、价值观，坚定理想信念、坚持正确方向、保持政治清醒，增强自觉接受中国共产党领导的思想觉悟，牢固树立了坚持走中国特色社会主义道路的信心和决心。

【组织建设】 一是抓好班子建设。2016 年的工作重点是区委会换届改选，在区委统战部的支持帮助下，认真做好新一届区委委员候选人的物色、考察工作，自始至终坚持民主集中制原则，使委员候选人符合广大党员的意愿，并进行认真的考察。6 月，召开第十次党员大会，完成区委会的换届改选工作，李朝晖当选主委，温晓晖、钟李峰当选副主委。二是抓好基层建设。民革委员会重视与各支部的联系、沟通，及时、准确了解基层情况，尽力帮助基层解决各种困难和问题。3 月，城区两支部与梅江区总支部进行纪念孙中山逝世 91 周年植树活动暨支部交流活动；12 月，铁炉桥医院支部与松口支部开展交流活动。通过开展支部交流活动，增进了彼此感情和起到取长补短作用。区委会坚持教师节、重阳节对相关成员开展慰问活动，对生病人员前往看望，通过关心帮助党员，增强了组织凝聚力和向心力。三是发展好新党员做好组织建设。区委会坚持高标准、严要求，做到既重视数量，又注重质量发展党员。2016 年，新发展党员 2 人，培养 3 名。四是不断完善机关管理制度，加强机关组织、作风建设。

【参政议政】 围绕参政议政、服务大局这一中心工作，就梅县区的经济社会建设、群众关心的热点难点问题积极建言献策。2016 年，民革委员会领导多次参加区委、区政府、人大、政协等有关部门召开的座谈会、协商会、情况通报会及各种活动，参与区大政方针和重大问题的协商。余洪昌副主席和李朝晖主委经常参加区委、区政府、区政协组织的各项活动。重视提高政协会议的发言和提案质量，要求各支部积极开展调研，认真建言献策。在区政协十三届六次全会上，李朝晖代表民革梅县区委会作题为《着眼长远科学谋划，建设宜居宜业梅县区》的大会发言，对梅县区城市规划、建设、管理工作的现状及存在问题作比较全面的阐述，对如何抓好梅县区城市发展工作，提出了切实可行的建议。在政协梅县区十三届六次会议上，民革梅县区委会提出《关于高标准高起点规划建设槐岗新城的建议》《关于进一步加强对城市“六乱”现象的惩治工作的建议》两件提案。此外，钟李峰提出的《关于推动铁炉桥医院养老项目落实的建议》，温东英提出《关于加强幼儿园的监管的建议》《关于以“一带一路”为切入点，落实“一区两带”振兴梅县区发展的建议》，曾令玖、李颂发联名提出的《关于解决松口镇下坪村革命老区企坑自然村村民出行道路困难的建议》，在区政协第一届一次会议上，黎竹新提出《关于尽快在西片区建设肉菜市场的建议》等提案针对性较强，调研有深度，解决办法和措施可行性强，得到有关部门的高度重视，有些问题得到较好的解决。比如，《关于高标准高起点规划建设槐岗新城的建议》，得到区委、区政府的高度重视，这件提案被选为区委书记张文广督办提案。

【社会服务】 2016 年，民革铁炉桥医院支部为骑摩托车返乡的农民工提供义诊和休息等服务；两次参与无偿献血活动；给学校、企业相关人员讲授及时救治知识及心肺复苏技能；积极参与梅州第三届“医博会”。钟李峰、曾彩霞夫妇长期积极回报社会，他们创办的铁炉桥医院继续配合市政府开展平价医疗服务，对困难群体（农村五保户、城市特困户、最低生活保障户、三级以上残疾人员、在校贫困学生、烈士直系困难亲属以及农村退伍复员特困军人）给予优惠部分住院费、对所有门诊病人优惠辅助检查费；关爱周边学校的师生健康，为教师提供健康咨询，为在宿学生提供全天候的门急诊医疗保障；为各类体育运动会、校运会、赛车运动、文艺晚会、客商会提供医疗保障。在学术研究方面钟李峰院长主持的《益气活血通窍方治疗脑梗塞后遗症的疗效及对 TLR4 表达的影响》获得梅州市科研立项。郭瑞霞撰写的论文《如何提高小学数学课堂的有效性的思考》获区一等奖；《打造小学数学高效课堂之我见》获区三等奖；教学设计《圆锥的体积》获区二等奖；刘胜金的教学设计《两位数加减两位数》获区三等奖。

民　盟

【概述】 2016年，民盟梅县区委员会围绕区委、区政府的中心工作，协调社会各界力量，完成各项工作。至年底，全区有支部7个，盟员165人。有省人大代表1人、市人大代表1人、市政协委员1人、区人大常委2人、区政协委员12人（常委1人）、特邀监察员1人、特约检察员1人。

【思想建设】 民盟梅县区委会围绕提高全体盟员的理论素养和思想水平，盟区委领导班子率先垂范，带头学习，并积极引导和组织广大盟员，结合本职工作和参政议政实践，以理论联系实际进行学习，通过座谈会、参观学习、举办培训班等方式，学习中共十八大及其历届全会精神和中共中央总书记习近平系列重要讲话精神，学习上级民盟组织的有关会议精神和决定等，不断提高理论素养和政治坚定性。通过学习，使广大盟员时刻保持清醒的头脑，在政治、思想、行动上与中央和区委保持一致，为促进民盟的自身建设和履行参政议政职能打下坚实的思想政治基础。

2016年是民盟成立75周年，各支部开展形式多样的学习盟史活动，重温民盟历史进程中的作用和意义。3月21日，民盟梅县区松口中学支部全体盟员在松口中学行政会议室召开纪念民盟成立75周年座谈会。会上，盟员们一起学习民盟光荣历史，畅谈民盟成立75周年的光辉历程，学习老一辈的榜样精神。9月24日，民盟南口中学支部组织支部盟员到梅县区梅南镇九龙嶂，探访红军在此战斗过的革命老区，了解革命的历史事件。通过此次活动增强了盟员间的合作精神和凝聚力。

【组织建设】 一是领导班子建设。6月28日召开的第十五次盟员代表大会上，按《盟章》规定，完成各项议程，选举产生民盟梅县区第十五届委员会委员9名，叶柳华当选主委，吴文龙、吴仕权、吴志宏当选副主委。二是组织发展。2016年盟区委发展新盟员9人，平均年龄34岁。其中教育界5人、文艺界2人、政府机关2人。至年底，全区有盟员165人，分属7个支部。三是组织活动。3月，梅县区南口中学盟支部进行两次春季调研活动，主题是关于自然环境情况调查，包括对白沙塘水土流失情况调查和瑶尾水库生态环境的考察。11月4日，民盟梅县区文艺支部与民盟嘉应学院一、二支部进行联合活动，盟员们对如何更好地保护和传承非物质文化遗产进行探讨交流，进一步加强盟员间的联系、沟通和凝聚力。

【参政议政】 在广东省十二届人大四次会议上，省人大代表王华春参加会议并提交《推动广东中医药发展走上一个新的台阶，建设广东“中医药强省”》《推进我省医疗，医保，医药改革，加快医药分开，保障医生合理收入建设“和谐社会”》 两份议案。在政协梅县区第十三届六次会上，盟区委会提交题为《创新驱动多措并举，切实提升基层公共文化服务水平》的大会发言材料，集体提案2件，政协委员个人提案6件。民盟梅县区委会上年提交的集体提案《加强农民科技教育培训，提高农民科技致富水平》被评为优秀提案。

人大、政协梅州市梅县区第一届第一次会议于2016年11月7—10日在梅县区文化中心礼堂召开。民盟梅县区委会有2名人大代表、12名政协委员参加两会，谢芳当选梅县区人民政府副区长。

【社会服务】 广大盟员积极参与植树绿化、扶贫济困活动，共捐款6750元。资助三名家境贫寒、品学兼优的学生7500元。重阳节当天上午，组织盟员10多人到畲江镇敬老院进行慰问演出。张育欢课件《客家民居》获教育部举办的“中国梦 · 全国优秀多媒体教学课件大赛”一等奖；李心华撰写的教学论文《冰冻三尺非一日之寒——

中学作文教学的一点尝试》获得广东省基础教育学会优秀学术论文二等奖；钟兰芳、陈立菲、李俊祥、何亮华等申报广东省科学“十二五”规划2012年度研究项目《提高高中历史课堂教学有效性促进历史教师专业化发展的策略研究》和《构建学导型高中历史高效课堂教学模式的研究》，于2016年4月8日通过梅州市课题审核；陈国强执教的体育课例《脚弓内侧传球》在2016年梅县区高中高效课堂优质课评比活动中评为一等奖；梁娟撰写的德育论文《真心付出，收获幸福——高三班级管理之我见》和教学论文《谈阅读教学中的感悟培养》均获梅县区一等奖；由叶柳华主演，夏丹丹、刘谦隆、廖丽等担任主要角色的大型山歌剧《合家福》代表广东省唯一入选剧目参加“全国基层院团戏曲会演”，获中共中央宣传部、文化部颁发纪念证书；刘谦隆参演的山歌表演唱《月下恋歌》在东莞—凤岗举办的2016（东莞凤岗）客侨文化节暨两岸暨港澳地区客家山歌邀请赛中获金奖；廖丽参加第三届广东省演讲大赛（河源赛区）获得“金奖”，参加香港——国际声乐公开赛（广州赛区）获公开组及艺术歌曲专题组“二等奖”；李玉珍、徐美吟参与编导、辅导的舞蹈《排排坐唱山歌》参加广东省第十届少儿艺术花会并获得三等奖；古琼、李玉珍、赖瑜明、刘谦隆、徐美吟等参与梅县区2016年“风清气正 · 依法治区”文艺演出，深入梅县区19个乡镇进行巡回演出。夏丹丹撰写的论文“论梅县客家山歌的历史及发展现状探究，关于梅州客家山歌当代传承方式的思考”发表于《戏剧之家》。

农　工　党

【概述】 2016年，中国农工民主党梅县区委员会积极参政议政，开展社会调研，努力做好本职工作。至年底，委员会有支部5个，党员67人，其中有在职36人，离退休31人。在职党员中医卫界27人，占82%。有市政协委员1人、区人大代表1人（常委1人）、区政协委员8人（常委1人）、区特约人民监督员1人、特约审计员2人。

【换届选举】 6月29日，中国农工民主党梅县区第十二次党员大会召开。梅州市政协副主席、农工党梅州市委主委、嘉应学院医学院院长邹浩元，梅州市残疾人联合会理事长、农工党梅州市委副主委李利平及梅县区有关领导到会祝贺。梅县区委统战部、区各民主党派、区工商联和农工党区委委员所在单位领导等应邀参加会议。大会按《党章》规定，完成各项议程。选举产生农工党梅县区第十二届委员会委员6名，张清祥当选主委，李雪梅、谢正当选副主委。

【参政议政】 2月，农工党委员会有10名政协委员参加政协梅县区十三届六次会议。会议期间提交书面发言1份、提案4份。书面发言题目是《加快产业集聚区建设，促进我区经济持续健康发展》。

11月，人大、政协梅州市梅县区第一届第一次会议召开。农工党委员会有一名人大代表和八名政协委员参加两会。会议期间，提交人大提案2件、政协提案5件。

【自身建设】 一是加强政治理论学习和党史教育。8月，全体区委委员到梅南镇九龙嶂革命斗争纪念馆瞻仰革命前辈、接受爱国主义教育，同时对梅州市生态种养业的前景和现状进行调研。10月，主委张清祥参加市委会组织的骨干党员到惠州市邓演达纪念园参观学习；新党员还参加了新党员培训班。11月，接上级文件，要求学习中共十八届六中全会精神，立即组织区委委员、政协委员认真学习和及时转发给支部组织党员认真学习，要求每位党员结合自己的本职工作认真学习贯彻落实好六中全会精神。同时，学习新时期统战理论、农工党党章党史。二是基层组织建设。2016年，发展党员5名，至年底，全区有5

个支部，党员 67 人，分别有粤东医院支部 21 人、机关支部 24 人、中医医院支部 7 人，退休支部 9 人、松口支部 6 人。在职 36 人、退休 31 人。在职党员中医卫界 27 人，占 82%；教育界 5 人，占 15%；其他 1 人，占 3%；中高级职称 26 人，占 79%。对后备干部队伍全面摸底，详细了解，推荐出后备人选名单，进入后备干部队伍建设人才库。11 月将党员信息、人大政协委员信息采集入库存档。三是理论培训。李雪梅 9 月参加农工党广东省委会在武汉大学举办的全省宣传骨干培训班，10 月参加农工党广东省委会在江苏省社会主义学院举办的全省专职干部培训班。

【社会服务】 12 月，组织医卫专家到统战部挂钩扶贫点大坪镇开展送医送药义诊活动，内科、外科、妇产科、骨科、针灸理疗科、预防保健科、疾病预防控制咨询、药剂师等科目为群众诊疗，开处方，宣传流行性疾病（流行性感冒、肝炎等）及艾滋病的预防措施，活动中送出宣传小册子 600 多份、药品 2400 元、受益群众 500 多人。

（供稿：李雪梅）

致　公　党

【概况】 2016 年，致公党梅县区委员会围绕建设宜居梅县区这一中心，带领全体党员加强自身建设、积极参政议政、认真做好海外联谊和社会服务等工作，完成全年各项工作任务。至年底，全区有支部 4 个，党员 86 人。有市人大代表 1 人、市政协委员 1 人；区政协委员 9 人，其中常委 1 人；特邀监察员 2 人，公安警务监察员 1 人，王德恩和张晴洪被受聘为梅县区人民法院人民陪审员。全年发展新党员 3 人。

【思想建设】 致公党梅县区委会积极引导和组织广大致公党员，结合本职工作和参政议政实践，以理论联系实际进行学习，通过座谈会、参观学习、举办培训班等方式，学习中共十八大及其历届全会精神和中共中央总书记习近平系列重要讲话精神。2016 年 7 月，推荐王德恩参加全省中青年骨干党员培训班学习；10 月，推荐蓝伟杰、李发达、刘珊珊、刘娴、温新梅、和杨柳等 6 位新党员参加省委会在揭阳举办的粤东片区新党员培训班。

【组织建设】 2016 年 6 月 29 日，在新县城召开“中国致公党梅州市梅县区第 13 次党员大会”。市委会主委张晨，区委常委、统战部长张小兰；区人大、区政协、区政府副区长黄增国及区委统战部领导和区属全体党员共 130 多人出席会议。在全区党员 87 人中，出席大会的党员 68 人。李丹玲代表第 12 届县（区）委会向大会作《工作报告》。报告总结第 12 届县委会自 2011 年至 2016 年的工作成绩。大会以无记名投票形式，民主选举产生第 13 届区委会，选举出主任委员徐婉玲，副主任委员黄利云、陈瑞玲、王德恩，组织委员谢战忠，宣传委员温干强，联络委员张晴洪，参政议政委员罗庆容，社会服务工作委员蓝伟杰。并成立参政议政委员会、海外联谊委员会、妇女工作委员会和社会服务工作委员会 4 个工作委员会。7—8 月，陆续进行 4 个支部的换届选举，张晴洪、王德恩、杨恩、陈勇纯分别任各支部主委。

【参政议政】 围绕梅县区文化旅游产业发展，2 月，区委会组织调研小组，深入到梅县区旅游局、招商局、统计局等单位，对旅游有关情况进行现场调研，形成题为《加大招商引资力度，促进文化生态旅游产业发展》的报告，在 2 月 17 日—18 日召开的区政协十三届六次会议上作为大会发言。会议期间，致公党委员会提交三件集体提案和一件个人提案，分别为“加大招商引资力度，促进文化生态旅游产业发展的建议”“关于加强‘一区两带’建设中的生态保护的建议”“关于开展质量强区工作的建议”“关于整治城市‘六乱’提高城市品位的建议”，以上提案经政府有关部门接案后，绝大部分得到落实。完成

2016年统一战线理论研究课题《简论我区民主党派机关的职能特点、要求和职能行使路径》，并上报区委统战部。全年在各种会议上以该党派名义发言的有20多次，对梅县区的政治、经济、文化教育等方面提出本党派的看法和建议。担任特邀监察员的党员分别参加区纪委开放日活动，担任各级人大代表和政协委员的党员分别参加各种类型的视察和考察活动。在11月举行的区人大一届一次会议上，李丹玲和徐婉玲当选市人大代表；在区政协一届一次会议上，徐婉玲当选区政协常委，陈瑞玲、王德恩、张晴洪、谢战忠、蓝伟杰、罗庆容、叶春婷、温升永等8位成员被推荐为区政协委员。

【海外联谊】 致公党梅县区委会发挥自身的优势开展好海外联谊工作。2月，陈瑞玲副主委和党员李国泰等应邀率“客家文化考察团”赴印度访问，中国驻印度加尔各答马占武总领事亲自会见。加城有数千原籍梅县的华侨华人，一直少与家乡联系，马总领事提议由考察团牵线搭桥，拟建立梅州市与加尔各答盐湖市友好城市关系，经梅州市政府已批准，与加市洽谈中。2016年，先后有李国泰、陈健、陈瑞玲等多位党员到东南亚等地探亲访友、学术交流；全年党员共接待“三胞”1300多人（次）。此外，还接待了致公党省委原 “党务工作调研组”一行20多人到梅县区开展调研。

【社会服务】 2016年，致公党区委会发动梅州好万家实业公司捐资，与区委委员和支部主委一起扶助原高级中学一名已考上大学的贫困生及其家庭。7月8—9日，梅县区中医医院的谢讯华主任跟随“同心·共铸中国心”爱心志愿团队来到国家重点贫困地区四川小金县达维乡，为当地的藏族百姓免费义诊，送医送药。该事迹在《梅州日报》7月18日和《广东致公》微信号7月26日登载。李国泰在各级报刊发表作品20多篇，其中省级4篇、市级10多篇；陈瑞玲在报刊发表文章4篇。

（供稿：陈瑞玲）

人 民 团 体

总 工 会

【概述】 2016年，梅县区有工会组织2280家，其中企业工会2129家，发展会员7.2万多人；在会员中，有农民工会员5.4万多人。

【基层工会组织建设】 工会组建工作以换届、组建和农民工入会为重点，帮助已届满的乡镇机关和非公企业做好换届工作，全年完成45家换届；非公企业新建工会组织有梅县莲泉酒液酿制有限公司等6家；以农民工为主的专业合作社新建工会组织有4家，新增农民工入会3521人。

【争先创优】 做好全国和省“五一”劳动奖章、奖状和“工人先锋号”的推荐表彰工作，梅州市梅县区人民检察院检察长钟坚获2016年度全国“五一”劳动奖章，梅州市梅县区国家税务局局长罗志坚获省“五一”劳动奖章。

【职工服务】 筹资32万多元，开展生活救助、医疗救助、工伤探视等活动，全年救助困难职工473人次。筹资12.1万元，开展金秋助学活动，资助困难职工和困难农民工子女65人。全年办理“二次医保”的有 5819 人、女职工安康保险的有 1334 人、职工医疗（重大病）的有 2181 人、住院津贴的有 2712 人，全年综合报销金额 20 万多元。投入 1.8 万元，为 189 名环卫职工每人购买一份“住院医疗综合互助保障”。

【职工维权】 以重点企业、行业建制带动协商工作开展，全年完成签订区域性集体合同 19 份、行业性集体合同 3 份，覆盖企业 745 家，完成 25 家企业的单独签订集体合同。重点行业培育工作在区小水电行业和卡莱（梅州）及集一建材中开展，首次实现在外资企业中开展协商工作，并签订集体合同。继续健全和完善区、镇（办事处、高管会）和企业三级工会劳动争议调解机构。畅通信息报送渠道，持续完善镇（办事处、高管会）、企业两级工会劳资纠纷信息员制度和梅县区快速应对职工群体性事件预案制度。在 9 家重点企业充分发挥聘任的 3 名专职律师的法律顾问作用，引导、帮助职工维护自身合法权益。

【职工活动】 在“五一”国际劳动节期间，举办“中国梦·劳动美”广东工人艺术团“走进梅县”文艺晚会，组织区劳模代表和各行业职工共 1000 多人观看演出。与区教育局、区体育局联合举办“梅县区教职工篮球比赛”。

【经费收缴】 做好税务代收工会经费工作，全年实现上缴上级工会 178 万元，占市总下达任务 166 万元的 107%，实现工会经费稳步增长。

【工会管理监督】 为加强对基层工会的经费审查监督，规范工会经费开支，2016 年重点对南口中学等 10 多间学校基层工会的经费收支和资产管理等经济活动的真实性、合法性和效益实施进行审查，强化基层工会经费使用的规范性和合法性，提高工会经费的使用效益，维护工会资产安全。

（供稿：张绚彬）

共　青　团

【概述】 2016 年，共青团梅县区委员会引导青少年深入学习中国特色社会主义理论体系，进行爱国主义教育和理想信念教育，进一步坚定跟共产党走的信念；组建“志愿者服务队”，开展助学帮扶活动和创业大赛。至年底，梅县区有基层团委 52 个，团（总）支部 1304 个，团员总数 32061 人。

【基层团队组织建设】 一是召开共青团梅州市梅县区第一次代表大会，会议审议通过共青团梅县第十四届委员会工作报告，选举产生共青团梅州市梅县区委员会第一届领导班子，魏南辉当选团委书记，古彦、黎锡涛当选副书记。二是在机关、青年党员中扎实推进党的群众路线教育实践活动、“两学一做”学习教育活动，把牢思想和行动的“总开关”；深入推进乡镇实体化“大团委”建设，落实区域化团建工作经费，建立“村村联动联青年”团建品牌。三是探索建立镇级团委量化考核办法，加大“推优”工作力度。四是稳步推进团建工作全覆盖，新建电商园、外国语学校、宣传系统等 3 个团委和富力切尔西足球学校团总支及各行业团支部 29 个，其中“两新”团组织 7 个，实现“两新”组织团建与服务电商园区建设、服务小微企业发展、服务青年就业创业的有机结合。

【青少年思想建设】 一是广泛开展“与人生对话——我的中国梦”“学党史、知党情、跟党走”“奋斗的青春最美丽”“十八岁成人礼”“高举团旗跟党走”系列主题活动；引导青少年深入学习中国特色社会主义理论体系，进一步坚定跟党走的信念。二是全面实施未成年人思想道德建设工程，广泛开展“红领巾相约中国梦”、“南粤最美少年评选”等活动，大力弘扬社会主义核心价值观，提高青少年的思想道德素质，2016 年全区 15 名中小学生获得市级“南粤最美少年”荣誉称号。三是落实全团带队制度，承办梅州市“弘扬长征魂·童祝中国梦”主题建队活动，两位老师荣获叶剑英基金“模范少先队辅导员”称号，朱卫华荣获“全国优秀少先队辅导员”称号。四是强化青少年理想信念教育。用先进理论回应青年现实关切，用有效路径传播党的声音，从而增强广大青年对中国特色社会主义的道路自信、理论自信、制度自信和文化自信；依托党史国情、爱国主义及国防教育，大力弘扬中华优秀传统文化，积极引导青年形成理性的社会观察能力；依托“中国梦·我的梦”主题教育实践活动，推进“奋斗的青春最美丽”“我与祖国共奋进”“红领巾相约中国梦”等活动，凝聚青少年共筑中国梦的思想共识。在梅南、松源等地建成青少年爱国主义、革命传统教育基地。结合“五四”青年节、“六一”儿童节、“10·13”建队日等节庆日，深化团员、少先队品牌活动，将爱党、爱国、爱家乡理念贯穿于活动中，培养青少年儿童对党和祖国的朴素感情。五是创新青少年教育引导方式。青年是“创新”的代言人，悦纳新生事物、渴望平等交流的意识最为强烈。依托新媒体全力打造共青团新型引导体系，依托“智慧梅县”平台，利用专业力量、市场力量、技术力量，占领青少年热衷的网络空间，赢得青少年的碎片化时间，形成与青少年良性互动的开放性场域，实现从传统工作阵地向新媒体网络阵地的“战略转型”。继续巩固“梅县区青年”公众号、官方微博、“青年之声”及各级各类门户网站等阵地，形成稳定可靠的联系渠道，努力做到经常有声音、有互动、有话题、有线下活动、有面对面交流，广泛“网聚”青年意见领袖，“网集”青年关心问题，“网传”青年诉求表达，以优质的“正能量产品供给”增强引导青少年工作的亲和力和感染力。

【志愿服务】 组建“梅县党员志愿者服务队”，创建“一镇一志愿服务队”，建成区镇、学校、义工团体组成的志愿服务组织网络体系，整合辖区、梅城的部分义工和志愿组织建立“梅县公益志愿交流群”，形成志愿服务的整体合力。结合客商大会、“中华情·梅州月” 央视中秋晚会、“谁是球王”争霸赛、国家卫生城市复审、美丽乡村建设等中心任务以及“青春暖流”“暖阳行动”“学雷锋志愿服务月”“洁净家园”等品牌活动，广泛开展志愿服务活动，服务中心、服务民生，青年志愿服务工作首次写进区委工作报告。

【扶贫助学】 区团委每年开展“扶助特困学子上大学”活动，2014—2016 年三年时间累计筹措助学金 245.8 万元帮助 520 名贫困学子圆梦大学，为全区 470 人次孤儿、特困儿童发放慰问金、爱心书包等。引导学校组建“希望家园”“七彩小屋”“幸福厨房”等载体 10 个。以全国第二轮重点青少年服务管理推进区县为契机，部门联动完善重点青少年摸排机制，建立重点青少年信息库。在首批 15 所中小学校开展“创客文化进校园”活动，探索返乡大学生开展“爱心义教”活动服务 21 位贫困学子，开展“文化志愿服务进校园”活动 16 场，建立“爱卫驿站”31 个。三年时间，承接“青年同心圆计划”5 个项目 300 人次、香港志愿服务团 7 期 35 人次，为参与“展翅计划”的大学生提供 455 个优质实习岗位。

【服务青年就业创业】 区团委会联合区人社局和电商园等单位启动创新创业引擎，举办青年电商培训班 9 期共培训青年 700 余人次。积极协助职能部门举办各类就业招聘会、创业大赛，推荐青年创业创新人才参与竞技，斩获“2014 年中国青年涉农产业创业创富大赛”省二等奖项目 1 个。扶助青年企业家创业贷款 1100 万元、贴息 44.5 万元。扎实开展“青年文明号”创建活动，增强青年职业技能和职业精神，促进青年在本职岗位上成为行家里手。至年底，全区创建“青年文明号”省级 4 家、市级 16 家，李永生获第九届“全国农村青年致富带头人”称号。

【青年交流】 区团委全年开展单身青年嘉年华活动 5 场，为 1100 多名青年搭建交流平台，联合多部门每年开展球类比赛、亲子植树、趣味运动会等。定期组织全区青年与在梅的香港青年志愿者交流座谈、到外国语学校开展听课交流活动，交流教学经验，学习香港志愿服务的先进经验。同时利用节假日带领服务团成员游梅县，让团员们感受美丽梅县的人居环境，以此为契机宣传推介梅县区。

（供稿：黎锡涛、赖祷）

妇 联

【概况】 2016 年，梅县区妇联服务于区委、区政府工作大局，切实维护妇女儿童合法权益，促进男女平等，团结带领广大妇女为梅县区争当粤东西北振兴发展排头兵贡献巾帼力量。至年底，全区妇女人数 30.36 万人，占总人口数 49%。

【基层组织建设】 2016 年，完成区、镇两级妇联换届工作，并以换届为契机，夯实基层妇联组织建设。一是镇级换届以南口镇妇联换届选举现场会为试点，统一组织，以点带面，结合现场指导，确保各镇（办事处、高管会）妇联按时保质完成换届工作。各镇妇联主席学历均大专以上，平均年龄 34 岁。二是区妇联换届选举工作严格按照《中华全国妇女联合会章程》《妇女联合会选举工作条例》的有关规定，做到有领导、有规划、有步骤地推进换届各项筹备工作，2016 年底召开梅县区妇女第一次代表大会，余红梅当选妇联主席，梁雪梅、温友玲当选副主席，选举产生新一届的 35 名执委、7 名执委常委。

【精神文明建设】 梅州市工商行政管理局梅县分局登记注册股和梅州市梅县区社会保险基金管理局分别被授予省“巾帼文明岗”“三八红旗集体”称号。在全市开展评选“自强不息好少年”“孝老敬亲好媳妇”活动中，李佳燊、杨祥锋、房静文被评为“梅州市自强不息好少年”；古桂珍、张雪利、冯美英获得“梅州市孝老敬亲好媳妇”的荣誉称号。结合“两学一做”学习教育活动，“三八”期间，组办“强素质 展风采”妇女干部知识竞赛活动；“五四”期间，举办“春花烂漫·携手同游”单身青年交友嘉年华活动；“七一”期间，组织妇联机关干部到丰顺县李坚真纪念馆开展“缅怀革命先烈、重温入党誓词”巾帼心向党主题教育活动，联合区文广新局、区电信举办“粤舞青春——广东 IPTV 首届广场舞大赛”。

【城乡妇女事业】 推进第二轮扶持妇女创业小额担保财政贴息贷款项目，全年筹集贴息资金 36.38 万元，为全区 41 名妇女提供 319 万元贷款，有效辐射带动 800 多名妇女创业就业、增加家庭经济收入。同时，认真做好贷款收回工作，回收 2014 年贷款 268 万元，回收率 100%。联合区人社局开展“春暖梅县”送岗活动，为未就业女大学生、城镇失业妇女、农村留守妇女等有择业意愿的女性提供 500 多个就业岗位。推进巾帼精准脱贫工作，举办为期 10 天的精准扶贫电商创业就业培训班，为 53 名女性电商创业贫困户拓宽脱贫的渠道。雁洋镇南福村的巾帼科技示范基地（金柚生产）荣获“广东省巾帼创业示范基地”称号；梅州三丫生态农业发展有限公司和广东三益农林发展有限公司获市“巾帼扶贫创业示范基地”称号；三丫、三益、华然、萌萌 4 个巾帼新型农业经营主体获得市妇联和农业部门的重点培育提升。

【关爱妇女儿童健康】 组织实施 2016 年市政府十件民生实事之一“为 35—64 岁城乡贫困妇女免费检查乳腺癌、宫颈癌”项目，联合区妇幼保健院共同开展“两癌”项目免费普查公益活动，为全区 1 万名妇女进行宫颈癌健康普查，为 3498 例登记在册的贫困妇女和城镇低保对象提供“两癌”免费筛查。普及女性健康知识，提高女性保健意识，在“三八”期间邀请梅县区妇幼保健院副院长刘剑云在区文化中心举办“关爱女性美丽人生”健康知识讲座。争取项目资金 19.3 万元，为 20 名贫困“两癌”母亲进行救助，同时及时做好“贫困母亲两癌救助”摸底调查情况及信息登记存档工作。依托各村文化活动场所，整合“妇女之家”、“农家书屋”等各项资源，抓好“儿童友好社区”阵地建设，新建 64 个“儿童之家”。新城办程江居委被评为省第五批儿童友好社区，南口镇瑶西村申报省留守儿童之家示范点。

【维护妇女儿童权益】 依托妇女维权站阵地和“12338”妇女维权热线，加强妇女信访代理和协理工作，及时化解矛盾纠纷。全年，接待来信来访来电 175 件，其中来信 1 件、来访 84 件、来电 90 件，办理法律援助 2 件，调处率 95%。组织广东粤梅律师事务所的律师举办法律讲座，重点对《中华人民共和国反家庭暴力法》《中华人民共和国婚姻法》《中华人民共和国未成年人保护法》等相关法律条文进行详细解读，发放《中华人民共和国反家庭暴力法》宣传彩页及《中华人民共和国妇女权益保障法》法律知识宣传页，夯实妇联干部护法的基础。联合多部门开展“关爱生命、呵护家庭——禁毒联盟行动”，发放禁毒宣传手册 3000 余份，为咨询者详细讲解禁毒政策，传授抵御毒品的方法。

【扶贫帮困】 发动 1534 名爱心父母，筹资 66.15 万元，援助 1657 名困境儿童，其中 47 名孤儿获得广东省妇女儿童基金会爱心款 2.35 万元，110 名寒门学子获得叶剑英基金 11 万元。发动梅州市爱心天使义工协会等，筹资 50 多万元，在节庆前后看望和慰问 500 多名困难妇女群众。争取省妇联 2 万元援建“母亲安居房”1 套，同时做好 2015 年安居房验收工作，为特困母亲解决住房难问题。做好帮扶对象的建档立卡工作。收集整理好全区 1067 名困境儿童及困境家庭儿童情况。

【妇儿规划】 根据 2015 年梅县区妇女儿童发展规划监测统计资料显示，对照《妇女发展规划》中提出的 82 个主要定量指标，有 61 项指标提前达标、占 74%，有 21 项指标预期达标、占 21%，有 4 项指标暂无数据；对照《儿童发展规划》提出的 60 个主要定量指标，有 57 项指标提前达标、占 95%，有 2 项指标预期达标、占 3.3%，有 1 项指标暂无数据，无法判断，占 1.7%。

（供稿：宋玲敏）

工 商 联

【概况】 2016 年，梅县区工商联在区委、区政府的领导下，突出“两个健康”工作主题，抢抓机遇，主动作为，团结带领全区非公经济代表人士为区经济振兴发展作出新的贡献。5 月，梅县区工商联再次被确认为 2015 年全国“五好”县级工商联，这是继 2014 年后再获全国“五好”县级工商联殊荣。

【思想建设】 深入开展以“守法诚信、坚定信心”为重点的非公经济人士理想信念教育实践活动。组织学习习近平关于新型政商关系“亲”“清”的论述。教育机关干部要在民营企业遇到困难和问题情况下更要积极作为、靠前服务，对非公有制经济人士多关心、多谈心、多引导，帮助解决实际困难。引导会员遵纪守法办企业、光明正大搞经营。5 月，推荐 11 名民营企业家参加梅州市第 7 期（2016 年）清华大学企业创新驱动高级研修班的学习培训。6 月，市、区工商联联合梅州市装饰行业协会党支部，组织党员到红色根据地福建古田参观学习，20 多名党员重温入党誓言，接受革命传统和爱国主义教育，坚定发展信心。

【组织建设】 一是做好非公经济人士综评工作，推进换届的开展。根据中央统战部等 14 部委的要求，扎实做好非公有制代表人士的综合评价工作，工作中严格坚持一个入口，一套标准，凡进必评，严把程序关，客观公正，实事求是确定评价结果。先后 8 批次对拟推荐担任人大代表、政协委员、工商联常执委人选共 260 名非公经济人士开展综合评价。通过开展综合评价，一批综合素质高、社会信誉好、有代表性的非公经济人士提名为人大代表、政协委员和担任工商联常执委。二是加强组织和队伍建设，完成换届工作。按照省、市的部署，9 月 26 日，梅县区工商业联合会（总商会）第十六次会员代表大会在梅县文化中心召开，本次会议代表 256 名，选举产生了梅县区工商业联合会（总商会）第十六届执委会委员 178 名。广东振声科技股份有限公司董事长黄志平当选为新一届主席（会长），黄秋辉当选为常务副主席（副会长），巫爱玲、傅其杉等 42 人当选为副主席，王汉粦等 17 位企业家当选为总商会副会长，傅其杉兼秘书长。党组书记黄秋辉代表第十五届执委会作《凝心聚力，创新发展，努力争当全省山区工商联工作排头兵》的工作报告。至年底，全区工商联会员有 1258 名，全年新发展会员 130 名。三是推进基层商会建设。不断推进镇级商会完善法人治理结构，指导各基层组织按照《章程》规范运作。积极开展创建“优秀商会示范点”工作。至年底，全区有 12 个镇级商会组织和 3 个行业协会组织。

【联络交流与宣传】　加大政策宣传，传递社会正能量。以工商联网站和《梅县商会》为平台，宣扬企业家创业精神，帮助会员企业展示品牌，加大对国家的经济政策和梅县区扶持中小微企业及招商引资的优惠政策的宣传力度。全年会刊、网站共发布各类信息 100 多条，为 50 多家民营企业作专题报道。与《梅县民声》栏目协办《退伍了 · 创业去》的专题，报道退伍军人的创业故事。围绕搭建面向会员，服务非公经济，展示客商风采，促进民营企业交流与合作，建立梅县区工商联（总商会）微信公众号，更加及时有效为会员发布商务信息。此外，还组织人员专门编写完成《百年商会喜今朝》纪念特刊，记载梅县商会成立 108 年来的发展历程。

加强沟通联络，促进交流合作。先后接待阳春市工商联考察团一行 20 多人和惠州市惠东县工商联 30 多名企业代表。还接待梅江区、丰顺县工商联到梅县区开展学习交流的活动。加强与深梅籍乡贤企业的交流合作，组织企业考察团一行 23 人到深圳市开展为期 2 天的经济考察活动，先后考察深圳前海亚洲时代（深圳）国际金融服务股份有限公司和深圳市梅县商会（同乡会）。

【参政议政】　发挥工商联组织参与政治和社会事务的主渠道作用，推荐政治觉悟高，有一定社会影响力的代表人士担任人大、政协社会职务。2016 年“两会”换届，有 10 名工商联会员当选为梅州市七届人大代表，有 40 名会员当选梅县区一届人大代表出席人代会；黄志平主席当选为区人大常委；有 62 名会员当选梅县区一届政协委员，有 16 名会员当选为区政协常委。

引导非公经济人士自觉履行职责，积极参政议政，建言献策。2016 年“两会”期间，担任人大代表、政协委员的会员以强烈的责任感和使命感，履行代表和委员的职责和义务，参与大会选举，并积极撰写议案、提案，人大代表提交议案 9 件，许益辉代表提出“关于改造雁洋至松口、松源省道公路的建议”被列为重点议案。政协委员上交提案 8 件。年初，开展关于非公经济人士思想动态调研，提出《关于加强我区非公经济人士教育培训》的建议。还协助省、市工商联开展民营制造业发展状况的调研活动，并提交《梅县区装备制造业发展情况汇报》。

【服务非公企业】　一是开展“两学一做”学习教育活动，转变机关工作作风，增强服务意识，维护会员合法权益。全年为会员企业维护权益 5 件，涉及金额 200 多万元。二是不断扩宽渠道，提升服务质量。扩宽中小企业融资渠道，推动招商引资项目建设。全年区工商联召开 3 场银企座谈会，区总商会及各基层商会继续与工商银行梅州支行、客家村镇银行、建设银行梅县支行等签订战略合作框架协议，支持中小企业的发展，涉及授信金额 10 亿元。全年参与引进的招商项目有 2 个，其中广东正华钢构股份有限公司首期投资 5000 多万元征地项目；新城华美达广场首期投资 6000 多万元改造兴建项目。6 月，联合市、区食品行业协会组织 20 多名会员参加由广东天行健网络全力打造的“乡城品”在梅城举行运营中心启动仪式，标志着梅县区电子商务进入全新的合作阶段。此外，各基层商会协会积极组织会员企业参加商务考察、贸易洽谈、展销会等各种经贸活动 150 人次，签订投资项目、合作协议 20 个，投资总额 5000 万元。

【履行社会职责】 全区各基层商会组织广大会员自觉履行社会责任，积极投身建设家乡的社会公益事业。全年捐资社会公益金额 1000 多万元。春节期间，梅县区大坪、丙村、梅西、石扇、梅南、松口、松源等基层商会，前往敬老院、贫困户等访贫问苦活动。1 月，梅南商会联合梅南乡亲联谊会倡议成立梅南乡亲创业互助基金，以帮扶梅南籍乡亲创业。5 月，石扇商会举办以“扶残助残、有你有我”为主题的扶贫助残活动，为该镇重度残疾人 20 名免费发放轮椅，给 100 名残疾人捐赠助听器、大米等慰问品。8 月，石扇商会捐资 18.1 万元奖励 45 位优秀学子，并为 14 位贫困学子发放助学金；大坪商会筹资 7.45 万元奖励 31 位优秀学子，并为 2 位贫困学子发放助学金。此外，深入开展挂点帮扶水车镇灯塔村贫困户“一对一”的帮扶，出资 5 万元对灯塔村农田灌溉渠道 1.3 公里进行 “三面光”清淤，出资 1 万元建设垃圾池和购置流动垃圾桶。

（供稿：罗永红）

军 事

人民武装

【概述】 2016 年，梅县区人武部抓好年度各项工作落实，军事训练、征兵工作和新闻宣传等工作均走在分区的前列，全市民兵轻舟分队比武取得“五连冠”。

【队伍建设】 一是狠抓班子队伍建设。认真组织人武部党委班子重新学习《党委工作条例》，严格落实党委集体领导下的首长分工负责制，不断增强党委班子的凝聚力和战斗力。在抓大事、统大局、把方向上，做到思路清晰，决策正确，形成重学习、讲团结、重形象、讲民主的良好氛围。二是突出加强队伍政治教育。坚持把思想政治建设摆在首位，认真学习贯彻习近平主席系列重要讲话和中共十八届六中全会精神，做好全军古田政治工作会议“下篇文章”，突出深化郭、徐流毒“两个肃清”，深入开展两项重大教育活动和“五查五看”、“三新”大讨论及党员队伍“承诺践诺”等主题活动，《廉洁从政准则》《党纪处分条例》《问责条例》学习教育坚持以案析理；认真做好 2008 年以来党费清缴清查、10 个方面行业风气清理和执纪监督自查整治工作，对汇总建立的 45 条问题台账逐一问效、狠抓整改。三是加强队伍业务培训。组织 2 期民兵专业分队和专武干部培训，重点学习征兵知识、兵役登记、基层“四个基本”建设业务知识，并进行军事基础课目训练。

【军事训练】 围绕“顺应改革、按纲抓建、平稳过渡、主动作为”目标要求，持续深化军事斗争和国防动员准备。严格落实省军区“湛江试点”要求，完善“三室两库”为重点的各类战备基础设施建设，规范作战值班执勤，加强民兵应急分队处突演练，确保正规的战备秩序和良好戒备状态。完成民兵应急、支援、储备三支队伍组织调整和实力对接，全市18岁公民兵役登记率99.9%。民兵轻舟分队在分区组织的8个县（市、区）评比竞赛中夺得第一，实现“五连冠”。应急分队思想政治教育、军事训练和日常管理不断正规化。现役干部训练、专武干部和部分民兵骨干集训，进一步打牢业务基础和能力素质基础。完成全区8所完中和4所职中约7500名高中阶段学生为期一周的军训。

【征兵工作】 继续坚持廉洁征兵、质量征兵、“阳光”征兵。根据适龄青年减少和大学生征兵比例进一步提升的情况，区人武部积极发挥主观能动性，全面做好宣传工作。深入全区8所完中、4所职业技术学校，发放征兵宣传单，对高中应届毕业生进行面对面的宣传发动。同时，还制作下发征兵宣传海报，由各镇深入各个村民小组，张贴海报，对适龄青年及家长进行面对面、点对点的发动。通过5次身体检查和复查，严把政审关，高标准完成市征兵办赋予梅县区的新兵征集任务，其中大学生占比47%。

【后勤保障】 大力加强财经和后勤物资管理。突出抓经费管控、物资采购和审计监督，并开展财务和资产大清查“回头看”，先后组织两期后勤综合保障队的集训。投入75万元，完善后勤综合保障队的配套物资器材，按要求高标准高质量完成后勤综合保障队组队、集结和点验。严格按照装备动用程序、权限使用装备，突出抓好保管人员思想教育整顿，确保武器装备完好率、配套率达标。按照省军区和军分区统一部署，巩固深化“湛江试点”成果，对照人武部建设标准规范逐项抓整治规范，切实把“四个秩序”搞正规。投入170多万元改造办公大楼。

【双拥工作】 区人武部官兵在完成战备训练任务的同时，主动抓好拥政爱民工作。充分发挥民兵在抗击自然灾害、维护社会稳定、扑灭山火等行动中的主力军和突击队作用。全年出动民兵3000余人次完成扑救山火和抗洪抢险15场次、执行治安维稳任务和安保任务等100余场次。组织官兵参加义务植树1万余棵，帮扶贫困村1个、贫困户30户，协调帮扶资金15余万元。持续开展团以上干部“一帮一”助学活动。开展涉军维权工作，全年接待来访群众9人次，维护军人合法权益4起。

（供稿：办公室）

人民防空

【人防宣传教育】 一是突出宣传教育对象。重点抓好各级领导干部的宣传，充分利用有关会议、请示、汇报工作等时机，宣传人防法律法规政策，严把“结建”关，维护人防的职能。二是开展“五进”活动。印发人防知识宣传资料、人防知识读本3万份，分别派发至学校、机关和社区；在城区学校初二学生中开设人防知识专题课，扩大宣传覆盖面；根据上级人防部门的要求，认真组织人防系列科教影片《居安思危　备战人防》的宣传播放工作，确保影片播放进机关、进学校、进企业、进社区、进农村，同时通过电视进行播放。三是抓住重点节点搞宣传。与区司法部门配合，充分利用“12·4”法制宣传日，组织人员到乡镇向群众散发人防宣传资料，宣讲人防知识和人防法律法规；在开展警报试鸣活动前后，通过电视台播放人防警报知识、警报试鸣《通告》、人防专题片等内容，让市民更多了解掌握人防知识，增强居民群众的国防观念和防空防灾意识。

【人防结建工程】 坚持把人防建设与城市建设同步规划、同步推进，不断加强人防防护设施建设和人防指挥通信系统管理及防空应急保障体系建设。一是认真落实“结建”政策。坚持严格执行人防相关法律法规和梅州城区同城同价的“结建”收费标准，简化人防工程建设审批手续，严格征缴易地建设费，有力促进人防“结建”工作的落实，推动人防地下室建设。全年新增竣工验收备案人防工程4宗。二是加强工程的安全执法检查。坚持人防工程“建管用”并重原则，组织人员对人防工程开展常态化质量和安全监督检查，切实保障工程安全。三是抓好人防指挥通信系统管理。加强对人防应急指挥中心、人防机动指挥所和警报设备的日常调试、维护管理工作，确保指挥通信系统的正常运转，于11月10日举行了第15次防空警报试鸣活动。四是加强人防专业队伍实训。积极做好应急应战指挥通信信息保障训练，提高通信技术人员操作能力，密切与部门相协作，充分利用和整合人才资源，利用区应急大队的专业队伍，增加人防专项实训，提升人防应急保障能力。五是做好《防空袭方案》修编工作。认真组织相关部门提供相关的基础性材料，完成新一轮《防空袭方案》修编工作。

【健全体制建设】 运用教育实践活动和“两学一做”学习教育成果，按照“三严三实”要求，健全完善体制机制，注重用制度管人、制度管事。一是健全机关内部管理制度。以新设立党组为契机，进一步健全完善理论学习、议事决策、考核考勤、财经管理、保密工作、责任追究等系列内部管理、依法行政、执法检查制度，对重大事项、重大问题坚持集体研究，民主决策。二是健全沟通交流谈心制度。进行不定期思想交流和情感沟通，及时了解掌握单位干部职工的思想动态、下作状况，更有效地调动和发挥干部职工的能动性、主动性，营造心齐劲足、风清气正、干事创业的良好氛围。三是深化行政审批制度改革。完善行政服务中心窗口部门的工作程序；实行网上报建审批会签制度，对人防“结建”工程审批等三个项目实行网上办理。做到收费项目、收费标准、办理程序、办理时限“四公开”，依法行政审批，做到以收促建、应收尽收、应建尽建。四是健全人防工程验收备案制度。联合区住建等职能部门，加强人防工程建设的管理和监督，对竣工验收的人防地下室实行验收备案制度。

（供稿：杨素娜）

法　　治

政法委及综治

【概述】 2016年，区政法部门紧紧围绕区委、区政府的决策部署，坚持问题导向和法治思维引领，深入推进平安梅县、法治梅县、过硬队伍建设，着力提高执法司法能力和水平，有效防控各类风险，维护政治和社会稳定，保障人民安居乐业。

【维护社会稳定】 区政法部门进一步完善重大项目建设、重大活动举行、重大行动开展的社会稳定风险评估工作机制、风险预警机制和突发事件应急预案，并对由此引发的不稳定因素和矛盾纠纷，逐一落实防范化解责任；深入开展接访下访活动，完善网上信访大厅，落实首办责任制，畅通群众诉求渠道；不断提高各职能部门执法司法规范化水平，最大限度减少和避免因执法司法不当引发社会矛盾和产生社会对抗因素；深入推进涉农涉土、劳资纠纷、涉环境、涉金融、房地产等五大领域社会矛盾和涉军退人员、原民办代课教师、出租车从业人员等三大重点群体利益诉求问题的专项治理工作，更多社会矛盾被有效解决在基层、解决在萌芽状态。据统计，全年全区三级综治信访维稳工作中心（站）共化（调）解各类矛盾纠纷3256件，化（调）解成功3200件，调处成功率98.3%；未发生大规模群体上访事件，未发生影响重大群体性事件，未发生危害社会稳定重大事件，无因调处不及时或调处不当而引发的矛盾激化、凶杀、自杀、民转刑事件；完成全国、全省、全市、全区“两会”，市、区、镇换届，中共十八届六中全会、“G20”杭州峰会等重大活动期间维稳安保工作。

【社会治安综合治理】 区综治委严格执行党政领导干部“一岗双责”责任制和综治“一票否决权制”，并以完善立体化社会治安防控体系为重点，全力提高社会治安综合治理的能力和水平。一是紧紧围绕“防控违法犯罪、化解矛盾纠纷、排除公共安全隐患”三大工作目标，组织全区各镇（办事处、高管会）切实加强镇街综治信访维稳中心建设，通过完善中心功能设置、充实人员、划分综治网格、组建网格员队伍、建立综治网格化管理、考核机制等，使全区各镇逐步形成“中心+网格化+信息化”工作体系，对社会深层次信息有效掌控能力明显增强。二是在城区实行“8点4线”的城区巡控网格，抽调140多名警力，启用8部移动警务车，采取值守8个重点部位与流动巡逻4条复杂路段相结合方式，全面履行应急处突、接警处警、打击现行、协助交通管理、服务群众等职能，实现城区巡防成效最大化，最大限度增强群众安全感和满意度。三是完成135路标改高及新增100路高清治安视频建设工程，使城区高清镜头达到515个，并基本实现一级指挥调度，逐步推进农村镇级治安视频改造升级工作，部分乡镇建立起集治安视频、护林防火、防控“两违三抢”等功能于一体的综合调度平台。四是重点地区、重点问题、重点行业得到有效治理，外来流动人员、刑释解教人员、吸毒人员、社区矫正对象、严重精神障碍患者等特殊群体得到有效帮教和管控，增强从源头上预防和减少违法犯罪发生的能力，有效管控公共安全问题引发的社会风险。五是针对广梅汕、梅坎铁路在梅县区里程72公里、途经6个镇实际，组织相关部门和所在镇切实加强与梅州铁路派出所的协作配合，扎实开展“平安铁路线”创建工作，经常对境内铁路沿线乡镇开展护路宣传和落实各项护路联防措施，确保梅县区境内铁路安全和沿线治安秩序的稳定。

【防范与处理邪教问题】 紧紧围绕中央防范办提出的“新气象、新局面、大进展”工作目标，坚持同邪教组织斗争与整体推进防范处理其他邪教工作，着力维护国家安全与社会稳定。一是通过加强对重点邪教人员排查管控，确保春节、全国“两会”、国庆、十八届六中全会、G20杭州峰会、第三届世界互联网大会等重大活动和敏感时期社会面安全稳定，实现中央提出的“三零”目标。二是继续保持对邪教组织高压打击态势，全年立邪教案件4宗，破4宗，抓获各类邪教违法人员8人。三是打造全方位广覆盖的反邪教宣传工作格局，充分利用互联网络、微信、微博等虚拟空间进行反邪宣传，深入校园开展反邪宣传警示教育，深入开展城区、镇、村、社区四级反邪宣传活动，利用电视剧、电视新闻进行反邪宣传、深入开展“三个五”无邪教创建示范工程建设等。

【执法督查】 在切实加强对政法各部门工作统筹协调力度的同时，进一步健全完善各项请示报告机制、重大事项报告制度和法院、检察院党组向党委政法委定期汇报制度，认真抓好中央关于《领导干部干预司法活动、插手具体案件处理的记录、通报和责任追究规定》《司法机关内部人员过问案件的记录和责任追究规定》以及《广东省领导干部干预司法活动、插手具体案件处理的记录、通报和责任追究实施办法》的落实，认真抓好党委督促检查政法工作的落实和执法督查巡视、案件评查工作等，确保党管政法的原则落到实处。全年，全区政法各单位未发现领导干部干预司法活动、插手具体案件处理及司法机关内部人员过问案件情况，未发现司法人员与当事人律师、特殊关系人、中介组织不正当接触交往的情况反映。全年，受理涉法涉诉信访案 45 宗、结案 35 宗，政法委接访 35 群众来访 35 人次，督查督办涉诉事项 5 宗。

【创建平安梅县】 继续深入实施“平安细胞”创建工程。全年在城区继续筛选出 5 个“问题”居民小区，由全区所有综治成员单位分成 5 个组进行分别挂点，通过投入资金，完善安装出入智能升降机、视频监控设备等安全设施，全面提升小区的防范能力和管理水平。至年底，5 个小区改造成“安全文明小区”的任务均已完成。在各乡镇则突出抓好一批水平高、成效好的平安村或平安片区（多村联动）建设，并把平安村创建与“美丽乡村”建设结合起来，通过政府引导，科学规划，发动村民自主参与，多方筹集资金，建立治安岗亭、成立护村队、安装视频监控系统，改造村容村貌，整治环境卫生和加强基础设施建设等。全年全区创建平安村（居）205 个，占全区村（居）总数 53%。此外，区教育局、卫生局、妇联、旅游局和交通运输局等牵头单位结合职责任务和工作特点，从实际出发，积极开展平安学校、平安医院、平安家庭、平安景区和平安交通等“平安细胞”创建活动，均取得较好工作成效。

【社会工作】 按照市政法委、社工委要求，着力加强对重点社会组织的专项治理工作。2016 年 6 月，成立专项治理工作领导小组，制订《关于开展重点社会组织专项治理工作方案》，组织区宣传部、教育局、司法局、人社局等 19 个单位召开专门会议并部署落实重点社会组织专项治理工作，各相关单位和乡镇（办事处、高管会）切实加强对辖区内社会组织的分类摸查，做到底数清、情况明，对具有一定政治目的且对国家安全和社会稳定有现实危害或潜在风险的重点社会组织全部纳入重点监控对象和进行登记造册；对活动领域虽然敏感但暂不具有现实社会危害的社会组织加以规范引导；对暂不具备登记条件但希望继续活动配合管理的引导发展；对具有现实危害，不服从管理坚持活动的，及时收集，严厉打击。（供稿：何皓儒）

法治政府建设

【依法行政】 2016 年，梅县区人民政府高度重视法治政府建设，大力推进政府机构、职能、权限、责任法定化，切实转变政府职能及管理方式。加强政府绩效管理，落实公众参与、专家论证、风险评估、合法性审查、集体讨论决定等重大行政决策法定程序，提高决策透明度和公众参与度。完善公共资源交易平台，加强对公共资金、权力运行、民生实事的审计监督。完善预算管理制度，增强预算编制的准确性和预算执行的约束性。自觉接受人大法律监督、工作监督和政协民主监督，主动听取民主党派、工商联、无党派人士意见建议，扎实办好人大议案、代表建议和政协提案。

【依法监督】 围绕财政经济工作开展监督　密切关注宏观经济走势和年度目标任务的落实，分别听取和审议关于 2015 年区本级财政决算的报告、2015 年区本级预算执行及其他财政收支审计情况的报告、2016 年上半年计划和预算执行情况的报告。认真贯彻落实新《中华人民共和国预算法》，严格审查和批准年度相关预算调整方案，促进政府进一步提高预算资金使用效率。加强对政府投资项目和政府性债务的审查监督，听取和审议梅县区 2016 年地方政府债务限额的议案，全面掌握政府性债务管理情况和提出管控要求。

围绕民生民利问题开展监督　针对群众反映的热点问题，常委会持续跟踪督办十件民生实事、农村人居环境综合整治等民生工程，听取和审议区政府关于 2016 年十件民生实事实施情况、棚户区改造和保障性住房建设工作情况等专项工作报告，组织开展生态旅游开发和美丽乡村建设、市政建设、学前教育、乡镇卫生院建设、推广应用互联网交通安全综合服务平台等工作情况视察调研。

围绕法律法规实施开展监督　常委会组织开展《中华人民共和国社会保险法》执法检查，督促区政府及相关部门切实改进工作，确保《中华人民共和国社会保险法》全面贯彻实施，促进社会和谐稳定。听取和审议区人民法院关于规范司法行为、维护司法公正工作情况和区人民检察院关于推进公、法、司、镇处置调解邻里纠纷工作情况的报告，组织代表参加旁听庭审、见证执行和“检察活动日”等活动，支持“两院”深化司法体制改革，强化司法公开，规范司法行为，完善监督机制，提高司法公信力。

围绕推进依法治区开展监督　认真贯彻省委“法治广东”建设要求，突出法治文化建设，深入推进依法治区工作。扎实推进雁洋、松源、畲江、南口等镇先行创建省级法治镇建设。着力抓好法制宣传教育，通过开设《以案说法》法治宣传电视专栏，开展“法律六进”活动，建设法治绿道、法治公园，利用“一村（社区）一法律顾问”讲座平台等多种形式，引导广大干部群众尊法学法守法用法，树立宪法法律权威。全年受理群众信访 149 件（次），及时进行交办督办，切实反映和推动解决群众合法的利益诉求。

【依法治区】　依法选好区镇人大代表　常委会根据省、市换届选举的统一部署，加强组织领导和督查指导，认真落实区委转发的《关于认真做好区镇两级人民代表大会换届选举工作的意见》，依法成立选举工作机构、做好宣传动员、确定和分配代表名额、划分选区和登记选民、提名和确定代表候选人、组织选民投票选举等各环节工作，特别是加强对代表人选的民主推荐和组织考察，严把“入口关”，确保新一届区镇人大代表具有广泛性和代表性。依法顺利选举产生新一届区人大代表 234 名、镇人大代表 1046 名。

依法选举产生新一届区镇国家机关领导人员　9 月 28—29 日，全区 17 个镇顺利召开新一届人大一次会议，依法选举产生各镇新一届人大和政府领导班子。11 月 7—10 日，召开区第一届人大一次会议，依法选举产生新一届区国家机关领导人员，圆满完成换届选举任务。

全力助推区委决策落实　常委会紧紧围绕“三大抓手”、“一区两带”、供给侧结构性改革等重大决策，采取听取专项工作报告、组织视察调研、重点督办等方式，对梅县区产业集聚区建设、中心城区扩容提质、交通基础设施建设、文化旅游产业发展和农村人居环境综合整治等工作持续开展跟踪监督，针对短板提出建设性的意见建议，全力助推“三大抓手”重点工作的有效落实。

依法行使重大事项决定权　听取和审议《梅县区阴那山风景名胜区总体规划（2015—2030）》等议案，提出完善产业布局、加强环境保护、强化规划约束等措施。依法审议通过产业集聚区基础设施建设、畲江园区服务配套项目及城市扩容提质、水车镇新农村建设、新城棚户区改造、新城地下综合管廊等市政基础设施建设、部分县道路面改造及丙村大桥建设工程、雁洋粮库建设等 7 个项目财政责任支出资金列入财政预算的议案，全力助推“一区两带”重大工程项目的实施。依法行使人事任免权。坚持党管干部与人大依法任命相结合的原则，严格实行任命人员任前法律考试和宪法宣誓等制度，并加强对干部任后监督，进一步增强领导干部依法履职、勤政为民的意识。全年，依法任免地方国家机关工作人员 62 人次，举行任前法律知识学习考试 3 批 21 人；依法组织 2 次宪法宣誓仪式，63 名国家工作人员在就职时公开进行宪法宣誓，彰显了宪法尊严和权威。

【法制教育】　2016 年，梅县区全面开展普法学习教育和“七五”普法动员及启动工作。依托“青少年法制教育基地”“国家公务员法制教育基地”和青少年活动中心的“法纪长廊”等形式，不断加强领导干部、公务员、青少年和企业经营管理人员的学法用法工作，制定“七五”普法规划。司法部门联合区法院、区检察院、区公安分局、区广播电视台等单位共同录制《以案说法》普法栏目，组织梅县山歌剧团在人民广场及全区19个镇（高管会、办事处）开展“梅县区法治文艺暨服务群众行巡回演出”活动。以“一村（社区）一法律顾问”工作深入开展和法律援助工作被纳入2016年全区十件民生实事项目之一为契机，大力开展“民主法治示范村（社区）”创建活动，至年底，全区有90%的村（社区）达到“民主法治示范村（社区）”标准。

深入开展法治宣传教育进机关、进乡村、进社区、进学校、进企业、进单位“法律六进”活动。全年，到中小学上法治课123场次，开展法治挂图20场次、“送法下乡”法治讲座12场次、法律咨询活动23场次，向干部、群众、学生印发普法学习资料和法律知识宣传资料89000多份，全区受法制教育人数达30多万人次。

进一步完善“大调解”机制和矛盾纠纷排查制度，扎实开展人民调解员培训活动，从8月16日开始,分8个片,对全区19个镇388村（居）的人民调解员进行业务培训。全年，基层司法所和调委会调处各类民间纠纷3133件,调解成功3133件，调解成功率100%，全区无因调处不及时或调处不当而引发的矛盾激化、凶杀、自杀、民转刑、越级上访的事件，维护了梅县区社会和谐稳定。

继续推进区、镇、村三级公共法律服务实体平台建设，积极构建覆盖城乡居民的公共法律服务体系。区一级，在局机关一楼建设区级公共法律服务中心；镇一级，依托综治信访维稳中心这一平台建立“镇公共法律服务中心”；村一级，依托人民调解委员会、法律援助站点等服务载体，建立覆盖村（社区）的公共法律服务工作站。年底，全区建起1个区级公共法律服务中心、19个镇（办事处、高管会）级公共法律服务中心和390个村（社区）（含梅西水库两个管理区）公共法律服务站三级公共法律服务实体平台。

强化法律援助工作，完善“三级”法律援助工作网络，全区设立1个区法援处，19个镇（办事处、高管会）设立法律援助工作站，388个行政村（居委）全部聘请村（居）委治保主任（调解主任）担任法律援助联络员。全年办理法律援助案件104件，接待群众咨询550人次，所有案件均实现零收费、零违纪、零投诉。

【维护社会稳定】 2016年，梅县区政法各部门和各综治成员单位切实履行主体责任，做到各司其职、通力协作。进一步完善了重大项目建设、重大活动举行、重大行动开展的社会稳定风险评估工作机制、风险预警机制和突发事件应急预案。首办责任制进一步落实，各职能部门执法司法规范化水平不断提高，涉农涉土、劳资纠纷、涉环境、涉金融、房地产等五大领域社会矛盾和涉军退人员、原民办代课教师、出租车从业人员等三大重点群体利益诉求问题的专项治理工作深入推进，更多的社会矛盾被有效解决在基层、解决在萌芽状态。全年全区三级综治信访维稳工作中心（站）共化（调）解各类矛盾纠纷3256件，化（调）解成功3200件，调处成功率98.3%；全区未发生大规模的群体上访事件，未发生影响重大的群体性事件，未发生危害社会稳定的重大事件，无因调处不及时或调处不当而引发的矛盾激化、凶杀、自杀、民转刑的事件；圆满完成全国、全省、全市、全区“两会”，市、区、镇换届，中共十八届六中全会、“G20”杭州峰会等重大活动期间的维稳安保工作。

【社会治安综合治理】 2016年区综治委严格执行党政领导干部“一岗双责”责任制和综治“一票否决权制”，并以完善立体化社会治安防控体系为重点，全力提高社会治安综合治理的能力和水平。围绕“防控违法犯罪、化解矛盾纠纷、排除公共安全隐患”三大工作目标，切实加强镇街综治信访维稳中心建设，通过完善中心的功能设置、充实人员、划分综治网格、组建网格员队伍、建立综治网格化管理、考核机制等，使全区各镇逐步形成“中心＋网格化＋信息化”工作体系，对社会深层次信息的有效掌控能力明显增强。城区实行“8 点 4 线”巡控网格，抽调 140 多名警力，启用 8 部移动警务车，采取值守 8 个重点部位与流动巡逻 4 条复杂路段相结合的方式，全面履行应急处突、接警处警、打击现行、协助交通管理、服务群众等职能，实现城区巡防成效的最大化，最大限度增强群众安全感和满意度。完成 135 路标改高及新增 100 路高清治安视频建设工程，使城区高清镜头增至 515 个，逐步实现一级指挥调度。部分乡镇建立起集治安视频、护林防火、防控“两违三抢”等功能于一体的综合调度平台。从源头上预防和减少违法犯罪发生的能力进一步增强，公共安全问题引发的社会风险得到有效管控。

【创建平安梅县】 梅县区继续深入实施“平安细胞”创建工程。2016 年，在城区继续筛选出 5 个“问题”居民小区，由全区所有综治成员单位分成 5 个组进行分别挂点，通过投入资金，完善安装出入智能升降机、视频监控设备等安全设施，全面提升小区的防范能力和管理水平。至年底， 5 个小区改造成“安全文明小区”的任务全面完成。乡镇一级则突出抓好一批水平高、成效好的平安村或平安片区（多村联动）建设，把平安村创建与“美丽乡村”建设结合起来，年底，全区创建平安村（居）205 个，占全区村（居）总数的 53%。此外，还大力开展平安学校、平安医院、平安家庭、平安景区和平安交通等“平安细胞”创建活动。

【执法督查】 区政法委进一步健全完善各项请示报告机制、重大事项报告制度和法院、检察院党组向党委政法委定期汇报制度。认真抓好中央关于《领导干部干预司法活动、插手具体案件处理的记录、通报和责任追究规定》《司法机关内部人员过问案件的记录和责任追究规定》以及《广东省领导干部干预司法活动、插手具体案件处理的记录、通报和责任追究实施办法》的落实。全年政法各单位未发现领导干部干预司法活动、插手具体案件处理及司法机关内部人员过问案件情况，未发现司法人员与当事人律师、特殊关系人、中介组织不正当接触交往的情况反映。

【打击刑事和经济犯罪】 区公安部门以“飓风 2016”专项行动契机，重点打击涉毒、涉盗抢、涉电信网络诈骗、涉金融领域等突出犯罪，全年立各类刑事案件 1187 宗，与 2015 年同比下降 15.1%，破案 709 宗，与 2015 年同期相比持平，其中命案立 5 宗破 5 宗，八类严重暴力犯罪案件立 59 宗破 44 宗，抓获犯罪嫌疑人 393 人，逮捕 243 人，移送起诉 375 人，抓获逃犯 41 人。立经济犯罪案件 10 宗，破 9 宗，挽回损失 100 多万元，抓获犯罪嫌疑人 17 名,其中刑拘 11 人、逮捕 6 人，移送起诉 4 人。开展情报侦察、舆情管控、利用网侦手段主侦查破诈骗案件 32 宗、非法改变计算机信息系统案 3 宗，抓获违法犯罪嫌疑人 19 人；受理各类配侦案件 68 起，协查 29 宗，抓获违法犯罪嫌疑人 26 人。

公　安

【概述】 2016 年，梅县区公安工作紧紧围绕增强人民群众安全感和满意度的总要求，牢牢抓住维护国家安全和社会稳定的总任务，着力提升公安队伍的凝聚力、战斗力。化解处置“花园城”等工地因承建商拖欠工程款引发的劳资冲突等一批涉众纠纷及突发事件，摧毁一批涉毒、涉盗抢、涉电信网络诈骗犯罪团伙，“飓风 2016”专项行动打击整治绩效排名居全市前列，联合相关职能部门将畲江、水车两镇列为“花篮”诈骗重点区域开展综合治理，完成一系列警卫安保工作，开展城区交通秩序大整治、治安防控大巡防，推出一批便民服务新举措，群众安全感、满意度均排全省、全市前列。

【队伍建设】 创新思想政治、教育培训工作机制，建立队伍管理风险预警预防制度，深入开展

"领导干部大轮训、民警岗位大练兵、警种专业大比武"和警务"微创新、微改革"活动。5个单位荣立集体三等功，19人荣立个人三等功，7个单位受到集体嘉奖，个人嘉奖52人。

【维护社会稳定】 加强反颠覆、反渗透、反恐怖斗争，健全完善反恐应急处置机制体制，成功侦破8宗邪教现行案件，查获涉案嫌疑人13人。建立涉稳分析研判机制，强化涉稳风险评估预警，配合党委、政府深入开展矛盾纠纷滚动排查化解，全年组织不稳定因素排查23次，基础调查8次，撰写排查专报23篇、调研汇报材料11篇，编报《梅县区政、社情信息研判》12期，收集涉稳情报信息295条。

【治安管理】 10月中旬，改革城区巡防模式，规划"5点4线"，抽调派出所、局机关民警及辅警140多人，启用5部移动警务车，推进城区巡控网格化，在应急处突、接警处警、打击现行、协助交通管理、服务群众等方面取得实效。加强"人屋车场网会"管理，受理查处行政案件695宗，其中调解197宗、处罚486宗、当场处罚12宗，查处违法嫌疑人918人，其中行政拘留538人、行政罚款250人。加大"黄赌毒"打击力度，查处吸毒违法人员417人，强制隔离戒毒123人；查涉黄赌违法人员409人，其中行政拘留285人，罚款124人。完成G20杭州峰会、十八届六中全会、全国和省市区"两会"、2016年梅州富力贺岁杯足球赛及中央、省领导来梅视察警卫任务。

【刑事案件侦查】 以"飓风2016"专项行动契机，重点打击涉毒、涉盗抢、涉电信网络诈骗、涉金融领域等突出犯罪，共立各类刑事案件1187宗，与2015年同比下降15.1%，破案709宗，与2015年同期相比持平；命案立5宗破5宗，八类严重暴力犯罪案件立59宗破44宗，抓获犯罪嫌疑人393人，逮捕243人，移送起诉375人，抓获逃犯41人。

【经济犯罪案件侦查】 立经济犯罪案件10宗，破9宗，挽回损失100多万元，抓获犯罪嫌疑人17名，其中刑拘11人、逮捕6人，移送起诉4人。

【网络安全监管】 开展情报侦察、舆情管控、打击犯罪、安全监察等工作，利用网侦手段侦查破诈骗案件32宗、非法改变计算机信息系统案3宗，抓获违法犯罪嫌疑人19人；受理各类配侦案件68宗，协查29宗，抓获违法犯罪嫌疑人26人。

【道路安全】 联合相关职能部门在城区新建3个红绿灯，升级改造9个红绿灯，安装隔离栏4.6公里，施划交通标线27.3公里，设置道路标牌172块，同时加强农村"两站两员"（交管站、劝导站和安全员、协管员）建设。大力开展车驾服务和各类交通违法行为专项整治，办理驾驶证业务3.91万人次，查处各类道路交通违法7.11万宗，扣留违法车辆1765辆，查处酒驾违法行为62宗，行政拘留无证驾驶人员66人，逮捕交通肇事犯罪嫌疑人17人。全区发生交通事故5532宗，其中死亡事故103宗死亡107人，发生一次死亡3人的较大交通事故1宗，与上年相比事故宗数上升7.19%、死亡事故宗数上升37.33%、死亡人数上升32.1%、受伤人数上升22.72%。

【禁毒工作】 围绕"消化存量、控制增量、堵住毒源"的三大工作目标，深入开展"飓风2016"涉毒专项行动，积极抓好"627"青少年毒品预防教育工程和"831"社区戒毒社区康复工程。立涉毒案件33宗，侦破33宗，刑事拘留46人，逮捕40人，查处吸毒人员420人次，送强制隔离戒毒123人，责令社区戒毒25人，缴获毒品冰毒276.39克、k粉5.34克和吸、贩毒工具一批及毒资人民币245.6万元。9月2日，在石坑镇、新县城、汕尾市等地抓获13名制毒犯罪嫌疑人，捣毁位于石坑岭村的制毒窝点1个，现场缴获制毒原料麻黄碱503.5公斤、毒资人民币现金245.6

万元、作案汽车 3 辆及制造“冰毒”设施设备一批。解除社区戒毒社区康复人员 124 人，正在执行社区戒毒社区康复 25 人，社区戒毒社区康复报到执行率 92.59%。

【消防管理】 区政府批准无偿划拨 2.34 公顷地块、投入 3554.24 万元用于梅县区特勤消防站建设，并拟额外划拨约 1 公顷山地用于特勤消防站项目作为山地搜救训练基地。新建南口、丙村 2 个政府消防专职队，完成全区 6 个镇（南口、丙村、松口、雁洋、畲江、松源）政府专职队法人登记工作。推进农村消防网格化、户籍化管理，实现 80%网格达标，户籍化管理 100%。提升消防执法工作能力，检查发现火灾隐患或违法行为 686 处，督促整改火灾隐患和违法行为 674 处；下发《责令改正通知书》484 份，下发临时查封决定书 24 份，责令“三停”单位 10 家，罚款 26.05 万元，行政拘留 2 人。拓展渠道、创新载体深入开展消防知识宣教、消防技能培训工作。全年发生火灾 53 起，相比 2015 年同期 66 起环比下降 19.6%。

【户政管理】 2016 年，全区有常住人口 61.16 万人，其中男 30.77 万人，女 30.39 万人。流动人口 3783 人。市外迁入 1264 人，出生登记 1.65 万人，迁往市外 2064 人，市内（含所内）移居 9987 人，死亡注销户口 4024 人，其他注销人员 3079 人，恢复户口登记 176 人，户口项目变更 2.36 万人次，办理居民身份证 3.33 万张，临时身份证 6115 张。登记流动人口 978 人、出租房屋 434 户，办理居住证 808 张，居住证擦写 437 张。编制、安装门牌 2.3 万多块。创新便民服务平台，开通出入境、户政业务 24 小时自助办证区。

【出入境与往来港澳台管理】 推进出入境信息化、电子化建设，全面清理整治梅县区“三非”外国人。全年，受理各类申请材料 2.93 万份，其中港澳通行证（个人旅游）1.99 万份、（探亲）894 份，港澳单程（定居）130 份，往台湾通行证 1900 份、护照 6321 份，台胞证延期 12 份、商务通行证 14 份。

【监所管理】 治安拘留所收押拘留人员 696 人次，其中吸毒人员有 285 人次。看守所收押犯罪嫌疑人 457 人， 依法处理出所人 469 人（含年前羁押嫌疑人），其中取保候审 127 人、刑满释放 77 人、转省内其他所 8 人、投送监狱 191 人、其他出所 66 人。

【警务监督】 组织开展实地和网上督察行动，受理群众检举控告 54 起办结 50 起，对违规违纪民警采取禁闭措施 1 人、警诫 3 人，对执法单位提出督察建议 39 条。受理 3 宗维权案件，维护了 6 名民警的合法权益。

【“110”报警服务】 “110”报警服务台受理群众报警及求助电话 4.96 万起，其中有效接警 3.48 万起。有效接警中，刑事类报警 779 起，治安类报警 823 起，交通事故类报警 9281 起，求助类报警 7215 起，其他 1.67 万起。

（供稿：罗继东）

检　察

【概述】 2016 年，梅县区检察院对照年初计划，紧紧围绕区委中心工作，全面履行宪法、法律赋予的职能，获得区级以上集体荣誉 1 次、个人荣誉 5 次。钟坚被中华全国总工会授予“五一劳动奖章”荣誉称号。

【打击刑事犯罪】 一是依法打击各类刑事犯罪。全年受理公安机关提请批准逮捕案件 193 件 307 人，经审查逮捕 161 件 236 人，不批准逮捕 29 件 69 人；受理公安机关移送审查起诉案件 252 件 383 人，审结 238 件 336 人，其中，提起公诉 218 件 308 人，不起诉 11 件 16 人，移送其他院 9

件12人。二是强化未成年刑事检察工作。5月，设立“未成年人检察办公室”，并配备3名办案经验丰富、熟悉未成年人身心特点检察人员，切实保障未成年犯罪嫌疑人、被害人、证人的合法权益，预防未成年人违法犯罪，保护未成年人健康成长。自成立以来，受理公安机关提请未成年人批准逮捕案件11件18人，经审查逮捕13人，不批准逮捕5人；受理公安机关移送审查起诉案件16件22人，移送起诉15件21人，不起诉1件1人。

【预防职务犯罪】 自侦部门重点查处扶贫开发领域涉农职务犯罪案件。其中，反贪部门立案查处贪污贿赂犯罪案件5件5人，反渎部门立案查处渎职侵权职务犯罪案件4件4人。一是完善线索管理工作。依法开展对性质不明难以归口、群众多次举报未查处及检察长交办的举报线索初核工作，并形成“四个工作法”，即归口管理工作法、集体评估工作法、流程监管工作法、风险排查工作法，不断规范案件线索管理，实现“件件有登记，事事有回音”。控申部门接收群众信访60件，初核举报线索8件，转本院反贪、反渎部门立案侦查4件，移送立案率50%。二是预防职务犯罪和刑事犯罪并重。开展对重点工程建设、专项资金使用预防，打造“廉洁工程”、“阳光工程”。深化行贿档案查询，为单位、企业提供行贿档案查询3512次。与区教育局联合制定《开展“法治进校园”巡讲活动工作方案》，提高全区中小学生法律意识。积极参与“国家宪法日”法制宣传活动，通过提供法律咨询、派发宣传资料等形式，营造良好的法治氛围。

【社会管理与服务】 一是服务“两高一场”（高铁、高速、机场）建设。制定《关于服务“两高一场”工程建设的意见》，通过协调解决高铁建设过程中遇到困难和问题及宣传法律政策、提供法律咨询服务、监督“两违三抢”防控等措施，积极参与做好“两高一场”建设的保障服务工作。二是深入开展“一镇一检察官”工作。不断完善“一镇一检察官”工作制度和挂点人员配置，提升服务镇村发展的能力。这一工作经验做法在全市基层检察院推广。积极参与区委开展的“按法治框架解决基层矛盾”试点工作，依法化解程江镇古磜村张某某与张革生之间长达十年之久的土地纠纷历史信访积案，并协助程江镇政府收回该块国有土地。三是加强基层社会治理。派驻检察室积极发挥监督、教育、预防、保护职能，在镇村矛盾纠纷化解、“两高一场”工程建设、法制宣传教育等方面发挥检察职能，全年受理群众来信来访32件36人，监督“两违三抢”5宗，开展预防宣传30多次。协助高铁沿线征地拆迁中遇到问题，确保施工单位无障碍施工。4月初，依法提前介入监督取缔松源镇一间无证经营非法加油站。四是做好驻村整顿帮扶工作。筹集资金约100万元，用于挂点南口镇石陂村村址、道路等基础设施的修建。

【诉讼监督】 一是加强立案监督，拓宽案件线索渠道。加大“破坏环境资源犯罪”和“危害食品药品安全犯罪”专项立案监督。创新“两法衔接”信息共享平台，把平台端口扩展到反渎局和民行科，拓宽反渎案件线索来源渠道。依托“两法衔接”信息共享平台的监督功能，发现“破坏环境资源犯罪”线索1件，并移送公安机关立案侦查，法院已作出有罪判决；立案查处渎职案件2件2人。二是强化侦查活动监督。在办案中注重发现案件的实体、程序瑕疵等问题，对证据不足的，退回补充侦查，对瑕疵证据予以排除，杜绝“带病起诉”，并加强对漏罪、漏犯的追诉。加强审判活动监督，重点监督审判活动中的裁判不公、重罪轻判、程序违法等；纠正漏诉12人，退回侦查机关补充侦查47件89人，改变侦查机关定性5件7人，追加犯罪事实2件2人。发出量刑建议109份，向法院提出抗诉1件1人。对基层派出所口头立案监督2件，提前介入在当地影响较大案件25件。

【执法监督】 一是加强民事、行政诉讼监督。将执行中有违法违规现象、社会影响大、当事人反映强烈的执行裁定、执行决定和执行行为纳入监督重点范围。受理民事、行政诉讼监督案件 6 件，其中法院执行监督案件 1 件、行政违法监督案件 5 件，发出检察建议纠正违法情形 4 份。区检察院作为全省检察机关公益诉讼直接联系点，开展公益诉讼诉前程序监督，发现公益诉讼线索 3 件，逐一发出督促履职《检察建议书》，相关行政部门均采纳建议。二是规范刑罚执行与监管活动监督。开展减刑、假释、暂予监外执行等专项活动。全面深化监所检务公开，维护监管场所安全和在押人员合法权益。检察收押 447 人，检察出所（含取保、释放、投牢等）453 人，开展法制宣传教育 12 次，与在押人员谈话教育 120 人次，提出口头建议 25 件次，书面检察建议 3 件，审查羁押必要性案件 16 人。开展集中清理判处实刑罪犯未执行刑罚和财产刑执行专项活动，通过公检法司四家通力合作，对 1 名逃匿近三年，被法院裁定撤销缓刑未执行刑罚的罪犯丘某平收监执行。继续强化对梅县区 243 名社区矫正人员监督工作，预防社区服刑人员再犯罪。

（供稿：蓝胜）

法　院

【概述】　2016 年，梅县区法院紧紧围绕“努力让人民群众在每一个司法案件中都感受到公平正义”的目标，始终坚持司法为民、公正司法，依法开展审判执行工作，深入推进司法体制改革，切实加强队伍建设，积极服务全区发展。全年受理各类案件 2869 件（含旧存 87 件），审结 2812 件，结案率 98.01%，与 2015 年同期相比收案多 232 件增 8.8%，结案多 262 件增 10.3%，结案率上升 1.3%；在全市基层法院中，综合排名第三。

【刑事审判】　全年审结 250 件 341 人，结案率 99.6%，同比减少 19.9%。给予刑事处罚 337 人，免予刑事处罚 4 人。其中，被判处 15 年以上至 20 年有期徒刑 1 人；被判处 10 年以上不满 15 年有期徒刑 5 人；被判处 7 年以上不满 10 年有期徒刑 3 人；被判处超过 5 年以上不满 7 年有期徒刑 6 人；被判处有期徒刑、拘役 139 人；缓刑适用率 41.2%。

【民事审判】　全年审结 1681 件，结案率 97%，解决诉讼标的金额 4.26 亿元，同比多 356 件增 26.9%。坚持“能调则调、当判则判、调判结合”的原则，推行全程全员调解，调解与撤诉结案的民商事案件 832 件，调撤率 49.61%。

【行政审判】　全年审结行政诉讼案件 16 件，审查行政非诉执行案件立案 30 件。行政审判工作坚持保护行政管理相对人合法权益与监督支持行政机关依法行政并重的原则，推进行政审判方式改革，探索行政纠纷解决新机制，促进行政和解。

【案件执行】　全年执结案件 832 件，执结率 99.8%，执行到位金额 4459.5 万元，同比少 57 件减 6.4%，结案率下降 0.2%。开展“清理执行案款、清理执行存案、向‘老赖’宣战、向执行难宣战”为主要内容的“夏季大会战”活动。加强涉民生系列案件执行力度，执结凯盛旋窑水泥有限公司、粤东医院劳资纠纷以及钟某某拖欠工程款等涉群体性执行案件；利用“全国法院失信被执行人名单信息公布与查询平台”，将 83 名“老赖”列入失信被执行人“黑名单”，约束其经营、消费等行为，对 4 名被执行人采取司法拘留措施。

【司法体制改革】　推进司改，落实司法责任。选拔 21 名员额法官，按照“1 名法官+1 名司法辅助人员+1 名书记员”模式，组建 21 个独任审判团队和若干合议庭审判团队。健全审判权运行管理监督机制。重新修订《审判委员会工作规程（试行）》《专业法官会议运行规范（试行）》《审判案件裁判文书审核签发暂行规定》。开展小额诉讼审判工作，7 月起，指派 2 名法官对标的小于 2 万元的小额诉讼案件实行集中快速审理，实现快速结案，适用该程序审理的案件 109 件，全部在 10 个工作日内审结。探索执行工作改革，推进繁简分流执行机制，将全部执行人员重新编排执行速执组、执行组、保全处置组、执行裁决组 4 个执行专项小组，受理案件后先进行案件繁简分流，简易案件的执行工作由执行速执组独立完成；重大复杂案件则由其他 3 个执行团队按执行工作流程分别采取执行措施、分阶段共同完成案件执行。在全市基层法院中率先开通淘宝司法拍卖平台，12 月 6 日首次进行网络司法拍卖。

【司法为民】 开展司法救助。对 71 名特困当事人发放救助金 16.8 万元。提供便捷的诉讼服务，使用巡回审判车直接到瘫痪在床、行动不便的当事人家门口开庭审理案件。坚持阳光司法，开通网络庭审直播平台。自觉接受人大监督，向区人大作 2011—2015 年度五年报告、向区人大常委会作“关于规范司法行为，维护司法公正”专项工作报告。组织走访代表委员，邀请代表委员观摩庭审、见证执行、召开座谈会等活动。建成 8 个数字化科技审判法庭，机关 4 个审判法庭装配了庭审网络直播平台，按省高院要求改造刑事审判“四专两室”。

【队伍建设】 区法院把提高法院队伍素质作为推进法院工作的根本动力。2016 年，丙村法庭被省高院荣记“集体二等功”；民事审判二庭被市中院荣记“集体三等功”；区法院干警梁平、钟媛媛被市中院荣记“个人三等功”；罗岸荣获全省法院书记员竞赛二等奖。

（供稿：钟佛梅）

司 法 行 政

【概述】 2016 年，区司法行政部门紧紧围绕区委、区政府工作大局，全面加强队伍建设，充分发挥法律宣传、法律服务、法律保障等职能作用，为促进全区经济社会发展和维护社会稳定营造良好的法治环境。全年，到中小学上法治课 123 场次，开展法治挂图 20 场次，“送法下乡”法治讲座 12 场次、法律咨询活动 23 场次，向干部、群众、学生印发普法学习资料和法律知识宣传资料 8.9 万多份，受法制教育人数 30 多万人次。全区在矫对象 238 人，做到社区矫正人员得到有效监管；有安置帮教对象 1141 人，安置率和帮教率 100%。基层司法所和调委会调处各类民间纠纷 3133 件，调解成功 3133 件，调解成功率 100%，无因调处不及时或调处不当而引发的矛盾激化、凶杀、自杀、民转刑、越级上访事件。区司法局律师担任有关单位和村（社区）法律顾问 49 家；办理法律援助案件 104 件，接待群众咨询 550 人次；公证处办理各类公证 2560 件；基层法律服务所担任法律顾问 480 家，诉讼代理 17 件，非诉讼代理 33 件，解答法律咨询 5781 人次；避免和挽回经济损失 237 万元。

【普法教育】 一是做好普法学习教育和“七五”普法动员及启动工作。依托“青少年法制教育基地”、“国家公务员法制教育基地”和青少年活动中心“法纪长廊”等形式，不断加强领导干部、公务员、青少年和企业经营管理人员学法用法工作，推进重点对象法治宣传教育深入开展，把普法工作做深、做细、做实。根据上级主管部门要求制定“七五”普法规划，起草《区委宣传部、区司法局关于在全区公民中开展法治宣传教育的第七个五年规划（2016—2020 年）（征求意见稿）》，并发文至各单位进行征求意见和修改，最后定稿下发；同时筹备召开动员大会，做好“七五”普法启动工作，着力打造梅县区“普法教育网”。二是创新普法手段和载体，突出普法实效。联合区法院、区检察院、区公安分局、区广播电视台等单位共同录制《以案说法》普法栏目，并邀请律师对案件中的情理、法理进行解读，传播法治知识，弘扬法治精神，全年完成节目 38 期。

联合区文广新局组织梅县山歌剧团在人民广场及全区 19 个镇（高管会、办事处）开展“梅县区法治文艺暨服务群众行巡回演出”活动，7 月 18 日晚上，“知法守法 • 爱我梅州”法治文艺巡演在梅县区人民广场举行。启用、推广“梅州普法”微信号，为广大群众提供一个关注学习法律法规的平台。与梅县区邮政广告传媒合作，利用遍布全区 140 个播放点视频机播放法治宣传内容。结合“关爱明天、普法先行”的宣讲计划，针对中小学生不同特点，开展新一轮“普法宣讲进百校”活动。4 月 14 日上午，区司法局、教育局、普法办在华侨中学联合举办“普法宣讲进百校”。开展法治文化传播，推进法治文化公园建设，至年底，建成法治文化公园（广场）、长廊 8 个。利用户外 LED 显示屏宣传法律法规，充分利用城区主要交通道路的 LED 显示屏（人民广场、西桥北端、梅州大桥北端、秋云桥等），每天 24 小时滚动法制宣传标语、警句。在区综治信访维稳中心（区司法局）安装 LED 显示屏、法制宣传栏、印制宣传小册子等方式向干部、群众宣传有关法律法规。做好普法广场舞的推广宣传工作。三是推进民主法治示范村（社区）创建活动。以开展“一村（社区）一法律顾问”和法律援助工作被纳入 2016 年全区十件民生实事项目之一为契机，为村（居）开展法治宣传教育、提供法律援助和法律服务；大力开展“民主法治示范村（社区）”创建活动，积极推进基层农村（社区）法制建设和普法依法治理工作。至年底，全区有 90% 的村（社区）达到“民主法治示范村（社区）”标准。四是开展“法律六进”活动。通过采取法治宣传、法律咨询、宣传栏、司法局网页、电视台、电台、举办法制讲座和法制文艺节目等宣传形式和手段，以及利用“三八”妇女节、土地日、世界禁毒日、“12 • 4”全国法制宣传日等纪念日，大力推进法治宣传教育进机关、进乡村、进社区、进学校、进企业、进单位活动。全年到中小学上法制课 123 场次，开展法制挂图 20 场次、“送法下乡”法制讲座 12 场次、法律咨询活动 23 场次，向干部、群众、学生印发普法学习资料和法律知识宣传资料 8.9 万多份，全区受法制教育 30 多万人次。

【人民调解】 从 8 月 16 日开始，分 8 个片，对全区 19 个镇 388 村（居）的人民调解员进行业务培训。完善“大调解”机制和矛盾纠纷排查制度，健全矛盾纠纷分析研判制度，开展矛盾纠纷排查化解专项活动，坚持常规排查的同时，认真抓好重大活动期间、重要期间等专项排查调处工作，把问题发现于苗头，调处于初发阶段。全年基层司法所和调委会调处各类民间纠纷 3133 件，调解成功 3133 件，调解成功率 100%，无因调处不及时或调处不当而引发的矛盾激化、凶杀、自杀、民转刑、越级上访事件。

【信访工作】 抓信访维稳，营造和谐氛围。一是热情接待来访群众，耐心听取他们诉求，做好教育疏导化解工作。二是及时处理来信来访群众反映的问题。全年受理处理群众来信 11 件，接待来访 23 宗 56 人次。

【社区矫正】 区司法局认真落实社区矫正人员接收、报到、报告、教育学习、社区服务、外出迁居审批、解除等制度，对脱离监管人员及时通报裁决机关，对违反监管人员依法进行惩处，确保社区矫正人员得到有效监管。一是建立和落实日常监管制度，及时做好衔接和信息录入，并将社区矫正人员纳入移动电话定位管理综合信息平台，进行实时手机定位监管，逐步实现信息化管理，建立监管帮教小组，对每名矫正对象实行一人一档，建立规范化档案、台账，切实履行监管职能。二是履行调查评估职能，对法院、监狱委托的缓刑、假释审前调查评估，组织人员到村（居）委进行调查走访，出具评估意见书 10 份。三是开展定期、不定期督查和联合督查，考察梅县区社矫人员遵守法律法规和监管规定情况，开展教育帮扶活动，评估社区服刑人员的表现，进一步促进社区矫正工作规范化管理。2016 年 4 月、11 月，市司法局社矫科领导分别对梅县区梅西司法所、大坪司法所及程江司法所、南口司法所的社区矫正工作进行了执法检查。四是严格执行处罚措施，对于违反或适用社区矫正监管相关规定对象依法给予警告、提出撤销缓刑和提出收监执行等建议；对在社区矫正期间违反监管规定 2 名对象决定给予警告；对 1 名未按规定时间报到，超过一个月社矫人员提请撤销缓刑，收监执行原判刑罚。五是开展集中清理专项活动，对撤销缓刑、撤销假释及暂予监外执行条件消失作出收监决定后，罪犯未收监情况进行全面、细致摸查，对摸查出对象及时上报，并协助做好追逃、抓捕工作，通过清查将在逃罪犯丘某某抓捕归案并收监执行。六是与嘉应学院政法学院的教授联合在程江、新城开展两场社区矫正人员心理辅导活动，通过团体心理辅导，使社区矫正人员认识到正确客观地面对现实，通过对自我的正确认识与接纳，能够以一种正确态度面对未来，重树未来生活的信心与希望。七是加大帮扶力度，开展形式多样教育活动和公益活动，让社区矫正对象感受到社会温暖。至年底，全区接收社区矫正对象 1352 人，按规定解除矫正对象 1114 人，现有在矫对象 238 人，未出现社区矫正人员脱管、漏管和虚管现象。

【安置帮教】 完善刑释人员回归前的衔接和建档，建立规范完整刑释人员工作台账，做到底数清、情况明。至年底，全区有安置帮教对象 1141 人，已衔接刑释解教人员建档率 100%，安置率和帮教率 100%。

【律师事务】 一是推进公共法律服务平台建设。区司法局推进区、镇、村三级公共法律服务实体平台建设，构建覆盖城乡居民的公共法律服务体系。区一级，在局机关一楼建设区级公共法律服务中心；镇一级，依托综治信访维稳中心这一平台建立“镇公共法律服务中心”；村一级，依托人民调解委员会、法律援助站点等服务载体，建立覆盖村（社区）的公共法律服务工作站。至年底，全区公共法律服务体系涵盖 1 个区公共法律服务中心、19 个镇（办事处、高管会）公共法律服务中心和 390 个村（社区）（含梅西水库两个管理区）公共法律服务站三级公共法律服务实体平台。二是推进一村（社区）一法律顾问工作。统筹安排 58 名律师进驻全区 390 个村（社区）（含梅西水库两个管理区），并签订《梅县区律师进村居法律顾问协议书》，一村（社区）一法律顾问工作实现全覆盖。开展一村（社区）一法律顾问工作专项调研活动。3 月 4—14 日，全区分为四个调研组，由局领导带队深入到全区 19 个镇（高管会、办事处）和相关村（社区）进行专项调研，各调研组分别与镇党委、政府领导座谈，听取司法所、镇、村干部群众意见和建议。通过电视、户外 LED 显示屏、局网站设置专栏、法制文艺演出和制作工作手册、印发宣传小册子等形式，提高群众对一村（社区）一法律顾问工作的知晓度和参与度。6 月中旬、10 月上旬和 12 月中旬，由局领导班子成员带队，组织公律股和基层股相关人员，分 4 个考核组对全区 19 个镇（办事处、高管会）一村（社区）一法律顾问工作进行专项检查考核，采取一听、二看、三座谈、四抽查、五评议的方法，对全区 390 个村（社区）58 名驻村律师半年和年度的工作进行检查考核。在检查考核工作中，考核组认真听取当地党委、政府的意见，组织召开司法所长、村干部和群众代表参加座谈会，抽查走访及电话了解部分村（居）民，司法所、村（社区）干部及群众代表都比较肯定驻村律师的工作。5 月 18 日，省司法厅党委书记、厅长杨江华到梅县区调研公共法律服务体系建设，先后到梅县区公共法律服务中心、程江司法所进行实地调研，查阅相关工作台账和文档资料，登录网上管理平台，与工作人员亲切交谈，了解工作情况，认真听取梅县区构建公共法律服务体系的工作情况和意见、建议，充分肯定了成绩。全年全区顾问律师接访咨询 3176 人次，出具法律专业意见 180 件，法治宣传 1261 场次，调解纠纷 316 件，法律援助 11 件，其他 568 件。三是发挥律师作用，服务社会建设。发挥公益法律服务来访接待室功能，方便群众咨询和监督，全年接待群众来访 98 宗 136 人次。发挥“法律顾问室”和“信访工作律师团”优势，做好政府及有关单位和村（社区）的法律顾问工作，参与每月 15 日和 28 日区领导接待群众来访日活动，参与信访维稳工作。全年区司法局律师担任有关单位和村（社区）法律顾问 49 家，没有当事人举报违法违纪案件，没有发现私自收案收费案件。

【法律援助】 强化法律援助工作，做到应援尽援、应援优援。一是完善“三级”法律援助工作网络，全区设立 1 个区法援处，19 个镇（办事处、高管会）设立法律援助工作站，388 个行政村（居委）全部聘请村（居）委治保主任（调解主任）担任法律援助联络员。二是按照法律援助工作被纳入 2016 年全区十件民生实事项目之一的工作要求，将法律援助对象从低保群体拓展到低收入群体，将刑事法律应当援助扩大到侦查、起诉和审判三个阶段，对困难职工援助从工伤、欠薪扩展到家庭婚姻保障方面。三是投入 13 万元建成面积 115 平方米、设施配套、功能齐全、标志醒目、制度完善、办事高效的法律援助服务大厅窗口，内设咨询区域、受理区域、公共区域三部分。四是加强法律援助规范化建设，增强法律援助服务工作能力和水平。五是落实“12345”政府热线反馈信息，及时为困难群众提供法律援助咨询和受理法律诉求。全年办理法律援助案件 104 件，接待群众咨询 550 人次，所有案件均实现零收费、零违纪、零投诉。

【司法公正】 坚持把公证工作作为服务大局、促进和谐的重要途径和有效举措，加强公证处力量，配齐办公设备，强化业务人员技能培训，提高办证质量。指派公证员为基层党委政府中心工作、重大经济项目等提供公证法律服务，并发挥公证工作在预防矛盾纠纷中作用。全年办理各类公证 2560 件。

（供稿：李红梅）

责任编辑：卢清

统战·侨务·港澳台代表团来访

统 战

【思想建设】 2016 年，结合“两学一做”教育，认真组织统战系统干部职工学习中央统战工作会议精神以及《中国共产党统一战线工作条例（试行）》，牢牢把握做好新形势下统战工作的政治方向和原则要求，不断增强干部的政治意识、大局意识、核心意识、看齐意识，不断提高干部职工政治素质。通过领导干部带头讲党课、个人自学、召开座谈会、开展专题研讨、下乡调研等形式，组织全体统战干部深入学习党章党规，学习系列讲话精神，提高党性修养、宗旨观念、道德品格等素质。同时抓好党员干部八小时以外的监督管理，净化党员干部社交圈、生活圈、休闲圈。

【民主党派建设】 2016 年，做好民主党派换届选举工作，加强党外干部队伍建设。于 6 月底在全市率先完成六个民主党派换届选举，实现政治平稳交接。新一届民主党派领导班子成员年轻化、知识化、专业化，其中选举产生的 6 名主委、14 名副主委，平均年龄 44 岁、本科学历 19 人、专科学历 1 人，中高级职称以上 17 人。加强党外后备干部人才库建设，做好党外人士副科级及副高职称 331 人、副科及正高职称以上人员 21

人的信息采集。在7月乡镇换届中，推荐2名优秀年轻党外干部到乡镇任领导职务,实现党外人士任职乡镇领导新的突破。另外，先后选派2名党外干部到市直单位挂职锻炼。

【参政议政】 根据《中共中央关于加强和改进人大代表、政协委员有关工作的通知》(中发〔2016〕3号)以及有关文件精神，区委统战部会同区政协办、组织部认真做好区政协委员人选推荐、考察等工作，新一届区政协委员228名、常务委员43名、港澳委员12名，其中中共政协委员88名、占38.6%,党外政协委员140名、占61.4%；港澳政协委员12名、占5.3%，妇女委员53名、占23%。在228名区政协委员中，大专以上学历196名、占86%，45岁以下138名、占61%。严格把握凡进必评的原则，对拟提名市(区)人大代表、政协委员的101名非公有制经济代表人士进行综合评价，其中有10人评价不合格取消提名，充分发挥综合评价的人选把关和用人导向作用。各民主党派、工商联会员积极参政议政，建言献策。累计提交提案议案40多件，其中有6件被区政协评为优秀提案。

【社会服务】 区统一战线广大成员自觉履行社会责任，积极投身家乡的社会公益建设事业。据不完全统计，工商联会员全年捐资社会公益金额1000多万元，用于扶贫济困等社会福利事业；宗教团体筹资30多万元用于植树造林护林、捐款捐物折合人民币20多万元用于扶贫济困等等。各民主党派也发挥自身优势，积极投身社会服务工作，如民革梅县区铁炉桥医院支部组织党员为梅县区宪梓中学师生讲授及时救治知识及心肺复苏技能，为梅县区新城水上乐园培训心肺复苏技能知识，同时组织党员积极参加义务献血、义诊等活动；民盟积极发动盟员参与植树绿化、扶贫济困等活动，组织盟员到畲江镇敬老院进行慰问演出，同时带去大米、食用油等慰问物品；农工党梅县区委组织医卫界专家到隆文镇、大坪镇开展送医送药活动；致公党员、梅县区中医医院的谢讯华主任跟随“同心·共铸中国心”爱心志愿团队到国家重点贫困地区四川小金县达维乡，为当地的藏族百姓免费义诊，送医送药；民建华侨中学支部坚持不懈开展助学活动，向华侨中学贫困学生发放助学金，并扶持成绩优异学生上大学；九三学社吴东超捐资梅州市疾病应急救助中心10万元，对急重危伤病、需要急救但身份不明或无负担能力的患者实施应急医疗救助等。

【非公经济】 突出构建“亲”“清”新型政商关系，积极组织学习培训、调研考察，做好民企服务工作。至年底，全区19个乡镇建立13个基层商会，有工艺、小水电、食品等3个行业协会，新发展会员110名，全区会员有1280名，与区工商银行等签订战略合作协议，授信金额10亿元，参与招商引资项目2个，首期总投资1.1亿元。各基层商会还组织会员参加各种经贸活动150人次，签订投资项目、合作协议20个，投资总额5000万元；各基层商会全年捐资社会公益金额1000多万元。区工商联连续3年被评为全国“五好”县级工商联。

【港澳台侨统战】 区统战部以联络为纽带，做好港澳台侨工作。充分发挥《梅县侨声》杂志、网站、宣传栏等宣传媒介，宣传对台、侨务方针政策法规和宣传区域的发展战略和工作部署，提升梅县区知名度。积极为港澳台同胞、海外侨胞排忧解难、办好事实事，聘请常年法律顾问提供法律帮助，切实维护他们的合法权益。发挥梅县区人脉和平台等优势，通过走出去，加强与香港梅县同乡会、华侨华人客属社团、海外友城的沟通联络，促进经济、文化、商贸合作交流。2016年，重点接待到梅县开展梅港青年交流活动的香港梅县同乡会、香港新界粉岭区足球交流访问团、香港梅县三乡同乡会、印尼梅州会馆和台湾两岸少数民族文化经贸交流协会等，全年接待到梅县探亲、观光旅游、洽谈贸易的海外侨胞、港澳同胞约 2000 多人（次），区台办接待到梅县考察的各社团 300 多人次。松口镇被中国侨联认定为中国华侨国际文化交流基地，南口侨乡村被评为全国社区侨务工作明星示范基地。

【民族宗教】 以创新服务为核心，推动民族宗教工作上新台阶。一是常抓不懈宗教场所安全，健全宗教活动场所安全防控体系建设，落实重大活动报批制度及场所重大活动、节日、汛期安全管理责任制，同时加强巡查监督，确保各项安全措施到位、到岗、到人，把安全隐患降到最低限度，坚持重大节日、假日分片组织人员对重点宗教场所及重大宗教活动期间巡查，完善应急预案，确保宗教场所建筑、消防、卫生、宗教活动等方面不发生安全事故。二是完善民族宗教工作协调领导小组工作机制，维护宗教领域和谐稳定。定期研判民族宗教领域可能出现的不和谐、不稳定因素，有效抵御渗透，联合公安国保等部门采取联合执法，取缔非法宗教活动场所 1 处。三是抓好宗教团体和宗教场所自身建设。认真贯彻落实《宗教事务条例》和《广东省宗教事务条例》，理顺宗教团体人员管理关系，指导宗教活动场所按照寺观教堂管理办法，强化教务、财务制度建设和宗教教职人员队伍建设，严格落实重大活动报告制度，提高宗教活动规范化、法制化管理水平。四是切实帮助宗教界解决实际困难和问题，维护宗教活动场所合法权益。积极协助推进佛光寺程江河右岸乌仙岩河段工程征地扫尾及佛光大道桥涵工程等各项工程建设，合力打造佛光寺宗教文化景区，开辟梅县区新城宗教文化旅游新景点；帮助协调基督教东门塘新堂建设设计方案落实及安全通道问题，推动宗教活动场所建设纳入城乡规划工作；指导宗教界大力弘扬宗教优秀文化，进一步协助宗教活动场所做好搜集编纂《梅州宗教志》资料工作。五是引导宗教与社会主义和谐社会相适应。引导各宗教团体及活动场所积极参与救助、社会公益和慈善事业，在扶贫济困、救灾助学等方面发挥积极作用。全年筹资 30 多万元用于植树造林护林工作，发动区宗教界捐款捐物折合人民币 20 多万元用于扶贫济困。

（供稿：钟春辉）

外事侨务

【国外代表团来访】 精心组织，办好印尼“中国寻根之旅”夏令营活动，增进华裔后代对祖国和家乡的了解，增强对中华民族的认同感。接待印尼梅州会馆“中国寻根之旅”夏令营回梅县寻根团、印尼万隆中文教师交流团等。

【交流往来】 坚持做好海外侨领、知名人士到梅县接待工作，细心周到为他们提供服务。促进梅县区对外经贸、文化交流和引资引智工作的开展。全年接待主要侨领及印尼梅州会馆、印尼万隆客属联谊会、新加坡南洋客属总会和个人到梅县探亲、观光旅游、洽谈贸易的海外侨胞约 1 万多人次。

【为侨服务】 一是加强信访维权工作，确保侨界一方稳定。继续聘请法律顾问，为广大归侨侨眷、海外侨胞提供法律帮助。建立健全信访工作制度，拓宽涉侨信访维权渠道，转变工作作风，把上访变下访，将不稳定因素化解在萌芽中，化解在基层第一线中，极大地减少越级上访的现象。全年接受来信来访 20 批 48 人次。二是倾情相助，帮助侨胞寻根问祖。全年为 10 多位侨胞找到祖居地，实现他们寻根拜谒祖先的心愿。三是关注侨界民生，加大扶贫济困力度。做好中央和省拨贫困归侨扶贫救助补助资金的发放工作。全年发放 108 万元，其中归侨低保户 127 户共 38.1 万元，因病因灾临时扶持救助生活困难户 251 户共 68.9 万元，救助因台风“海马”受灾的城东镇归侨低保户丘某某 5000 元；扶助南口镇归侨困难户潘某某女儿助学金 5000 元。全年有 500 多名困难学生获得王俊宏教育助学基金、侨界仁爱帮扶基金、邹锡昌、余锋光、李伟宏奖教奖学金、梅县爱心文化协会助学基金资助；有300多名白内障患者获陈梅冰女士、力行植林慈善基金会支持；有200名困难群众获李有权博士慈善基金会资助。四是以侨为桥，做好引资引智工作。配合区委、区政府实施的“乡贤回乡投资兴业工程”，通过加强沟通联络，依托亲情、乡情、友情，促侨胞回梅投资，助推梅县区经济建设。梅县区外国语学校先后聘请印尼侨领叶联礼、陈志明、丘昌仁、张和然和曾季瑾为海外顾问。全年，侨领回梅县考察投资项目有印尼客属联谊总会总主席叶联礼、泰国开泰银行董事长伍万通、格林国际主席杨旺坚等，知名港商曾智明投资的金利来梅州经济总部正式落户梅县区。五是积极推进社区侨务工作，构建和谐社区。2016年，南口镇侨乡村成功申报“全国社区侨务工作明星社区”，成为梅县区侨务工作新的“金字招牌”。

【对外宣传】 《梅县侨声》杂志是对外宣传的重要载体，根据新时期侨务工作形势， 增加文章及重要图片的中英文对照，增强内容可读性、扩大增阅范围等形式，提高刊物的宣传效果，不断提高梅县区在海内外的知名度，吸引大批海外侨胞和社会各界人士前来考察。全年，出版4期1万多册，发行30多个国家和地区。同时，对单位网站进行改版升级，由专人负责网站管理，及时更新首页栏目，报道最新侨务信息，推介梅县区，保持每月有20条信息更新，向省、市部门投稿60多篇，其中采用40多篇。此外，配合区教育局做好外派华文教师的推荐和储备工作，选派1名优秀教师到海外支教。

港澳台事务

【港澳台代表团来访】 2016年，与香港梅县同乡会共同举办“薪火活动、客都之行”香港青少年梅县行活动，40多名香港青少年在梅县区开展为期5天的交流体验活动；接待香港梅州社团总会一行700多人来梅访问交流团、香港梅州联会一行100多人访问交流团、60多人的第二届“情义两地行”粤港青年志愿服务合作营；协助安排好香港民政事务署志愿者协会来梅义教活动。

【港澳台同胞支持家乡建设】 2016年，港澳台同胞热心家乡公益事业。据不完全统计，全年接受捐款1200多万元，其中：香港曾宪梓博士捐资800万元，支持扶大宪梓中学礼堂建设；梅州市荣誉市民、旅港实业家陈梅冰捐资100万港元，支持梅县区中医医院建设及捐资30万元港币资助梅县区百名贫困白内障患者重见光明；香港梅县同乡会永远名誉会长、香港有权国际集团董事长李有权博士捐资30多万元，慰问梅县区特困群众；香港力行植林慈善基金会捐资52万元，资助260名贫困白内障患者施行白内障手术；朱福祥捐资38万元，为梅县区中医医院购置血液细胞分析仪等。

（供稿：办公室）

行 政 管 理 事 务

编 制 管 理

【行政管理体制改革】 权责清单编制工作　2016年6月底完成第二批，梳理出权责189项，其中：4个政府参公事业单位和区打私办50项，19个乡镇（新城办、扶大高管会）梳理出权责139项（新城办69项）。同时，做好权责清单网上公示工作，建设网上统一公示平台链接到梅县区政府网，以方便办事群众查阅。

行政审批事项　梅县区进一步清理行政审批事项，形成《梅县区人民政府保留的行政许可事项目录(2016年版)》和《梅县区人民政府2016年调整的行政审批事项目录》，其中：保留行政许可事项203项、取消审批事项11项、转为日常业务管理事项3项、转为政府内部审批事项1项、下放4项。

规范行政审批中介服务事项　按照国家、省和梅州市关于推进政府职能转变和深化行政审批制度改革的部署和要求，根据《广东省人民政府关于第一批清理规范58项省政府部门行政审批中介服务事项的决定》(粤府〔2016〕16号)、《广东省人民政府关于第二批清理规范68项省政府部门行政审批中介服务事项的决定》(粤府〔2016〕55号)和《梅州市人民政府关于清理规范行政审批中介服务事项(第一批)的决定》(梅市府〔2016〕14号)精神，梅县区公布《梅县区人民政府关于清理规范行政审批中介服务事项(第一批)的决定》(梅县区府〔2016〕36号)(共13项)。

"一门式、一网式"政府服务模式改革　专门成立推广"一门式、一网式"政府服务模式改革领导小组，作为专题组纳入区推进职能转变协调小组，由区政管办负责小组日常工作，区相关单位为成员单位，负责统筹协调改革工作。由区府办印发《关于进一步做好"互联网+政务服务"改革工作的通知》《梅县区简化优化公共服务流程方便基层群众办事创业工作方案》《梅县区推广"一门式、一网式"政府服务模式改革工作方案》等一系列文件，召开动员和培训会，明确目标、分工、责任和要求。

整合不动产统一登记机构职能　梅县区在2015年9月底设立区不动产登记局，将区国土局的地产登记、区住建局的房地产权交易审批登记、区林业局的林业产权登记、区农业局的农村土地承包经营权登记等不动产登记行政管理职责统一划入不动产登记局。同时，设立区不动产登记中心（加挂区不动产交易登记服务中心牌子），为区国土局管理的事业单位，内设综合部、登记一部 、登记二部、登记三部、权籍调查测绘部（房屋测绘队）、信息档案部。将区住建局产权股承担的房屋的所有权、用益物权、变更登记等房产登记办证；区住建局档案室承担的房产归档整理、服务群众查档职责；区林业局的林权登记办证和归档职责划入区不动产登记机构。区住建局和区林业局不再承办不动产登记业务。梅县区的不动产登记机构已整体进驻区行政服务中心，于2016年6月15日正式受理业务。

整合县、镇（街道）妇幼保健和计划生育技术服务机构　区编委印发《关于调整核定梅县区、镇妇幼保健计划生育服务机构和卫生院人员编制等有关问题的通知》(梅机编〔2015〕28号)。将原区妇幼保健院、区计划生育服务站在编在职人员随机构整合转入区妇幼保健计划生育服务中心，原镇人口和计划生育服务中心在编在职人员随机构整合转入镇卫生院，实现人、财、物的划转。同时，抓住机遇进行减编控编，此次整合收回财政全额拨款事业编制 155 名。

人力资源社会保障领域综合执法体制改革 梅县区已经撤销梅州市梅县区人力资源和社会保障局下属事业单位“梅县区劳动保障监察大队”，设立“梅州市梅县区劳动保障监察综合执法大队”，为梅县区人力资源和社会保障局内设机构，整合人社领域行政执法职能，核定行政执法专项编制 12 名，新增 5 名。

农业综合执法体制改革 梅县区将原广东省渔政总队梅县区大队和梅县区农业行政执法大队整合,设立梅县区农业综合行政执法大队,为梅县区农业局直属行政机构,加挂“广东省渔政总队梅县区大队”牌子，副科级建制。

政法体制改革 重新组建区委政法委员会机关。区社会治安综合治理委员会办公室、区委维护社会稳定工作领导小组办公室、区委防范和处理邪教问题领导小组办公室与区委政法委机关合署，区社会工作委员会与区委政法委机关一个机构、两块牌子，区依法治区工作领导小组更名为区委全面依法治区工作领导小组，领导小组办公室设在区委政法委机关。上述机构实行一体化运作。将原区社会工作委员会、原区依法治区工作领导小组办公室职责整合划入区委政法委机关。

【机构编制管理】 严格把关，坚决执行“机构编制审核”制度。按照《梅县区机关事业单位实行机构编制审核和编制卡管理的规定》，在全区机关事业单位实行机构编制审核和编制卡管理，凡梅县区机关事业单位的人员调动、招录和外县工作人员调入到区机关事业单位的，用编单位都必须进行编制审核，如果用编单位的编制已满或超编的，则一律采取不进人或停止招录，未进行编制审核的，不给予办理使用编制和录入实名制系统。坚持调动和招录在编内进行，招录实行“凡进必考”，择优录用，禁止逆向进人，严把入口关。

控编减编，认真贯彻落实国务院“约法三章”重要政策。成立区控编减编工作领导小组，组长由区长担任，副组长由区委常委、组织部长担任，成员由区纪委（监察局）、组织部、编办、财政、人社等部门领导组成。办印发了《梅州市梅县区机构编制控编减编工作实施方案》。通过合理调整事业单位布局和对部分符合条件的事业单位进行合并重组，根据新的职责任务适当精简编制和领导职数；积极调整承担行政职能的事业单位，通过合并或撤销，收回人员编制；对于符合事业单位改革精神但暂时不具备调整条件的事业单位，收回其全部空余编制，冻结机构编制事项，人员只出不进。积极健全与纪检监察机关等部门在机构编制违纪违规行为责任追究中的协调配合机制，合力开展编制使用审核情况及违规进人问题专项督查。同时，联合纪检监察、组织、人社和财政等部门，不定期对各部门、各单位机构编制执行情况进行抽查。梅县区党政群机关行政编制、政法专项编制、行政执法专项编制、事业编制总量没有超出 2012 年底编制总量，并在总量内有所减少。

【行政审批检查评估】 进一步推动行政审批制度改革的落实和深化，开展多次督查和评估工作。评估行政审批制度改革先行先试事项实施情况。以区政府名义印发文件督促相关部门及时解决事项在实施和监管中存在的问题。检查评估国家和省取消下放行政审批事项实施情况。结合国务院审改办部署的行政审批制度改革阶段性“回头看”工作，印发《关于检查评估取消下放行政审批事项实施情况的通知》，重点督查 2012 年以来国家和省取消和下放行政审批事项的落实、后续监管和调整实施成效等情况。

【事业单位分类改革】 根据梅县区事业单位分类改革方案，按照“政事分开、事企分开、管办分离”的原则，严格把关，防止公益类向行政类挤、经营类向公益类靠，防止将公益目标、职责任务、运行方式相同或相似的单位划入不同类别，造成政策上的不平衡和管理上的不规范。梅县区有 339 个事业单位,已发文分类的单位 318 个（其中行政类事业单位 2 个、公益一类事业单位 297 个、公益二类 15 个、公益三类 4 个），另有 21 个事业单位因机构改革等问题暂未进行分类。

【事业单位登记管理】 根据社会信用体系建设要求，推进事业单位信用建设，开展“行政许可”和“行政处罚”的双公示工作，7 月份起将本办的事业单位法人登记行政许可事项和行政处罚信息定期报送信用办统一公示。至 11 月底，报送行政许可信息 36 条和行政处罚信息 0 条。梅县区在线登记的 348 个事业单位全部按要求在线提交 2015 年度报告书，并在线公开。按照公示信息抽查要求，随机抽取 5 个事业单位进行书面审查或实地核查。经抽查，5 个单位都能够遵守法律法规，正常开展业务。按照国家事登局要求和省编办的统一部署，建立事业单位法人统一社会信用代码，于 9 月底前完成在线登记的 348 个单位的换证工作。进一步规范事业单位法人设立、变更、注销登记工作。全年，全区新设立登记 16 个事业单位，其中政府专职消防队 6 个；变更登记 58 个，注销登记 33 个，对应该注销但未注销的单位已暂停发放新的事业单位法人证书。认真履行机关群团统一社会信用代码工作职责。至 11 月底，对全区的 53 个单位进行机构代码的确认和赋码，并对机关、群团的赋码资料进行归档管理。

【政务和公益中文域名】 积极做好规范全区党政机关、事业单位的网上名称，完成党政机关网站开办审核、资格复核工作。积极与区财政部门协商，将网上名称管理工作经费纳入财政统一支付。收集全区各单位的相关注册资料，分类整理。协助全区各单位，对域名过期单位和未注册域名的单位统一进行代注册。于 6 月底前全面完成中文域名注册全覆盖的任务。全区注册有效域名 438 个，注册单位覆盖率 100%，40 个待续费中文域名单位全部完成续费。

【档案管理】 将 1981—2016 年的档案进行基本的分类、组合、排列，使编办档案形成一个有序体，并组织人员，把分类整理出的一千多份档案进行编号、编制目录，把目录信息录入电脑以便查找；完善档案设施，特设专门的场地，购置一批档案柜、档案盒等设施，将整理出的档案资料实行按年份、按类型存放，使原始档案能够得到更完整的保存。结合机构改革，重新整理全区事业单位登记档案；结合事业单位信用建设，充分利用广东事业单位登记管理网这个业务系统，建立完善全区事业单位的基本数据信息和存储其单位年度报告，确保全面有效地记录各事业单位的信用信息。

（供稿：赖怡均）

行政服务

【概述】 区行政服务中心严格按照“规范、便民、高效、廉洁”的服务宗旨，实行“一个窗口受理、一站式审批、一条龙服务、一个口子收费”，提高办事效率。按照“应进必进”原则，进驻单位 44 个，窗口工作人员 242 人；办事窗口 102 个，进驻事项 294 项。全年受理行政审批、公共服务事项 13.72 万件，办结 13.7 万件，按时办结率 99.9%。公共资源交易中心全年进行 83 场建设工程公开招投标和土地招拍挂，交易金额 2.5 亿元。

【加强实体中心规范化建设】 办税大厅建设 4 月份，国家实行“营改增”新政，政管办积极配合区国税局、地税局做好“营改增”税收业务进驻工作，认真落实完成联合办税服务大厅装修、信息化建设和办公设备配置，于 5 月 3 日建成梅州市第一个国地税联合办税服务大厅，打出第一张“营改增”税票。大厅由自助办税区、等候休息区、营改增咨询辅导区、办税服务区构成，设置 10 个便民服务窗口，可以完成税务登记、办证、开票、认证、申报、缴款等相关涉税事项。联合办税大厅的设立，整合国税、地税部门的相关业务，改进和优化纳税服务，让广大群众、纳税人真正感受到“进一个门、办两家税”的便利，降低征纳成本，提高工作效率。

不动产登记中心办事大厅建设　5月，区政府为了实行不动产统一登记，将原来分散在区国土局、住建局、林业局等多个部门的不动产登记职能整合到国土资源局，设立不动产登记局和不动产登记中心。政管办积极配合区国土资源局落实不动产登记业务进驻，认真做好登记大厅装修、信息化系统改造、服务窗口整合、工作人员调配等工作，于6月20日建成不动产登记办事大厅，举办不动产权证书首发仪式。市民只需到区中心不动产登记服务窗口即可申请不动产登记与信息查询。

完善行政服务中心升级工作　抓好服务平台建设以及区行政服务中心的各项完善升级工作。按照信息系统安全等级保护的相关要求，投入79万元对网络信息系统进行升级改造，为政务服务信息网络提供安全保障。投入67万元，进行评价系统和绩效考核系统升级，进一步提升信息化管理水平。在公安出入境窗口增加自助办证一体机和自助照相设备，在婚检窗口完善检查室设施，等候区设立6个手机充电站，为群众到提供更多的方便。

政务服务中心管理工作　会同区公安分局、应急大队等部门，制订行政服务中心突发事件应急管理办法，增加两名应急队员，进行消防安全培训，办事大厅加装监控视频，消防通道、安全出口增加指引标识，保证群众密集场所安全有序运作、消防通道全天畅通，为群众提供安全保障。在三楼、四楼增设3个茶水区，招聘3名工作人员做好服务群众工作。根据部分单位机构合并和职能调整的情况，及时做好服务窗口、办事事项、工作人员调整，把区经信局、外经贸局、科技局窗口整合为科工商务局窗口，把物价局窗口并入发改局窗口。区工商分局窗口通过充分授权、改革创新，区食品药品监管局通过增加窗口、简化流程，提高办事效率；区社保局窗口设立综合咨询服务台，区交通局窗口增加办理公交卡业务，区烟草专卖局窗口增加后台工作人员，实现窗口由受理向办理的转变。将政务服务工作列入镇级年度考核，加强镇级政务服务工作管理。抓好工作人员作风纪律督查，完善考勤制度和绩效考核办法，严格按制度进行管理，提高绩效考核岗位补助，有效调动窗口人员做好服务工作的积极性。

【完善网上办事大厅】　根据梅县区网厅建设的责任分工，区政管办积极协助区科工商务局等部门抓好网厅拓展完善工作。制订《2016年梅县区网上办事大厅建设应用工作实施方案》。召开梅县区加快推进网上办事大厅建设工作会议和“互联网+政务服务”工作推进会，对网厅建设工作进行部署。一是加快完善网上办事站点。结合基层公共服务平台建设，认真做好村（社区）网上办事站点完善工作，全区388个村（社区）建设开通网上办事点343个。二是提高网上办事效率。按照“三减一优化”要求，对网上办事进行流程再造设计，针对部分单位审批服务事项不能在线申办问题，积极做好协调工作，提高全区行政审批服务事项的在线申办率。三是进一步优化网上服务。调整本级网厅事项的网上办事深度和网上申办到现场办理次数，减少群众往返跑动次数，提高网厅服务效能。四是做好网上办事推广应用工作。加大对网上办事的宣传报道，通过多种渠道介绍网上办事操作流程，在网上办事自助专区安排专人指导群众上网办事，逐步提高网厅使用率。全年区网上办事分厅办结的业务量1.9万件，上网办理业务量1.86万件，上网办理率97.6%；镇级分厅上网办结的业务量7495件，办理业务量7469件，上网办理率99.6%。

【“12345”政府服务热线】　认真做好服务热线管理工作，完善服务热线运行管理机制。落实责任，加强管理，指定一名副主任分管、两名管理人员专门负责，提高政府服务热线运行管理水平。扩大热线服务覆盖范围，积极协调各成员单位，把服务扩大到与市民日常生活息息相关的领域和镇、村两级，使热线服务逐步实现民生服务全覆盖。积极提升热线服务效能。围绕提高现场解答率、工单回复率和群众满意率的目标，进一步整合资源，丰富和完善热线平台知识库内容，认真协调各职能部门做好群众求助、投诉事项的办理、回复工作。全年梅县区处理政府服务热线工单 436 件，按时办结率 100%；回访 402 件，满意 379 件，满意率 94.3%。

【行政审批改革创新】　推进一门式一网式政府服务模式改革。积极贯彻落实省政府《关于在全省推广一门式一网式政府服务模式改革的实施方案》精神，成立一门式一网式政府服务改革领导小组，制订了一门式一网式政府服务模式改革实施方案。8 月 17 日召开互联网+政务工作推进会。成立由区编办、科工商务局、政管办三家单位牵头负责的工作联系小组，指导推进改革工作。先后两次组织到佛山市禅城区、南海区、三水区和中山市、肇庆市等先进地区学习考察，认真学习一门式一网式改革的先进经验做法。制订一门式改革窗口设置方案和窗口工作人员配备方案，一门式一网式改革所需经费已经报批列入 2017 年预算。同时，认真做好一门式服务的信息化系统建设、窗口分类设置、综合窗口人员招聘、业务培训以及一网式服务的网络建设、数据库建设、信息互联互通等工作，争取按期完成一门式一网式改革目标任务。

与编办等部门分工协作，积极做好审批标准化各项工作，为推进一门式一网式政府服务模式改革打好基础。清理公布行政审批制度改革事项目录和政府工作部门权责清单，并根据省行政许可事项通用目录，做好部门行政许可公共服务事项梳理确认、标准编写和录入工作。

根据全国推进“五证合一、一照一码”登记制度改革的统一部署，区政管办积极配合区工商部门，从 10 月 1 日起与全省同步实施“五证合一、一照一码”登记制度改革。改革后，企业办理“五证”（工商营业执照、组织机构代码证、税务登记证、社会保险登记证和统计登记证）只需一次申请，由区工商部门核发一个加载法人和其他组织统一社会信用代码的营业执照，办事环节进一步减少、效率进一步提高。11 月 1 日，启动个体工商户“两证整合”改革，改革后，个体工商户只需到区工商部门填写“一张表”，向“一个窗口”提交“一套材料”即可办理个体工商户工商及税务登记，由区工商部门核发一个加载法人和其他组织统一社会信用代码的营业执照。简化个体工商户登记注册程序，促进个体私营经济健康发展，有力推动大众创业、万众创新。

（供稿：梁玲）

责任编辑：黄森

经济

经 济 管 理

发展与改革

【规划编制】 科学编制《梅州市梅县区 2016 年国民经济和社会发展计划》，如期完成《梅县区“十三五”国民经济和社会发展计划纲要》编制，并经梅县区十四届人民代表大会六次会议审议批准，于 2016 年 6 月印发实施。提出《梅县区 2016 年 1—9 月国民经济和社会发展计划执行情况报告》，并经区一届人大一次会议审议通过。

【重点项目建设】 推进重点项目建设，加强对重点项目调研跟踪和协调服务，定期向区主要领导汇报重点项目工作进展情况，及时协调解决重点项目建设中存在的难点问题，努力促使项目早日建成。2016 年，全区列入省、市、区重点建设项目 58 个，总投资 339.16 亿元，年度计划投资 63.43 亿元，比上年增加 20.88 亿元，增幅 49%。

【固定资产投资管理】 全面实行企业投资项目网上备案，减少备案前置条件，简化备案流程，方便企业备案申请。做好区管权限投资项目的审批、核准、备案，全年办结项目 216 宗，涉及固定资产投资 125.53 亿元，其中审批、核准项目 157 宗，涉及固定资产投资 32.23 亿元；备案 59 宗，涉及固定资产投资 93.3 亿元。全年审批上报申请中央资金项目 6 个，争取到中央补助资金项目 4 个共计 4036 万元。

【铁路建设】 全力推进梅汕客专梅县区段建设，协调各相关单位开展梅汕客专土地房屋征拆和涉及的“三电”及管道迁改工作。做好梅汕客专梅州西站、畲江北站规划建设，会同区住建局完成梅州西站和畲江北站站前广场设计招标工作。配合做好瑞梅铁路项目规划设计及沿线的勘察设计等前期准备工作。协调做好现代铁路货场规划建设，配合设计单位中铁五院，按照梅州松栅铁路货场前期工作计划，组织各相关单位基本完成项目的前期各项评估工作，梅州松栅铁路物流基地可行性研究报告已获铁总批复。

【经济运行监测】 关注国家宏观经济走势、全省经济发展趋势及周边地区经济发展态势，加强与区直各部门联系沟通，及时了解梅县区经济运行情况。做好月度和季度经济形势分析工作，总结经济运行特点，研究查找经济运行中存在的矛盾和问题，提出合理化建议。

【价格管理】 落实用电优惠政策和农村饮水安全工程供水用电优惠政策。做好镇级自来水价格监管工作，依期完成召开畲江、雁洋、松口等三个重点镇污水处理费征收标准听证会。加强对覆盖全区城乡社区平价商店监督管理，定期不定期对其进行重点检查和抽样检查等，发挥稳价惠民作用。按照上级有关要求对 2016 年价格调控项目库成员单位进行绩效评价，实施动态调整，其中提出留库申请成员单位有 16 家。强化价格监测预警和成本监审，综合运用多种调控手段，努力构建稳定物价的长效机制。

【收费管理】 贯彻落实上级各项减免收费政策，完善区行政事业性和经营服务性收费目录清单，并在网站上公布，实行动态调整和常态化公示制度，接受社会监督。组织实施医疗服务、药品、医疗器械等医药价格监管。开展景区门票价格专项整治，规范门票价格管理。贯彻全面取消收费许可证和收费年审制度，于 2016 年底前收回各收费单位仍在使用的收费许可证，完善收费公示制度。

【价格监督检查】 按照上级统一部署，开展春运票价等专项检查和重大节日市场价格巡查。强化餐饮、旅游等重点领域明码标价监管，做好商品房销售明码标价和明码标价进农贸市场工作，推进明码实价工作。加强粮油肉菜及小宗农产品价格检查，整治商贸流通和服务行业价格行为，规范市场价格秩序。发挥“12358”价格投诉举报电话的作用，及时调查处理群众投诉举报案件，化解价格矛盾纠纷。全年受理价格举报案件 34 宗。

【价格服务】 做好价格监测工作，采取定期开展城市居民食品和日用工业消费品零售价格监测工作，并每周上报市业务主管部门。加强价格成本调查工作，开展水稻、金柚生产成本调查，并落实服务价格成本监审制度，抓好教育培养成本、食盐生产经营成本监审工作。做好价格认证，开展刑事涉案财物价格鉴定等工作。全年评估涉案物品 140 宗，评估金额 318.63 万元。

【“双公示”管理系统建设】 贯彻落实上级有关文件精神，做好梅县区“双公示”信息收集报送和数据平台建设工作。制订《梅州市梅县区推进行政许可和行政处罚等信用信息公示工作实施方案》，部署开展各单位权责清单对应“双公示”事项进行梳理，汇总编制梅县区“双公示”目录，汇编目录行政许可 191 项，行政处罚 2383 项。按梅州市“双公示”实施的要求和标准，区政府拨出经费 26.73 万元，委托专业公司制作梅县区“双公示”管理系统平台，使“双公示”信息报送达到规范化、标准化，信息数据系统平台建设走在全市前列。

（供稿：王燕玲）

工商行政管理

【概述】 2016 年，工商行政管理局梅县区分局紧紧围绕年初各项工作安排，深化商事制度改革，加强市场监管，强化消费维权并取得较好成绩。2016 年，区分局登记注册股获国家工商总局授予“国家工商总局企业登记工作成绩突出单位”荣誉称号、登记注册股负责人钟建灵荣获成绩突出窗口工作人员称号；驻区行政中心工商窗口被广东省妇联授予广东省“巾帼文明岗”光荣称号。由区分局牵头的梅县区“两建”工作，在全市 2015—2016 年度“两建”工作考核中，以 93.74 的高分在 8 个县（市、区）中排名第一，实现自 2013 年考核以来的“三连冠”。

【登记注册管理】 推进商事制度改革，实施“三证合一”“五证合一、一照一码”“两证整合”登记制度改革，本着“主动服务、优质服务”原则，落实宽松市场准入制度、落实各项优惠政策、提高服务质量，扶持梅县区特色的区域产业。至年底，新发展各类企业 1221 户，比上年同期增长 25%；新发展个体工商户 4136 户，同比增长 5.3%；新发展农民专业合作社 76 户；梅县区各类经济主体有 3.22 万户。

【企业监督管理】 梅县区分局按照时间节点，落实工作责任，制定工作措施，强力推动年报公示工作。2016 年度公示率 87.1%，并将未按期报送并公示年报的企业 554 户、农民专业合作社 178 户列入经营异常名录，个体户 2866 户标记为经营异常状态。开展“守合同重信用”企业评选活动，增强企业合同意识，引导企业守法经营，推进社会信用体系建设。全区有 217 家企业获得 2015 年度“广东省守合同重信用”企业公示，有 6 家企业获得“国家局守合同重信用”公示。

【市场监管执法】　充分履行市场监管职责，采取有效措施，一手抓好市场监管体系建设，一手抓好行政执法，有力维护公平有序的市场经济秩序。一是强化流通领域商品质量监管。按照省局、市局统一部署，对群众关心、媒体关注的农资、成品油等重点商品质量进行抽查，共抽样171批次。二是狠抓市场秩序整治规范。加大打击无照经营、农资、成品油市场、网络市场以及侵犯商标专用权、违法广告、不正当竞争等领域违法违章行为的力度。全年查处各类案件186宗，罚没金额118.13万元。配合落实H7N9禽流感防控工作，负责抓好市、区政府关于"1110"制度的落实，严厉查处在休市期间违法经营活禽的行为。

【商标与广告管理】　重点推进"商标强区"战略。以梅县区优势农产品"梅县金柚"作为龙头，重点引导柚农创建品牌商标。2016年5月，"梅县金柚"地理标志证明商标获国家工商总局商标局正式注册，成为梅县区第一件地理标志证明商标，实现全区地理标志证明商标零的突破。全年办理商标查询218件，帮助引导企业商标申请注册17件（含涉农产品4件），获国家商标局核准注册商标10件。至年底，全区有效注册商标1566件，中国驰名商标1件、省著名商标13件、香港注册商标2件。以整治威胁广大人民群众切身利益的不良广告为重点，坚持动态管理，规范广告发布行为，净化广告市场,维护广告市场秩序，严厉打击虚假违法广告行为。

【消费者权益保护】　围绕"新消费，我做主"消费年主题，联合区质监局、食品药品监督管理局等有关部门在华侨城广场开展"3·15"国际消费者权益日宣传咨询服务活动。深化"12315五进"规范化建设，拓展社会消费维权网络的覆盖面。2016年，受理群众咨询426人次，举报6宗；受理消费者投诉100宗，调解成功85宗，为消费者挽回经济损失8.84万元；全区成立"消费维权服务站"69家。

（供稿：李干勤）

国土资源管理

【概况】　2016年，梅县区辖区面积247688.6公顷,其中耕地21107.1公顷、园地17976.4公顷、林地180050.4公顷、草地2074.6公顷、城镇村及工矿用地12360.2公顷、交通运输用地3509.3公顷、水域及水利设施用地7682.6公顷，其他土地2928公顷。至年底，梅县区有35家矿山企业（13家建筑石场、2家矿泉水企业、3家铁矿、1家铜矿、13家石灰石、1家银锑矿、2家大理石）。

【整合和盘活土地资源】　2016年，争取新增建设用地指标11批次，累计面积477.6公顷。其中，经国土资源部审批单独选址项目2宗,面积187.6公顷；经省审批项目9宗，面积290公顷。上报至省国土厅尚未批准项目1宗，面积168.3公顷；正在组织用地报批2宗，面积43.3公顷。依法依规挂牌出让新增国有建设用地使用权23宗、面积51.7公顷、出让金额5.37亿元，划拨新增国有建设用地使用权3宗、面积17公顷；个人宗地补办出让及转让285宗，面积5.73公顷，出让金额650万元；审批个人建房用地120宗，面积1.1公顷，审批设施农用地16宗，面积2.74公顷；此外，继续推进"三旧"改造工作，出让3宗，面积4.98公顷，出让金额1314.25万元。

【土地征收储备、融资】　协助做好汕梅高铁（畲江至南口）166.7多公顷、梅畲快速干线200公顷、新城自来水厂6.67多公顷、新县城约66.67公顷、梅平高速28.53公顷的征地工作；协助做好东环高速128.4公顷征地前期准备工作；协助做好畲江、白渡、城东工业园区征地后续工作。做好农行4.5亿元土地储备融资后续贷款工作。充分发挥政府土地融资平台作用，为城市扩容提质提供财力支撑。

【用地预审、规划修改、耕地占补平衡】 上半年受理用地预审 28 宗、用地预审请示 7 宗、项目用地选址情况说明 11 宗。完善土地利用总体规划中期调整工作。已完成资料收集、建设用地情况摸查、用地需求收集及镇级的调研，形成两个调整方案待区委区政府审定，审定后对布局方案进行调整。城市周边永久基本农田划定 11 月初经调整上报市局。做好规划调整修改工作。上半年，全区有 5 个规划修改项目，分别为：南口有条件建设区使用项目已完成备案；梅县剑英大道延长线及客都大桥连接线项目已批复，已上报备案；梅州城区新城水厂建设项目已批复，已上报备案；畲江镇建设用地规模置换项目已经上报市国土资源局审批；广东梅州古梅梦境文化旅游产业项目已经获得市政府批复，准备备案工作。完成 4 个多划基本农田占用方案，分别是国道 G206 线梅城至畲江段新改建工程、新建铁路广梅汕客运专线梅州至潮汕段项目、 G205 国道至白渡梅州坑工业园区道路、省道 S223 线梅县区松源至雁洋段（出省通道）改建工程。做好耕地占补平衡工作，报批梅汕高铁、梅平高速、梅畲快速干线等重点项目占用耕地 74.86 公顷，补充耕地 74.86 公顷。

【基本农田保护】 完成由国土资源部门负责实施的 2014 年度松源、白渡、城东镇共 497.2 公顷高标准基本农田建设任务；做好 2015 年度由国土资源局实施的畲江镇、水车镇、程江镇共 662.2 公顷高标准基本农田建设工程施工工作；做好 2016 年度梅西、大坪镇共 793.3 公顷高标准基本农田前期规划设计工作。配合做好省政府耕地保护考核组对市政府耕地保护责任制考核工作，以及市对区耕地保护责任制考核工作，并完成 2016 年度区与镇、镇与村、村与村民小组耕地保护责任书签订工作；完成全年基本农田经济补偿资金拨付工作，拨付资金 991.72 万元，同时镇与村签订基本农田经济补偿协议书及向区财政局申报拨付 2016 年度基本农田经济补偿资金给各镇、村；做好未利用地开垦新增水田、旱田改造水田和耕地地力提升前期调查摸底等。

【矿产资源管理】 对全区内矿山开发利用情况进行日常监管，并每季度到现场检查。对 7 个部、省发证矿山进行年检的初检。对由区国土资源局发证 26 个矿山进行年检并合格，其余同意上报。做好梅县丙村林大雄石井、梅县城东县祥石场、梅县龙塘石场、雁洋对坑石灰石矿变更、延续的发证工作。

【执法监察】 抓好卫片执法工作。2016 年度，下发土地矿产卫片图斑 237 个，监测土地面积 251.2 公顷，涉及耕地 16.5 公顷，其中，合法用地 37 宗，面积 97.63 公顷，占用耕地 5.1 公顷；历史批文用地 1 宗，面积 0.13 公顷；违法用地 100 宗，面积 38.53 公顷，占用耕地 5.54 公顷；设施农用地 54 宗，面积 10.67 公顷，占用耕地 1.83 公顷；临时用地 3 宗，面积 0.6 公顷；伪变化 37 宗，面积 34.66 公顷，占用耕地 2.38 公顷；农村道路 2 宗，面积 68.9 公顷，占用耕地 1.6 公顷；军事用地 1 宗，面积 0.07 公顷，占用耕地 0.06 公顷。2016 年度，梅县区新增建设用地占用耕地面积 71 公顷，违法占用耕地 5.54 公顷，违法占用耕地面积占新增建设用地占用耕地总面积的比例为 7.8%。经核查，判定为违法用地图斑有 100 宗，其中立案查处 55 宗，作出行政处罚 55 宗，已移送法院申请强制执行 2 宗，待移送法院申请强制执行 55 宗，落实罚款金额 73.61 万元；非立案处理 55 宗（主要是补办用地手续、已组织拆除、伪变化等）。对违法用地依法予以整改查处，违法用地案件立案率、查处率、整改率 100%，依法履行职责到位率 95%。2016 年第二季度，下发土地矿产卫片图斑 200 个，监测内土地面积 137.41 公顷，涉及耕地 22.69 公顷，其中合法用地 12 宗，面积 5.81 公顷，占用耕地 0.84 公顷；历史批文用地 2 宗，面积 1.87 公顷，占用耕地 0.12 公顷；违法用地 17 宗，面积 55.44 公顷，占用耕地 7.8 公顷；非新增建设用地 141 宗，面积 74.29 公顷，占用耕地面积 13.93 公顷。

经核查确认的17宗违法用地，已立案查处6宗，面积2.73公顷；非立案查处11宗，主要是完善用地手续、已拆除、填土实地未建行等类型。加强在线巡查工作。全年全区通过在线巡查及区“两违三抢”督查小组发现土地违法行为有84宗，其中制止在萌芽状态31宗，立案查处6宗，拆除47宗。

【不动产登记】 开展不动产统一登记职责整合和机构组建工作。根据梅州市梅县区机构编制委员会《关于调整区不动产统一登记机构职责人员编制问题的通知》（梅机编〔2016〕18号），成立不动产登记局、不动产登记中心，明确梅州市梅县区不动产登记局、梅州市梅县区不动产登记中心相应职责、划转相应机构人员以及相应业务、落实不动产统一登记工作经费；确定梅县区行政服务中心四楼作为不动产统一登记办证窗口；制定70项登记事项流程。完成不动产登记的数据工作。2016年5月中旬，完成档案资料、文件材料、信息系统、登记数据库等不动产登记资料交接；5月下旬，建立不动产登记业务的流程、坐落和档案三类数据库关联关系，登记单元相关信息可溯；6月上旬，完成不动产登记单元号的编码；形成存量登记数据整合方案，并着手启动不动产登记存量数据整合工作。建立不动产登记系统数据库工作。依照《不动产登记数据库标准（试行）》，建立不动产登记数据库，数据库具备登记记录的审批流程信息及打印标准的登记表单、簿册、证书等功能；实现对新增不动产登记信息的存储和管理；实现新增不动产登记单元的图形管理。完成不动产登记基础网络工作。按照国土资源部《不动产登记信息管理基础平台建设总体方案》有关要求，建立具备维持不动产登记发证系统运行基础网络；按照《国土资源部办公厅关于做好不动产登记信息安全工作的通知》（国土资厅发〔2015〕38号）要求，落实相关安全措施；不动产登记部门与其他不动产审批部门、交易主管部门之间通过建立工作衔接机制实现信息共享。抓好流程再造工作。流程再造是不动产登记便民高效的一个重要环节，涉及土地、房产、森林等不同登记类型重新整合、分类细化，本着“简化流程、提高效率、缩短时间、方便群众”原则，在完善监管基础上，尽量减少审批环节，下放核定登簿权限，缩短办证时间，方便服务群众，提高不动产登记发证工作效率。至年底，发放不动产登记证3.68万本，其中不动产权证书1.25万本，不动产登记证明2.43万份；权籍调查部完成房产测绘2.09万宗，面积169.56万平方米；信息档案部全年完成接待查档人员2.06万人次：其中首套房证明，二手房证明等1.18万份；省委、市委等上级查询6640份；本局业务查档2105份；快速简易整理不动产档案4509份。

【信访和土地权属纠纷调处】 全年受理各类信访105起，其中反映非法占地43起咨询及反映征地方面20起。

【地质灾害防治】 编制并实施好《2016年度地质灾害防治工作方案》，开展地质灾害隐患点排查与防御工作。给地质灾害隐患点的群众发放避险明白卡，落实地质灾害隐患点监测人和监测责任人，做好群测群防，及时更新发布地质灾害气象风险预警，为防灾避险提供可靠预警信息。配合区电视台在地质灾害隐患点拍摄一组地质灾害防治短片在区电视台播放，向村委会、隐患点群众发放地质灾害防治小册子3万份和省、市印发地灾防治宣传画1万张。6月29日，在梅西镇崇化村进行地质灾害应急演练。做好地质灾害隐患点搬迁治理工作。做好“三区两线”废弃石场矿山地质环境治理项目施工，“三区两线”废弃石场治理项目基本完工；加强矿山地质环境治理恢复保证金缴存工作，全年缴存入专户保证金500.5万元。对探矿权人加强管理，重点是检查硐探、槽探有无“以采代探”及超工作量硐探等，未发现有违法行为。2016年，向省厅申报2017年矿泉水探矿权勘查出让计划。

【地价评估、土地使用权交易】 全年，办理国有土地使用权出让评估 56 宗，面积 91.33 公顷，显化土地资产 7.35 亿元，其中挂牌出让评估 41 宗、补办出让评估 4 宗、“三旧”改造用地评估 6 宗；配合区委、区政府收回国有土地使用权评估 3 宗，面积 1.87 公顷；置换土地评估 2 宗，面积 14506.67 公顷；完成 83 宗国有出让土地抵押备案工作。

【土地变更调查与遥感监测】 严格按照国家、省、市要求，做好土地利用现状核对和上报工作；按时按质完成 2016 年各个批次多宗建设用地报批所需地类面积数据核算、相关图件制作和资料报送工作；同时做好国家、省、市对梅县区 2016 年度土地利用变更调查的抽查和整改工作。按照要求全面完成省、市对梅县区 3200 公顷耕地后备资源调查、核实、建库和汇总，并通过省、市检查验收后报送国家备案。完成土地调查数据库权属信息更新试点工作。至年底，该项目工作已完成成果整理，并通过省市检查验收。

【测绘管理】 依据广东省政府构建“数字广东”规划要求，做好“数字梅县”地理空间框架和“一村一镇一地图”的推广应用工作。完成梅县区境内 1∶500 数字化测量 100 个平方公里，并实施质量监督检查管理。完成 4 个批次 26 宗、测图面积 140 万平方米勘测报告任务；完成雁洋新城 4 平方公里测绘任务，实施 15 平方公里畲江新城的测绘。

【信息化服务】 全年各类档案归档 896 卷，其中地籍类 280 卷共 3360 本；建设用地类 122 卷共 1020 份；抵押类 43 卷；同时，对往年文书档案进行完善，归档 451 卷。严格执行档案借阅制度，提供利用服务 1368 余次。并结合各相关部门宣传平台，推广公共平台和典型应用示范系统的应用。推广利用“一村一镇一地图”，建立“一张图”核心数据库，深化“一张图”成果运用，扩大了数据库覆盖面和地域覆盖面。加大政务信息公开工作力度，以“双公示”为契机，利用门户网站、大屏显示屏等多种载体，开展国土资源国情及法律法规政策宣传教育等活动，让社会各界了解国土资源管理的政策法规和办事流程

（供稿：吴昊英）

统　计

【经济运行形势监测】 2016 年，梅县区经济运行总体平稳，呈现稳中提质，稳中向好态势。工业增速企稳回升、投资增速实现两位数增长，消费市场稳步提升，财税收入保持平稳。全年实现地区生产总值（GDP）187.18 亿元，同比增长 8.1%，增速在全市各县区排名第 4 位，分别比全市 7.5%、全省 7.5%和全国 6.7%平均水平高 0.6 个、0.6 个、1.4 个百分点。其中，第一产业增加值 46.64 亿元，比增 4.1%，拉动 GDP 增长 1 个百分点；第二产业增加值 67.72 亿元，同比增长 6.9%，拉动 GDP 增长 2.6 个百分点：第二产业中工业增加值 57.82 亿元，同比增长 6.1%，拉动 GDP 增长 2 个百分点；第三产业增加值 72.82 亿元，同比增长 11.8%，拉动 GDP 增长 4.4 个百分点。三次产业比重为 24.9∶36.2∶38.9。完成农业总产值 74.75 亿元，同比增长 4.1%，实现农林牧渔业增加值 47.16 亿元，同比增长 4.2%。规模以上工业总产值 176.73 亿元，同比增长 6.2%；实现规模以上工业增加值 50.71 亿元，同比增长 5.0%。固定资产投资 152.99 亿元，同比增长 10.5%。分产业看，第一产业投资 0 亿元，同比减少 100%；第二产业投资 39.7 亿元，同比增长 10.5%，其中工业投资 39.7 亿元，同比增长 10.5%，工业技术改造投资 12.1 亿元，同比增长 46.2%；第三产业投资 113.28 亿元，同比增长 16.0%，其中房地产开发投资完成 47.86 亿元，同比下降 1.3%。实现社会消费品零售总额 142.01 亿元，同比增长 14.1%。分行业零售额中，批发和零售业增速快于住宿和餐饮业增速，批发和零售业零售额 123.61 亿元，同比增长 14.6%；住宿和餐饮业零售额 18.39 亿元，同比增长

10.7%。公共财政预算收入完成 21.89 亿元，同比增长 1.8%。全区税收总收入 31.55 亿元，同比增长 0.2%，其中国税税收完成 12.63 亿元，同比增长 22.9%；地税税收完成 18.92 亿元，同比下降 10.8%。金融机构本外币存款余额 297.99 亿元，同比增长 18.31%；金融机构本外币贷款余额 147.95 亿元，同比增长 18%。

【联网直报】 2016 年，全区联网直报企业 271 家，其中：规模以上工业企业 101 家，房地产企业 56 家，建筑业 42 家，限上批发零售业 50 家、限上住宿餐饮业 11 家、服务业 11 家。

【基层建设】 2016 年，区委、区政府十分重视统计基层基础建设工作，为改善基层统计工作条件及统计人员的福利，拨出统计工作经费近 110 万元，给每个镇（新城办、高管会）拨款 3 万元用于加强基层统计基础建设；对完成台账建设的每位“五上”联网直报企业统计员每月发工作补贴 150 元。同时，统计局领导、各专业人员经常深入到企业、单位，加强与基层、企业的沟通和联系，对企业的生产、经营情况进行跟踪调研，加强统计业务的指导；开展统计业务及统计法规法律知识培训，分期、分专业对全区统计人员（调查员）进行培训 10 多场、800 多人次。

【统计服务】 2016 年，区统计局紧扣区委、区政府的中心工作，围绕“一区两带”建设，开展“统计优质服务年”活动，结合实际制订《梅州市梅县区统计优质服务年活动方案》。加强新常态下经济运行发展态势和结构变化分析，强化大局意识，开拓创新,提供更为主动有效统计服务，密切关注经济运行中热点难点问题，为区委区政府科学决策提供针对性强、参考价值高的咨询建议，全年撰写统计分析 13 篇，及时编印和发送《统计月报》给有关单位和领导，每月为区领导提供主要经济数据分析。整理编辑出版《2011—2015 梅州市梅县区统计年鉴》，发送给区四套班子领导及各镇（新城办、扶大高管会）、各有关单位，用统计数据解读梅县区“十二五”时期经济社会发展成就。还通过中国梅县和梅县区统计局网站及时发布各项统计数据和信息资料，为社会公众提供更多的统计信息产品。

【专项调查统计】 把第三次全国农业普查作为 2016 年统计工作的重中之重来抓，按照《全国农业普查条例》《第三次全国农业普查方案》要求认真制订工作计划；全面组建区、镇、村各级普查机构，强化组织领导；开展经费预算编制和物资筹措工作；选聘好普查指导员和普查员；区普查办组织业务骨干深入各镇（新城办、高管会、梅西水库），指导“两员”业务培训，确保新技术在普查中的成功运用；严格开展普查区（小区）划分和地址编码工作；做好普查数据处理所需移动采集终端及各种计算机软硬件的准备工作，在抓好第三次全国农业普查的同时，开展各专业各领域国家、省、市、区布置的常规统计调查和各项重大专项调查。与国家统计局梅州调查队共同推进城乡住户一体化调查和粮食生产大县抽样调查等工作；实施规模以下工业企业调查；工业企业成本费用调查；开展主要畜禽监测调查；非公有制企业（单位）人才资源状况调查；开展基本单位清查等。

【统计法制】 区统计局推进依法治统，开展经常性的统计执法检查，开展统计法制宣传教育活动。一是重点抓好各级党政领导、统计机构工作人员和一套表联网直报企业负责人和统计人员的学法用法，采取以会代培等方式开展培训，提高广大领导干部、统计人员、调查对象对统计工作的重视、支持及配合。 二是结合第三次全国农业普查组织开展统计法制宣传活动，在全区各镇（新城办、高管会）悬挂横额，张贴公告，向全区农户印发一封信等，让各级领导重视统计、社会各界认知统计、调查对象配合统计，营造全区上下关心支持统计、严格依法统计的氛围。三是在做好日常检查的同时，于 2016 年 9 月按照上级统一部署，开展统计执法大检查，主要检查镇（街道）和联网直报企业台账建设情况；检查数据质量情况。全区检查 25 家单位、企业，未发现有违反统计法律法规的行为。还配合市统计局、国家统计局梅州调查队对有关企业开展执法检查。

（供稿：范郁辉）

审　计

【概述】 2016 年，区审计局坚持“依法审计、服务大局、围绕中心、突出重点、求真务实”的审计工作方针，切实加强审计监督。至年底，完成审计项目单位 27 个，其中领导干部经济责任审计 12 个、财政预算执行审计及各类专项资金审计调查 15 个，在审单位 3 个，查出违规资金 314 万元、管理不规范资金 4.44 亿元、损益不实 2289 万元，促进增收节支 80 万元。审计处理应上缴财政金额 81 万元，应归还资金渠道 232 万元，并提出 24 条审计建议。

【财政审计】 重点对预算分配、预算支出的审计，加强对部门预算、财政专项资金审计监督，延伸审计了财政、国土、城综等部门的细化预算。经审计发现：预算编制方面不完整；预算收入方面存在少列公共财政、基金预算收入，虚列公共财政预算支出等问题；预算管理方面存在资金拨付不够及时、减持奖励不符合规定等；应缴未缴省级资金、非税收入未上缴国库且直接返还等。依期向政府、人大提出审计工作和审计结果报告。

【经济责任审计】 强化“一把手”经责审计。分别对 12 名领导干部进行经济责任审计。审计发现部分单位对财产、资金管理使用不规范，往来款项没有及时结算清理，违反收入两条线，应交纳税款没有按规定交纳等问题，查出违规金额 66 万元，其中负领导责任 36 万元、负主管责任 30 万元。。

【专项资金审计】 突出对重点专项资金审计和审计调查。完成专项审计调查项目 13 项，分别开展对高标准农田建设项目、高产创建补助、省级种子发展与区域试验资金、中央基层农业技术推广体系改革与建设补助项目资金等专项资金审计。基本摸清上述资金归集、管理和使用情况，揭示专项资金在归集、管理和使用情况存在问题，并针对性地提出审计意见和建议，促进被审计单位进一步完善制度，规范管理，防范风险，确保资金安全运作。

【交叉审计】 参加市局统一组织的外出交叉审计，派出六名审计骨干外出参与平远县领导干部经济责任交叉审计工作。

（供稿：黎勇）

经济与信息化

【概述】 2016 年，区科工商务管理局坚持用好用足国家促进赣闽粤原中央苏区和省促进粤东西北振兴发展“两大政策”，全力推进 “梅兴华丰产业集聚带”梅县集聚区建设，着力培育发展装备制造、电子信息、新能源、商贸物流四大超百亿元产业。至 2016 年底，全区有工业企业 566 家。其中规模以上企业 101 家（畲江工业园企业 30 家），规模以下企业 465 家。工业产品主要有发电量、电子元件、水泥、车轴、橡胶轮胎、编织工艺品、电解铜箔、服装、覆铜板、精炼铜等 10 类产品。全年规模以上工业企业实现工业增加值 50.71 亿元，同比增长 5%；实现工业总产值 176.73 亿元，同比增长 6.6%。完成工业投资 39.71 亿元，同比增长 10.5%，其中工业技改投资 12.1 亿元，同比增长 46.2%。完成社会消费品零售总额 142.01 亿元，同比增长 14.1%。

【机构改革】　根据《梅州市机构编制委员会关于印发梅县区人民政府职能转变和机构改革方案的通知》（梅市机编发〔2014〕96 号）和中共梅州市梅县区委办公室、梅州市梅县区人民政府办公室《关于印发〈梅县区人民政府职能转变和机构改革方案〉的通知》（梅县区委办电〔2014〕60 号）精神，设立梅州市梅县区科工商务管理局，挂梅州市梅县区知识产权局牌子，于 2016 年 7 月合署办公，为区人民政府工作部门。

【支柱产业】　一是装备制造业。全区有装备制造企业 105 家，实现产值约 46 亿元。其中亿元产值以上的有 BPW（梅州）车轴有限公司、卡莱（梅州）橡胶制品有限公司、华南三一工程机械有限公司、梅县雄飞实业有限公司、梅州国基精密制品有限公司等 5 家企业。规模以上的还有梅州鸿荣机械有限公司、梅县庆达实业等 6 家企业。二是电子信息产业。全区共有电子信息产业企业 85 家，实现产值 31 亿元。其中亿元产值以上有广东超华科技股份有限公司、广东嘉元科技股份有限公司、梅州紫晶光电科技有限公司、广东博森光能有限公司等 4 家企业，规模以上的还有梅县锦江电路板有限公司、高迪数码科技（梅州）有限公司等 6 家企业。三是新能源产业。全区新能源产业实现产值 51.8 亿元。规模以上有广东宝新能源股份有限公司、梅雁吉祥水电股份有限公司、梅县龙上电站、梅县洁源水电有限公司、梅州市程江梯级水电厂等 5 家企业，其中亿元产值以上有广东宝丽华新能源股份有限公司、梅雁吉祥水电股份有限公司 2 家企业。四是商贸物流产业。全区商贸业产值 98 亿元，广东喜之郎集团有限公司投资的锦绣国际·家居博览中心建设一期工程在 11 月 15 日竣工并正式对外营业。该中心投入运营，标志着粤东西北乃至粤闽赣边区规模最大、现代化程度最高、交易品种最全、服务最完善、辐射能力最强的一站式家居建材中心在梅县区“诞生”。梅县区电子商务产业园引进云电商基金建设云电商生态城，形成以云电商生态城、电商创业大厦、淘宝创业园、现代农业示范区电商园为主体的电子商务发展平台和产业集聚区已引进电商企业 58 家，全区现有电商企业 80 家。还引进广东工业设计城有限公司进驻梅县区，建立广东工业设计粤东基地，实现网店运营、设计、客服、营销、仓储、物流、售后等服务一体化，打造工业创业平台。

【工业建设】　超华高精度铜箔、博森光电产业园、富柚生物金柚深加工、航鑫二期、鸿荣重工再制造、庆达二期、嘉元超薄电解铜箔、梅雁吉祥产业园、烟叶复烤打叶复烤、新城水厂建设、盛兴客运分布式光伏发电、盛富金属等工业技改项目已竣工或即将竣工；畲江工业园大项目（如高端纺织产业园、富源赛翡“蓝宝石技改项目”、桦粤“有机农副产品加工项目”、恒一“个人护理用品生产项目”、广晟稀土“钕铁硼磁性材料生产线项目”）正在紧张有序推进中。全区完成工业投资 39.71 亿元，同比增长 10.5%，增速居全市第五。其中，技改投资 12.1 亿元，同比增长 46.2%，增速居全市第四。

【信息化建设】　推进原中央苏区农村超高速无线局域网应用试点工作。梅县区有 359 个行政村列入试点（包括市直管的梅西水库、上官塘、侯畲村 3 个行政村）。对各镇级政府门户网站，区政府各部门、各直属机构及下属参照公务员法管理的事业单位网站（含省以下垂直管理单位）共 57 个进行日常监测和年度考评。向社会主动公开政府信息 2339 条，其中发布工作动态信息 1268 条、视频新闻 251 条、规范性文件信息 50 条、其他类信息 770 条。另外各行政机关向社会公开的信息有近 1214 条，其中发布工作动态信息 902 条、通知公告 126 条、政策法规、办事指南等信息 186 条。

【服务企业发展】　2016 年，省、市、区下达梅县区工业企业技术改造技术创新专项资金 8 个专题 19 个项目共 2702.69 万元，其中省级财政资金 6 个专题 11 个项目共 2082.24 万元、区级财政资金1个专题6个项目共310.35万元，事后奖补资金项目2个共310.1万元。

【安全生产】 一是依据《民用爆炸物品安全管理条例》，做好广东天诺民爆有限公司梅县分公司、梅州市兆安民爆梅县分公司等民爆生产、仓储企业的日常监管。督促民爆企业进行应急演练，开展民爆物品警示标识登记标识、消防设备，维护检查记录等进行认真细致的检查。二是做好加油站的年检和换证工作，对加油站加强监管和整治，依法审核油品的经营资格，消除各种安全隐患，严禁无牌、无证的走私油流入市场，保证成品油市场平稳有序。对辖区内56间在营加油站进行系统、全面、细致的拉网式检查。

【节能降耗】 2016年，梅县区万元GDP能耗同比下降9.16%，工业增加值能耗下降15.5%。积极开展电机能效提升工作，帮助企业转型升级。全年，有8家企业申报电机改造补贴，更换高效电机700台，共8903.5千瓦，申请财政补贴109.35万元。

【商流贸易】 一是发挥梅县区产业优势，引导内贸流通企业向智慧商业、文化商业方向发展，提升商业设施的文化内涵，推动现代商业与传统文化融合创新。推进专业市场和市场集群升级改造，鼓励商品交易市场运营模式创新，积极扩展供应链综合服务、品牌孵化和物流配送等功能。二是围绕“增强供给能力，促进消费升级”的主题，组织企业开展消费促进月活动，确保梅县区促消费、稳增长活动全面深入开展，同时，引导企业主动参加追溯体系建设。三是依据上级文件对内贸特种行业（拍卖、典当、二手车交易市场、报废机动车回收拆解及现生资源回收等企业）做好审核、年审等工作。四是协助做好家禽“集中屠宰、冷链配送、生鲜上市”工作。

【电商产业】 区政府出台《梅州市梅县区关于加快农村电子商务发展的实施意见》（梅县区府〔2016〕7号），积极探索、稳妥有序推进镇级农村电子商务服务站建设。2016年，建成19家镇级电商服务站，为当地村民提供网络代购和农特产品收购、销售，提升农产品价值。拓展电商人才培训，扩大电商培训范围，带动青年电商创业就业，全年开展各类培训43期1503人（次）、孵化企业83家。组织3家企业参加广东省“互联网+”试点项目工作：广东振声科技股份有限公司申报工程爆破信息化职能管控系统项目入选2016年广东省“互联网+”先进制造试点项目、广东十记果业有限公司申报梅州农副产品电子商务运营推广与金柚科技示范园建设项目、广东李金柚农业科技有限公司申报广东李金柚“互联网+”柚果储藏保鲜电子商务项目，入选广东省“互联网+”现代农业项目。有8家企业和个人获评2016年中国·广东农电奖：梅县区淘宝创业园获评优秀县域电商创业园奖；广东绿丰农品现代农业发展有限公司获评“互联网+”休闲农业领先奖；广东李金柚农业科技有限公司的李永生和梅州市兴缘农业发展有限公司的林绿获评致富带头人奖；梅州市永兴客家食品有限公司的“客商”获评最具潜力电商农产品品牌奖；梅州启赢电子商务有限公司获评农村电子商务服务型企业奖；广东十记果业有限公司获评农村电子商务标杆企业奖；梅州客来客往有限公司获评电商扶贫模范奖。

全区电子商务发展目标是：至2018年全区培育3—5家在广东省较有影响力的农村电子商务企业，培养农村电子商务创业队伍2000人，培训电子商务应用技术人才2000人，实现农村电子商务服务站（点）全覆盖，力争实现农村电子商务年销售额超10亿元。

（供稿：李晓莹）

质量技术与监督

【概述】 2016年，梅州市质监局梅县分局在区委、区政府和梅州市质监局党组的领导下。全面完成产品质量监管目标，特种设备安全实现零事故，技术标准化战略有效推进。

【稽查打假】 区质监局开展农资产品、计量、标准、特种设备安全的监管执法检查，加大对产品质量（特别是建材、服装、汽车配件等产品）监督检查力度。全年出动执法人数805人次，检查生产、销售企业200家次，查处各类违法案件7宗,查获涉案货物货值4.66万元,罚款到位7.63万元，无一例申请复议案件或诉讼案件。

【标准化工作】 一是条码工作。注册24家，续展23家。二是发动申报产品“采标”工作。至年底，梅县恒力高能电池有限公司等3家企业通过省局审核并取得“采标”证书。三是做好企业产品标准备案、登记、自我声明公开工作。全年产品标准备案1家和企业产品执行标准登记6家；引导10家企业通过企业标准信息公共服务平台自我声明公开标准。

【计量管理及检测】 2016年，区质监局指导和帮助12家企业建立三级计量保证体系，促进辖区内6家高能耗企业的能源计量工作通过市节能监察中心考核，提高计量器具的检定覆盖率，特别是促进集贸市场和计生服务单位、卫生医疗站计量器具检定的开展。全年对22个集贸市场和22个卫生医疗站，使用的电子秤1102台、台秤111台、血压计529台、其他计量器具51台进行检定，据统计，全年累计为320家企、事业单位提供计量器具检测服务，合计检测计量器具1.52万台件。

【重要消费品安全保障】 2016年，区质监局大力宣传贯彻国务院《质量发展纲要（2011—2020年）》，开展质量强区活动，以“全国客家文化生态旅游知名品牌示范区”创建工作和实施名牌发展战略为抓手，大力推动质量管理工作和质量水平。区质监局作为创建“示范区”主要工作部门，紧紧围绕客家文化规划旅游品牌体系建设、国际化的旅游服务标准体系建设，使创建工作定位准确、亮点突出；加强与各单位、企业沟通，强化质量意识，根据企业质量管理水平实施了分类监管，被纳入监管企业总数有101家，其中获证企业21家；加大名牌发展战略宣传力度，提高企业创名牌意识和创名牌能力，提升梅县区产品的品牌形象和综合竞争力。至年底，全区有6类13个工业产品获省名牌称号。

【特种设备安全监察】 区质监局解决了特种设备安全中的突出问题和薄弱环节，促进企业落实安全生产责任。全年出动安全监察人员379人次，检查特种设备生产、检测、抽查使用和气瓶充装单位的设备299台套，制作《特种设备安全监察检查记录》193份，发出《特种设备安全指令书》37份，整改34份，其中移交稽查处理3宗。注重对隐患整改情况进行跟踪，对莲泉、晓记、丰发、林红德等单位进行复查，以上使用单位都对以前的简易升降机进行拆除。

（供稿：丘意平）

招商引资

【招商措施】 一是做好产业集聚招商。2016年，梅县区全面启动畲江产业园、水车产业园和城东白渡产业园“三园合一”集聚区的规划建设，制定实施培育发展装备制造、电子信息、新能源、商贸物流四个产值超百亿元产业方案，区招商局加强推介，积极对接，加快促成项目落户。中新集团对畲江产业园首期380亩土地进行开发及相关产业的招商，完成土地平整土方量的90%。至年底，引进至畲江产业园梅州综合保税区项目7个，计划总投资43.6亿元。投资8亿元广州中新集团汽车零部件制造项目正在规划设计中；投资3亿元深圳安盛华集团珠宝加工项目厂房正在进行建筑施工设计，预计近期动工。先行在梅州高新区租赁临时厂房，项目已通过海关审批并投产；计划投资 20 亿元广东盈方创投发展有限公司盈方高科产业孵化园项目已动工；投资 1 亿元的梅州琉璃光电力设备项目已完成土地招拍挂，近期动工，投资 10 亿元广铁国际物流项目正完善规划设计和用地报批前期工作。投资 1.5 亿元深圳有信达集团保税物流项目首期用地已办理手续，快件中心正在进行规划设计。二是加大力度鼓励发展实体经济。梅县区先后出台了工业项目、电子商务产业、企业融资（助保贷）、丰华兴梅产业集聚带梅县集聚区、企业上市（新三板）、企业贷款贴息等优惠政策、扶持办法，还出台个人（单位）招商引资奖励、扶持企业上规模（限额）奖励办法。支持企业转型升级、增资扩产、新上项目，鼓励发展实体经济。严格按照优惠办法中建筑容积率、投资强度的条件落实，促成大项目、优质项目落户。区委、区政府除继续实行镇级工作绩效考核外，于 2016 年 5 月，出台镇级推进振兴发展工作考核实施办法，其中对各镇（办事处、高管会）在招商引资工作中安排各档次奖励领导班子及做出积极贡献的工作人员。在项目落户、绩效考核中，区招商局依规依法做好项目落户上报、投资协议签订、绩效考核项目的核实。三是积极对接服务投资企业。区招商局组织人员赴北京、上海、浙江、广西及珠三角地区洽谈项目，抓住发达地区转型升级企业外迁的机遇，加强与企业对接，一批项目签约落地。落实项目责任领导、责任单位、责任人的跟踪服务工作，确保项目履约。做好与相关部门协调、项目所在镇联系，做好项目用地调规、用地指标申报等。对已投产项目，鼓励企业增资扩产，营造崇商爱商氛围。围绕“洽谈转签约、签约转动工、动工转竣工”，建立项目库，掌握项目进度，做好跟踪服务，推进项目落地。2016 年，有 13 个工业项目落地、建设，其中投产 7 个。做好梅县区电子商务产业园的招商、服务、管理，入驻企业形成抱团发展态势，形成良性经营和发展。据统计，全年电商销售额 12.6 亿元，同比 2015 年 9.94 亿元，增长 26.67%。

【招商情况】 2016 年，全年引进项目 31 个，投资总额 87.5 亿元，已投入资金 31.24 亿元。其中动工项目 14 个，竣工项目 17 个。引进的 31 个项目中，工业项目 13 个，计划投资 15.29 亿元，已投入 6.58 亿元（其中动工项目 6 个，投产项目 7 个）；计划投资 10 亿元以上的项目 3 个。

2016年全市招商引资项目基本情况统计表

表1

类别	序号	投资方（所在地）	企业名称（在梅注册新成立公司）	项目名称	产业分类	计划投资总额(万元)	计划固定资产投资额(万元)	预计年产值(万元)	预计年税收(万元)	已投入金额(万元)	签约时间	工商注册时间	项目投资地点	是否乡贤回归项目	备注
投产项目	1	曾伟斌（广州）	梅州市金步电器有限公司	金步液晶电视机等生产项目	工业	5000	5000	28000	4000	2000	2016.5.26	2016.04.08	程江镇	是	首期投产
	2	叶秋萍（梅州）	梅州市梅县区久泰金龟养殖有限公司	久泰金龟养殖	农业	6000	6000	800	60	1500	2016.04.10	2016.4.6	丙村镇	是	首期投产
	3	安盛华集团有限公司（深圳）	梅州瑞东厚珠宝首饰有限公司	瑞东厚珠宝	工业	30000	30000	500000	300	1500	2016.5.10	2016.3.25	畲江镇工业园	否	首期投产
	4	张沁（深圳）	梅县区新大地纸品有限公司	新大地纸品	工业	10500	7500	2000	150	6000	2016.5.16	2016.03.29	松口镇大黄村	是	首期投产
	5	张文珍（梅州）	梅州市创亿谷企业孵化器发展有限公司	创亿谷企业孵化园	商贸	5300	5000	8000	80	1500	2016.3.18	2016.4.28	新县城扶外路	—	首期投产
	6	古成刚（梅州）	广东大旗实业有限公司	石灰石开采、水泥生产	工业	18000	18000	12000	800	15000	2016.8.3	2016.5.26	雁洋镇对坑村	—	该项目与原企业用地为同一块地方

续表1

类别	序号	投资方（所在地）	企业名称（在梅注册新成立公司）	项目名称	产业分类	计划投资总额(万元)	计划固定资产投资额(万元)	预计年产值(万元)	预计年税收(万元)	已投入金额(万元)	签约时间	工商注册时间	项目投资地点	是否乡贤回归项目	备注
投产项目	7	汤亿寿（梅州）	梅县南口镇虎坑石场	虎坑石场	工业	15000	15000	20000	2000	12000	2016.1.18	2016.1.8	南口镇龙塘村	—	—
	8	张瑜（梅州）	梅州市多多信息网络科技有限公司	多多信息网络科技	商贸	5000	4000	4000	100	3000	2016.7.21	2016.7.19	华侨城扶桂东路	—	—
	9	雷兆明（梅州）	梅州市梅县区富明玻璃制品	玻璃制品加工	工业	6000	6000	3000	120	2000	2016.8.29	2016.1.29	扶大高管会	—	首期投产
	10	李森（梅州）	梅州市梅县区美创家居经营部	曲美家居	商贸	5300	5300	1500	30	3000	2016..4.1	2016.1.6	新县城	—	—
	11	王胜源（梅州）	梅州市梅县区新源兴混凝土有限公司	新源兴混凝土搅拌站	工业	6500	5600	8000	300	3500	2016.5.12	2016.2.22	梅南镇轩外村	—	—
	12	张淑英（梅州）	梅州市爱电影投资管理有限公司	客家新世界电影院	文化	5600	5600	1000	600	5600	2016.6.8	2016.2.26	新县城	—	原客家新世界房地产项目预计投资额10亿元已全部投完
	13	谢军华（梅州）	梅州乾坤润实业发展有限公司	乾坤润酒店	商贸	5000	5000	800	60	5000	2016.6.3	2016.2.25	新县城	—	原客家新世界房地产项目预计投资额10亿元已全部投完

续表1

类别	序号	投资方（所在地）	企业名称（在梅注册新成立公司）	项目名称	产业分类	计划投资总额(万元)	计划固定资产投资额(万元)	预计年产值(万元)	预计年税收(万元)	已投入金额(万元)	签约时间	工商注册时间	项目投资地点	是否乡贤回归项目	备注
投产项目	14	房仕瑜（梅州）	广东佰为连锁超市有限公司	佰为商贸综合体	商贸	29500	29500	5000	400	25000	2016.5.30	2016.4.18	新县城	—	原客家新世界房地产项目预计投资额10亿元已全部投完
	15	邱传华（梅州）	广东客通天下科技有限公司	客通天下支付平台项目	商贸	5000	5000	100000	3000	2000	2016.9.5	2016.8.29	程江镇	—	首期投产
	16	吴丰泉（梅州）	梅州市粤丰农业发展有限公司	粤丰农业	农业	6000	5000	1000	10	2500	2016.5.26	2016.02.01	桃尧镇	—	首期投产
	17	古东胜（梅州）	梅州市众信生态农业发展有限公司	众信生态农业	农业	5500	5500	700	100	5000	2016.3.1	2016.3.18	松口镇大黄村	是	—
	小计					**169200**	**163000**	**695800**	**12110**	**96100**				—	—
在建项目	1	申伟东（梅州）	梅州客都来生态农业有限公司	客都来红色养生谷	农业	8000	8000	800	100	1500	2016.2.22	2016.01.06	梅南镇顺里村	是	—
	2	侯宏创（深圳）	梅州康立高科技有限公司	康立医疗器械	工业	10000	10000	6000	1000	1200	2016.1.11	2016.2.18	扶大高管会	是	—
	3	陈德鹏（广州）	梅州盈方众创实业有限公司	盈方创投经济发展	商贸	98000	98000	20000	1000	30000	2016.6.22	2016.3.18	新县城	—	—
	4	张雄（梅州）	梅州市鼎丰纸品有限公司	鼎丰纸业	工业	5300	5100	1100	40	4000	2016.6.15	2016.1.25	梅南镇巢布村	—	—

续表1

类别	序号	投资方（所在地）	企业名称（在梅注册新成立公司）	项目名称	产业分类	计划投资总额(万元)	计划固定资产投资额(万元)	预计年产值(万元)	预计年税收(万元)	已投入金额(万元)	签约时间	工商注册时间	项目投资地点	是否乡贤回归项目	备注
在建项目	5	姚映仿（梅州）	梅州市嘉瑞汽车贸易有限公司	一汽丰田汽车4S店	商贸	20000	8000	50000	1000	3100	2016.9.2	2016.8.11	扶大园区	—	—
	6	陈永庆（梅州）	梅州市梅县区庆达实业有限公司	庆达实业	工业	15000	15000	10000	600	8000	2016.7.31	2016.7.6	城东镇石月村	—	—
	7	钟其和（梅州）	梅州市梅县区梅花城房地产开发有限公司	和安梅花城	房地产	180000	180000	200000	40000	55000	2016.8.1	2016.2.1	扶大管委会	—	—
	8	赖百福（梅州）	梅州市金信房地产开发有限公司	百福城	房地产	100000	100000	48000	3840	24000	2016.8.23	2016.1.13	扶大管委会	—	—
	9	伍杰才（梅州）	梅州市绿岛房地产有限公司	腾达御园	房地产	26000	26000	13000	1900	15000	2016.8.12	2016.3.1	程江镇	—	—
	10	叶嘉明（梅州）	梅州市立一新型墙体材料科技有限公司	立一新型墙体材料	工业	5200	5200	3000	200	1000	2016.2.16	2016.1.27	白渡镇	—	—
	11	余宝宝等（梅州）	梅州盛兴新能源有限公司	盛兴光伏发电	工业	20000	20000	2000	100	8000	2016.08.03	2016.03.02	雁洋镇雁上村	—	—
	12	杨勇等（梅州）	梅州合兴房地产开发有限公司	山水名都	房地产	172000	172000	100000	20000	40000	2016.10.21	2016.01.22	扶大高管会所里村	—	—
	13	陈善剑（梅州）	梅州市梅县区东南房地产开发有限公司	东南房地产	房地产	40000	40000	60000	6000	23940	2016.8.29	2016.8.29	城东镇关爷坳	—	—

续表1

类别	序号	投资方（所在地）	企业名称（在梅注册新成立公司）	项目名称	产业分类	计划投资总额(万元)	计划固定资产投资额(万元)	预计年产值(万元)	预计年税收(万元)	已投入金额(万元)	签约时间	工商注册时间	项目投资地点	是否乡贤回归项目	备注
在建项目	14	曾祥清（梅州）	梅州市振声混凝土有限公司	振声混凝土	工业	6380	6380	2600	52	1600	2016.11.22	2016.11.11	梅西镇龙虎村	—	—
	小计					705880	693680	516500	75832	216340					
未动工项目	1														
	2…														
	小计														
合计						875080	856680	1212300	87942	312440					
合同项目	1														
	小计					0	0	0	0	0					
增资扩产项目	1														
	2…														
小计						0	0	—	—	—					

填报日期：2016年12月20日

（供稿：余琴）

食品药品监督管理

【机构改革】 2016年，区食药局把建立健全三级监管网络工作作为重点工作来抓。做好公务员招录和派出机构设置，至9月中旬，新招录全日制本科生公务员 31 人，加上原机构改革工商所调入5人共36人全部到岗；全面完成12个派出机构挂牌、办公设备配备、制度上墙工作；基层所食品药品监管工作有序开展。以创建国家农产品质量安全示范县工作为契机，把食品药品安全管理延伸到基层村一级，每个行政村聘请一名食品药品安全及农产品质量安全协管员，全区所有行政村355名协管员按300元/月的工作津贴纳入财政预算，全部建立梅县区“区、镇、村”三级食品药品监管网络。

【食品药品安全监管】 2016年，区食药局开展食品、药品、医疗器械、保健食品、化妆品安全监管工作，结合各项食品药品安全专项整治行动，经常性巡查食品药品生产经营企业进货查验、索证索票、进销存台账等制度建立和落实情况，督促食品药品生产经营户严格履行食品药品安全责任人的义务，防止食品药品安全事故的发生。

【药品、医疗器械监管】 2016年，区食药局积极稳妥做好新版GSP大认证和新版GSP认证跟踪检查工作。上半年是梅县区乡镇大认证大换证的高峰期，区食药局克服梅县区零售药店点多、分散，且企业申报时间不同等困难，在规定时限内，采取多下乡、多宣传、多分组等手段，积极节约行政成本，细致检查。至年底，共完成 77 家药品零售企业新版 GSP 认证工作。开展新版 GSP 认证跟踪检查，制定梅县区药品零售企业新版 GSP认证跟踪检查计划，并按计划要求抓好落实，全年完成零售药店新版GSP认证跟踪检查53家。开展疫苗专项检查、药品流通领域违法经营行为专项整治、含麻黄碱类复方制剂、兴奋剂、终止妊娠类专项整治、医疗器械经营企业冷链管理监督检查专项行动等工作，坚持“依法监管、从严监管”方针，采取日常监管与专项整治相结合的办法，强化事中事后监管，围绕“审、批、查”等不同职能，强调过程监管，将监管覆盖到生产经营全过程。

【保健食品、化妆品监管】 区食药局严格按照国食药监办〔2010〕88号《关于印发保健食品生产和经营企业日常监督现场检查工作指南的通知》和国食药监办〔2010〕89号《关于印发化妆品生产经营日常监督现场检查工作指南的通知》有关要求，做好对梅县区辖区内保健食品、化妆品生产经营企业监督检查工作。全面加强保健食品、化妆品经营企业索证索票和台账管理工作，组织开展化妆品安全专项整治行动，开展保健食品等三类食品非法添加等问题专项治理。全年检查保健食品生产企业 2家（次）、化妆品生产企业1家（次）、检查保健食品经营企业212家（次）、化妆品经营企业416家（次），办理食品经营许可证新办165家，变更事项 9家，注销95家。

【整治制假售假】 区食药局开展以药品、医疗器械、保健食品、化妆品为整治对象的“雷霆行动”、“蓝剑行动”专项整治工作，以及继续开展食品“清源行动”及食品专项检查工作，全年出动稽查执法人员1169人（次）、检查企业620家（次），立案42宗、结案26宗、罚没款12.15万元。其中查获涉嫌经营不符合食品安全标准犯罪案件1宗涉案冻品60多吨，案值约150多万元，并依法移送公安机关；吊销一家食品经营店许可证并录入“黑名单”。加强与市局稽查、药检所及区公安部门的联系，做好“两法衔接”工作，与公安部门开展联合检查3次，依照“两法衔接”工作要求，向公安机关移送大要案1宗。加强与兄弟省市县区食品药监稽查部门的沟通，通力协作，移送（通报）多条线索至梅江区、广州、深圳、福建樟树等地。（供稿：李嘉媚）

中 小 企 业

【概况】 2016年，区中小企业局围绕区委、区政府提出围绕“一个目标、三大抓手、两条底线”总体要求，紧扣振兴发展主线，主动适应新常态，推进“一区两带”建设。开展暖企行动，致力于服务全区中小微企业，全年民营企业产值131亿元，占全区GDP71%；税收完成26亿元，占全区税收86%。

【服务体系建设】 发挥中小企业服务中心平台作用，开展咨询、融资、市场开拓、科技创新、后备上市新三板等全方位服务。服务中心先后与广东引领信息科技公司、客家村镇银行、梅县邮储银行、源瑞会计事务所、恒泰律师事务所等服务机构签订合作协议，致力完善中小企业服务网络，全面提升中小企业服务中心的服务水平和能力。2016年，分别举办制造业企业、流通领域企业、外贸企业、小水电企业等行业企业，举办融资、技术改造、法律、会计等的咨询交流会。12月1日，邀请北京和丰盛世教育科技公司讲师前来梅县区授课，在维也纳酒店举办“梅县区‘双创’服务活动暨企业营销技巧培训讲座”，来自150多家企业代表参加了培训讲座。

【争取专项资金】 争取上级扶持中小微企业发展专项资金，让全区中小微企业享受上级的政策扶持，通过财政扶持资金放大效应，加快梅县区中小微企业发展步伐。2016年，为梅州环保等企业申报发展专项资金60万元。

【开展融资服务，促银企对接】 区中小企业局发挥服务中心桥梁作用，开展各种形式政银对接活动，为企业解决融资难问题。2016年，与邮政银行合作举办3场专题服务活动，为中小企业搭建融资平台，拓宽中小企业融资渠道，解决中小企业融资难问题。为企业在生产经营活动中提供法律咨询、支持和会计辅导等服务活动。全年为广东泰鸿科技股份有限公司、梅县华创风汽车配件有限公司、广东省航鑫科技股份公司、广东博森光能科技有限公司、创亿谷电商公司、佛山旭和门业、梅县辉煌家具厂和梅县帅乡山泉水有限公司等100多家企业解决4亿多元融资贷款。

【开拓企业产品市场】 组织企业参加中博会、企业产品展销会等，拓展产品销售渠道，让企业产品更好地销往全国和世界各地。9—10月，梅县区挑选12家企业到广州参加中国（国际）第十三届中小企业博览会，分别进行商贸对接、产品展示等活动。同时，分别与梅州市创亿谷电子商务公司、广东引领信息科技公司联合举办6场（次）500多人参加电商创业培训，在全区镇级建立电商体验店基础上向村级延伸，全力推动以发展农村电商为主的“互联网+”工作。

【技能培训】 通过自身主办、协助企业举办、组织管理者参加上级举办各类培训等形式，全面提高企业管理者和普通员工的素质和水平。按省局要求挑选30家企业做好每月按时网上直报经济运行数据工作（梅州市只有梅县和兴宁列为监测直报点）。企业直报员进行三期业务培训，并确保企业每月按时网上直报经济运行数据，协助部分规上企业做好提高统计数据质量培训工作。

（供稿：宋青）

安全生产监督管理

【综述】 2016年，梅县区安全生产工作坚持科学发展安全发展，坚守红线，强化责任，注重预防，狠抓治本，依法治理，夯实基础，有效防范遏制重特大事故，全区安全生产形势持续稳定好转。全年发生安全生产事故29起，死亡30人（其中：工矿企业发生事故8起，死亡8人；道路交通发生事故 21 起，死亡 22 人），各项事故均未超过市下达的控制指标。至年底，全区现有非煤矿山企业 28 家、危险化学品生产经营企业 61 家（生产企业 3 家，经营企业 58 家）、烟花爆竹经营户 66 家（其中：批发 2 家，零售 64 家）。同时，对全区安全生产工作进行综合监管。

【“一岗双责”制度】 一是落实梅县区安全生产“网格化”管理制度，明确各级领导干部的监管责任，坚持“管行业必须管安全，管业务必须管安全，管生产经营必须管安全”，形成政府纵向分级负责、部门横向按责监管、网格人员责任管理的全覆盖监管网络，实现“责任全覆盖，监管无盲区”。二是落实党政领导干部安全生产“党政同责，一岗双责，失职追责”，加大对安全生产责任制考核，在《梅县区 2016 年度镇级推进振兴发展工作考核实施办法》安全生产工作考核占 8 分，占考核总分 100 分的 8%，由区安委年终组织安全生产责任制考核小组对 19 个镇政府（办事处、高管会）和 24 个区直单位进行考核。

【安全监管】 一是开展安全生产大检查，促进安全措施落实。元旦、春节、“五一”、“十一”和汛期等重点时段，区委、区政府成立 8 个由区委、区政府分管领导任组长的安全生产检查督查领导小组，区安委办成立 4 个督查小组，每月开展安全生产督查工作，加强对各级各单位开展安全生产大检查工作的检查、督导、协调。全区成立 43 个检查组，组织检查人员 300 多人次，检查生产经营单位 1248 家次，排查隐患 732 处，完成整改 732 处，整改率 100%。二是加强非煤矿山的治理。制订《梅县区非煤矿山企业攻坚克难工作方案》，加强对矿山企业的安全生产管理。同时，严格督促指导企业认真做好隐患排查治理工作，要求聘请中介机构专业人员对矿山进行全面检查，并落实整改。完成梅县丙村铅锌矿尾矿库闭库工程，并通过验收。三是加强危险品和烟花爆竹管理。区委、区政府主要领导多次带领安监、消防、经信等职能部门人员对烟花爆竹批发企业、经营部、加油站、危险品生产企业等场所进行检查，抓好危险化学品和烟花爆竹专项整治工作。全年先后组织开展石油化工企业安全隐患专项排查整治、危险化学品和易燃易爆物品安全大检查等各类专项整治行动，完成辖区危险化学品生产储存专区安全风险评估，对评估发现的安全隐患，及时研究制定整改方案，下发《关于印发梅县区危险化学品生产储存专区安全风险评估隐患整改要求的通知》，敦促各相关职能部门整改落实。针对元旦春节期间烟花爆竹销售旺季，印发《关于开展元旦春节期间烟花爆竹专项整治的通知》，组织各镇和安监、公安、消防等有关部门人员对烟花爆竹批发、零售经营单位开展专项整治行动，严厉打击非法储存、经营烟花爆竹的行为，共检查烟花爆竹经营单位 120 家次，缴获并销毁非法销售烟花爆竹 2000 多公斤，行政拘留 1 人。四是开展消防安全专项整治。对全区劳动密集型企业、易燃易爆场所、人员密集场所、福利机构养老院开展全面的火灾隐患清查行动，狠抓火灾隐患整治。五是开展城市风险点、危险源排查整治专项行动。印发《梅州市梅县区集中开展城市风险点、危险源排查整治专项行动方案》，从 9 月起至 12 月在全区集中开展城市风险点、危险源排查整治专项行动，全区排查出橙色风险危险点 20 个、黄色风险危险点 24 个、蓝色风险危险点 425 个，其中橙色、黄色风险点已采取有效的风险管控措施，防止事故的发生。六是开展岁末年初的安全生产大检查专项行动。汲取江西丰城发电厂“11 · 24”冷却塔施工平台坍塌特别重大事故教训。区委、区政府成立岁末年初安全生产大检查领导小组，由区委、区政府主要领导亲自带队，检查生产经营单位 1862 家次，发现一般隐患 1797 处，依法作出行政处罚 11 家次，查处的隐患由有关部门督促生产经营单位抓紧落实整改。

【执法监察】 全区安全生产执法监管工作紧紧围绕安全生产大检查和安全生产隐患的排查治理，继续保持“打非治违”高压态势，按照《梅州市梅县区安全生产监督管理局 2016 年度安全生产监管执法工作计划》要求，组织开展各职能部门的联合执法，并委托全区 19 个镇（办事处、高管会）开展安全生产行政执法，加大安全生产执法力度。全年对 59 家违反安全生产法律法规的生产经营单位依法作出行政处罚，累计处罚金额 182.53 万元。一是加强对重点行业安全生产监督检查。梅县区始终把重点行业安全隐患排查治理作为安全监管工作的重中之重来抓，通过采取日常监管和重点监管相结合，加强对烟花爆竹、非煤矿山和危险化学品生产经营等企业安全监管，督促企业及时排查治理安全隐患，预防安全事故的发生。全年检查生产经营单位 2098 家次，排查出安全生产一般事故隐患 1353 项，已完成整改 1307 项，正在整改 46 项，完成事故隐患整改率 97%，其中非煤矿山企业 321 项、危险化学品企业 236 项、烟花爆竹经营单位 98 项、工贸企业 269 项、其他企业 429 项。二是开展全区安全生产联合执法行动。2016 年，公安、工商、安监、质监、交运、经信、消防等部门多次联合行动，先后在丙村镇田头村原华德制药厂废弃厂房内、松源镇宝坑村等地，现场查获非法经营危险化学品盐酸约 1.5 吨，取缔一间非法经营销售汽油、柴油的经营部，查封汽油、柴油一批。

【应急救援】 把安全生产应急救援实战演练工作列为镇级政府和职能部门安全生产工作考核的一个重要内容，督促各镇各部门加强对企业指导，加大对安全生产应急救援的实战演练工作，完善和提高应急救援实用性和可操作性。组织非煤矿山、危险化学品、烟花爆竹、学校等 52 家单位开展安全生产应急演练活动，参加演练人数 6000 多人次，开展应急救援培训 800 多人次。

【职业安全健康】 加强《职业病防治法》等法律法规的宣传，督促企业职业危害申报。全年以非煤矿山、电子、电镀重点行业作为 2016 年重点监管行业，加大行政检查执法力度，共计检查企业 73 家数，发现隐患 191 处。严格执法，对违反《中华人民共和国职业病防治法》的企业进行查处，督查 2 家企业开展职业卫生现状评价。

【宣教培训】 一是开展安全生产宣传教育。举行安全生产月咨询日活动，发放宣传资料 1.5 万份；投入 3 万元，委托区邮政公司，在公共场所的视频、平面广告上加大安全生产宣传力度。二是加强培训，促进安全生产监管工作。委托培训机构对非煤矿山企业安全管理和特殊岗位人员 308 人、危险化学品主要负责人和安全管理人员 251 人、烟花爆竹零售经营户从业人员 148 人、一般生产经营单位主要负责人和安全管理人员 337 人，合计 1044 人进行安全生产知识培训。同时，对全区各镇（办事处、高管会）安委会成员、安监办人员及村级巡查员共 1380 人进行安全生产知识培训。

（供稿：陈国龙）

责任编辑：卢清

农　业

综　述

2016年，梅县区着力加强农业供给侧结构性改革，以国家级现代农业示范区建设推动农业转型升级，深入推进粮食稳定增产和现代农业生产基地建设，巩固提升特色优势农业。运用“互联网+现代农业”“文化旅游+现代农业”，积极发展生态农业、休闲农业。大力发展农产品电子商务，拓宽农产品线上线下销售渠道。加快锦绣国际茶博城、富柚科技金柚深加工等项目建设，推动农产品的精深加工和流通，促进农业由第一产业向二、三产业优化提升。加快扶持培育农业新型经营主体和新型职业农民，推动农业企业上规模。

加强品牌农业建设，培育发展绿色安全健康农产品。深入实施政策性农业保险，创新金融支农方式，将农业龙头企业、农民专业合作社、家庭农场、新型职业农民列入新一轮产业发展贷款贴息扶持范围。加大农产品出口扶持力度，增大农产品出口份额。加快推进农业科技创新驱动，加强农业、农村信息化和农村三资平台建设，建立健全新型农业社会化服务体系，提升农业发展活力。全年完成农林牧渔业总产值74.75亿元，同比增长4.1%。其中，农业产值57.99亿元，同比增长4.1%；林业产值0.85亿元，同比增长14.7%；牧业产值11.69亿元，同比增长1.8%；渔业产值3.04亿元，同比增长7.3%；农林牧渔服务业产值1.17亿元，同比增长12.1%。全区实现农林牧渔业增加值47.16亿元，同比增长4.2%。

全年粮食产量19.18万吨，同比减少1.3%；其中水稻产量16.26万吨，同比减少0.9%。经济作物产量中，花生同比增长6.1%，烤烟同比增长3.8%，蔬菜同比增长5.1%，甘蔗同比增长5.6%。

全年水果总产量78.5万吨，同比增长6.2%；其中，柚子产量54.6万吨，同比增长6.9%。

全年生猪饲养量61.9万头，同比增长1.0%；猪肉产量4.29万吨，同比增长1.4%；水产品产量2.96万吨，同比增长3.8%；三鸟饲养量893.8万只，同比减少0.06%。

2016年，全区完成造林2786.67公顷，其中碳汇工程造林953.33公顷，发动社会造林1533.33公顷，封山育林300公顷。完成景观林带建设20公里，完成森林抚育1.63万公顷，建设生物防火林带150公里，新建森林公园7个，森林覆盖率74.63%。

种 植 业

【概述】　2016年底，梅县区耕地面积2.12万公顷，农业总产值74.75亿元。全年粮食播种面积3.17万公顷，总产24.15万吨，其中水稻种植面积2.34万公顷，产量16.26万吨，金柚面积1.93万公顷，产量54.6万吨，总产值约28亿元，人均金柚收入约5500元，占人均纯收入的30%；茶叶种植面积1013.33公顷，产量946吨。县级以上农业龙头企业144家，其中：省级23家、市级45家；农民专业合作社892家；家庭农场725家。新增12个省级名牌产品，“三品”认证企业113家，其中无公害42家、绿色食品21家，有机食品50家。农产品电商64家。

【粮食生产】　一是推广良种良法，加强技术指导。通过梅县区农情、农业信息、新闻专题和深入田间指导等方式，加强在水稻生长各时期肥水管理和病虫防治等方面的生产指导；结合基层农技推广示范项目，加强技术培训，加大病虫综合防治、测土配方施肥、“强源活库优米”、水稻“三控”技术、水稻控释肥等各项实用新技术的推广应用。二是引进推广深两优5814、恒丰优387等优良品种；全年全区种植粮食面积3.17万公顷，总产19.18万吨，其中水稻面积2.34万公顷，总产16.26万吨。

【金柚生产管理】 一是全面推广果园标准化管理。依托省级现代农业示范园区项目和梅州市2016年度农业专项资金—农业标准化示范园建设项目的立项实施，推进全区金柚标准化生产、规模化种植和产业化经营。通过开展标准园创建活动，带动千家万户的果农实行标准化生产，提高金柚管理水平。全年金柚种植面积1.93万公顷，总产54.6万吨。二是加强金柚管理，提高金柚质量。按《无公害金柚栽培技术》要求，在各个农事季节及时召开现场会、培训班、印发技术资料、农业信息和深入果园现场指导，全年举办培训班6期、编印《农业信息》600份，帮助群众解决生产中遇到的问题。同时，印发梅县区人民政府《关于加强金柚质量管理的通告》到各镇村人流密集场所进行张贴并发放到各果园，开展金柚质量巡查活动，指导果农适时采摘，确保金柚质量提高。

【金柚基地与品牌建设】 围绕打造金柚基地，推进集约经营，提高支柱产业竞争力，全区建立起一大批金柚商品化生产基地和从事柚类产业的各级农业龙头企业、农民专业合作社。其中较有代表性的有：农业部柑橘标准园——雁鸣湖金柚种植基地和省级现代农业示范园，金柚种植面积80公顷；梅县泽其农业合作社的柚果出口示范基地之一石扇象村坪柚果出口示范基地（同时也是梅县木子金柚专业合作社柚果基地之一），果场面积2.67公顷，种植沙田柚660株、蜜柚800多株，每年柚果产量可达15万公斤；雁洋金柚生产示范基地南福村金柚种植面积100公顷；松源赖建华等“十大优质金柚示范园”；广东梅龙柚果股份有限公司、梅县石扇其峰水果专业合作社、梅县石扇柳记专业合作社、梅县启勇水果专业合作社、梅县桃尧镇维记水果专业合作社等签约的柚果基地等。

围绕品牌战略，全区先后打造出“木子”“十记”“泰岭”“嘉应梅龙”“嘉珍”“松峰”“老钟”“石扇”“梅燕”“梅盛”“新萍”“嘉宝山”等20多个品牌金柚。金柚深加工研发力度不断加强，延长金柚产业链，提高金柚产品附加值。引导鼓励企业与科研院所合作，进行金柚深加工产品的研发，先后培育引进梅州富柚生物科技有限公司、李金柚农业科技发展有限公司等深加工企业。

【经济作物】 程江、南口为中心的城郊农业经济区，以培育发展出口创汇农业企业和种植一批名贵树木、无公害蔬菜、花卉等高效、高值经济作物为主线；梅西、大坪、石坑为中心的西部山地农业经济区，以发展种植银杏、油茶、脐橙、板栗、奈李、柿等一批优质水果及南药；同时还因地制宜培育引进一批适合当地发展、市场前景好的名优品种，如树葡萄、火龙果、杨梅等，补充丰富梅州市场水果品种。

【蔬菜基地建设】 全区通过引进新品种、新技术，加强蔬菜种植技术培训和无公害、标准化种植基地建设，大力扶持农业龙头企业和种植大户建立专业合作组织，引导农民逐步向种植绿色蔬菜、有机蔬菜发展。至年底，全区有省级蔬菜专业镇（梅南镇）1个，全镇蔬菜种植面积包括复种面积805.33公顷，主要品种有番茄、菜椒、苦瓜、丝瓜、冬瓜、豆角、萝卜，形成七大种植基地；省级“菜篮子”种植基地4个；蔬菜专业合作社30个；无公害蔬菜认证企业8家；全年蔬菜复种面积约1.3万公顷。其中，南口镇侨乡村的绿丰农品现代农业发展有限公司发展无公害蔬菜，种植蔬菜6.67公顷。

【种子管理】 根据农业生产的特点，在不同的时期有的放矢对各类农产品种子进行市场巡查，并建立检查档案，及时发现可能对农业生产造成影响的问题，对存在问题的经营主体进行教育或处罚。在执法检查过程中，突出重点区域、关键季节、重点作物。种子市场重点清理“两证”，规范种子经营门店的经营行为。重点抓好“许可范围检查、质量监督抽查、违法违规专项整治”。查处无证生产经营或超范围生产经营行为；查处未审先推，突出对玉米、水稻的查处力度，严查以粮代种行为。加大对乡、村农种集散地检查力度，做到大小店面全部登记、检查。对日常抽查发现的嫌疑及农民投诉多的经营门店、相关品种坚决进行抽检。加大力度监管重点种子生产企业的产品质量。具体措施：一是严格种子经营备案管理。凡进入梅县区销售的农作物种子，经销商必须按照要求提供相关手续，经审查合格后方可销售，对未经备案经营的，严格按照《中华人民共和国种子法》有关规定进行依法查处。二是开展水稻玉米种子质量抽检活动。监督抽检水稻种子样品 70 份，检测结果全部合格。三是开展春、夏两季种子市场专项整治活动。对全区种子市场进行检查，着重检查了质量标准、包装标识、假冒侵权、品种审定、经营备案等情况。全年出动执法人员 697 人次，检查种子经营网点 347 个，有效保障全区种子安全。

【农业科技推广与技能培训】 测土配方施肥。积极推进梅县区测土配方施肥补贴项目实施，根据项目要求，开展试验、测土、配方、配肥、施肥指导服务，提高肥料利用率和测土配方施肥技术的入户率、覆盖率。全年采集土样品 300 个，化验土壤样品 300 个，化验项目为有机质、全氮、水解氮、有效磷、速效钾、缓效钾、pH 值等共 2100 项次。举办培训班 10 期，培训镇村技术人员、营销人员 1500 人次；建立县级测土配方施肥示范片 2 个、镇级示范点 16 个；全区每个镇均建立测土配方施肥技术咨询服务网点，共 26 个，为农户提供更方便测土、配肥和技术服务。

建立全区水稻、金柚、玉米等粮食作物、经济作物施肥指标体系，完善测土配方施肥专家咨询系统，推广、应用测土配方施肥技术面积 5 万公顷，施用配方肥面积 2.67 万公顷，为全区 9.5 万户农户提供测土配方施肥技术服务，发放施肥建议卡 1.85 万份，减少不合理施肥纯量 175 吨，配方肥施用量 3200 吨，总增产 0.9 万吨，总增产节支 2400 万元。

耕地保护与质量提升。全区 18 个镇 150 个村推广使用秸秆腐熟剂稻秆还田技术面积 2333.33 公顷，使用秸秆腐熟剂 100 吨；播种紫云英种子 25 吨、1000 公顷。建立南口、白渡、石扇、城东、隆文等 5 个镇秸秆腐熟剂使用监测点。完成土壤、产量的监测任务。全区实施 2016 年国家耕地保护与质量提升项目面积 3333.33 公顷。

推进化肥使用量零增长行动。根据农业部、省市农业部门统一部署，制定《梅州市梅县区到 2020 年化肥使用量零增长行动实施方案》，通过宣传、培训、推广应用新技术，2016 年全区主要农作物化肥使用量为 10.39 万吨，比上年增长 0.8%。

加大土壤污染督查监测和地力水肥管理。一是根据广东省土壤污染防治条例，深入基层、田间大力宣传土壤现状、污染情况，推广高效低毒、替代农药，推广农药使用技术，宣传国家禁（限）扩农药，配合环保部门制订土壤污染防治工作方案。二是根据农业部、省农厅的统一部署，认真做好土壤墒情监测，全区建立 5 个墒情监测点，每月 5 日、20 日进行土壤墒情监测，共计进行监测 24 次，并撰写监测报告上报。三是积极配合实施农产品产地土壤重金属污染防治样品采集，实施《梅州市农产品产地土壤重金属污染防治农产品样品采集方案》，2016 年底，已完成 30 样点的定位、土壤样品及农产品样品采集、送样。同时，全区建立 2 个省级耕地地力监测点，完成监测点土壤样品采集、制样、送样化验，测产。四是实施梅县区 2016 年金柚水肥一体化示范建设，在松源镇桥背村建立示 1 个范点、面积 20 公顷，以供全区主导作物金柚提供示范、观摩、推广作用。实现减少化肥用量、提高肥料利用率、减小劳动强度和劳工投入，增产提质增效。全年，全区金柚水肥一体化技术应用面积 1533.33 公顷，省工 90%以上、节水 50%以上、省肥 20%以上、增产 10%以上。

【病虫害预测与防治】 2016 年，农作物病虫害主要表现为：水稻全年病虫发生程度为中等、局部偏重，发生特点是纹枯病发生偏重，其余病虫发生偏轻；金柚生产方面黑斑病、沙皮病中等偏重发生，红蜘蛛、锈蜘蛛、潜叶蛾、炭疽病中等偏重发生，柑橘粉虱、溃疡病中等偏轻发生；蔬菜病虫中等偏重发生，病虫种类多。

根据病害发生预测，及时制定防治措施，科学应对病虫灾害的发生。全年编发《农作物病虫情报》10 期（次），其中水稻方面 4 期（次），果树方面 6 期（次），蔬菜方面 4 期（次），预测预报准确率95%以上。编报病虫电视预报节目 2 期，编发病虫防治短信 6 期，将综合防治技术广泛告知农民，使农民充分掌握病虫防治技术，保障农业生产安全。全年重点加强检疫性害虫红火蚁的监测防控工作及柑橘黄龙病的统防统治示范点的实施工作。重点对石扇镇、白渡镇和桃尧镇三个镇的选定的 11 个村进行夏、秋梢抽发期各一次对柑橘木虱进行统防统治。全年防治面积 1083.33 公顷，其中：石扇镇 413.33 公顷、白渡镇 333.33 公顷、桃尧镇 336.67 公顷；现场培训果农 13 场，印发宣传单页小册子 1 万多份。

根据《应急预案的要求》红火蚁疫情防控属地管理的原则，发出疫情告知通知书 10 多份；协调城管、体育、教育、公路、水务、医院机关单位和畲江、程江、雁洋、白渡等镇做好红火蚁的防控和宣传工作；对人民广场、体育馆、新县城绿地、粤东医院等地的红火蚁疫情进行了扑灭。全年完成红火蚁普查、监测和防控 40 次，红火蚁专题培训 6 次。成功控制了红火蚁疫情的蔓延。

【农产品认证与质量监管】 2016 年，梅县区农业部门全面推广农业标准化生产，积极开展“三品”认证农产品和“广东省名特优新牌农产品”等农产品品牌的培育、认证推荐工作，树立农业品牌意识。全年，“三品”认证农产品 9 个，至年底，全区发展“三品”认证农产品 113 个，其中：无公害 42 个，绿色 21 个，有机 50 个。新获省农业名牌产品 2 个，复评农业名牌产品 5 个，广东十记果业有限公司的“十记金柚”荣获广东省第二届“十大名牌”，新获广东省十大名牌 1 个；广东梅龙柚果股份有限公司“嘉誉梅龙”金柚通过广东省第一届“十大名牌”农产品复审。至年底，全区有省农业品牌产品 14 个、名特优新农产品 2 个、省十大名牌产品 2 个。

加强农产品质量安全监管。全年印发《关于进一步加强全区农产品质量安全监测工作的通知》《关于进一步加强梅县区农产品质量安全监测工作职责的通知》至各镇（高管会）人民政府和局属相关职能部门。对种植企业，种植大户和种植散户进行摸底调查、分类管理，充分发挥属地管理职能，监测取样全覆盖。创新应用农产品二维码溯源系统，消费者通过二维码扫描设备、手机短信、电脑上网等方式，查阅农产品产地、生产、交易等相关信息，率先实现主要农产品质量全程可追溯。广东木子金柚发展有限公司、广东十记果业有限公司、广东梅龙柚果股份有限公司等农业龙头企业的农产品中广泛应用二维码。推行社会共治，发挥行业协会和认证机构的作用，建立举报奖励制度，对举报农产品质量安全违法行为的，按照举报级别给予 300 元—30 万元的奖励，没有罚没款入库的，根据提供线索的价值，给予 300—800 元奖励，其中判定为刑事案件的，奖励金额不低于 1 万元。设置“12316 三农热线”专门受理农产品咨询、投诉和举报，以方便群众举报投诉。通过以上措施，率先实现从田头到区场到餐桌的全链条监管，保障消费者权益，保证消费环节安全。

开展国家农产品质量安全县创建活动。探索创新构建“横向到边，纵向到底”的农产品质量安全监管体系。规划建设多功能农产品质量安全检验检测大楼，总投资1600万元，占地6000多平方米，年底已完成检测大楼改建规划方案编制的前期工作。采取每村聘用一名村级农产品、食品药品协管员，每个协管员每月300元报酬，确保农产品监管由区延伸到镇、村的农产品安全风险监测网络。2016年9月，通过省考核组核查评审，认定为创建省级农产品质量安全县（区）。

【农业执法检查】 加大对生产基地农业投入品检查。主要对农产品生产基地和生产企业进行检查，特别是对农产品检测站例行抽检中发现有农药残留超标和使用限用农药的基地加大执法力度，实行检打联动。全年出动执法人员2586人次，检查农资经营门店1267间次，抽样送检农资样品86个，其中：农药样品15个、种子样品70个，肥料1个，检查农产品种植基地30场次，查处农资违法案件5起，查封扣押假冒伪劣农资1082公斤，涉案农资货值0.82万元，为群众挽回经济损失15万元，依法罚缴财政6250元，发放宣传资料3万多份，有效地整顿和规范了全区农资市场秩序，保障人民群众的权益。

【惠农补贴】 根据《财政部、农业部关于全面推开农业“三项补贴”改革工作的通知》（财农〔2016〕26号）和《广东省全面推行农业“三项补贴”改革工作实施方案》（粤财农〔2016〕213号）的通知要求，从2016年起，将农作物良种补贴、种粮农民直接补贴和农资综合补贴（以下简称农业“三项补贴”）调整合并为农业支持保护补贴，政策目标调整为支持耕地地力保护和粮食适度规模经营。2016年，重点抓好耕地地力补贴面积统计工作。根据上级文件要求，2016年度补贴按2015年种植面积下发，2015年统计水稻种植面积2.86万公顷、109575户已上报财政部门，由财政部门核拨补贴资金。此外，积极协助区人保财险公司和各镇政府开展水稻种植保险投保工作，动员种粮群众参加水稻保险，全年投保面积2.79万公顷，完成上级下达的投保任务。通过落实对种粮农民的各项优惠政策，大大提升农民的种粮积极性，确保全区的粮食安全。

【农业综合开发与项目扶持】 1. 一事一议项目。全年批复17个镇实施一事一议财政奖补项目80宗，项目涉及79个行政村，项目预计总投资2325万元，其中：财政奖补资金774万元。直接受益人口12.3万人。一事一议项目铺筑村内水泥硬底化道路40公里，修建桥涵4座，安装路灯1373盏，村内休闲场所1.16万平方米等。

2. 美丽乡村建设试点项目。2016年在松口镇开展美丽乡村建设试点，实施项目涉及6个行政村，项目总投资1872.5万元，其中：财政奖补资金547.5万元。直接受益人口2.3万人。项目实施内容有铺筑村内水泥硬底化道路、休闲公园、活动中心、修建桥梁、安装路灯等公益基础设施建设。

3. 高标准农田基本建设项目。全年投入资金2047.05万元，整治农田909.8公顷，完成排灌渠道6.27万米、机耕路5193米、小陂头15座等。有效改善全区农民耕作条件，提高农民种粮积极性，增加农民收入，充分发挥项目建设的三大效益。

【农业产业化与服务体系建设】 农业产业化。区农业部门把培育壮大农业龙头企业作为推进农业产业化经营，促进农业和农村经济结构战略性调整，全面提高农业整体效益和农民增收的重要举措。至年底，全区有区级以上农业龙头企业144家，其中：省级23家、市级45家，其中2016年培育申报省级龙头企业6家、市级8家、区级15家。根据2016年中央1号文精神，以及农业部下发《关于促进家庭农场发展的指导意见》，大力培育发展家庭农场，全年注登记发展家庭农场200家，全区总数725家。2016年，评选9家区级示范性家庭农场，评选出24家区级示范性家庭农场。

服务体系建设。一是农技推广机构综合服务模式，对产业的规划布局、技术引进、示范推广等提供系列服务，促进优势产业优势发展。至年底，全区镇两级有农技推广机构 20 个。二是农民专业合作社模式，以产业为基础、资金为纽带，将单个农民组织起来的合作经济组织，为农户提供信息、技术、购销等产前、产中、产后的服务。全区已发展农民专业合作社 892 家，2016 年新成立 50 家。三是农业龙头企业模式，采取一头联市场，一头联基地联农户的方式，对推进产业发展，促进农民增收有较强的带动作用。至年底，全区有区级以上农业龙头企业 144 家，其中：省级 23 家、市级 45 家。其中，2016 年培育申报省级龙头企业 6 家、市级 8 家、区级 15 家；发展家庭农场 725 家，新成立 200 家。组织实施新型职业农民培育项目，培育新型职业农民 400 人，其中生产经营型 200 人、社会服务型 200 人。四是充分发挥财政资金的杠杆作用，撬动金融资本和社会资本投入现代农业示范区建设，助推现代农业发展。由政府部门、合作银行、合作保险公司三方联合办理的“政银保”业务。至年底，为 200 多家“四大经营主体”发放农业贷款近 1.2 亿元。

【农业经济组织管理】 农民合作社。该社作为国家涉农项目的重要承担主体，为农户提供低成本便利化服务，真正实现民办民管民受益，紧密联结农业生产经营各环节各主体，为建设现代农业提供坚实的组织支撑。2016 年，新成立农民合作社 50 家，全区已展农民专业合作社 892 家。合作社一是大力推行农业标准化，积极推广使用节地、节肥、节药等技术措施，实施控肥、控药、控添加剂，指导成员建立生产记录制度。二是实行农产品质量标识制度，积极开展“三品一标”认证、建立健全农产品质量可追溯体系。三是开展种养殖废弃物利用和无害化处理，防止环境污染。

金柚协会。全区有石扇、白渡、雁洋、松口、桃尧五个镇成立起金柚协会。金柚协会的成立，有利于标准化管理，促进销售，更好地联系柚农和柚商，形成统一力量，实现抱团发展，在促进各地金柚产业发展，助推全区金柚产业做强做大，打响梅县区金柚品牌等方面发挥巨大作用。金柚协会职能：一是搜集信息为会员提供信息咨询服务；二是指导会员按照标准会进行生产；三是引进新品种 、推广新技术， 促进生产技术和管理水平的提高；四是反映行业的愿望和要求，为政府和行业之间提供桥梁和纽带的作用；五是搭建平台，整合资源，抱团发展，共塑品牌。

【农业信息化建设】 1. 利用视频会议培训系统，实现信息化和智能化。2016 年，投入 90 多万元，建成覆盖全区各乡镇的农业视频会议培训系统。借助互联网实现对全区农技人员、四大农业经营主体、新型职业农民和惠农信息社信息员进行高效高清、智能化的远程视频会议和远程视频培训。

2. 开通微信公众号服务“三农”。2016 年 12 月，区农业局开通“梅县农业”微信公众号。打开微信，点击关注“梅县农业”，就可及时了解当前农事管理注意事项和关系农民群众切身利益的涉农政策信息以及梅县区的主要农业工作动态。农业信息中心根据农情农时，及时在“梅县农业”微信公众号发布农业信息，如科学种植技术、植保技术、病虫害防治以及灾害防控等生产技术要点。用户打开微信便可第一时间了解梅县农情信息。开通当月“梅县农业”微信公众号共编辑发布、推送信息 389 条，关注人数接近 900 人。

3. 做好农业信息网站信息采编发工作，全年为网站各栏目采集、编写、发布信息 1892 篇，发布梅县区农业农村工作动态 78 篇、农作物病虫情报 9 期、农业信息或农事指南 22 篇，发布梅县农情视频及其他实用农科视频 145 篇。根据每周分片调查到的农产品市场价格行情，发布农产品一周市场价格行情 44 期。此外，还承担《政府信息公开平台》、区政府“中国·梅县”网站相关栏目、“掌上梅县”手机客户端梅县农情信息的发布工作，共发布相关信息 134 篇。

4. 利用移动 MAS 信息机短信服务平台，为农业龙头企业、农民专业合作社、科技示范户、种植大户等提供农业技术指导、农情农事预测预警、农业重大疫情、突发性自然灾害预警及农业防灾减灾对策等信息。全年，发送各类指导短信息 22 条，共计 9.46 万条次。

【农业可再生能源开发与利用】 继续完善、配套、服务、培训农村户用和养殖场沼气建设，形成高效、安全沼气生产体系。全年完成农村户用补贴 42 户，检查、指导、培训农户、养殖场主沼气建设、安全生产检查 40 场次，发放《梅县区农村户用沼气建设与使用管理手册》1000 份。

【农村土地承包与经营权流转】 2016 年，全面铺开农村土地确权登记工作。至 11 月底，确权登记涉及 304 个村委会、2727 个村民小组、11 万户，完成外业指界面积约 1.63 万公顷，约占全区耕地面积的 85%。稳步推进农村土地承包经营权流转，盘活农村土地资源，积极支持农村发展适度规模经营。

（供稿：张峰）

林　业

【概述】 2016 年，梅县区林业部门坚持生态发展理念，树立绿水青山就是金山银山意识，以省政府号召新一轮绿化广东大行动为指南，以“四大工程”“两大抚育”为抓手，全力抓好碳汇林、生态景观林带、森林围城工程、美丽乡村等林业“四大工程”建设。2016 年，全省加快推进造林绿化现场会和全市森林公园建设推进会在梅县区召开，省人大常委会副主任刘悦伦、省政协副主席温兰子分别到梅县区调研生态工程建设。全年投入林业资金 1.64 亿元，完成造林 2789.6 公顷，完成景观林带建设 20 公里，完成森林抚育 1.63 万公顷，建设美丽乡村 46 个，建设生物防火林带 150 公里，新建森林公园 7 个，森林覆盖率 74.63%。

【植树造林与森林抚育】 按照新一轮绿化广东大行动要求，全面实施林业生态重点工程，扎实推进生态建设。全年完成造林 2789.6 公顷，其中：碳汇工程造林 956.3 公顷、发动社会造林 1533.3 公顷；完成封山育林 300 公顷（工程封山育林 166.7 公顷、社会封山育林 133.3 公顷）；建设生态景观林带 20 公里、面积 37.5 公顷。

3 月 10 日，区四套班子成员及各单位领导干部，区武装部官兵、区林业局全体干部职工、96169 部队、区消防官兵、梅南镇全体干部及中学学校师生共 800 多人参与梅南镇森林公园的义务植树活动，种下桂花、山杜英、赤楠、枫玲木、香樟等树苗 4000 多株。全区建成义务植树点 25 个，义务植树 119 万株。“认捐认种认养”活动捐款 27.6 万元，送苗下乡 80 多万株。

全年，完成抚育任务 1.63 万公顷，包括 2015 年度中央财政森林抚育任务量 8986.7 公顷，分两批，第一批 4053.3 公顷，第二批 4933.3 公顷。2016 年度，省级碳汇林抚育任务量 7280.8 公顷，分两类，第一类为 2015 年生态景观林带建设资金（森林碳汇抚育部分）抚育工程 2194.1 公顷，第二类为 2016 年省级碳汇林抚育 5081.4 公顷。

【自然保护区与森林公园建设】 2016 年全区建成自然保护区 9 个（1 个省级、3 个市级、5 个县级）面积 10344.6 公顷，比 2015 年增加 97.6 公顷。完成佛子高市级自然保护区调整和修编工作，并得到省人民政府的批准。开展桫椤物种资源的普查工作，发现 3 棵桫椤植株。完成秋季候鸟等野生动物保护执法和疫源疫病监测防控工作。

至 2016 年底，全区建成森林公园 30 个（1 个国家级、1 个市级、10 个县级、18 个镇级）面积 4918 公顷，其中 2016 年度建成的森林公园有 7 个（ 1 个市级、1 个县级、5 个镇级），面积为 642.68 公顷，湿地公园 1 个，面积为 24.2 公顷。2016 年，区政府为 5 个森林公园发放奖励资金 650 多万元；全面完成梅花山森林公园的提升改造任务；全面展开雁鸣湖国家森林公园的总体规划工作。雁鸣湖、梅花山、南寿峰和剑英森林公园等已打造为重要的景区景点。

【乡村美化绿化与生态公益林管理】 2016 年把石扇镇的中村村、畲江镇连江村、石坑镇龙凤村列为省级乡村绿化美化建设示范点，带动全区乡村绿化美化建设。至年底，全区创建乡村绿化美化村 46 个。全区生态公益林面积 9.89 万公顷，全年发放生态公益林效益补偿金 4052.5 万元；按照省、市要求，组织各乡镇相关技术人员对生态公益林区划不合理地块进行现场核实并整改，上报省厅 24 块，合计面积 111.53 公顷，主要有耕地、建设用地等类型。

【森林资源保护】 林业宣传。采取多层次、多角度地开展好林业宣传工作，全年区电视台播放林业新闻 47 条，市电视台播放林业新闻 9 条，梅州日报社刊登林业新闻 12 条、专题 5 条。

依法治林。全面推行林业行政执法责任制，加强执法人员培训，进一步规范林业行政执法行为，全年查处林业案件 133 宗次， 其中林公安分局查处各类林业案件 35 宗（森林刑事案件 16 宗，林业行政案件 19 宗），刑事拘留 13 人，取保候审 7 人，监视居住 2 人，逮捕 3 人，已移送起诉 9 人，林业行政处罚 20 人次，林业行政罚款 9.95 万元，没收木材 13.08 立方米；配合林业部门、各镇查处各类林业行政案件 76 宗，教育处理涉案违法人员 156 人次，收缴和没收木材、国家保护野生动物一批，为国家挽回直接经济损失 190 万元。新招 10 名辅警充实公安力量。

山林权属纠纷调处。围绕《广东省森林林木林地权属争议调解处理条例》颁布实施为契机，扎实有效做好山林权属纠纷调处工作。全年处理区委、区政府、区信访局等单位领导转来群众信访案件 7 宗，其中完成信访案件答复 7 宗。依法受理林权争议调处 3 宗：行政裁决 1 宗(松口镇南下村委会与常善、大同、田心张、五星林权争议，面积 905.1 公顷)；驳回申请调处 1 宗（丙村镇田头村委会与个人林权争议，面积 74.6 公顷）；正在调处 1 宗（松源镇湖维村第一村民小组与第一村民小组的林权争议，面积 25.2 公顷）。成功调处 14 宗山林权属纠纷案件，接待办理来局上访群众 51 批 118 人次，来电 32 人次。

护林防火。一是加强宣传，在各镇圩日时，以赴圩形式现场发放防火环保袋、防火围裙、防火日历等宣传品。在进出入梅县范围的高速公路、国省道沿线，树立固定防火宣传牌 15 块，悬挂森林防火横额 800 多条，印发 10 万份森林防火禁火令、2 万份森林防火标语、5000 份野外火源管理通告、4 万份防火日历，分发到镇到户并张贴；印制 10 万份梅县区森林火灾警示录、8.5 万份《致全区干部群众的一封森林防火信》分发到户；印制 6.58 万张森林防火宣传写字贴发到全区各中小学生手中；采购 3 万个森林防火宣传环保袋。二是落实责任，做好区、镇签订森林防火责任书，并要求各镇按“五签”要求层层签订森林防火责任书，严格管控野外火源，加强专项督查，消除火灾隐患，全年发生森林火灾 3 宗，过火面积 8.7 公顷。三是加大投入，区筹资 580 多万元建设高山站，实行高山视频监控，工程正在建设中。建设生物防火林带 150 公里。新购 2000 把扑火把分发到各镇，充实各镇的扑火工具。新增重点地段护林员 40 名，全区有各类护林员 721 名，并成立一支由 50 人组成的森林消防专业队。四是加强培训，从 6 月 15 日起至 8 月 17 日，到各镇开展防火轮训，全区 18 个镇（高管会）的镇、村干部、扑火队员和护林员共 2200 多人参加了培训。同时，邀请市防火办主任对区森林消防专业扑火队进行森林防火知识及业务技能培训。五是采用科技防火，中央、省拨给资金 98 万元、区投入资金 580 万元，创新采用高山站高清视频监控山林防火技术，拟在全区新建高山站高清视频监控点 53 个、山脚监控视频 8 个，森林发生山火同比去年有所减少。

病虫害防治和林木检疫。一是制订 2016 年梅县区松材线虫实施方案，同时编制好专项资金防治实施方案。二是全年完成春、秋两季普查工作，全年全区发生松材线虫病面积878.67公顷。将疫情落实到15个村、23个林班的63个小（细）班中。对疫点的松口镇、雁洋镇、畲江镇和松墨天牛危害的程江镇的新县城梅花山公园松林实施常年监测。三是通过成立普查小组、制定普查方案、购买嘉应大学的服务等方式完成全区林业有害生物普查工作。四是对梅县区葵岗苗圃场育苗基地的6.67公顷育苗地依育苗季节、苗木生长季节及出苗前均实施产地检疫，全年苗木检疫完成100%。同时，加强对景观林带、碳汇林工程造林苗木的检疫工作。

【林政资源管理】 一是着力推进开展“红线行动”“清网行动”等专项行动，依法在全区范围内开展打击破坏林地资源违法犯罪专项联合行动，有效遏制涉林违法犯罪行为，切实保护森林资源安全。二是2015年11月—2016年10月共办理梅县区省、市、区重点工程项目征占用林地报送省13宗，面积219.3公顷（其中获得省审批许可6宗，审批面积159公顷）。三是完成2016年度全区森林资源数据档案更新和2016年度梅县区林下产业经济年报统计工作（全区林下经济面积2.16万公顷）。做好全区森林资源二类调查工作，已完成筹资550.06万元。

【依法收回苗圃场国有土地】 至2016年底，苗圃场28户需解除承包合同的搬迁户，已完成解约27户，完成搬迁25户，发放收回国有土地搬迁补偿款2700万元，有效保障国有资产不流失，苗圃场国有土地使用权工作进入收尾阶段。

（供稿：刘宏益）

畜牧·水产

【概述】 2016年，梅县区畜牧水产部门围绕“生态、发展、增效”的工作思路，突出抓好以生态健康养殖为中心，以市场需求为导向，以科技创新为动力，以产业结构调整为主线，以培植龙头企业为重点。大力发展瘦肉型猪、山地鸡、肉牛及新西兰肉兔等畜禽养殖。在稳步发展“四大家鱼”常规养殖基础上，引进新品种美国银斑、小龙虾、中科3号异育银鲫、澳洲石斑鱼、澳洲淡水龙虾、台湾泥鳅等进行试养、示范推广。加强对全区的重大动物疫病防控、肉产品检疫和渔船安全生产的指导和监管。继续推进病死动物无害化处理工作，提升梅县区动物疫病防控水平。进一步加强对全区屠宰场的管理，杜绝屠宰场病害肉流入市场。加大对制售假劣兽（渔）药和“电、毒、炸”鱼等违法行为的查处力度，促进区现代畜牧水产业持续、健康、快速发展。

2016年，全区生猪饲养量为66.80万头，其中存栏27.25万头,出栏37.55万头；三鸟饲养量898.29万只，其中存栏220.14万只，出栏678.15万只；牛饲养量2.65万头；羊饲养量4.31万头；兔饲养量46.93万只；肉类总产4.68万吨；新种牧草2866.67公顷；完成牧业总产值11.93亿元；渔业养殖面积4113.33公顷，水产品产量2.89万吨，同比增长4%，产值3.41亿元，同比增长8%。

【畜牧】 创建国家农产品质量安全县 按照区政府创建国家农产品质量安全县的工作部署，全力配合农业局等相关单位做好检测中心的规划建设，通过政府采购方式，依法依规引入符合资质的中标单位负责农产品质量检测中心建设，把农产品质量安全检验检测中心打造成全市乃至全省一流的质量检测平台，实现从养殖到餐桌的全程监管，确保人民群众舌尖上的安全。同时，结合畜牧水产部门的实际，认真制定创建方案，强化落实生产经营主体责任。9月，畜禽水产品质量安全工作通过省创建国家农产品质量安全工作考核组的考核评价。

重大动物疫病防控 重点开展禽流感、口蹄疫等重大动物疫病的免疫注射工作。全年拨出屠场管理和疫病防控经费计156万元，用于购买禽流感、猪瘟、口蹄疫、高致病性猪蓝耳病等重大动物疫病防疫的疫苗、消毒药物等防控物资和防疫员的注射人工补助等。在开展春、秋两大防疫工作的同时，全面抓好常年防疫的业务工作，切实做到应免尽免，确保免疫质量。全年注射高致病性禽流感 901 万羽次，猪瘟 69.02 万头次，猪口蹄疫 65.31 万头次，牛口蹄疫 2.8 万头次，羊口蹄疫 5.1 万头次，高致病性猪蓝耳病 62.23 万头次。对已免疫牲畜加封耳标，耳标佩戴率达 95%。

品种改良　根据 2016 年度品改计划，继续抓好以生猪、牛等品种为主的改良工作。狠抓好畜牧品改示范基地，以基地示范、辐射带动农户搞品改，促进全区加快品改步伐，年底，全区有猪品改示范基地 16 个，其中万头肉猪示范基地有 9 个；牛品改示范基地有 2 个；冷配改良黄牛 1650 头，产下冷配杂交小牛 1412 头。全年新购进纯外种猪 328 头，纯外二元杂母猪 3242 头，淘汰劣质种猪 3263 头。至年底，全区存栏纯外种猪 2855 头、纯外二元杂母猪 37268 头，瘦肉猪饲养占生猪饲养比例达 98.5%。

屠宰检验与检疫　强化畜禽出栏前报检的产地检疫制度和实行检疫证电子出证制度，杜绝带病畜禽调运和宰杀，在 19 个乡镇设立和加挂“动物卫生监督分所”牌匾。全区定点屠宰场严格执行生猪凭动物检疫合格证明和“免疫耳标”方可进场的制度；屠宰检疫加盖检疫合格印章，凭动物检疫合格证明方可上市销售，全年屠宰检疫率 100%。加强动物卫生监督执法工作，规范畜牧兽医行政执法行为，并投入 15 万元完善各镇动监分所的设备设施建设。指导全区各屠宰场做好肉品卫生管理制度、屠宰场管理制度、肉品召回制度、车间卫生制度、屠宰检验工序设置流程图五种制度牌进行上墙公示。健全生猪屠宰证章标志管理制度，实行专人、专库管理，专账登记，严格定点屠宰场肉检证的使用和分发，做好肉检证印制、肉检章刻印、分发、登记工作。严格监督生猪定点屠宰企业将屠宰环节产生的病害猪及产品作无害化处理。加大对私屠滥宰、屠宰环节添加“瘦肉精”、屠宰病死猪等违法行为的打击力度，保障全区生猪肉品市场平稳有序和畜产品质量安全。

疫病监测　不断完善区、镇、村动物疫情监测网络，充分发挥镇、村动物疫情报告观察员的作用，保证疫情报告的及时性和准确性，提高预警预报水平。全年送省、市监测猪血清 610 份、猪淋巴结或扁桃体 185 份、猪咽喉拭子 150 份，分别作猪瘟、口蹄疫、伪狂犬病、细小病毒等疫病的抗体或病原学监测；送检牛血清 30 份测牛口蹄疫抗体；送检犬血清 30 份测狂犬病抗体；送鸡血清 125 份测禽流感、新城疫抗体；送鸡病原学棉拭子 180 份测禽流感、新城疫病原。

兽药饲料市场监管　建立养殖生产企业、屠宰企业，兽药、饲料和饲料添加剂生产经营企业的监管名录及“黑名单”制度。发放《动物和动物产品质量安全告知书》《严禁使用“瘦肉精”等违禁物质告知书》《病死动物无害化处理告知书》宣传资料各 4000 份，签订《动物和动物产品质量安全承诺书》《无“瘦肉精”等违禁药物承诺书》。督促养殖生产企业建立防疫、用药用料等各种规章制度，全面落实养殖档案记录、质量承诺，严格执行禁限用兽药管理、兽药休药期（安全间隔期）等规定。加强养殖场、饲料和饲料生产经营企业、兽药生产经营企业的巡查监管执法，并与这些企业签订依法依规生产、经营、使用兽药承诺书，依法对全区 53 家兽药经营企业和 1 家兽药生产企业和 4 家饲料生产企业开展质量安全监管工作。

污染减排　按照标准化、规模化建设和《广东省规模化畜禽养殖场（小区）主要污染物减排技术指南》的要求，从生态建设和场区建设的长远效益入手，加强各规模养殖场、养殖业主畜禽污染综合整治，发展“养殖畜禽—沼气—果树（或鱼塘）”的立体、循环、生态农业模式，走“绿色、环保、可持续、健康”发展的养殖业路子，推进区“绿色畜牧业”的健康养殖。2016 年，全区已申请通过农业源污染减排项目验收的有 14 家。

落实惠民政策　认真做好能繁母猪续保政策的落实，2016 年续保的能繁母猪 25088 头。贯彻落实 2016 年中央畜禽标准化养殖扶持项目和省级农业发展和农村工作专项（畜牧类）资金项目，申报2016年78头优质后备母奶牛饲养补贴。开展家禽养殖保险试点实施工作，拟意向投保的规模养鸡公司和养鸡大户大有10家。做好渔用柴油补贴2014年结算资金和2015年预拨资金工作，于2016年1月下旬按补贴标准将补贴资金发放到符合条件的渔船主手中。

【水产】 特色养殖　进一步优化渔业产品结构，发展特色养殖业，不断提高渔业产值。在常规养殖品种基础上，引进新品种美国银斑、小龙虾、中科3号异育银鲫、澳洲石斑鱼、澳洲淡水龙虾、台湾泥鳅等名优品种进行试验、示范养殖。至年底，全区较具规模的特色养殖企业有：梅县区海霞水产品养殖有限公司的娃娃鱼养殖，梅州市正佳水产生态养殖场的中华鳖仿生态养殖，梅州市晨丰水产养殖有限公司的武昌鱼养殖，梅州好自然农业有限公司石金钱龟养殖和梅州市梅县区柏亨养龟场的平胸龟养殖等。

水产品质量安全快速检测　对全区19个乡镇的水产养殖生产单位、水产批发市场、酒楼饭店等共299家单位进行抽检，检测对象包括草鱼、罗非鱼、鲤鱼、黄颡鱼、团头鲂、田鸡、鲮鱼、鲶鱼、淡水白鲳、黑鱼、鲫鱼等20多个品种，检测成分包括氯霉素、孔雀石绿、呋喃唑酮、呋喃西林、氟喹诺酮、磺胺总类、重金属汞、重金属铅、重金属镉等共9个，出具检测结果1737单，其中合格1735单，不合格2单，合格率达99.89%。

水产苗种检疫　按照《水产苗种产地检疫规程汇编》的检疫方法，对全区5个镇7家水产苗种繁育场、水产苗种培育场、水产养殖企业进行水产苗种产地检疫，检疫种类有“四大家鱼”、鲤鱼、鲫鱼、长丰鲢等在内的10多个水产品种苗种，全年检疫水产苗种1.25亿尾（鱼花、鱼苗等），检疫合格率100%，出具动物防疫检疫合格证明18单，其中A证1单，B证17单。同时，开展一期水产苗种检疫相关培训，培训人员198人次，向苗种生产单位发放防疫宣传资料1000多份，DVD影像资料600多份。

渔船安全生产管理　按照“全覆盖、零容忍、严执法、重实效”的总体要求，全面深入排查治理事故隐患，落实安全生产管理责任制，强化安全生产措施，与船主签订《渔业船舶安全生产保证书》《梅州市自用乡镇船舶安全责任保证书》，以提高船主的安全生产意识和安全生产责任。同时，结合《广东省渔船安全生产管理办法》的实施，邀请广东省海川人力资源培训有限公司的培训师于12月5日至7日分别到畲江镇、丙村镇同时开展全区渔业船舶安全生产全员培训授课，并对新学员进行理论考试和渔船操作实操考试。

渔政执法检查　以打击电、炸、毒、“绝户网”等非法捕捞为重点，采用“一车一艇”模式开展“护渔”行动，并对石窟河（白渡、丙村段）网箱养殖进行专项整治。全年组织开展“护渔”行动执法人员92人（次），橡皮艇、快艇巡航6艘（次），查获6起电鱼案件，收缴电机5部，拆除船上携带电动机2台，罚款850元。

（供稿：古冬菁）

水利水电

【概述】 2016年，梅县区水务局坚持“改善水利设施、营造水环境、发展水经济”理念，加强水务基础设施建设，全力补齐短板，扎实抓好工程建设管理，确保全区各项水利工作顺利推进，为推动区域经济发展方式转变、加快实现振兴发展和扩容提质提供坚实的水务保障。全年全区投资4.1亿元实施62宗水利工程项目建设，主要包括：21宗中小型灌区续建与节水改造工程，13宗农村中型及重点小型机电排灌工程，2宗小流域综合治理工程，8宗山区中小河流治理工程，6宗一般小型病险水库除险加固工程，5宗水系连通试点工程，程江涝区治理工程，新城水质净化厂配套集污管网项目，村村通自来水管网改造工程，水库移民工程，亲水公园二期工程，程江河堤除险加固及提升改造工程等。至年底，实际完成投资3.4亿元，占总投资82.92%。

【水利工程建设与管理】　梅县区水利工程建设管理认真贯彻执行部、省有关水利工程质量管理的规定，做到“监、帮、 促”相结合。一是进一步完善质量监督工作制度，规范工程质量监督管理程序，使水利工程质量监督逐步制度化、程序化、规范化。二是加强对各参建单位的质量行为的监督检查，重点检查各参建单位是否建立质量管理网络，工程质量责任制的落实情况和人员到位情况，以及其履行相应的质量责任和义务的行为。三是加大受监工程的质量监督巡查力度，做好工程实体质量监督工作，出现问题的，该整改的坚决整改，该返工的坚决返工。四是做好安全生产工作，督促参建单位健全安全生产责任网络，逐步健全安全生产各项规章制度。2016年全区新增受监工程总投资超过2.37亿元，新增受监工程项目17项，受监工程未发生安全生产事故。

【农田水利建设】　全年，投入6322万元重点实施21宗中小型灌区续建与节水改造工程和13宗农村中型及重点小型机电排灌工程项目。

【农村安全饮水工程建设】　区水务部门以保障农村饮水安全，完善农村社会化供水服务体系和农村供水城市化为目标，加强农村供水设施建设，积极推进村村通自来水工作进程。至年底，已完成社会投资7600万元，梅南、隆文、桃尧、松口、石扇、白渡、梅西、大坪、畲江、雁洋等10个镇已完成工程初步设计报告的专家评审、施工图纸设计和及工程预算，并报送发改部门审批，发改部门已批复白渡、畲江、雁洋、大坪、松口5个镇，其余各镇由于涉及设计补充、土地预审、林地不合规划等原因仍在办理相关手续，已送财政审核中心的有白渡、畲江、雁洋、大坪、松口5个镇。

【农村小水电建设】　2016年，全区计划投资9068.95万元实施建设15宗机电排灌新（重）扩建工程和1宗涝区整治工程。至年底，完成5宗机电排灌新（重）建工程建设任务，4宗机电排灌新（重）建工程建设进入扫尾阶段，新开工6宗机电排灌新（重）建工程建设，涝区整治工程完成工程进度85%。

【水资源保护与开发利用】　2016年，继续把贯彻落实《中华人民共和国水法》《水土保持条例》，切实推进依法治水。一是加强宣传力度，以“世界水日”“中国水周”为契机，以加强水工程、水资源保护为重点，加大宣传力度，营造良好管理氛围，提高全民节水保水意识。二是落实“三条红线”管理制度，认真贯彻国务院关于《实行最严格水资源管理制度的意见》，强化责任，做好水生态保护工作，力保水功能区水质达标。全年征缴水资源费300多万元（不含电站），延续变更取水许可证57份。

【水土保持】　响应市委、市政府新一轮“绿满梅州大行动”的号召，搞好“五沿”崩岗水土流失治理工作，实现区水土资源的可持续利用和生态环境的可持续维护。全年投入3600多万元进行小流域综合治理，分别投入465万元做好新彰河小流域综合治理工程（二期）、投入1910万元做好先锋河小流域综合治理工程、投入1237万元做好乌泥河小流域综合治理工程。同时，投资120万元实施先锋河（泮坑水）崩岗治理工程建设。

【河道管理】　扎实推进南粤水更清行动，大力开展清淤清障、景观改造为主的河涌整治工程，打造“河畅、水清、岸固、景美”的水环境，保障防洪安全，发挥江河湖泊的综合效益。2016年度计划投资1.29亿元实施6宗山区中小河流治理工程，治理河道75公里。至年底，6宗工程全部完工，完成投资1.14亿元，完成投资率96%，大幅提高了全区水环境质量达标率。同时做好河道采砂管理工作，采用日常巡查和依托视频、GPS 监控系统规范全区中标砂场的采砂秩序，使采砂活动严格按《广东省河道采砂管理条例》的规定和省市有关河道采砂监管文件要求依法有序开展。

【三防工作】 区水务部门始终把人民群众生命财产安全放在首位，高度重视三防工作，落实汛前检查责任机制，全年检查水利工程 945 宗。组建 70 人的应急抢险队伍，投入经费 150 万元，定期开展区防汛应急抢险演练，每次参加全市轻舟训练考核，成绩均名列前茅。充实防汛应急物资，筹集资金 30 万元购置一批救生抛投器、手持大功率扩音器、大功率对讲机等，并印制 3 万本山洪灾害防御常识手册下发给区应急大队、防汛仓库和各乡镇。进一步明确各相关部门防汛防风应急职责和任务，区委区政府在 10 月份下发了《关于征求〈梅县区防风防汛应急响应会商制度（征求意见稿）〉和〈梅县区防汛防旱防风指挥部成员单位联合值守工作制度（征求意见稿）〉的通知》，实行 24 小时领导带班和专职人员值班制度，有效提高区防汛防风应急处置能力，确保人民生命财产安全。

【水政执法】 区水务部门通过开展日常执法检查和水资源管理执法专项行动，不断加大执法力度，整合执法力量，严厉打击各种水事违法行为，维护良好水事秩序。全年巡查 210 多次，受理群众举报 12 宗，纠正制止在河道内倾倒废渣、拆除违章建筑物影响泄洪案件 1 宗，查处违法采砂案件 2 宗。全年行政处罚 2 宗、罚款 3.4 万元，扣取河道采砂违约金 1 万元。查处水事违法案件（水资源案件）2 宗，调处水事纠纷 30 件，规范取水、用水、入河排污和水源保护等水事行为，水资源执法效率有所提高。

（供稿：张敏）

气　象

【气候情况】 2016 年，梅县区平均气温 21.7℃，比历年平均偏高 0.1℃；年降水量 2410.3 毫米，比历年平均偏多 61%；年日照时数 1553.6 小时，比历年平均偏少 16%。年极端最高气温 38.3℃，出现在 7 月 24 日，年极端最低气温 -1.4℃，出现在 1 月 25 日。最冷月（2 月）平均气温比历年同期平均偏低 2.6℃，最热月（7 月）平均气温比历年同期平均偏高 0.1℃。年一日最大降水量 90.5 毫米，出现在 3 月 21 日。

受冷空气影响，1 月 27—29 日出现大到暴雨。

受多波动东移的西南流场和切变线影响，3 月 19 日至 3 月 25 日，梅县区普降大到暴雨，局部大暴雨。过程降雨量大于 250 毫米的有 2 个自动站，过程最大降雨量出现在梅县南口镇为 262 毫米；过程降雨量大于 100 毫米的有 28 个自动站。

受台风“海马”环流影响，10 月 21—22 日全区普降暴雨到大暴雨，并伴有 8—10 级阵风。此次台风过程，全区平均降雨量为 86 毫米。

【天气预报】 2016 年，天气形势复杂，灾害性天气呈多发频发，区气象部门牢记“你的冷暖，在我心中；你若安好，便是晴天”的服务理念，立足于防大汛、抗大灾，为党委政府、相关部门和广大市民提供预报准确、预警及时的气象信息，始终把好防御极端灾害性天气的第一道防线。全年多次成功发布重大天气过程预警预报，天气预报质量排全市前列。

【气象服务】 区气象部门将全区重点涉农企业、专业合作社负责人、大型种养殖户、气象信息员等纳入决策服务平台，无偿为其提供重要天气预报、天气实况等信息，让实体经济提早做好防灾准备。同时通过电视、手机短信、QQ、微博、微信、电子显示屏、农村大喇叭等传播渠道，将农用天气预报、农业气象灾害预警等信息及时传播给重点服务对象。

2016 年，正式将气象为农服务纳入省级新农村连片示范建设工程。对示范区的建设内容进行实地调研，进一步细化方案。与区农业局互相协作对现代农业示范区生物预警和气象综合监测站进行前期准备工作。

3 月 1 日，由梅县区气象局改版后制作的天气预报节目在梅县区电视台全新登场。新版天气预报以预报天气为依托，以气象内容为主线，丰富气象服务和 48 小时预报版块，并加入具有地方特色的背景，使《梅县天气预报》更加精细化、特色化。

【灾害天气预警发布】 2016 年，年雨量 2410.3 毫米，为梅县区建气象站以来记录最多。全年发布暴雨预警信号 35 次，发出（重大）气象信息快报 67 期，发布寒冷预警信号 14 次、森林火险预警信号 8 次、台风预警信号 10 次、高温预警信号 11 次、雷雨大风预警信号 49 次、大雾预警信号 7 次。发布《天气报告》35 期、《重大气象信息专报》5 期、《地质灾害气象风险专题预报》30 期。启动气象灾害应急响应 26 次，启动 20 次恶劣天气领导一线带班。面对复杂的天气形势和不断增长应急保障任务，只要有可能出现灾害性天气或已出现灾害性天气，梅县区气象局都及时发布预警信号，并通过公众服务平台、决策服务平台、气象预警大喇叭、显示屏、微博、微信等方式通知公众和决策者，对气象灾害的临近预警起到重要作用，避免或减少气象灾害带来的不必要损失。重大灾害天气信息则第一时间通过决策平台向社会发送，并通过气象预警大喇叭，让气象信息及时传递到广大群众手中。

【测报站点管理】 全年业务运行正常，全年无错，地面气象测报个人和台站质量均为 0.0‰。地面气象月报表预审无错，月平均错情率 0.0 条/月。酸雨个人质量、报表质量全年无错。自动站数据传输及时率 99.96%，数据可用率 99.98%，稳定运行率 100%。无早、迟、缺测、涂改和伪造等重特大责任性事故。从 1 月 1 日起取消能见度与视程障碍类天气现象人工观测，能见度观测以自动能见度观测为准，视程障碍类天气现象由软件自动判别。完成闪电定位仪和Ⅱ型自动气象站仪器的检修和撤换。按照“地面观测无人值守改革试点方案”的要求，8 月 5 日起改为无人值守。

【防雷安全管理】 2016 年，气象行政审批受理防雷装置设计审核 44 宗，竣工验收 46 宗。第一时间将防雷装置设计技术评价和新建、扩建、改建建筑物防雷装置检测由审批前置中介服务转为审批受理后的技术服务。全区易燃易爆场所 85 家，均实行每半年检测一次，检测率 100%。根据国家、省、市安全生产电视电话会议精神和上级主管部门、梅县区安委会文件通知，气象局在 1 月中下旬，组织成立两个防雷安全生产专项检查组，对辖区内的梅州市日杂品公司烟花爆竹仓库、中石化加油站、气库等单位和场所进行防雷安全监管和隐患排查。3—5 月，对全区范围内的 108 间幼儿园共 121 栋建筑物进行防雷安全设施专项检查，并建立防雷安全台账。4 月 18 日，气象局成立专项检查组，对梅县区外国语学校、豪生公寓等建筑工地开展安全生产专项检查，以防范雷雨大风、短时强降水等强对流天气给建筑施工安全生产造成影响。重点检查各在建工地的气象灾害防御安全生产管理、接收当地气象预警服务信息和落实防雷工程“三同时”等方面的措施和做法，督促各企业要强化工地施工安全生产主体责任，将防范灾害天气引发生安全事故的各项措施落到实处。5 月 31 日和 8 月 10 日，区气象局联合区安监、经信等单位对梅县区危险化学品、易燃易爆场所等重点单位进行气象灾害暨防雷安全生产专项检查。重点检查梅兴华丰产业集聚带的危险化学品专区、德兴液化气有限公司、中国石油梅县畲江加油站等易燃易爆场所，督促企业落实安全生产主体责任，完善气象灾害防御制度和预案，对发现的问题提出整改意见。全年派出安全生产检查组检查 47 次，排查并整改隐患 25 处。

【基础建设】 梅县区突发事件预警信息发布中心建设被列入区政府 2016 年重点建设项目。2 月 23 日，梅县区突发事件预警信息发布中心建设项目经区发改局批准立项，项目总投资 992.2 万元。土建施工在 4 月完成招投标工作，5 月开始正式开工建设，8 月封顶，12 月完成业务设备的招投标工作。

（供稿：李仕安）

工 业

【概述】 2016 年，梅县区努力落实省工业转型升级攻坚战三年行动计划，制定出台招商引资以及中小微企业和建筑行业资质上规模、上等级、上档次等方面的扶持激励措施，让更多本土建筑企业参与梅县区经济建设，做强做大经济总量。继续健全完善"助保贷"等优惠政策，深化政银企合作，强化服务，促进企业增资扩产、技术改造、转型升级和企业上市。发挥现有上市企业和骨干企业的龙头带动作用，吸引上下游产业配套，延长产业链条，促进现有企业、优势产业做大做强。强化招商责任，坚持产业谋划与产业招商并举，强化乡情招商、以商引商，探索利用中介招商，借力广州增城对口帮扶，集中力量招大项目、引好项目，力促项目引进有重大突破。

全年完成规模以上工业总产值 176.73 亿元，同比增长 6.3%；实现规模以上工业增加值 50.71 亿元，同比增长 5.0%。畲江工业园区完成规模以上工业总产值 40.22 亿元，同比增长 30.4%。全区资质等级以上建筑业总产值 22.69 亿元，同比增长 29.3%。全年规模以上工业企业实现利税总额 23.4 亿元，同比增长 5.2%，其中利润总额 19.5 亿元，同比下降 4.6%。至年末，全区有工业企业 566 家，其中规模以上企业 101 家（畲江工业园企业 30 家），规模以下企业 465 家。全区完成工业投资 39.71 亿元，同比增长 10.5%，其中工业技改投资 12.1 亿元，同比增长 46.2%。

工业产品主要有：发电量、电子元件、水泥、车轴、橡胶轮胎、编织工艺品、电解铜箔、服装、覆铜板、精炼铜等 10 类产品。

【项目建设】 超华高精度铜箔、博森光电产业园、富柚生物金柚深加工、航鑫二期、鸿荣重工再制造、庆达二期、嘉元超薄电解铜箔、梅雁吉祥产业园、烟叶复烤打叶复烤、新城水厂建设、盛兴客运分布式光伏发电、盛富金属等工业技改项目已竣工或即将竣工；畲江工业园大项目（如高端纺织产业园、富源赛翡"蓝宝石技改项目"、桦粤"有机农副产品加工项目"、恒一"个人护理用品生产项目"、广晟稀土"钕铁硼磁性材料生产线项目"）紧张有序推进中。全区完成工业投资 39.71 亿元，同比增长 10.5%，增速排名全市第五。其中：技改投资 12.1 亿元，同比增长 46.2%，增速排名居全市第四。

【支柱产业】 梅县区坚持用好用足国家促进赣闽粤原中央苏区和省促进粤东西北振兴发展"两大政策"，全力推进"梅兴华丰产业集聚带"梅县集聚区建设，着力培育发展装备制造、电子信息、新能源、商贸物流四大超百亿元产业。

装备制造业　年末，全区发展装备制造企业 105 家，实现产值约 46 亿元。其中亿元产值亿元以上的有 BPW（梅州）车轴有限公司、卡莱（梅州）橡胶制品有限公司、华南三一工程机械有限公司、梅县雄飞实业有限公司、梅州国基精密制品有限公司等 5 家企业。规模以上的还有梅州鸿荣机械有限公司、梅县庆达实业等 6 家企业。

电子信息产业　全区发展有电子信息产业企业85家，实现产值31亿元。其中亿元产值以上的有广东超华科技股份有限公司、广东嘉元科技股份有限公司、梅州紫晶光电科技有限公司、广东博森光能有限公司等4家企业，规模以上的还有梅县锦江电路板有限公司、高迪数码科技（梅州）有限公司等6家企业。

新能源产业　全区新能源产业实现产值51.8亿元。规模以上的有广东宝新能源股份有限公司、梅雁吉祥水电股份有限公司、梅县龙上电站、梅县洁源水电有限公司、梅州市程江梯级水电厂等5家企业，其中亿元产值以上的有广东宝丽华新能源股份有限公司、梅雁吉祥水电股份有限公司2家企业。

【招商引资】　一是大力做好产业集聚招商。2015年，梅县区全面启动畲江产业园、水车产业园和城东白渡产业园“三园合一”集聚区的规划建设，制定实施培育发展装备制造、电子信息、新能源、商贸物流四个产值超百亿元产业方案。2016年围绕“三园合一”集聚区的规划建设方案，加强推介，积极对接，加快促成项目落户。中新集团对畲江产业园首期25.33公顷土地开发招商。至年末，引进至畲江产业园梅州综合保税区项目7个，计划总投资43.6亿元。投资8亿元的广州中新集团汽车零部件制造项目正在规划设计中；投资3亿元的深圳安盛华集团珠宝加工项目厂房正在进行建筑施工设计，正组织实施动工，先行在梅州高新区租赁临时厂房，项目已通过海关审批并投产；计划投资20亿元的广东盈方创投发展有限公司盈方高科产业孵化园项目已动工；投资1亿元的梅州琉璃光电力设备项目已完成土地招拍挂；投资10亿元的广铁国际物流项目正完善规划设计和用地报批前期工作。投资1.5亿元的深圳有信达集团保税物流项目首期用地已办理手续，快件中心正在进行规划设计。二是加大力度鼓励发展实体经济。梅县区近年先后出台工业项目、电子商务产业、企业融资（助保贷）、丰华兴梅产业集聚带梅县集聚区、企业上市（新三板）、企业贷款贴息等优惠政策、扶持办法；区政府2016年还出台个人（单位）招商引资奖励、扶持企业上规模（限额）奖励办法。以期充分调动全区各级各部门和社会各界招商引资积极性，促进企业投资增长；支持企业转型升级、增资扩产、新上项目，鼓励发展实体经济。同时，严格按照优惠办法中的建筑容积率、投资强度的条件落实，促成大项目、优质项目的顺利落户。梅县区还进一步加强对各镇的招商引资工作考核，区委、区政府除继续实行镇级工作绩效考核外，5月，出台镇级推进振兴发展工作考核实施办法，其中对各镇（办事处、高管会）在招商引资工作中按排名档次奖励领导班子及做出积极贡献的工作人员。三是积极对接服务投资企业。区主要领导带队，组织招商局等相关人员赴北京、上海、浙江、广西及珠三角地区洽谈项目，抓住发达地区转型升级企业外迁的机遇，加强与企业对接，完成一批项目签约。同时，落实项目的责任领导、责任单位、责任人的跟踪服务工作，确保项目履约。全年有13个工业项目落地、建设，其中7个顺利投产。此外，还做好梅县区电子商务产业园的招商、服务、管理，全年梅县区电商销售额12.6亿元，同比增长26.67%。

2016年，全区引进工业项目13个，计划投资15.29亿元，已投入6.58亿元（其中动工项目6个，投产项目7个）；计划投资10亿元以上的项目3个。

【中小企业发展】　2016年，梅县区积极开展暖企行动，致力服务全区中小微企业快速平稳健康发展。全年民营企业完成产值131亿元，占全区GDP约70%；税收完成26亿元，占全区税收约86%。一是充分发挥中小企业服务中心平台作用，开展咨询、融资、市场开拓、科技创新、后备上市新三板等全方位服务。全年，分别举办制造业企业、流通领域企业、外贸企业、小水电企业等行业企业，开展融资、技术改造、法律、会计等的咨询交流会。二是积极争取上级扶持中小微企业发展专项资金，全年为梅州环保等企业申报发展专项资金 60 万元。三是充分发挥服务中心桥梁作用，开展各种形式政银对接活动，先后为广东泰鸿科技股份有限公司、梅县华创风汽车配件有限公司、广东省航鑫科技股份公司、广东博森光能科技有限公司、创亿谷电商公司、佛山旭和门业、梅县辉煌家具厂和梅县帅乡山泉水有限公司等 100 多家企业解决 4 亿多元融资贷款。四是组织企业参加中博会、企业产品展销会、发挥电子商务等，拓展产品销售渠道，让企业产品更好地销往全国和世界各地。

【科技创新】 2016 年省、市、区下达梅县区工业企业技术改造技术创新专项资金 8 个专题 19 个项目共 2702.69 万元，其中：省级财政资金 6 个专题 11 个项目共 2082.24 万元，区级财政资金 1 个专题 6 个项目共 310.35 万元，事后奖补资金项目 2 个共 310.1 万元。11 月，梅州市专利技术孵化产业园揭幕挂牌。产业园包括产业孵化、产业研发、人才培训及配套高级人才公寓、综合楼、研发楼等。园区实行分期建设，首期项目已全面动工，投资 1 亿多元，占地 7.73 公顷。

至年末，全区有国家高新技术企业 15 家；广东省高企培育入库企业 4 家；广东省创新型企业 2 家、创新型试点企业 1 家；省级工程技术研究开发中心 7 家；广东省省部产学研示范基地 3 家；全国企事业知识产权试点单位 1 家、省知识产权优势企业 5 家。

全年组织申报省级科技计划项目 14 项，获准立项 6 项，获得财政资金支持 760 万元。组织广东超华科技股份有限公司、广东嘉元科技股份有限公司、广东泰鸿科技股份有限公司、广东自远环保股份有限公司和 BPW（梅州）车辆有限公司等 5 家企业申请省级研究开发财政补助资金，合计得到核拨省级研究开发财政补助资金 306.84 万元。

【安全生产与节能降耗】 依据《民用爆炸物品安全管理条例》，做好广东天诺民爆有限公司梅县分公司、梅州市兆安民爆梅县分公司等民爆生产、仓储企业的日常监管。督促民爆企业进行应急演练，开展民爆物品警示标识登记标识、消防设备，维护检查记录等进行认真细致的检查，在此基础上抓好企业的安全生产。

积极开展电机能效提升工作，帮助企业转型升级。全年，有 8 家企业申报电机改造补贴，更换高效电机 700 台，共 8903.5 千瓦，申请财政补贴 109.35455 万元。2016 年，梅县区万元 GDP 能耗同比下降 9.16%，工业增加值能耗下降 15.5%。

【供电】 2016 年，供电部门实现连续安全生产 1827 天；累计完成平均停电时间 18.43 小时；平均停电次数 4.23 次；综合电压合格率 99.93%；售电量 7.35 亿千瓦时，累计综合线损率 3.82 %；当年电费回收率 100%，旧欠电费回收率 73.19%；利润 378.76 万元，模拟 EVA-12949 万元，可控单位供电成本 257.16 元/千千瓦时；配网可转供电率 58.21%。

电网规划　根据区政府“丰华兴梅产业集聚带”战略规划，进一步提高规划的科学合理性。计划“十三五”期间投资 3.65 亿元，推进农村电网改造升级工程。35 千伏变电站和供电所光缆覆盖率分别达到 100%、52%。2016 年，完成 6000 万元农网改造项目，做好“大埔电厂接入系统 A、B 线”“富远线”“110 千伏梅江东”等 5 项主网属地化工作，成功突破解决历时多年的“三长线”属地化工作。全面完成 2016 年新一轮农网改造升级和中心村改造升级项目，超额完成年度电网建设及改造任务，顺利投产 118 项工程，投产容量 1.951 万千伏安，10 千伏线路 36.05 千米。严格按照 WHS 质量控制标准，以点带面进行推广，不断总结样板工程经验，其中 2016 年石扇所 10 千伏石供线 F14 西南黄屋公变台区改造工程被省公司授予样板创建金质工程，并获得了上级领导的肯定。开展小型基建管理工作，石坑供电所通过初验收，扶大供电所及石扇供电所已取得省公司项目建议书的批复。

电力供应　做好设备消缺工作，全年 10 千伏及以下线路设备消缺共 115 处，圆满解决罗衣线、冷水角线等线路设备健康问题；加大竹木清障力度，全年清除竹木 1.67 万棵。强化配电变压器负荷管理，建立和健全低电压台区档案，重点做好重过载和低电压台区整改工作，完成 129 台重过载配变的轮换工作。

应急保电开展设备状态评价，共制定两措项目 134 项，累计投入资金 2042 万元。通过进行架空线路改造、完善配电安健环等措施，有效控制并降低设备风险。圆满完成省政府粤东西北文明创建工作座谈会等保供电工作。

精益化管理　信息化支撑持续深化完善“6+1”系统应用工作，完成广东电网公司年度信息化水平评价考核。常态化开展数据质量整改，修编系统问题数据认责方案，强化跨部门协同整改力度，提升数据质量和实用化水平。重点优化网络结构，实现 11 个营业厅“双通道双设备”配置，保障网络正常运行。提高基础设施建设，IT 终端更新率达到 20%，覆盖率达到 100%。加强信息安全管控，全年完成 4 次网络应急演练，提高了信息安全事件应急处置能力，确保实现全年“稳 A 创优”和信息安全实现“三个零”目标。

营销服务　降损增效应用好线损管理“七步法”和台区线损分析“五步骤”方法,开展好高损台区的整治工作，分线、分台区线损异常率分别为 3.28%、4.77%。加大窃电查处力度，查处窃电、违约用电共 24 件，追回电费和违约金 22.5 万元。做好电费回收工作，密切关注厂矿企业生产经营情况，采用多次抄表结算方式，实现电费回收率 100%，旧欠电费回收率 73.19%。完成电能计量装置轮换安装 5.19 万户、低压集抄建设 4.96 万户，集抄覆盖率 32.66%。

客户服务采取拓宽缴费渠道，不断完善客户资料，加强银行代扣、微信缴费等非现金缴费方式的宣传推广，建立 237 个金穗惠农通代收电费服务点，缓解营业厅缴费压力，非现金缴费率达到 83.95%。做好用户光伏发电报装和并网工作，全年合计报装 46 户共 2.7 兆瓦。

安全管理　吸取“3 · 30”外委施工单位人身安全事故（政府认定供电无责任）和系统内外事故的教训，分析和反思安全生产中暴露的问题，制定并落实有效的预防整改措施；加大对违反“两票”制度的处罚力度，将违反“两票”的行为和绩效考核直接挂钩，严格实行问责制度。充分利用微信平台，进行安全提级管理，提高工作效率。强化对基建、技改、修理项目外委施工单位及施工现场管控，尤其是对配网施工现场防触电及高空坠落的安全管控；加大安全用电宣传，排查处理对地安全距离不足、金属杆塔引下线和接地隐患等易导致社会人员触电的安全隐患 124 处。

落实风险控制，梳理出安全生产 8 个方面 14 项主要风险，制定 50 项风险预控措施，确保风险可控在控，完成 81 项问题整改。加强现场安全责任到位督察，完成现场安全督察 1193 处，处理现场违章 111 宗。持续开展安全月活动、安全生产大讨论等专题工作，在员工中树立“红线”意识和“底线”思维。

交　通 · 通　信

交通 · 运输

【概述】　2016 年，梅县区公路、交通运输部门按照“对外快速联通、对内全面畅通”的总体思路，围绕中共梅州市委、市政府“一区两带六组团”发展战略，重点推进“综合交通、平安交通、智慧交通和绿色交通”体系建设，全面加快优化交通路网，全力推进 S223 线松源至雁洋段出省通道等重点项目建设。至 2016 年底，区域内通车总里程为 2803 公里，每百平方公里公路密度 112.9 公里。其中高速公路 4 条共 116.5 公里；国道 2 条共 84.4 公里；省道 12 条共 455.5 公里；县道 169 公里；乡道 1977.6 公里；村道 471 条共 974.63 公里。全区开通城乡公交线路 38 条，投入运营车辆约 360 辆， 241 个行政村已通车，占比 67.7%。全区有 3 家出租公司，2 家客运企业，货运企业 59 家。全年旅客运输量 390 万人，旅客周转量 50721 万人公里，同比增长 7.1%；货物运输量 1754 万吨，货物周转量 315693 万吨公里，同比增长 9.6%。

【交通基础设施建设】 2016 年，全区完成公路交通基础设施投资 19 亿元，其中高铁建设约 9 亿元，公路建设约 10 亿元。

公路交通建设　梅平高速公路梅县区段长约 4 公里，转入全面施工，估算投资 4 亿元；梅州东环高速公路，里程 14.56 公里，年底已动工，估算投资 19.2 亿元；长深高速公路葵岗互通建设，投入约 300 万元开展前期工作和用地控制工作；省道 S223 线松源至雁洋段出省快速通道工程建设，全长 70.4 公里、总投资 31.9 亿元，年度完成投资 2400 万元。

城区和产业园区道路建设　配合完成客都大桥梅县段连接线 700 米工程建设；实施葵岗至新县城（X969 线改造）新进城大道建设工程，总投资 2.2 亿元，完成投资约 8000 万元；配合实施梅畲快线，全长 26.5 公里，总投资 18 亿元，完成投资 6.5 亿元；加快建设 G205 国道至白渡工业园区道路，完成投资 6000 万元。

【公路改造】 国道 G206 线兴宁松陂至丰顺北斗石桥头段改建工程（梅县段）全长 6.33 公里，总投资 7700 万元，年度完成投资 600 万元。完成“迎国检”项目“国道 G205 线梅州市城东至扶大（梅县段）一级路改造工程、G206 线巢布坝至角口段路面改造工程、省道 332 线梅县凳仔岗隧道至白渡段路面改造工程、S223 线秋云大桥加固工程、省道 224 线梅县城东至雁洋剑英大桥段路面改造工程”的交工验收。完成 G206 线角口段上墩段灾毁路面修复工程和 S224 线甲坑至社二段路面改造工程交工检测验收。投入 379.49 万元完成寮子窝隧道加固完善工程。完成总投资 1405 万元的 G206 线巢布坝至角口段改造(养护）示范工程建设工作。投入 265.08 万元，完成 S332 线到车至脚头径段“文明示范路”创建工作；投入 107.09 万元，完成松东养护中心“文明养护中心”创建工作。分别动工 S224 线雁洋大桥加固维修工程和 G205 线竹洋 1 号、2 号桥及潘屋桥改造加固工程及动工梅州大桥桥涵标工程。此外，投入 1.2 亿元，对 4 条路面破损严重的县道（X 026 线南口段、X 969 梅华线、X 010 线梅西至石坑段和 X 023 线畲江段）合计 28 公里路段进行路面升级改造。

【公路养护】 围绕“保安全、保畅通”目标，以“省检”标准提升公路养护水平。加强重点路段整治，完成 G206 线巢布坝至角口段改造（养护）示范工程建设。年末，国道优良路率 89.4%，占计划数的 104%；省道优良路率 87.4%，占计划数的 102.8%；全年共清除塌方 4.15 万立方米，清挖水沟 65.1 万米，铲路肩 217.2 万平方米，耗用柴油 1.73 万公升、沥青 125 吨。机械完好率 94%，一、二类桥梁占桥梁总数的 91.3%。

2016 年，全区农村公路养护里程 1883 公里，其中：县道 312 公里、乡道 1370 公里、村道 201 公里。设立县道养护中心 5 个、县道养护绿化队 1 个、镇级乡村公路管理站 19 个。

【公路绿化】 2016 年，公路交通运输部门按照市委、市政府“五沿”绿化和市、区美丽乡村建设要求，积极抓好绿色廊道建设，投入 300 多万元，重点打造 X020、X025、X954、X019 线，主要种植乔木约 9000 株，灌木约 3 万株，此外，还完成 G206 线、S332 线和县区道乔灌木绿化补种。

【路政管理】 坚持“依法治路、规范管理、文明执法、热情服务”的管理目标，履行保护路产、维护路权的职责，保障公路畅通。做好“迎省检”工作，制定具体的路域环境综合整治方案，严格路政许可、非公路标志清理，对非公路标志设施进行摸底排查，发出限期整改及延期手续的催办通知等措施。采取源头监管和路面执法相结合的方式，不断加大交通综合执法力度，严厉查处各类交通运输违法行为和杜绝公路“三乱”。2016年，交通运输部门出动执法人员 4325 人次，出动执法车辆 758 辆次，检查车辆 3520 辆次；查处各类交通违法行为为 350 宗（其中：运政案件 188 宗；路政案件 57 宗；超限运输案件 105 宗），合计罚款 32.39 万元。公路部门上路 283 天 1920 人次，巡查里程 26036 公里，路政发案 67 宗，立案 67 宗，结案 67 宗，立案、结案率 100%；发现违法案件 75 宗，告知区综合行政执法局 75 宗；收取公路赔（补）偿费 59.91 万元，收回路产赔偿费 49.4 万元。全年无出现公路“三乱”行为。

【道路运输管理】 2016 年，审批行政许可申请维修企业 78 家、普通货物运输企业 11 家；办理客运车辆新增入户 14 辆，完成客运车辆年度审验 356 辆次，完成车辆二级维护签章 1368 辆次；办理危险品货物运输车辆新增入户 38 辆，普通货运营运车辆新增入户 648 辆，完成车辆年度审验 5326 辆次，完成车辆二级维护签章 21304 次；完成行政许可场地验收 89 次。

【安全生产管理】 坚持“安全第一、预防为主、综合治理”的工作方针，全面落实行业安全生产监管责任和安全生产“一岗双责”，扎实推进“平安交通”和安全生产标准化建设，开展交通运输安全生产风险管理，建立隐患排查治理体系和安全预防控制体系，落实安全责任，与各股室、基层班组、工程项目管理人员以及施工单位签订了《安全生产目标管理责任书》《安全施工合同》，将安全生产责任明确到部门或单位，落实到岗位，分解到个人。按时组织召开安全生产工作例会、每季度召开预防重、特大安全生产工作会议、定期召开预防道路交通事故会议等。全年投入安全生产管理费用 48.5 万元，打造“平安公路”“平安工地”，杜绝重特大安全责任事故。全年无发生因公路管理不善、安全设施不齐全而造成的责任事故。较好完成元旦、春节、中秋、国庆等节假日安全保障工作。

【基层站建设】 一是健全管理模式，优化党组成员挂钩基层班组制度，解决基层发展中存在的问题。完善养护每月月检（路况）细节，外业和内业检查并重，同时加大稽查力度，倒逼日常养护。二是创建“文明养护中心”，提高养护管理机械化程度，投入资金 94.01 万元对松东养护中心养护机械配备结构进行完善。投入资金 12 万元完善白渡和径义 2 个养护作业点的生活设施。投入资金 10.16 万元对径义作业点进行装修和搭设天棚。三是加大一线职工的教育培训力度。全年组织一线职工 136 人次参加市公路局安排的公路路网结构管理系统和水毁管理系统培训及专业技能等培训。

【创建文明安全示范路】 2016 年，按照市“文明示范路”创建活动的部署，以省道 332 线到车至白渡脚头径段（桩号：K60+000 至 K80+750）为先行段，投入资金 265.08 万元对该段公路按文明示范路标准进行建设。

1. 在 S332 线 K61+150 公路右侧设置停车休息区，投入资金 50.04 万元在停车区设置卫生间、凉亭和公路文化宣传牌等设施。

2. 投入资金 175.88 万元，全线种植胸径 5 厘米以上香樟、秋枫等 2500 株，冠幅 60 厘米以上大红花、夹竹桃、双荚槐等 1.8 万株。

3. 投入资金 11.5 万元，对沿线乱堆乱放、违章广告标牌等进行了整治，拆除非公路标志 16 块，清理垃圾、余泥 3500 立方米，设置公里桩 11 块，百米桩 187 块，公路界桩 42 根。

4. 投入资金 72.7 万元，完善缺损的标志、标线，全段补画标线 5564 平方米，增设标志牌 6 块，道口桩 63 根，完善 11 座桥梁的标识牌，并对不规范、反光不足、损伤严重的标志牌进行换膜、换牌面处理，对危险路段增设钢护栏1579米。

（供稿：黄焱明、吴文华）

邮 政

【概述】 2016年，中国邮政集团公司梅州市梅县区分公司（以下简称“梅县区分公司”）下辖25个城乡网点（含代理金融网点21个），网点遍布所有乡镇，邮政投递服务覆盖全区所有城乡。至年底，有员工208人。梅县区分公司一直秉承“人民邮政为人民”的服务宗旨，加快企业转型发展，全年梅县区分公司实现业务收入同比增长16.40%。

【代理金融业务】 2016年，梅县区分公司持续推进“银行化、专业化、战略化”的三大战略，牢牢把握梅州邮政市场化发展战略目标，狠抓项目营销、节日营销、渠道营销、客户营销、市场营销，做大做实代理金融业务。全年实现代理金融业务收入同比增长17.23%；邮储余额规模达36.48亿元；邮储余额规模市场占有率18.46%。

【邮务类业务】 通过开展形式多样的客户回馈活动，拓展邮务类业务发展，深化金融宣传。一是积极服务“三农”，做好优质电商点的选点建点工作，2016年底，全区建成175个电商服务点，派渠道经理进行专门管理，保证邮掌柜使用率，完善助农取款、便民服务等功能，开展各电商点会员日活动，进一步满足群众用邮需求；加强与区教育局的联动，以“粤邮讲堂”活动为切入点，成功在梅县区程江中心小学开展“《课堂内外·创新作文》公益大讲堂”活动。二是函件业务发展，引用“互联网+”思维理念，创新发展广告传媒业务，开发顺达汽车、华通汽车、俊诚汽车等视频广告业务，联动项目蓬勃发展，有效拉动函件收入增长。

【邮政营业网建设与管理】 2016年，梅县区分公司对梅南、华侨城等网点进行改造升级，不断改善邮储硬件设施，提高用户体验，给客户提供舒适方便的用邮环境；投放智能包裹柜33台，提升投递服务能力；加强对ATM、POS机日常维护和管理，改善服务能力；强化内部基础管理，确保邮政资金、财产和人身安全。

通 信

【概述】 2016年，梅县区完成邮电业务总量14.05亿元，同比增长53.6%。其中，邮政业务总量6286万元,同比增长5.3%;通信业务总量13.42亿元，同比增长56.98%。年末，全区固定电话用户5.73万户，移动电话用户49.15万户，互联网用户33.95万户。

【电信】 2016年，梅县分公司加大网络投资力度，网络由铜宽改为光宽，实现梅县城区光网全覆盖、行政村光到达，建起先进的视频网，梅县区全域都可接入到高清4K画质的天翼高清视频服务，建成3G/4G全覆盖的高速优质移动网络。节能减排完成TDM局点退网下电工作，盘活网络资源，提升资源管理效益；提升光网建设端口利用率。

梅县分公司在市场经营工作中，不断强化经营管理，创新实施营销活动，积极拓展市场份额，实现业务收入完成率全市第二。梅县光宽用户大幅提升，光宽用户使用率达到80%以上。获评梅州分公司先进绩效单位二等奖，荣获2015—2016年度梅州市精神文明建设先进单位。

城市综合管理局“数字城管”系统、混凝土搅拌车监管系统，实现城市的综合管理和对“两违三抢”的有效监管，提升了城市管理水平；建成了覆盖所有中小学的教育城域网，实现可接入安全专业的教育内网，还可高速接入互联网，大大提升学校获取教育材料便利性；搭建了教育OA办公自动化系统、教育视频网、教育云三通两平台，提升了梅县区教育信息化水平；建设“农技宝”云平台项目，实现专业技术人员和农户间信息交流。

（供稿：办公室）

【移动】 2016年，梅县移动公司努力推进网络建设。一是加快乡镇农村的宽带网络建设进度，将宽带网络覆盖做实做强。深入完善“一张光缆网”，各专业通过“拉单列表”的方式，按周制订优先顺序开展传输建设，以项目推进表的形式进行落地实施。2016年，完成275个LTE项目建设；新建设126个家宽片区（小区）；下沉11台盒式OLT至村委会，完成48台OLT的双上联，4个接入链成环，35个环上链成环，“一张光缆网优化”项目优化2个OLT下带业务，11个基站进出光缆优化和15段架空杆路跨路升高。二是全力助推梅州市“宽带中国”示范城市建设思路，建设领先的“互联网+网络”工程。通过本地媒体开展题为《中国移动让智慧城市生态体系无处不在》的专题报道，加强信息化理念宣传；以技术、服务和响应速度多管齐下，全年完成专线建设531条，达成105家“惠农信息社”和4家省级“菜篮子”基地等深度合作，助力政府打造“互联网+农业”示范基地；完成全市第一个突破公共自行车网络传输建设；完成388个行政村基层服务站网络建设项目，以高品质的服务，快速的建设响应速度树立产品口碑，助力政府打造智慧梅县。

（供稿：办公室）

【联通】 2016年，中国联合网络通信有限公司梅县分公司（以下简称梅县联通）积极推动“宽带中国”示范城市创建步伐，围绕“宽带提速、资源广覆盖、网络光改”，重点开展宽带网络建设。充分发挥在互联网基础建设、技术创新、资源整合等方面的业务领先优势，加大资源投入，推动梅县区信息化基础设施建设。

项目建设助推智慧梅县　1. 梅州联通与梅县区人民政府的“互联网＋”合作，将围绕贯彻落实广东联通与梅州市政府签订的《推进“互联网+”战略合作框架协议》，计划三年完成梅县区宽带互联网基础枢纽设施，打造光网城市，基本实现城乡及重点乡村光网全覆盖；建成城乡全覆盖的150M高速4G网络，县城中心实现300M高速覆盖；梅县区旅游景区、制造业园区、产业集聚基地、电商产业园区和网络化农业生产示范村实现移动宽带和固定宽带双网络覆盖。双方将聚焦“互联网+先进制造、互联网+现代农业、互联网+教育、互联网+现代物流、互联网+现代商务、互联网+交通、互联网+政务服务、互联网+医疗、互联网+旅游、互联网+创业创新”等十大领域开展全面深度合作。

2. 利用“智慧水利”无线应用平台，完成与省通用系统对接，全区水利系统及各部门可以随时随地利用联通高速网络安全接入，实现水利业务信息的移动查询处理和三防应急视频会商调度，给各单位提供快捷、准确、方便、全面的水利信息服务。

3. 建设旅游电子商务实训平台，承接和组织旅游宣传、旅游攻略、景区业务等多元化发展的实训培训，负责旅游电商平台相关硬件建设及日常运维管理。梅县技术学校旅游电子商务实训平台项目于2015年12月建设完成并上线运营。其实训基地以旅游行业服务为中心，通过旅游电子商务为广大旅游业同行提供一个互联网的平台，整合梅州旅游、景点、酒店等单位接入此电商平台，精致打造，为游客提供专业的旅游服务。

4. 增设农村无线宽带覆盖项目。梅县区地域范围广大，山区较多，基于基站的4G无线信息覆盖难度较大，有线宽带更是难于普及。中国联通采用有线+无线的方式，采用光分层级放大的最新技术，村民可在楼顶树立天线的方式，接收到信号后通过网线传导至房间，可实现10M的有线宽带效果。至年底，通过该种模式，梅县区基本覆盖95%的广大农村，让广大村民可享受低价且高速的上网，大大提升与外界的沟通效率，满足生活上的便利和农产品的对外销售便利。

信息化应用　1. 计划用三年时间打造全国领先的互联网+基础能力。打造卓越的 4G+网络能力、大数据能力、物联网能力、移动互联能力和云计算能力。

2. 全面开放五大平台，为创新创业提供全周期全流程专业服务。资金平台为“两创”提供孵化资金，云平台提供硬件设施，大数据平台继续智慧分析，一起沃平台导入流量，沃云购平台开放渠道。

3. 聚焦十一大重点领域，推动“互联网+公共服务”与产业转型升级。涵盖互联网+公共服务、互联网+金融、互联网+制造、互联网+交通、互联网+教育、互联网+农业、互联网+医疗、互联网+商务、互联网+旅游、互联网+通关、互联网+物流等十一大领域。

4. 打造“互联网+企业转型”标杆企业。广东联通正在积极推进以大数据为核心能力的“全业务互联网化”“全公司信息化”的战略转型，加快企业从管控指挥型组织向服务孵化型平台升级。

5. 创新重点产业新业态，实现跨界经营新突破。利用云计算、大数据、移动互联网等技术搭建健康管理信息平台，搭建居家养老服务网络平台，与医院和体检机构合作，为公众提供在线健康评估、预防管理、用药提醒等个性化健康管理服务及居家养老服务。以互联网方式进行沃企产品研发和标准化，以“免费版”轻量级 APP 产品打造企业入口，筛选目标客户，逐步叠加联通信息化应用，增强产品价值。

客户服务　梅县联通在4G时代以追求卓越的服务理念，在各个细节精心雕琢，不断完善人性化的客户体验。为方便老用户轻松使用网速更快、性能更稳定的 4G，向在网用户开放升级 4G，由于联通 4G 使用全球主流制式，用户可使用联通“双 4G 双百兆”的极速 4G，并且不换卡、不换号即可完成办理。对渠道和服务进行全面升级与转型，服务渠道包括网上营业厅、手机营业厅、微信营业厅，再到方便快捷的迷你营业厅、自助终端等，无缝覆盖到用户能接触到的所有终端，促进服务的深度转型。

（供稿：办公室）

责任编辑：叶永生

城　乡　建　设

住房和城乡规划建设

【概述】　2016 年，梅县区新县城全年投入资金 16.54 亿元，建设项目 55 项，建筑面积 132.91 万平方米。至年底，梅县区新县城累计投入资金 235.32 亿元，建设项目 4604 项，建筑面积 1514.79 万平方米，建成区面积 20 平方公里，建成区绿化覆盖率 38.69%，绿地率 35.35%，人均公共绿地面积 18.06 平方米。

【城乡规划】　区住建部门坚持以规划为龙头，扎实做好规划工作。一是主动和市规划局对接，初步完成“多规合一”规划编制的前期资料收集和准备工作，配合区水务局做好梅县区全区环境综合整治 PPP 项目前期现场调研工作。二是在巩固华侨城、大新城建设的基础上，协助做好《梅州市城市总体规划（2015—2030）》《梅县区新城西片区控制性详细规划》《梅县区槐岗片区控制性详细规划》《梅县区葵岗片区控制性详细规划》《梅县区生态控制线》的成果技术审查工作。三是完成城乡规划建设疑似违法图斑核查工作。

用地规划　为使城市健康有序发展，该局坚

持科学规划、合理布局，按照适度超前、量力而行、分步实施的原则，严把出具用地红线图及规划设计条件，全年完成 88 宗用地规划，面积共 190.34 公顷，核发建设用地规划许可证 15 宗，总用地面积 49.13 公顷。依据《中华人民共和国城乡规划法》，对各规划建设的项目进行严格、规范的规划核实。通过规委会审议的建设项目有 29 宗，核发建设工程规划许可证 179 宗，总建筑面积 181.8 万平方米；梅县城乡建设工程规划核实 159 个项目，面积 145.5 万平方米。至年底，新县城建成区 20 平方公里。

用地测绘　完成规划核实测量 126 宗，建筑工程放线复验线 83 宗 ，纵横断面图、市政管线工程放样和高程测量 10 宗，土石方工程测算 3 宗，地形勘测、地籍调查 5 宗，仪器检查、维修共 3 宗。

市政规划　1. 在基础设施规划编制方面：配合上级部门推动中心城区市政专项规划、中心城区梅县新城片区地下管线普查工作及审查涉及梅县区城市的总规编制、控规全覆盖等工作；做好地下综合管廊专项规划编制工作。2. 在市政道路规划建设方面：围绕 2016 年新建公园南路、外环西路三丰三葵段、所里平安路等新建道路规划及新城 7 条市政道路机动车道沥青罩面扩容提质工程设计工作，做好新规划道路红线的选线定点、竖向确认和规划设计审核工作。

村镇规划　1. 初步完成《雁洋镇总体规划修编（初步成果）》《雁洋镇美丽乡村建设规划》及松口镇 2 个传统村落（梅教村、小黄村）的规划，完成梅兴华丰产业集聚区——梅县区集聚带的规划。2. 做好历史建筑物的调查归档工作，27 处历史建筑入选梅州市第二批历史建筑名录。3. 传统村落保护工作取得成效，松口镇圳头村、白渡镇峰溪村委石溪村、松源镇横坊村委横江村等 3 村落入选第四批中国传统村落名录。

【城乡基础设施建设】　区住建部门按照以城带乡、节约集约、生态宜居、和谐发展的城镇化建设理念，坚持城乡统筹，城乡一体化发展。城市配套工程实施建设方面：2016 年实施机构启动新城棚户区大沙、三丰安置小区项目 PPP 工程和新城地下综合管廊等基础设施工程政府购买服务项目的立项、采购及融资工作，其中三丰棚户区项目实现开工建设。做好天然气在 3 条市政道路长 1.26 公里、粤海水务在 3 条市政道路长 6.03 公里和电力在 8 条市政道路 6.48 公里等管线规划建设，全面落实新建道路管线的统一规划、同步敷设。村镇建设方面：一是认真贯彻落实省、市关于全面推进农村生活垃圾管理的工作部署，以“提高生活垃圾处理减量化、资源化和无害化水平，改善人居环境”为工作目标，高度重视抓好农村生活垃圾收集处理和卫生保洁工作，全面推行以“户收集、村集中、镇转运、区统筹处理”为主的农村生活垃圾处理模式，加快推进镇村生活垃圾处理设施建设工作，积极推进垃圾分类实施行动，将垃圾分类与资源化处理落到实处，农村环境卫生状况得到较大改善。二是顺利迎接省检查组对阴那山省级名胜区规划编制实施情况专项督查工作，阴那山风景名胜区总体规划正上报省政府审批。10 月，雁洋入选首批中国特色小镇。

【建筑市场管理】　1. 维护好建筑市场秩序。一是建筑业产值稳中有增。全年全区 35 家施工企业完成建筑业总产值 17.8 亿元，比上年增长 2%，实现利润 3800 万元。二是做好工程竣工验收备案管理工作和招标告知性备案登记工作，全年办理 131 项竣工验收备案手续，建筑面积 110.5 万平方米，投资金额约 13.17 亿元，91 项工程进行招标备案告知性备案登记。三是抓好清理拖欠工程款和农民工工资的工作，认真做好清欠宣传工作，协助处理拖欠工程款和农民工工资拖欠的投诉 18 宗，涉及 496 人次，追缴工资款 890 万元。四是对建设单位未取得施工许可证擅自施工的，依照法律、法规给予行政处罚，共作出行政处罚 6 宗，处罚金额 89.54 万元，维护建筑市场秩序。2. 质量安全管理不断强化。该局坚持把加强建设工程的安全和质量作为重点，建设工程实现文明施工、安全生产、质量优良。全年受监工程33项（同比上升61%），面积125.4万平方米（同比上升61.9%），投资45.14亿元（同比上升51.6%）；全年验收工程35项（同比下降53%），面积129.7万平方米（同比下降9.15%），投资38.91亿元（同比下降15.5%），验收合格率100%。坚持开展各类安全检查，全年发出建设工程质量安全整改通知68份，对在建工程的安全生产实行动态管理办法；对施工、监理单位落实安全生产责任等方面进行扣分73条，并上网上报省建设厅。梅县人民医院门诊楼获2016年度广东省建筑工程质量“金匠奖”。梅县人民医院综合住院楼、梅县移动生产调度楼获梅州市安全生产、文明施工“双优”示范工地。3. 工程交易、造价公平公开。工程交易严格执行《中华人民共和国招标投标法》和各级各行业相关的招标投标法律法规、规章，改进和规范投标程序和《招标文件》，及时更新和维护建设工程信息网站的有关信息，做到公平、公开，按时发布信息，提高投标透明度和公平性。全年进行招标项目85项，总投资2.26亿元。其中：公开招标工程85项，总造价2.26亿元；受理招标工程的最高投标限价及其相关资料的备案40宗，备案金额约32.3亿元;受政府办委托，协助财审中心解决历史遗留工程“望江楼宾馆”的结算事项，结算金额约379万元。4. 建筑节能稳步发展。该局积极创新思路，转变工作方式，深入抓好散装水泥、墙体革新和建筑节能工作。在散装水泥方面，全区预拌混凝土企业共10家，销售预拌混凝土60.9万立方米以上，水泥散装率供应量380万吨；抒拌砂浆企业1家，抒拌砂浆使用量1000吨；2016年新增干粉砂浆备案1家（梅州新嘉建材有限公司），年设计生产能力30万吨，全年生产干粉砂浆4.8万吨；抒拌砂浆使用逐步推进，城区内建筑施工现场搅拌禁止率98%；散装水泥专项资金在2016年2月前征收58.2万元，2月后停止征收，散装水泥专项资金返退共13单，合计81.73万元均按规范程序返退；在墙材革新方面，全区2016年墙材生产企业认证备案6家，新增墙材生产企业认证备案2家，生产粉煤标砖2.1亿块，综合利用粉煤灰140万吨，混凝土砌块生产量12.8万立方，新墙材应用共验收25宗，面积91.2万平方米，墙材专项资金入库达1365万元，返退墙材专项资金1565万元,共29单均按规范程序返退；在建筑节能方面，办理建筑节能设计审查备案34宗，公共建筑面积35.7万平方米，居住建筑面积66.9万平方米，总面积110万平方米。建筑节能审查备案率100%，加快推进建筑节能分部工程专项验收制度。大力推广节能照明应用，雁洋，白渡，松口，新县城公共场所、沿江路改造照明系统等，全面推广采用光亮度高、节能环保LED灯，绿色建筑可再生能源申报示范工程有梅县区粤东医院、梅县区枝工学校等。

【房地产管理与开发】 房地产业 一是全年共发放商品房预售许可证77宗（同比减少18宗，下降18.9%），批准预售面积69.73万平方米（同比减少11.37万平方米，下降14%）、4981套（同比减少420套，下降7.8%）。2016年，全区房地产销售10584套，与上年同比增加23.74%。二是创新模式加快非住宅去库存。梅县区正尝试新的模式，以商业体为一种新趋势、新模式，如锦发君城、客家新世界是作为小区配套设施大型商场；锦绣国际作为一个建材、家居批发市场，这些为解决商铺销售难、加快去库存起到良好的示范作用。2016年，净化解非住宅商品房5.76万平方米，超额完成市政府下达的非住宅商品房去库存2万平方米任务。据统计，2016年房地产税收5.81亿元。三是批准成立7家公司，至年底，全区房地产开发公司有121家。四是加强小区物业管理。通过规范推广前期物业工作，逐步推动物业管理工作。至年底，程江、新城共成立小区业主委员会100个，物业公司17家。五是规范房产档案。2016年5月，房产档案因机构变动，合并到梅县区国土资源局不动产登记中心。11月1日，完成梅县区数字城建档案馆建设项目110万元的招标工作。全年立卷归档3325卷（件），（其中：2015年度文书档案380件40卷、基建档案 3205 卷、专业档案 80 卷）。至年底，室藏资源 25769 卷，录入档案条目 34814 条。

保障性住房建设　区住建部门贯彻落实中央、省、市有关精神和要求，坚持以人为本，完善住房保障体系，积极推进保障性安居工程建设。加快廉租住房、经济适用住房、公共租赁住房、棚户区建设工作进度，精心组织抓好工作落实，以务实的态度全面完成 2016 年市政府下达梅县区城市棚户区改造任务 1028 户（套）、新增公共租赁住房 142 套的任务。全年审批符合享受住房保障条件的家庭 14 户；按规定发放住房租赁补贴，审核 4 户不再享受住房保障入住条件，做好房改房上市管理工作。2016 年，全面完成市政府下达给梅县区的农村危房改造任务 780 户。同时，积极做好公房房租收缴和公房安全维修管理等工作，全年维修房屋 608 间，建筑面积 1.86 万平方米，维修费支出 25.3 万元。全年房租任务 229 万元，实际收缴 240 多万元，完成任务的 104%。

房屋征收与安置　坚持先安置、后拆迁原则，组织强有力的队伍，依法依规推进征地拆迁工作，并妥善安置失地农民和拆迁户。在房屋征收方面，2016 年拆迁工程主要有：梅汕高铁（梅县区段）项目、梅畲快速干线项目、梅平高速项目、新城西片区树果果儿童智力乐园项目、扶大所里超华科技公司旁通往剑英大道项目、扶大盈方创投建设项目、南口镇长山村政府储备用地建设项目。全年新启动房屋征收项目 7 个，完成 577 宗房屋征收补偿，签订征收补偿安置协议书 577 宗，发放房屋征收补偿款约 1.94 亿元（含各镇直接发放的补偿款），征收并拆除房屋、附属物占地面积 6.29 万平方米，建筑面积 8.69 万平方米。在拆迁安置方面，一是继续做好区委区政府交办的梅兴华丰梅县共建园（畲江）建设项目公和村拆迁安置地的规划，该安置地安置面积 6650.96 平方米，安置公和村 15 个被征收户，至年底，已通过设计部门的设计规划，正进行政府过会中；梅兴华丰梅县共建园（畲江）建设项目松棚村拆迁安置地安置面积 7235 平方米，安置松棚村 25 个被征收户，已经完成安置抽签，正规划设计中；二是在安置房方面，公园北路幸福家园安置被征收 118 户，继续做好房屋交付手续，房产证和土地使用证的办理正有序进行中；三是做好公园北路蓝屋角安置区室外水沟道路及 12 米宽全长 270 米道路工程建设，9 月 1 日验收，完成工程额 248 万元，解决困扰铁炉桥周边群众排污排灌及行路难问题；四是认真协助南口、林业局做好梅州市梅县区林业局苗圃场租赁国有土地收回工作，7 月，基本完成苗圃场 20.53 公顷收回工作。做好松源镇彩山村政府储备用地和梅大高速东环支线测算和实施方案等准备工作。

住房公积金　为进一步提高全区干部职工的住房居住水平，加快城镇化进程，缓解公积金贷款难问题，区财政部门在 2016 年调整住房公积金的缴交比例，由原来的 9%提高至 12%，大大增加缴存金额。2016 年，梅县区新增 12 家非公企业共 663 人参与建立住房公积金制度。全年办理住房公积金缴交单位 426 个，缴存人数 2 万多人，共归集住房公积金 3.62 亿元,累计吸存住房公积金 15.96 亿元，归集余额 7.62 亿元，同比增长 7.8%；审查住房公积金抵押贷款 735 户，发放贷款户数 421 户，累计贷款发放户数 5383 户；发放贷款额 1.19 亿元，累计发放贷款总额 9.44 亿元，收回贷款金额 7156 万元，累计收回贷款金额 2.99 亿元；办理住房公积金支取、转移人数 7204 人，金额 3.11 亿元，累计提取总额 8.65 亿元；催收补交住房公积金单位 28 个。

【建筑设计】　一是协助做好高铁梅州西站、畲江北站站房和站前广场规划设计的审查工作，协助做好招商引资工作，为企业的引进提前做好项目选址和土地出让等工作。二是完成了梅县区新城水厂、棚户区、罗坑粮仓、中医医院医技楼、富力城、客都新天地、锦绣国际、俊诚汽车城等一批重点项目的规划、报建审批工作。三是协助完成 88 宗用地规划（面积 190.44 万平方米）和 152 宗建筑工程（建筑占地面积 32.1 万平方米）规划报建审批工作；同时，依据《中华人民共和国城乡规划法》，对各规划建设的项目进行严格、规范的规划核实。四是做好规划用地红线图的绘制和技术服务，做好市政专项规划和剑英大道延长线、客都大桥连接线、进城大道等一批市政道路的规划审查工作。五是做好“三旧”改造的规划设计工作，使“三旧”改造工作平稳有序地推进。

【窗口服务】 区住建部门充分依托梅县区行政服务中心办事大厅平台，严格执行“首问负责制”、坚持落实“一个窗口进、一个窗口出”的办证工作流程，进一步强化进驻人员的思想观念、工作纪律、服务意识、服务细节、业务技能等。全年受理网上大厅行政审批270项，办结260项，全部按时办结；全年办理建设工程用地规划许可证26份、建设工程规划许可证305份、放、验线记录305份、建筑工程施工许可证189份，市政公用、管线沟工程规划许可16份，选址意见书1份；整理单位报建资料87份，城区私人建房资料6份，用地规划许可资料23份，管线规划许可资料16份。

（供稿：邓夏星）

城市综合管理

【概述】 2016年，区城市综合管理部门按新型城镇化建设及城市扩容提质的要求，依托数字城管系统，加强城区的城市管理工作。对20平方公里建成区内违法建设、市容市貌、环境卫生、市政设施、园林绿化、城市路灯等日常城市管理工作实行网格化管理。

【环境卫生管理】 按照国家卫生城市标准，加大城区260万平方米道路清扫、保洁力度，主要街道路面按照16小时的保洁要求进行保洁。实行小区定点定时收集垃圾，一天二次收集，营造干净整洁的小区。推行环卫作业市场化，基本实现“管干分离”，有效提升城市清洁水平，城区生活垃圾无害化处理率100%。同时，进一步完善环卫基础设施，不断提高环卫作业水平。2016年，投入50多万元,购置移动式垃圾压缩箱及完善城区果皮箱设置，有效提升区域环卫垃圾清运水平。

【市政道路】 以项目建设为抓手，推动“环境升级、城市升值”。2016年，投入2.5亿元，建设总长2860米的剑英大道延长线及客都大桥连接线市政道路，其中剑英大道延长线工程基本完工，客都大桥连接线工程项目完成总工程量约80%。投入1.3亿元，建设富力城地块、喜之郎地块、程江镇政府侧、宝丽华总部侧、梅州师范至乡树园等10条市政道路。投入1.8亿元，建设进城大道工程（宪梓大道南至高铁梅州西站）项目，工程分两期进行实施，首期工程投资7100万元，完成工程量约50%。二期工程待梅州中心城区总体规划及梅县西片区葵岗片区控制性规划确定后可进入设计并实施。投入2600多万元，对大新城人民南路等道路进行改造升级（铺设柏油路面）。以上道路的建成，将完善梅县新城市政道路网络，推进中心城区扩容提质。组织维修大新城周边等城区市政道路，累计修复路面2.5万多平方米，有效提高路面完好率，解决城区道路坑洼破损问题。

【园林绿化】 2016年，投入80多万元，对城区绿地进行增绿补绿，增加绿地面积1.8万平方米。同时加强对城区49万平方米公共绿地的监管力度，完善对承包企业的考核制度，进一步提高城区绿化水平。

【路灯、灯饰】 为进一步提升城区亮化水平，2016年，投入500多万元，对梅塘西路路灯进行改造，对华中路、桃源小镇侧路、锦秀街、新华街及花园城周边等路段进行新装路灯，进一步提高城区路灯覆盖面。至年底，城区路灯里程长165.38公里，有路灯7582杆、19950盏。通过抓好城区路灯日常维护管理，亮灯率保持在98%以上，路灯故障修复及时率、开关灯时间准确率、灯容灯貌合格率都达到国家规定标准。

【城市管理监察】 按照城市扩容提质的要求，强势推进市容市貌整治和城市管理行政执法工作，城市综合管理水平有较大提升。（1）违法建设得到有效防控。对违法建设行为零容忍，实行网格化管理，对违法建设及时发现、及时制止、及时拆除。全年查处各类违章、违法建设120宗、面积6000平方米，强制拆除100宗、面积5800平方米。（2）建筑垃圾运输车辆管理收到明显成效。加强对未封闭严密、轮胎带泥、沿途撒漏、污染路面的泥头车的整治力度，现城区泥头车撒漏污染路面和乱倒建筑垃圾等现象已得到有效遏制。同时加强源头管理，在城区主要建筑工地安装无线视频摄像头，实时监控建筑垃圾运输车辆进出工地的情况，发现违规情况后及时介入查处，提高管理力度和执法效率。（3）市容环境综合整治取得明显成效。加大对城区乱摆乱卖等“六乱”行为的整治力度，对占道经营的夜排档进行专项整治，同时处理好堵与疏的关系，引导摊贩进店进市场经营。全面治理违章户外广告和店面招牌，确保城区市容市貌整洁、有序。全年组织集中整治行动180多次，规范店外经营门店3600多间，取缔流动乱摆卖摊档1600多宗，清理、拆除城区违章灯箱广告牌300多块，整治夜排档500多家。

【管道燃气】 不断增强燃气供应保障能力，敷设完成天然气市政管道15.37公里、庭院管道37.5公里。全年，梅县区天然气供气总量469万立方米，液化石油气供气总量4927吨。至年底，累计天然气用气户数21948万户。进一步规范瓶装石油液化气管理。

【惠民亮点工程】 为缓解城区交通压力，推动绿色健康出行，建设生态文明城市，区委、区政府把梅县区公共自行车项目纳入2016年民生实事中。项目通过政府购买服务方式，采用建设与运营管理一体化模式，由国企上市公司杭州金通公共自行车科技股份公司进行建设与运营管理。项目首期投入2000多万元，建设48个站点，投放1300辆自行车，主要设置在城区各主要道路、场所，为市民提供城区短途出行便利，缓解城区交通压力，有效提升城市品质和形象。

（供稿：办公室）

环 境 保 护

【概述】 2016年，区环保局紧紧围绕“一个目标、三大抓手、二条底线”目标，突出环境优先，树立底线意识，严格环境监管，扎实推进污染减排，着力解决突出环境问题。全区环境质量保持良好，空气质量优于国家二级标准，城区空气质量优良率98.1%，局部环境空气质量持续向好；地表水水质基本达到划定功能区标准，饮用和备用水源水质达标率100%；城区环境噪声基本符合城市噪声质量标准。2016年，环保责任考核位列全市第一。

【环境监测】 进一步推进网格化环境监管体系建设，推行污染源日常监管双随机抽查制度。构建全区“全面覆盖、层层履职、网格到底、责任到人”的区、镇两级环境监管网格。明确工作责任，落实各级政府和相关部门环境监管主体责任，全面推进环境监管执法法治化，确保环境监管全覆盖。积极推进执法人员和监管对象“双随机”抽查制度。每季度对国、省控和市重点污染源、重大环境风险源至少抽查25%，按不少于1∶10的比例（在编在岗监察分局执法人员数量∶被抽查单位数量）确定年度抽查对象。重点检查被抽查单位防治污染设施运行情况，污染物排放情况，以及环评、“三同时”、排污许可证等环境管理制度落实情况。促进企业自觉履行环境保护和环境安全主体责任，营造公平竞争、安全发展的良好环境。

【环境保护管理】 环保准入 认真贯彻执行环保法律、法规，落实产业政策，强化环评审批集体审议、信息公开和事中事后监管，严把建设项目环评审批关。全年审批建设项目165宗；否决16宗选址不当的申报项目。建设项目环境保护竣工验收53宗。办理排污许可证57宗。初步完成《梅县区“十三五”生态建设与环境保护规划》编制工作，组织完成《梅州市梅县区生态严控区修编方案》。

环保服务 深化行政审批制度改革，简化审批程序，实施行政审批标准化，完善办事指南和办事流程。对重点项目、民生工程和城市基础设施建设项目实行特事特办，快速审批。做好2016年度环境保护专项资金的各项工作。开展2010—2014年度环保专项资金16个项目的验收工作。做好2015年度镇级饮用水源地（10个乡镇）环境保护专项资金验收工作。启动2016年度省级环保专项资金梅县区南口镇农村连片整治项目。完成2017年度环保专项资金项目申请材料的上报工作（6个项目）。

环保信访 畅通接访渠道，完善信访制度，及时调处环保信访投诉，妥善解决群众关心的热点、难点问题，查处和纠正违法违规行为。受理各类投诉488宗，处理率100%。重点开展中高考期间噪声综合整治工作和夜间建筑施工执法检查工作，加大对噪声扰民的巡查监管力度，为全区考生创造良好的复习和考试环境。积极配合松源镇政府，妥善解决省厅交办的省信访积案“松源镇湾溪村陈某某信访问题”一案。

环保宣传 加大环境宣传力度和资金投入，提高社会公众的环保意识。在区域内的3个公共场所户外LED屏幕及部分政府、事业单位、社区、酒店、学校、医院等42个邮政社区视屏广告机、区环保局公众网站、区环保局大厅LED屏幕中滚动播放创模及环保公益宣传广告、标语；配合做好“12 · 4”法制宣传日的大型法制宣传活动；积极组织辖区内的中学生参加第二届广东中学生环保演讲比赛；发动20所中小学开展省级、市级和区级绿色学校创建活动。

【污染减排】 加强对国控企业的日常监管及各项环保设施和在线监测系统正常运行的日常监督；新城水质净化厂二期污水处理能力逐步增强。雁洋、畲江和松源3个中心镇污水处理厂通过验收；对列入2016年农业源减排计划的规模养殖场现场检查，指导养殖场管理者完善场内治污设施，整理减排台账材料。全年削减化学需氧量排放量约708.5吨、氨氮排放量约80.51吨、二氧化硫排放量约5341.51吨、氮氧化物排放量约698.43吨。

【环境综合整治】 执法监管 一是认真开展环保专项执法检查行动。以汛期环境安全检查、涉危险废物专项检查、重点行业环境保护专项执法检查、城市风险点危险源排查整治、严厉打击环境违法犯罪行为等专项行动为重点，对辖区内容易引发污染事故的企业，开展大排查、大整治。抓好2015年环保大检查中发现问题的整改落实。开展环境执法大练兵。加大对违法案件的查处力度，出动执法1631人次，检查企业612家次，发出《责令改正违法行为决定书》25份，立案13宗、处罚金额27.45万元，结案8宗、罚款9.05万元。全年，排污费入库额747.5万元。二是做好环境违法违规建设项目清理整顿工作。妥善解决历史遗留问题。关停9个违法建设项目，办理备案203宗。

全市十大环境问题整治 对列入全市十大重点环境问题的各项整治任务，全力以赴，扎实推进整治工作。已完成了城市规划区内7间实心黏土砖（瓦）厂关闭和拆除、松口镇垃圾场关闭综合整治、梅县区倾倒建筑余泥和焚烧垃圾环境污染问题整治、梅江河二级饮用水源保护区、石窟河白渡丙村段环境污染问题整治工作任务；梅江河城区段沿河排污口环境污染问题完成了排污口截污工作方案，明确各项工作实施和完成时间；第四季度的程江河环境污染问题整治正在开展。

重点整治　1. 水污染防治。认真组织实施《梅县区南粤水更清行动计划（2013—2020 年）实施方案》，加强饮用水源保护，做好梅江河新建水厂饮用水源保护区周边的环境整治，落实专项资金用于水源保护区的规范化建设，完成 10 个镇的集中式饮用水源保护区的划定以及保护的相关工作；组织开展江河水环境治理，着力解决程江水域周边的垃圾处置、经营性污水排放问题；组织开展梅县区省、市控河流交接断面和梅江支流监测断面监测及污染调查；及时根据省市下达的梅江流域我区水环境质量状况通报情况，对梅县区梅江流域 11 个断面的水质进行调查，为水环境管理工作提供依据。2. 大气污染防治。制定实施《梅县区大气污染防治行动方案（2014—2017 年）行动方案》和《梅县区大气污染防治 2016 年度实施方案》，加强机动车污染防治，实施黄标车闯限行区电子执法。全年，发放机动车环保标志 7136 个，淘汰黄标车、老旧车 2340 辆，完成锅炉淘汰整治 14 台套，完成全年整治任务。在 12 月开展的城区餐饮店油烟整治工作中，检查餐饮店 930 家，发放整改通知书 657 份。委托风华环保公司对城区主干道洒水抑尘；会同区公安、城管、住建等部门开展联合执法，加大对城区扬尘、机动车尾气、工业企业废气、餐饮油烟、露天焚烧等综合整治，有效改善城区环境质量。3. 重金属污染防治和清洁生产工作。制定并实施梅县区 2016 年重金属污染防治规划，加强监督检查，完善台账，做好重金属污染防治考核有关工作。开展新一轮强制性清洁生产审核验收工作，侨韵公司顺利通过验收。按照市局下达梅县区 2016 年清洁生产审核验收的重点企业为 9 家，已通过审核验收的有 5 家、3 家待验收、1 家施工。此外，做好工业挥发性有机物治理和固体废物、化学品管理。

中央环保督察组交办工作　认真做好中央环保督察组 11 月 28 日进驻广东后的转办件调查处理、调阅资料报送等工作。协调各部门积极配合、快速处置。至 12 月 31 日，收到转办案件 15 批次 24 宗（重点案件 3 宗）。已查处 24 宗，办结 6 宗。全区各职能部门对涉案企业和个人采取责令立即改正 13 家、限期整改 9 家，立案处罚 5 家，处罚金额 7.28 万元，停产整治 24 家，停电停产 1 家，关停取缔 2 家。同时，做好相关材料报送工作，报送调阅资料 7 批次，案件办理材料 15 批次，简报和边督边改情况汇总表各 29 批（份）典型案例和其他材料一批。

（供稿：办公室）

对外经济贸易

【外商投资】　2016 年，梅县区批准外商投资项目 3 个，合同外资金额 4887 万美元，同比减少 10%。实际利用外资 1092 万美元，同比减少 42.5%。

【对外经济贸易】　2016 年，梅县区完成进出口总额 28735 万美元，同比减少 46%。其中，出口总额 23120 万美元，同比减少 51.6%，进口总额 5615 万美元、同比增长 3.6%。

【对外经济管理】　搭建平台，积极推动企业“走出去”。组织 20 多家外经贸企业参加广交会及德国等境内外展览会。

2016 梅县区年外贸骨干企业出口海关统计表

表 2　　单位：万美元

序号	企业名称	当年金额	基期金额	同比增长(%)
1	卡莱（梅州）橡胶制品有限公司	10322	13733	−24.84
2	BPW（梅州）车轴有限公司	2519	3063	−17.75
3	梅州瑞东厚珠宝首饰有限公司	1514	0	+100
4	梅州市中一实业发展有限公司	962	648	+48.56
5	梅县新瑜盛制衣有限公司	805	714	+12.65
6	梅州市锦芳工艺有限公司	796	930	−14.47

2016 梅县区年外贸骨干企业进口海关统计表

表 3　　单位：万美元

序号	企业名称	当年金额	基期金额	同比增长(%)
1	卡莱（梅州）橡胶制品有限公司	2535	3926	−35.43
2	梅州瑞东厚珠宝首饰有限公司	1065	0	+100
3	BPW（梅州）车轴有限公司	833	860	−3.13
4	广东超华科技股份有限公司	789	0	+100

（供稿：李晓莹）

商贸流通

2016 年，全区实现社会消费品零售总额 142.01 亿元，同比增长 14.1%。其中，城镇零售总额 99.96 亿元，同比增长 14.6%；农村零售总额 42.05 亿元，同比增长 13%。分行业零售总额中，批发和零售业零售总额 123.61 亿元，同比增长 14.6%；住宿和餐饮业零售总额 18.39 亿元，同比增长 10.7%。

供销商业

【概述】 全年商品总购进 65576.2 万元，同比增长 13.33%；商品销售总额 69597.33 万元，同比增长 13.04%；农副产品销售总额 16449.71 万元，同比增长 5.85%，实现利润 47 万元，同比增长 30.56%。

【"新网工程"建设】 加强"新网工程"建设，提升服务"三农"水平，使供销社成为新时期为民服务的"便利店"、助农发展的"加速器"，搞活城乡流通，助推农民奔康致富。一是完善农资现代流通网络，发挥农业生产资料公司的主渠道作用，加强与农资厂商的联系合作，扩宽农资商品供应市场，以配送中心、22 个加盟店、67 个农资配送经营常年客户网点为载体，开展"一站式、零距离"的服务，送肥送药到果园、菜园、田间地头，满足群众的农业生产需求，服务"三农"。全年销售各类化肥、农药、农膜等农资商品 1.75 万吨，金额 4372.65 万元，同比增长 18.42%。二是健全农产品现代流通网络，组建联合社，壮大聚集发展。联合利民水果专业合作社、大雅红肉蜜柚专业合作社、梅县三乡情专业合作社等 25 个专业合作社组建联合社；与松口大黄村经济联合社、（客家）村镇银行"三家"联动，联合 22 个农民专业合作社组建联合社，信息资源共享，优势互补，为农促销。2016 年，金柚出现销售"瓶颈"，区联社充分发挥电子商务优势，开展网上销售业务，推动农产品和金柚的销售，全年销售蜜柚、金柚 5.5 万多吨。三是加快再生资源现代流通网络建设，助力推动城乡人居环境的净化美化。充分发挥物资回收公司的主导作用，利用全区 5 个直营店、80 个加盟店和 160 多个废旧物资回收经营网点，开展分购联销活动，推进绿色回收进社区、进农村活动，减少环境污染，实现再生资源的循环利用，净化美化城乡人居环境。全年废旧物资购销额 8977.65 万元，同比增长 0.86%。四是推进日用消费品现代经营网络建设。组织 60 家农民专业合作社入驻市供销社的电子商务平台和"供销社百货大商场"栏目建设，其中有 4 家专业合作社进驻实体店，使广大消费者通过电子商务平台就能快速得到民生综合服务的各种信息，为群众提供更完善、全面的便民服务。利用"梅县华百百货商行"购销平台，完善"城市配送中心+乡镇超市+行政村加盟店"的三级联动双向的现代经营流通网络，有效地改善城乡消费环境，提升供销社的服务功能，扩大销售。全年日用消费品销售额 1.45 亿元，同比增长 14.73%。五是创新经营举措，推动"互联网+"模式，引导农民专业合作社与电子商务对接，推动发展供销社电子商务。依托区电商产业园电子商务平台，大力扶持和鼓励各类专业合作社网上开店，开展与 5i5D 代销平台业务，推动农民专业合作社的农产品与电商企业有效对接。2016 年，"十记果业公司"通过电商平台实现 8000 多万元的销售额。大力协助"梅县供销冶金化工建材公司"和梅西中心社开设网上供销社，提升服务水平和拓展业务经营范围，实现线上线下融合发展。

【农民专业合作社建设】 充分发挥山区的优势资源，按组织化、规模化、品牌化、产业化标准，大力打造专业合作社品牌，积极引导专业合作社走特色之路。一是大力培育打造省级、市级示范社，整体提升市场竞争能力。2016 年，扶持发展影响力较大、带动能力较强的农民专业合作社 4 家，累计 75 家，入社农户 10795 户。打造省级示范社 3 家，累计 30 家；有市级示范社 28 个，国家级示范社 2 个。二是大力打造专业合作社品牌，积极推动专业合作社走旅游＋农业综合发展道路。全力扶持梅县区三乡情青梅专业社认真做好梅山、梅园文章，打造集赏梅、品梅、酿酒、休闲娱乐、生态产业发展、高效精致农业于一体的特色旅游观光农业示范园，与梅州市假日旅行社共同合作，推动特色旅游活动；梅县金丰园种养专业合作社成立旅游开发公司，是集餐饮、游玩、农事体验、住宿为一体的休闲生态度假基地。三是全力抓好利民、大雅两个国家农综项目的完善工作，严格按照国家级项目要求，督促抓好落实。四是加强与广东华清园生物科技有限公司的合作，以供销社+公司+基地+农户的模式，继续扶持嘉泰梅片树种植专业合作社的发展壮大，带动农户种植梅片树 200 多公顷，引领当地群众"耕山致富"。五是做好支持农民专业合作社开展信息交流、技术培训、农产品质量认证、产品品牌建设、农业生产基础设施建设、市场营销和技术推广等服务工作。同时，加强对专业合作社的宣传，为5家专业合作社拍摄宣传视频，撰写专业合作社风采栏目报道20篇。

【农超对接和平价商店建设】 一是抓好农超对接、平价商店建设工作，促进专业合作社与超市的有效对接，扩大农产品直接供应超市的销售，让农副产品不愁销，切实提高农民的经济收益。二是依托畲江基层中心社，大力推进该社与省供销社梅州天润公司的合作，做活做强畲江中心社天润平价粮油直营店，活跃流通，方便群众，改善城乡消费环境。

【市场监督管理】 全年组织出动60多人次，检查所属农资配送中心、农资加盟店、农家店60多间，检查化肥3200多吨，农药30多吨，所属经营网点均未发现生产、销售伪劣农资产品的行为。检查废旧物资回收加盟店、经营网点130多个，均能落实废旧物资回收登记管理制度，健全废旧物资回收市场管理秩序。

【基层组织建设】 一是加强基层供销社和下属企业的经营管理，协助基层社和下属企业解决困难和问题，恢复和健全基层社和下属企业为农服务功能。2016年7月，区供销联社党委将转制后关闭的果品、日杂、发展、土产四个公司党支部并入冶金化工建材公司党支部，让下岗后的党员过上正常的组织生活。二是不断完善畲江、梅西中心社建设，更好地发挥中心社的“辐射”功能，提升为农服务水平，推动各项经营业务稳步发展，取得良好的经济和社会效益。全年中心社实现销售总额3489.94万元，同比增长12.46%。

（供稿：办公室）

烟草专卖

【概述】 2016年，梅州市梅县区烟草专卖局(分公司)1—12月实现销售收入6.16亿元(不含税)，同比增加3.19%；实现税利1.77亿元，同比增加18.58%；上缴税收3700万元，同比增加4.15%。

【烟叶生产】 一是严控面积坚守红线，狠抓烟叶生产收购工作，落实常规适用技术，开展市级优质烟叶生产示范点创建活动。全区签订电子合同612份，落实种植面积719.4公顷，收购烟叶29994.5担，完成收购计划的99.98%，收购均价1301.5元/担，烟叶收购等级合格率和工商交接等级合格率均位列全市第一。二是通过齐抓共管，完成2014、2015年烟基建设任务，并通过验收。全年上级下达烟基建设项目47件，预计投入补贴资金36.55万元，至年底，已完成15座烤房设备维修项目和32台农机具的购置工作。三是积极争取区委区政府的支持和配合，稳步推进基层站点建设。隆文镇站点现已进入初步设计阶段，松东站点也进入选址、用地协调等前期准备工作。

【卷烟营销】 一是高度重视卷烟销售工作，聚焦消费环节，激发消费活力，开展主题营销活动，效益结构稳步提升。全年销售卷烟2.1万箱，完成全年任务的100.01%，实现单箱收入（含税）29878.23元，同比增加2.89%。二是坚持工商零(工业、商业、零售）相结合，加强品牌培育工作，挖掘农村市场潜力。全年销售重点骨干品牌卷烟1.88万箱，同比增加197.98箱，销量占比89.30%；销售省产双喜1.28万箱，同比增加9.64%；其中销售省产双喜一类烟2800箱，同比增加14.71%。三是按照“动员+服务”的工作思路，打造一批、巩固一批优质终端客户，共建成终端店368户(其中形象店4户，功能店364户)，占比20.01%，扫码销售上传率98.59%。四是坚持客户导向，通过规范中转站管理、缩短客户等待送货时间、优化送货线路等，有效控制送货成本，提升送货服务水平和客户满意度。至年底，全区有持证入网零售客户1814户，其中电子结算占比90.35%，网上订货客户占比92.78%。

【专卖管理】　一是坚持不懈抓打假。成立烟草联合执法办公室，加强打假舆论宣传，积极排查制假窝点，加大对假烟生产加工、运输、分销各环节的打击力度。全年查处假烟案件 20 宗，案值 128.77 万元，协助公安机关逮捕 3 人。二是加强市场监管，建立卷烟经营大户和违法违规经营户档案，实现对重点人员的重点管理。深度推进 APCD 工作法，严格落实集中检查、错时检查及零售户诚信等级评价制度，确保市场监管效果。举行新一轮卷烟零售点合理布局规划听证会，进一步规范许可证审核、发放工作，对申请事项做到“一口受理”。三是强化内部监管，深入推进真烟非法流通的防控与治理。全年全区查获非烟 237.21 万支，同比增长 116.84%，外流卷烟 11.76 万支，同比减少 27.67%；开展规范自查自纠，严格开展“两烟”日常监管和专项检查，反馈异常信息 7 条，提出纠正意见 4 条。至年底，全区办理零售许可证 988 份，处理违法案件 374 宗，同比增加 162 宗，查处涉案卷烟 484.35 万支，涉案金额 287.53 万元。

（供稿：钟怡明）

食盐专卖

【概述】　2016 年，区盐务局（公司）围绕广东盐业应对盐业体制改革工作部署，坚持履行好专营职责，强化盐业市场监管，实现保障区食盐质量安全与供应安全的目标。全年销售量 4600 吨，销售收入 1280 万元，非盐业务收入 250 万元，碘盐合格率、覆盖率、货款承付率均 100%。

【体制改革】　2016 年 5 月 5 日，国务院发布《盐业体制改革方案》，以确保食盐质量安全和供应安全为核心，在坚持食盐专营制度基础上推进供给侧结构性改革，明确“四改革”“四完善”“四加强”的系列改革举措。“四改革”：改革食盐生产批发区域限制、改革食盐政府定价机制、改革工业盐运销管理、改革食盐储备体系；“四完善”：完善食盐定点生产制度、完善食盐批发环节专营制度、完善食盐专业化监管体制、完善盐业法律法规体系；“四加强”：加强盐业企业资质管理、加强信用体系建设、加强科学补碘工作、加强应急机制建设。

【主营业务】　一是结合食盐专营企业准公共性企业的定位，立足保市场供应、保食盐安全、保经济效益、保企业和谐，把营销工作向纵深方向发展，做精做细每一个环节，确保市场持续稳定；二是提升食盐直配直送率，切实掌控终端网络；三是做好饲料用盐和工业用盐客户的沟通和合作；四是合理布局季节性用盐的供应，并提前做好沟通联系，确保腌制用户不会从其他非法渠道购进盐产品；五是提早准备，落实食盐储备任务；六是做好食盐价格监测点选定，掌握食盐价格动态，防止囤积居奇，哄抬盐价行为，特别是保障了边远地区的食盐价格平稳和合格碘盐供应；七是做好食盐电子追溯系统建设，完成食盐产品来源可追溯、去向可查证、责任可追究的食盐安全可追溯体系。

【市场管理】　区盐务局（公司）以高度责任心强化盐业市场监管。一是贯彻落实省盐务局、食药局、工商局联合印发的《关于加强全省食盐市场经营管理的通告》精神，抓好食盐政策宣传工作，派出盐政执法人员在全区派发通告，并与用盐大户、经销商签订《食盐安全责任书》，提高全社会对食盐安全重要性的认识；二是履行盐业市场日常监管职责，要求盐政人员坚持下乡，全面实现市场监管常态化，防止假冒伪劣盐冲销食盐市场；三是强化联合执法工作机制，定期联合各职能部门开展食盐集中打假整治行动，全面检查全区用盐情况，严厉打击制售假冒伪劣食盐的违法行为；四是落实区域盐政管理联防联治工作机制，联合周边县盐务局开展食盐市场专项检查行动，大力治理边界盐业市场，防止假冒伪劣盐流入本区；五是做好“一证两书”签订和网上办事大厅和“两法衔接”建设工作，提升盐政执法服务水平。

【营销宣传】 充分利用“3 · 15”消费者权益日和“5.15”防治碘缺乏病日，向消费者宣传食盐消费自我保护常识和盐业法规，提高广大市民“吃好盐”、“少吃盐”和科学用盐意识；认真贯彻落实省公司提出的“以盐带路”指导思想，推动多元化经营工作部署，通过“以盐带路”加强非盐产品宣传，把优质、健康食品营销至各终端消费者，非盐业务再上新台阶。一是采取掌控终端、建设渠道及客情维护“三位一体”的营销模式；二是坚持发挥员工营销宣传及辐射作用，开展全员营销、团购营销，非盐销售再创新高；三是依托食盐专营企业诚信影响力，针对企业、学校食堂油米消费市场的特点，以工业园区企业及学校食堂为油米产品的突破口，成功签订多单专供粮油合同；四是定制广盐外包装袋和广盐“产品直供点”牌匾,在每个大食堂的醒目位置挂上粤盐产品直供点牌匾，让就餐员工、学生食得放心，进一步提升粤盐品牌影响力。

（供稿：吴建强）

电子商务与物流

梅县区电子商务产业园引进云电商基金建设云电商生态城，形成以云电商生态城、电商创业大厦、淘宝创业园、现代农业示范区电商园为主体的电子商务发展平台和产业集聚区。2016年，引进电商企业 58 家，全区现有电商企业 80 家；全年全区电子商务企业交易额 12.5 亿元。

【扶持措施】 区政府出台《梅州市梅县区关于加快农村电子商务发展的实施意见》（梅县区府〔2016〕7 号），积极探索、稳妥有序推进镇级农村电子商务服务站建设。拓展电商人才培训，扩大电商培训范围，带动青年电商创业就业，2016 年开展各类培训 43 期 1503 人（次）、孵化企业 83 家，为打造大众创业、万众创新打下坚实的基础。引进广东工业设计城有限公司进驻梅县区，建立广东工业设计粤东基地，实现网店运营、设计、客服、营销、仓储、物流、售后等服务一体化，打造工业创业平台。

【培育工作】 2016 年，建成 19 家镇级电商服务站，为当地村民提供网络代购和农特产品收购、销售，提升农产品价值，发挥重要作用。组织 3 家企业参加广东省“互联网+”试点项目工作：广东振声科技股份有限公司申报工程爆破信息化职能管控系统项目入选 2016 年广东省“互联网＋”先进制造试点项目；广东十记果业有限公司申报梅州农副产品电子商务运营推广与金柚科技示范园建设项目；广东李金柚农业科技有限公司申报广东李金柚“互联网＋”柚果储藏保鲜电子商务项目，入选广东省“互联网＋”现代农业项目。有 8 家企业和个人获评 2016 年中国 · 广东农电奖：梅县区淘宝创业园获评优秀县域电商创业园奖；广东绿丰农品现代农业发展有限公司获评“互联网＋”休闲农业领先奖；广东李金柚农业科技有限公司的李永生和梅州市兴缘农业发展有限公司的林绿获评致富带头人奖；梅州市永兴客家食品有限公司的“客商”获评最具潜力电商农产品品牌奖；梅州启赢电子商务有限公司获评农村电子商务服务型企业奖；广东十记果业有限公司获评农村电子商务标杆企业奖；梅州客来客往有限公司获评电商扶贫模范奖。

【发展规划】 梅县区制定电子商务发展目标：至 2018 年，全区培育 3—5 家在广东省较有影响力的农村电子商务企业，培养农村电子商务创业队伍 2000 人，培训电子商务应用技术人才 2000 人，实现农村电子商务服务站（点）全覆盖，力争实现农村电子商务年销售额超 10 亿元。

（供稿：李晓莹）

粮食储备

【概述】 2016年，区粮食部门切实抓好依法治粮工作和抓好粮食安全政府责任制落实工作，完成新增粮食储备规模任务，确保全区粮食安全。全年完成代储省级储备粮5000吨（稻谷）、新增县级储备规模2.6万吨（稻谷）和食用植物油动态储备50吨，各占计划任务的100%，全面完成当年粮油储备任务。

【仓储管理】 做到储粮管理到位，制度健全，堆位品种数量清楚，粮情稳定，实现“一符四无”粮仓要求。抓好人、财、物的安全管理和规范化管理，严格执行省、市有关储备粮管理办法。多次开展储备粮油专项检查、库存检查和春秋两季的储粮安全普查工作，落实“一岗双责”管业务必管安全，管生产必管安全，并组织人员学习培训进行科学保粮推广，运用环流熏蒸、电子测温、机械通风保粮新技术，做好储备粮防高温、防虫、防鼠雀、防霉变，防盗、防火、防水、防台风、防事故等工作，降低粮食损耗，确保全区粮食储藏安全。

【粮食轮换】 在储备粮的轮换工作中，全力抓好2016年区储2000吨（稻谷）轮换出入库任务和新增储备规模1.2万吨（稻谷）的采购入库任务，及早筹足粮食收购资金，认真分析市场粮价走势，做好夏粮收购的前期准备工作。按照上级要求首次在梅州市嘉应粮食交易中心挂牌采取网上竞价采购交易方式进行。同时抓好粮食采购入库数量、质量关，坚持每车过磅验斤并抽样验质，加强对脂肪酸值、水分、杂质、出糙率、精米率、黄粒米、虫害等检测工作，依照国家粮食卫生标准，做到以检验数据说话，坚决杜绝“人情粮”、“关系粮”、“以陈抵新粮”。在规定时间内全面完成当年粮食轮换和采购任务，分别安全存放在穗丰粮食收储有限公司下属程江、马麻岌、白渡、松口、畲江五个储粮库点，确保实现数量真实、质量良好、储存安全和达到“储得进、管得好、调得动、用得上”的储备粮管理目标。

【调控监测】 做好粮油市场调控工作，完善粮油监测体系，抓好城镇居民粮油消费和社会粮油供需平衡调查，提高粮油市场保供稳价能力。切实加强市场粮情监测制度和预警体系建设，坚持粮价网点监测制度，落实定点专人负责，及时掌握市场粮情动态，为上级政府实施粮食宏观调控提供可靠的依据。全年共开展各类粮食执法检查12次，出动43（人）次，使全区的粮食市场得到有效监管，未发现销售伪劣粮食和向农民“打白条”等恶性涉粮案件。

【应急机制】 按照《梅县区粮食应急预案》要求，区粮食部门认真落实梅县区粮食应急预案的日常工作，加强全区粮食市场的监管和应急、预警体系的建设，全区设立应急供应网点23个、建立平价粮油商店5个、应急配送中心1个、应急加工企业2家、应急运输企业2家。并在区政府统一领导下开展粮食应急加工、运输、供应演练，加强与各相关部门合作，各司其职，各负其责，稳定粮食市场，确保全区粮食安全。

【集资矛盾化解】 区粮食集团公司于1993年起向职工和社会集资总额1.74亿元，虽经十多年的努力，兑付一部分债务，但目前由于集资额较大，涉及面广，如果处置不妥，将严重影响社会的和谐稳定。为此，区粮食部门高度重视社会治安的综合治理工作，专门成立综治领导小组协调粮食集团公司一班人，克服困难，想尽千方百计筹集资金，耐心细致做好集资户的解释工作，对特殊困难集资户采取一些灵活帮助措施，并全力以赴抓好每年1%集资余额兑付和嘉得利酒店的管理工作，把集资矛盾化解在萌芽初期，全年未出现集资户集体上访情况。

（供稿：陈访军）

旅 游 业

2016年，区旅游部门主动服务“一区两带”建设，积极推动梅江韩江绿色健康文化旅游产业带、全域旅游示范县（市、区）建设，稳步推进旅游项目建设和旅游招商引资，乡村旅游发展速度加快，依法治旅工作、旅游安全管理、旅游宣传营销和旅游市场环境等得到进一步强化，擦亮“中国旅游强县”金字招牌，打响“叶帅故里、客都明珠、国际慢城”的特色旅游品牌。

2016年，梅县区荣获全国客家文化生态旅游知名品牌示范区和中国候鸟旅居县，县域旅游综合竞争力连续六届跻身全省十强、位居全省第三，有四季佳禾、麓湖山产业园等5家单位获得梅州市第一批旅游推荐单位。

全年接待游客1633万人次，同比增长12.3%；其中，住宿设施接待过夜游客1213万人次，同比增长10.1%。旅游总收入136.48亿元，同比增长11.8%。

【旅游发展规划】 一、旅游发展分期计划

（一）重点建设阶段：2016—2020年　是梅县区旅游开发建设的重点阶段，主要任务是建设形象引领项目和重点带动项目，推进行车风景道、水上风景道和绿道建设，完善旅游基础服务设施开发建设等。主要是：1. 为“十三五”期间梅县区旅游项目的大力开发建设完成前期的规划设计编制、土地征收、招商引资等准备工作；2. 按照国际慢城标准，继续完善雁洋镇慢城建设，并辐射带动全区慢生活旅游目的地建设；3. 加快推进松口古镇、侨乡村、洞天湖旅游区、金柚产业园等重点项目的建设；4. 对雁南飞茶田景区、雁鸣湖旅游度假村、麓湖山文化产业园、灵光寺景区、南寿峰健康文化园等发展相对成熟的项目进行完善提升；5. 启动城区、油草塘、鸡冠山、五指峰、水车镇、桃尧镇、南口镇、大黄村、横西村、横东村、长教村、南福村、群丰村、禅林寺、莲花寺等支撑项目的建设；6. 推动包括行车风景道、水上风景道和绿道建设，尤其是覆盖城乡、景区的绿道慢行系统的打造；7. 大力开展旅游形象宣传和旅游产品推介，策划大型旅游节庆活动，全面推进旅游市场营销；8. 加快智慧旅游的建设与推广；9. 完善旅游道路、标识系统、水电等基础配套设施以及特色餐饮、住宿等接待服务设施的开发建设；10. 要大力推动乡村旅游发展，特别是主要旅游景区（点）周边乡村，结合梅县区古民居、古村落、金柚园、茶园等资源，引导和扶持当地村民发展以农家乐为主的乡村旅游产品。

（二）提升完善阶段：2021—2025年　是梅县区旅游开发建设的提升完善阶段，主要任务是架构完善的旅游产业体系，基本完成规划的旅游项目，积极扩大旅游影响力。分别为：1. 完成桃源村、雁上村、侨乡村、茶山村、群丰村等形象引领项目的建设；2. 继续完善提升松口古镇、侨乡村、洞天湖、金柚产业园等重点项目的建设；3. 完成城区、油草塘、鸡冠山、五指峰、水车镇、桃尧镇、南口镇、大黄村、横西村、横东村、长教村、南福村等支撑项目的建设；4. 根据旅游市场需求推动旅游项目深度开发，不断推出各项参与性旅游活动；5. 完成主要旅游乡镇的现代化服务功能改造，提升沿线旅游服务水平；6. 积极开展多种形式的区域旅游合作开发；7. 规范和提升以农家乐为主的旅游产品，形成梅县区发展乡村旅游的重要内容。

（三）品牌发展阶段：2026—2030年　为旅游目的地深度发展时期，主要任务是根据市场动向建设新的旅游项目，推广旅游品牌，提升旅游综合服务水平，增加游客停留时间和综合消费能力，提高综合旅游业盈利能力。争取到规划期末，

把梅县区建设成为旅游品牌特色突出、旅游项目发展成熟、旅游产品类型丰富、旅游服务设施和基础设施配套完善的文化旅游强区。

二、项目发展分期计划

梅县区旅游项目投资估算与分期开发安排计划表

表 4

旅游项目	开发建设分期			投资估算（亿元）
	近期（2016—2020 年）	中期（2021—2025 年）	远期（2026—2030 年）	
城区类旅游项目				3.9
大新城盘古步行街提升	√			1.5
人民广场提升	√			0.1
曾宪梓体育场提升	√			0.1
文体中心提升	√			0.2
梅花山公园提升	√			2
社区类旅游项目				33.1
雁洋国际慢城	√	√	√	5
松口客家南洋小镇	√	√		10
水车客家民俗小镇	√	√		2
南口客家侨乡小镇	√	√		8
桃尧客家原态小镇	√	√		2
侨乡村	√	√		1.5
雁上村	√			0.5
茶山村	√	√		1.3
桃源村		√		0.5
横东村	√	√		0.4
横西村	√	√		0.5
大黄村	√	√		0.3
长教村	√			0.2
南福村	√	√		0.8
群丰村	√			0.1

续表 4

旅游项目	开发建设分期			投资估算（亿元）
	近期（2016—2020 年）	中期（2021—2025 年）	远期（2026—2030 年）	
园区类旅游项目				22.4
雁南飞茶田景区	√		√	1.5
麓湖山文化产业园	√			2.5
雁鸣湖慢生活体验园区	√		√	0.8
金柚生态产业园	√	√		3.2
油草塘生态渔乐园	√			2.6
南寿峰健康文化产业园				1.8
雁回巢国际养生园				10
景区类旅游项目				16.7
五指峰景区	√	√		1.8
灵光寺旅游区	√		√	1.2
鸡冠山景区	√	√		2.8
洞天湖旅游区	√	√		8.5
桥溪古韵	√			0.1
莲花寺				1.0
禅林寺				0.5
白沙村湿地公园				0.8
项目总投资：72.2 亿元				

【重大项目建设】 按照中共梅县区委、区政府2016年重点工作安排，落实重点项目挂钩联系制度，分别为幸福 · 雁鸣湖、“创意南口 · 客归侨乡 · 麓湖山庄”、恒溪生态园建设项目、南寿峰健康文化产业园建设项目、三乡养生度假村建设项目、祥和养生园项目、广东梅州古梅梦景文化旅游产业项目、新南湾水岸游乐休闲中心综合开发项目、雁洋松口梅江水系旅游项目、开发一批客家特色村镇，2016 年，区旅游部门坚持为企业服务、为重点项目服务，力促项目早上马、见成效。注重与各乡镇、各相关企业加强沟通联络，深入基层，深入各施工现场，做好协调工作，积

极为旅游建设重点项目服务，帮助企业解决实际问题。落实重点工作月汇报制度，每月 2 次将各乡镇相关重点工作的情况综合汇总向区政府、市旅游局汇报。同时，紧紧围绕“加快推进梅江韩江绿色健康文化旅游产业带建设”核心任务，实行项目月报。

【配套设施】 认真贯彻落实省财政厅、省旅游局《关于印发 2016 年旅游发展专项资金（旅游扶贫项目）申报指南的通知》的文件精神，加强景区景点和美丽乡村的道路、停车场、旅游厕所、游客公共信息服务等旅游基础设施建设。雁南飞茶田景区按照国家 AAAAA 旅游级景区的标准要求，不断优化提升景区人行道路、改造茶情阁、旅游厕所等旅游服务设施；南寿峰健康文化产业园新增标本馆、南药博览园等项目，正在完善文化长廊、停车场、风雨廊等旅游服务设施。梅南镇客都来生态农业园围绕有机生态农业和养生休闲旅游的发展理念，完成园区道路的路基建设，种植黄花倒水莲、七叶一枝花等名贵的中药材和树木等。2016 年，对辖区内的相关乡镇、村、景区、乡村旅游点新建、改建的厕所进行筛选，确定 18 座旅游厕所，其中新建 10 座、改扩建 8 座，已完工的有 8 座（其中有 2 座新建，6 座改扩建）。

【景区（景点）建设】 在梅州市梅江韩江绿色健康文化旅游产业带规划框架下，梅县区树立全域旅游的发展理念，结合《梅江韩江绿色健康文化旅游产业带发展规划（2016—2030）实施方案》，聘请北京大衍致用旅游规划团队对原《梅县区旅游产业发展总体规划》进行修编，新规划突出国际前瞻视野，围绕把旅游产业打造成为战略性先锋产业和幸福导向型产业，将旅游产业与特色高效农业、生态文明建设、美丽乡村建设紧密结合，谋划梅县区旅游改革发展的新格局：东部以雁洋国际生态慢城为核心，向松口古镇拓展，进一步延伸到桃尧镇、隆文镇、松源镇，重点打造雁洋、松口两个特色旅游小镇，带动周边的乡村旅游发展；南部保护和利用好九龙嶂革命老区的红色旅游资源，进一步开发休闲养生、漂流等项目，推动新南湾水岸游乐休闲中心、水车镇茶山村等旅游开发；西部以麓湖山文化产业园为重点，带动南口镇侨乡村等古村落的乡村旅游开发；北部以上官塘水库和梅西镇固村 · 香溪木屋主题度假村旅游开发为抓手，形成连接平远县及江西省的北部重要节点；中部以梅县新县城、槐岗新城、葵岗新城建设为中心，布局发展城市休闲和商务旅游，构建梅县区全域旅游发展的基本框架。

【旅游宣传】 为打响“叶帅故里、客都明珠、国际慢城、长寿之乡”的旅游品牌，区旅游部门积极开展旅游宣传。一是举办系列旅游活动。成功举办“第五届雁鸣湖柚花飘香节”和“第五届禅茶文化旅游节”，协办“第六届广东自驾旅游日暨国际慢城（梅州）自驾旅游周”等节庆活动。组织举办“乐游魅力梅县，助推全域旅游”“万人游雁南飞”等系列活动，精准引入各地游客 1.5 万多人到梅县区旅游。联合区人武部“开展纪念长征胜利 80 周年重走红军路”活动，组织 160 多名退伍军人和摄影家到九龙嶂革命根据地重走红军路，通过一系列的旅游活动提升梅县区旅游的知名度和影响力。二是参与大型旅游推介。充分利用上级旅游主管理部门举办的推介会、博览会平台，参加 2016 广东省国际旅游产业博览会、2016 广州国际旅游展、2016 海峡国际旅游博览会和第三届东盟国际农业展等活动；参加由市旅游局组织的珠三角、潮揭汕、粤西五市、福建厦漳泉、长沙、西安、成都、重庆、台湾等地的旅游专题推介活动，不断扩展壮大梅县区客源市场。三是丰富旅游宣传渠道。通过报纸、电视、网络、户外广告、宣传资料等多种形式加大对外的旅游宣传推介。在梅县区人民广场和 205 国道树立大型广告宣传牌，在广州上下九龙门架树立梅县旅游宣传牌，在雁洋剑英大桥头和雁上村交通圆盘设立两处慢城蜗牛标志，对雁洋国际慢城的交通指示牌、旅游标牌标识进行优化提升，打造融入客家文化理念的国际生态慢城。在中国旅游报、中国政协报、羊城晚报、梅州日报、南方卫视、北京《假日自助游》等媒体宣传报道梅县区旅游形象。同时，印制《走读梅县》1 万份、客都明珠画册 5000 份、梅县旅游折页 5 万份，分别派发到各景区、酒店、旅行社。利用梅县区旅游微信平台新媒体，聘请专业团队建设智慧旅游平台，提升梅县区旅游公众号的质量，形成有网络、有视频、有手册、有图书、有折页的系列宣传平台，扩大旅游品牌知名度和影响力。2016 年，投入各项宣传经费 200 多万元，组织或参加宣传推介活动 30 多场次。

（供稿：温思媛）

财 政·税 务

财 政

【概述】 2016 年，区财政部门围绕“生财、聚财、理财、用财”理念，牢牢把握经济发展新常态，围绕振兴发展主线，认真贯彻落实区委、区政府的工作部署，积极抢抓机遇，广开财源谋发展，强化增收节支，依法科学理财，着力保障和改善民生，一般公共预算收入实现新的突破，为区域经济和社会各项事业协调发展提供有力保障。2016 年，全区一般公共预算收入 218852 万元，同比增收 3870 万元，增长 1.8%；全区一般公共预算支出 514435 万元，同比增支 44492 万元，增幅 9.47%。

【财政改革】 坚持用改革的办法化解矛盾、破解难题，全面推进财政管理科学化信息化，健全绩效透明、运行规范、监督有力的财政管理机制，着力提高资金效益和理财水平。一是深化部门预算改革，认真落实新《中华人民共和国预算法》，稳步推进全口径预算管理，将所有收入纳入部门预算编制，通过规范收支行为、健全审批流程、明确管理权责，构建完整统一、有机衔接、统筹配置、规范透明的全口径预算管理新机制。二是加大预决算公开力度，实现非涉密全公开，财政预决算、部门预决算以及“三公”经费预决算实行全面公开。三是进一步完善区级财政国库管理制度改革范围，新增第五批、第六批国库集中支付单位；进一步扩大乡镇国库集中支付改革范围，将未实行乡镇国库集中改革的 15 个乡镇从 2016 年 4 月 1 日开始实行国库集中支付。四是继续深化国有资产管理、政府采购、公务用车制度、PPP 模式实施建设项目等改革，切实提高财政资金的监督管理水平，增强财政活力。五是启动中期财政规划编制工作，研究制定《梅县区区级部门中期财政规划编制工作意见》。六是做好“营改增”政策调整等相关工作，确保政策落到实处。

【民生支出保障】 把好资金使用关，保障基本运行、重点支出和民生支出需要是做好财政工作的基本要求，区财政部门始终把提升民生保障水平作为重要任务，继续加大投入力度，紧紧围绕区委、区政府确定的重点项目，着力推进各项民生事业加快发展。一是继续实施民生工程，重点关注农村社会保障等惠民政策落实，十件民生实事全部完成。二是预算足额安排财政配套资金，加强资金监督管理，加快资金拨付进度，保障重点项目建设，加强各成员单位之间协调配合，形成整体合力。三是社会保障、医疗卫生、节能环保、农林水事务等重点支出得到较好保障，促进社会事业全面发展。

【财政监督管理】 通过规范理财，严格财经纪律执行，不断提高资金使用效益，绩效管理水平不断提升。一是认真贯彻落实新《中华人民共和国预算法》，在预算管理上按照“无预算不支出”的原则，严格执行区人大审议通过的预算，进一步增强预算的约束力和执行力。二是加快预算执行进度，加强支出进度分析和部门协调，加大重点支出监控力度，认真开展财政支出专项督查工作，从多个角度、多个层面规范财政资金的使用管理。三是严控一般性支出，从严控制一般行政性经费和“三公”经费增长，千方百计降低行政运行成本。四是强化财政支出绩效考评，加快建立“预算编制有目标、预算执行有监控、预算完成有评价、评价结果有反馈、反馈结果有运用”的预算绩效管理模式，筑牢财政资金安全防线。五是推进财政投资评审和政府采购。全年完成预结算项目 248 个，送审金额 10.4 亿元，审定金额 9.02 亿元，核减 1.4 亿元，综合审减率 13.64%；全区全年组织政府采购 698 批次，采购预算 22784.94 万元，实际采购 22068.63 万元，节约资金 716.28 万元，节约率 3.14%。

（供稿：廖剑方、李婧纯）

税　务

【国家税务】 2016 年，区国税部门以率先基本实现税收现代化为主题，以续写“保和谐、提质效、创佳绩、控风险”四篇章为切入点，强化征管，优化服务，规范执法，坚持组织收入原则，统筹兼顾各项税收工作，全年完成税收收入 12.6 亿元。

税收收入　2016 年，梅县区国税局组织工商税收收入 12.6 亿元，同比增收 2.3 亿元，完成市国税局下达任务 10.84 亿元的 116%。

税源管理　（一）提升税收收入分析质效。强化对税源情况的动态监控，根据经济发展、政策调整等因素变化，抓好收入形势研判，深入分析各征收单位税源情况，合理分配市国税局、区政府下达的税收计划，通过收入目标动态管理来落实收入任务，做到目标到户，责任到人。（二）防控税收风险。充分发挥税收风险管理作用，做好风险管理报表统计分析工作，加强风险管理系统的应用，明确风险管理机构及其职能，加大对风险应对的监督考核，落实各批次税收风险应对工作，共计查补税款及加收滞纳金 2649.57 万元。同时，对国家税务总局推送的 2016 年 15 批风险应对任务的 17 户风险企业进行全面排查，挽回税收损失 2149.85 万元，占推送风险任务所涉及税款总额 539.93 万元的 398.17%。（三）强化企业所得税管理。一方面，抓好企业所得税汇算清缴，通过加强宣传培训，做好新申报表的填列及政策辅导，推广应用汇算清缴网上申报系统，确保汇算清缴工作顺利完成。另一方面，抓好重点税源管理和高风险事项管理工作，完成省国税局推送的 64 户企业、89 个风险点和本级自行发起的 9 户企业、9 个风险点的核查评估，发现有问题企业 28 户，合计调减亏损额 803.69 万元，补缴企业所得税 23.94 万元。全年征收企业所得税 22422 万元。（四）全面推开“营改增”试点。一是广泛宣传，营造良好舆论氛围。利用“互联网+税务”的优势，通过网站、二维码、微信等多平台进行广泛宣传，帮助纳税人熟悉政策和涉税事项。二是强化征管，做好管理衔接工作。一方面，整合征管力量，由松口税务分局负责建筑业、房地产业，梅西税务分局负责生活服务业，实现行业化、专业化管理。另一方面，加强数据筛查，核实“营改增”纳税人的经营信息，对年应税销售额超过 500 万元的试点纳税人进行一般纳税人资格登记，将符合条件的营改增纳税人纳入增值税发票系统升级版，保证“营改增”纳税人顺利过渡到国税征管系统。三是抓好培训，确保政策落实到位。一方面，组织干部职工认真学习营改增试点文件。另一方面，采取专题讲座、发放资料、进企入户、座谈会等多种方式对试点纳税人开展营改增业务的培训辅导。四是深化服务，提升纳税服务水平。增设“营改增”纳税辅导人员，深入解答试点纳税人在税收政策衔接、税控系统操作、发票领用与开具、纳税申报等方面反映的问题，确保纳税人能开票、会申报。五是完善沟通，召开营改增联席会议。为加强对营改增后建筑业、房地产业的税收监管，与区地税部门召开联席会议，学习地税部门的征管经验以及了解行业特点，及时摸清行业规律，为营改增征管提供经验指导。六是加强协调，拟定多部门联动合作征管机制。及时向区政府汇报营改增后建筑业、不动产转让行为潜在预缴税款流失问题，拟定住房和城乡建设局、不动产登记局等多部门信息合作共享的联动机制，为堵塞税收漏洞奠定基础。2016年6月1日圆满完成首日申报任务。至年底，四大行业新纳入营改增试点纳税人共 2735 户，四大行业合计入库增值税税款21216万元，全区税收征管体制新格局初步形成。

依法治税　区国税部门加强税务稽查，打击涉税违法行为。在高风险企业、出口退税、发票专项等方面开展检查。全年立案检查9宗，审结9宗，选案准确率和查补入库率均100%。其中，达到大要案标准4宗，移送公安机关立案侦查2宗。全年立案查补入库收入 277.21 万元,自查收入1817万元，两项收入总额2094.21万元，占全年任务的107.29%。

纳税服务　（一）落实优惠政策，保障纳税人合法权益。重点抓好小微企业税收优惠政策落实，全年减免所得税197.71万元，所得税优惠政策享受率 100%；严格执行出口退税的审核程序和工作规范，努力提高审核率和办理率，完成审核退（免）税12350万元，办理出口退（免）税10652万元。（二）强化信用对接，解决企业“融资难”。在现有“客家税融通”“税易贷”这两个银税合作品牌的基础上，将合作范围扩大至中国银行股份有限公司梅州梅县支行，改善诚信纳税的中小企业融资难困境，促进纳税信用等级评定结果的增值应用。至年底，全区有 22 家企业受惠，发放贷款22户，贷款金额1.8亿元。（三）落实科技减负，推广电子税务局。2016年，完成电子税务局实名制认证并通过用户绑定的纳税人 5127 户，使用电子税务局进行网上申报的业务 2551 笔，使用电子税务局网上缴款笔数 390 笔，税款4621.65万元，推广进度居全市前列。（四）响应纳税人需求，提供精准服务。从纳税人需求出发，精准服务到位，对不同类型的企业分门别类，精准把握、精准评估、精准辅导、精准提示。办税服务厅的办税流程压缩70%以上，办税时间压缩60%以上。

国、地税合作　（一）共建合作机制。成立“梅县区国地税合作县级示范区建设工作领导小组”，多次召开梅县区国地税合作县级示范区建设推进会，开展国地税合作内容的学习，抓好分管领导、各部门负责人、各部门之间的工作对接，形成“人、事、岗”全面对接，保证联合税收宣传、联合开展干部挂职交流等35项县（区）级合作事项深入开展。（二）试行联合考评。从第三季度开始试行国地税联合开展绩效管理，选取《国家税务局 地方税务局合作工作规范（3.0版）》的贯彻落实情况为考评点，选定相同的考评指标，确定相同的考评目的，设定不同的考评主体，拓展合作内涵，增进合作深度。召开联合绩效会议 5 场，交叉考评 4 项（次），联合开展评价 3 次。（三）共建办税服务厅，打造合作亮点。争取地方党委政府的大力支持，积极与梅县区地税局、梅县区行政服务中心等相关部门沟通协调，与各部门通力合作，建成梅州市首个进驻政府行政服务中心的国地税联合办税服务厅。

（供稿：孟露）

【地方税务】　2016年，区地方税务局以组织收入为中心，努力克服往年基数畸高、“营改增”全面推开、一次性税源减少等难题，坚持依法征税，优化服务，提升征管质效和管理水平，各项工作取得新进展。

税收收入　2016年，组织税收收入18.92亿元，剔除“营改增”等不可比因素，增长 8200 万元，增幅4.5%，其中含中央级收入4.34亿元、省级收入4.32亿元、市县级收入10.26亿元；组织社保费收入 8.96 亿元，同比增收 3.75 亿元，增幅 718%；组织其他规费收入 9700 万元。

税源管理　一是认真做好税源摸底调查。认真分析“营改增”试点全面推开、供给侧改革等对组织收入的影响，做好收入预测和分析，统筹全年税收工作。二是强化重点税源的管理监控。对重点税源行业、企业做好税收监管，区局领导亲自带队走访富力城、锦绣国际、宝丽华、超华科技、梅雁等大型企业，了解企业的经营状况，掌握重点行业、企业的税源变化趋势，确保税款及时足额入库。三是开展税收专项清理工作。开展房产税、土地使用税（以下简称“两税”）清理工作，重点对房产较多、占地面积较大的企业进行梳理，2016 年，“两税”同比增长 2227 万元，增幅 15%；开展营业税专项清理工作，对纳税人的申报疑点数据建立台账，进行比对分析，营改增前营业税入库收入同比增长 5839 万元，增幅 31%，最大限度地减少地方税费的流失。四是加强个人所得税的征收管理。做好年所得 12 万元以上个人所得税自行申报纳税工作，共受理自行申报 1028 人次，补缴税款 16.98 万元；做好个人所得税全员全额扣缴明细申报工作，清理未明细申报户，已进行明细申报的户数有 1172 户，电子明细申报率和覆盖面 95%以上。五是抓好企业所得税汇算清缴工作。在汇算清缴辅导、落实优惠政策、做好统计分析等方面加强工作力度，完成 831 户企业的年度汇算清缴工作，汇缴率 99.5%，汇算补缴税款 1.05 亿元。六是加强欠税管理工作。建立欠税清缴台账，对纳税人实行动态管理，实现清缴一户、销号一户；定期发布欠税公告，加强与纳税人的沟通，严格依照相关程序开展催报催缴工作。七是加强税务稽查力度。贯彻落实好稽查“双随机”抽查制度，加大对涉税违法案件的查处力度，深入整顿和规范税收秩序，有力遏制了涉税违法案件的发生。2016 年，组织案件检查 4 户，其中 1 户已结案，查补税费、滞纳金 35.15 万元。八是抓好规费征收工作。重点抓好社保费管理工作，督促企业及时、全员足额申报缴纳社保费；首次向法院申请对 1 户欠缴社保费的企业采取强制执行措施，保障参保职工的切身利益；落实灵活就业人员一次性缴费、趸交的社保新政等。

依法治税　一是领导带头学法，营造人人尊法守法的良好氛围。区局党组定期以专题辅导课的形式，结合理论分析和案例讨论，认真学习《中华人民共和国行政复议法》等相关法律法规，为全局上下作出良好的表率。二是做好政务公开工作，推进科学民主决策。区局每月定期在政府信息公开业务平台发布政务信息、工作动态及公告等，坚持开展好领导接访日工作，广泛听取社会各界的意见建议，保障人民群众的知情权、参与权和监督权。三是切实规范税收执法行为。充分利用金税三期征管系统所嵌入的内控机制，抓好催报催缴、抵退税款、减免税等高风险事项的审批和执行；购置执法记录仪，在进一步规范税收执法行为的同时，也保护执法人员的合法权益。四是抓好信访工作。将信访工作纳入绩效考核，指定专人负责；对收到的涉税咨询、投诉、案件举报等信访件，第一时间予以准确回应。五是加强法规队伍建设。为相关业务部门配齐法律专业人员，积极探索设置基层分局法务综合岗位，选拔了 7 名干部作为各分局的法制员。六是完善税收规范性文件的制定管理。做好税费规范性文件清理工作，共清理规范性文件 14 份，予以全文废止，并上报市局进行公告；认真学习市局印发的规范性文件制定流程图和合法性审查标准，加强审核把关，确保相关文件的制定合法合规。七是开展法治地税专题辅导。将法律知识作为全员培训的一个极其重要的方面，邀请梅县区检察院同志为干部职工进行“预防职务犯罪”专题辅导；组织干部职工围绕“税务人员刑事犯罪法律风险防控”开展案例讨论，进一步推动全局上下形成“法定职责必须为、法无授权不可为”的行动自觉。

纳税服务　一是抓好办税大厅的服务工作。规范前台人员着装，严明上下班时间，做到服务热情、周到；按月对办税大厅运行情况进行分析，从叫号数量、等候时间、评价情况等方面总结经验，查找差距；不定期对办税大厅的在座率进行抽查，确保前台工作人员准点上下班。二是畅通政策宣传、解释的渠道。做好热线电话的服务工作，做到服务耐心细致，保证工作的质量；抓好区局微信公众号的宣传推广工作，及时更新内容，累计发布营改增、资源税改革等税收政策信息 47 条，发布税宣微电影 5 部，同时做好“梅州税务”、“梅县税务”微信公众号的推广工作。三是采取多种形式开展 2016 年税收宣传月活动：继续在梅县电台开设地税专题栏目，对纳税人最关心的问题进行讲解；开展领导走访重点企业活动，由区局领导带队到宝丽华电力公司、梅县富力地产等企业开展税收宣传和工作调研；联合区人社局举办一场税费政策咨询暨有奖知识问答活动。

（供稿：陈嘉荣）

金　融

银　行　业

2016 年，年末金融机构各项本外币存款余额 297.99 亿元，同比增长 18.31%。其中城乡居民储蓄存款余额 213.57 亿元，同比增长 10.32%；金融机构各项本外币贷款余额 147.95 亿元，同比增长 18%。

【中国工商银行股份有限公司梅县区支行】 2016 年，中国工商银行梅县区支行进一步强化“四大标杆”意识，深化“四大理念”，以拓户、服务工作为抓手，加快中间业务发展，坚持稳健经营、从严治行的理念，各项工作取得较好成效。截至 12 月末，本外币各项存款余额为 406911 万元，比年初增加 41151 万元。各项贷款余额（不含票据）209439 万元，比年初净增 5936 万元。小企业贷款业务稳步健康发展，继续保持信贷业务资产质量优良。在规范中收的情况下，实现中间业务收入 2589 万元。拨备前利润 9938 万元，利润实现持续增长。

业务经营　存款方面：（1）做好服务工作，高度重视抓好柜台服务工作，进一步提高员工服务意识和敬业精神，努力提升网点服务质量和服务效率，切实服务和维护好客户。（2）加强管理，做好日常督导。为适应新的存款工作管理要求，一是及时引导员工转变观念、转变思维，加强网点的存款管理；二是按新常态的工作要求加强存款稳定增长的管理，强化存款日均的通报，及时提醒各网点的存款进度，对存款增存缓慢或无工作进展的网点加强督导。（3）加大代发工资的营销力度；积极做好代发工资客户的拓户工作，加强金融社保卡存量和增量客户的营销工作。（4）加强客户经理管户，通过多走访客户，大力挖掘潜在存款，以资产业务带动存款的增长。（5）大力营销“4e”业务，促进电子银行业务全面快速发展，加快互联网金融发展。信贷业务方面：努力拓展优质信贷市场。加大客户营销力度，开展集群式营销、网点阵地营销，强化对公客户的全产品配套和存贷比考核，加快个人贷款业务的发展与转型，不断提高个人贷款业务的综合贡献。有效筛选优质楼盘按揭项目资源，扩大个人住房按揭贷款市场份额，主动拓展，上门营销，加强与优质的房地产开发商的合作，在当地优质楼盘按揭业务资源的同业占比不断提升，打造梅县支行小企业服务品牌。此外，严把准入关，实施贷款集体审议，强化贷前调查，关注第一还款来源，加强抵押物、抵押率控制；加强贷后管理，一户一策化解风险，严控信贷风险。

内控管理　区支行扎实抓好内控案防工作。一方面，进一步加强和改进党建工作。扎实深入开展“两学一做”教育活动，不断推进作风建设及党团队伍建设工作；继续以“三严三实”作为作风建设的新坐标，深入抓好党风廉政建设和案件防范工作责任制的落实，坚持廉洁合规教育，进一步筑牢全行拒腐防变思想道德防线。另一方面，突出重点，认真抓好违规放贷、违规代客理财等七大风险点的案件防控工作；做好“内控基础强化年”活动各项工作，不断强化员工异常行为动态管理工作，及时消除案件隐患。一是强化合规理念的传导，继续培育合规文化，进一步提高员工内控与合规理念、违规风险和责任意识。二是开展党风廉政建设、案件防范专项治理和查防工作、商业贿赂案件专项治理等活动，与各单位负责人签订了内控管理、党风廉政建设和案件防范、社会治安综合治理和消防安全等责任书，确保内控案防和安全工作责任落实。三是坚持按月召开案防分析会议，抓好案件多发部位、重要交易环节的检查工作，规范操作行为，对检查中发现的问题及时落实整改，杜绝屡查屡犯。四是认真做好反洗钱和反假货币工作，严格执行《中华人民共和国反洗钱法》和反假货币的管理规定。

（供稿：黄健明）

【中国建设银行梅县区支行】 2016年，区支行深入推进省、市分行大零售战略部署和“双增双争”工作，在发展业务的同时，强化内控管理，增强风险防控能力，各项工作均取得好成绩。一般性存款余额为31.27亿元，新增6.11亿元；各项贷款余额 14.25 亿元。公司业务方面：企业存款余额 16.22亿元，较年初新增8.68亿元，公司类贷款余额 1.162 亿元。个人业务方面：个人存款余额 15.02 亿元。个人贷款余额 12.4亿元，比年初新增 5.3 亿元。中间业务实现净收入1052万元。

业务经营　一是抓住年度首季营销旺季，加大个人存款工作力度，提升市场份额。利用元旦、春节资金流较大之机、及时跟踪客户闲置资金的回笼，确保个人存款新增目标顺利完成。梳理客户群体，分析不同客户特点，激活全员营销气氛，加大销售乾元、利得盈保本产品、保险、黄金、建行财富等理财产品的营销力度，引导客户购买各项理财产品，努力实现首季各项指标的“开门红”。二是转型升级，打造旗舰网点。2016 年，梅县区支行在打造旗舰网点、三综合转型等战略机遇叠加的新形势下，迸发出新的活力，展现全新的面貌。抓服务，打造良好的窗口形象。根据支行营业室客流量大的特点实行双大堂经理制，以快捷有效的方式引导客户到相应的窗口办理业务，有效地避免客户拥堵造成的混乱。以中高端客户为突破口，通过OCRM客户服务系统对存量客户进行梳理，落实“346”法则，努力为客户提供优质服务，提升客户的满意度。围绕“客户管理年”主题，实施“大堂制势、主动出击”战略。让客户感受到建行办理业务方便快捷，提升客户的满意度。三是抓营销，人人争当营销能手。每位员工做到熟悉产品，耐心推介，后续服务到位，促使新开户对公客户保持较高的产品覆盖率。通过走访客户，并有针对性地营销产品，以产品特点吸引客户，拓展市场，特别是粤通卡、分期业务、信用卡、鸡年贺岁金钞等产品，实现较高的个人产品覆盖率和亮眼的营销业绩。四是抓学习，在全行形成学习专业技能“比学赶超”“传帮带”的良好氛围，不断提高自身专业素养，8月，聘请讲师就“三综合”、营销技巧、团队协作等方面作为期一周的专业培训，提高员工的综合竞争力和团队协作的默契度。

内控管理　区支行突出落实党风廉政建设和案件防控主体责任，扎实推进“合规平安年”活动，修订完善关于改进工作作风、落实中央八项规定和总行十项要求的相关机制。员工队伍思想稳定，合规案防意识与突发事件应对处理能力提高，安全生产措施到位，全年开展各类应急处置预案演练12次。切实履行“一岗双责”，主动落实“合规平安年”工作平安创建活动效果突出，成功堵截冒名开户 25 起，并协助公安机关抓获犯罪嫌疑人1人，阻截电话、短信、网上等诈骗客户风险13起，避免资金损失10多万元。继续保持“零案件”和案件风险“零容忍”的良好态势，实现合规平安目标，为各项业务科学稳健发展提供有力保障。

（供稿：林清健）

【梅县区农村信用合作联社】 2016年，梅县区联社坚持立足农村、服务三农、服务中小微企业的市场定位，以“创新、协调、绿色、开发、共享”五大发展理念为统领，开拓创新，求真务实，奋力拼搏，严防各类风险，各项业务实现平稳发展。至年底，各项存款余额59.61亿元，较年初增长7.5%；各项贷款余额38.60万元，较年初增长8.23%。存贷款规模均居梅县区金融机构前列。

业务经营 ①支农产品见成效。“柚农宝”、“柚商贷”信贷产品自2012年推出后深受梅县区民众的喜爱，至年底，累计发放“柚农宝”、“柚商贷”贷款共917笔，金额6250万元，其中“柚农宝”产品获得中国银行业协会2015年度服务三农五十佳产品称号。②拓宽支农渠道。为进一步拓宽支农渠道，提升支农力度，梅县联社在积极优化升级“柚农宝”、“柚商贷”信贷产品的基础上，积极推进与梅县区农业局合作开展现代农业示范区“政银保”项目，并于2016年8月与梅县区农业局、梅州市和信融资担保有限公司签订梅县区现代农业示范区“政银保”业务合作协议，有效地推进梅县区农业产业化的快速有效发展。至年底，现代农业示范区“政银保”贷款共发放6笔，金额960万元。③大力完善电子服务功能。至年底，累计布放自助设备84台，累计安装POS机521台，助农取款服务点建设完成113个，卡存量24.08万张，网上银行存量1.41万户，手机银行存量2.11万户，电子服务功能持续完善。④做实普惠金融工作。梅县区联社作为地方金融主力军，践行普惠金融，落实精准扶贫。一是大力践行普惠金融，深耕农村金融市场。至年底，与全区范围内368个行政村签订《乡村金融服务站合作协议》，积极依托金融服务站开展金融知识宣传活动，分派挂点客户经理主动送服务、送产品、送知识进村，扩大融服务覆盖面。二是贯彻落实省委省政府精准扶贫、提前脱贫的决定，积极开展金融精准扶贫工作，做到金融扶贫“精准发力、精准施策、惠农利民”。梅县区联社辖内贫困村32个，已建档立卡贫困户8344户。对已建档立卡贫困户累计发放贷款144户，支持贫困村32个，累计发放扶贫贷款金额999万元。

内控管理 一是以党建促发展。2016年，梅县区联社按照省联社党委统一部署，扎实开展“两学一做”学习教育活动，认真开展撰写“两学一做”心得体会、开展手抄党章、佩戴党徽亮牌等活动。落实从严治党要求，认真开展党员组织关系排查工作，理清党员组织关系，健全党员档案。扎实开展基层党支部换届选举工作和联社党委换届选举。组织开展评先选优活动，树立学习榜样，形成学、赶、比、超的良好氛围。二是严格落实安全保卫工作。围绕省联社2016年安全保卫工作要点，认真贯彻落实“谁主管、谁负责”的原则，全面落实安全保卫工作措施。2016年开展安全文明驾驶教育活动，举办消防知识培训班，邀请梅州市消防支队教官进行消防知识讲解和操作演练、选拔队员积极参与省联社组织的首届“铁雁护飞”金融护卫队员技能大赛等活动，为梅县区联社的改革发展提供有力的保障，实现全年安全无事故的责任目标，为维护企业稳定，确保联社持续、健康发展提供有力保障。三是扎实开展案防工作。通过制定案件防控年度工作实施方案，层层签订责任书，落实案件防控责任主体，形成一级抓一级、层层抓落实的工作机制。同时开展形式多样的活动筑牢合规理念，如开展重塑合规年系列活动、开展合规知识竞赛、开展制度后续评估、开展反洗钱知识宣传等，进一步筑牢员工的合规意识理念。

（供稿：黄广钧）

【中国农业银行梅县区支行】 2016年，梅县区支行认真贯彻落实省、市分行提出的工作部署，坚持稳中求进的总基调，积极作为，实现各项业务的有效发展。截至12月31日，各项存款余额41.68亿元，比年初增加5.97亿元，增幅16.72%。其中，对公存款余额10.54亿元，比年初增加4.53

亿元，增幅 75.26%；个人存款余额 31.15 亿元，比年初增加 1.44 亿元，增幅 4.86%。各项贷款余额 34.57 亿元，比年初增加 5.78 亿元，增幅 20%。其中，对公贷款余额 15.51 亿元,比年初减少 1.54 亿元；个人贷款余额 19.05 亿元，比年初增加 7.72 亿元，增幅 68.10%。

业务经营　存款方面：抓扩户、提质、增效。一是加大对重点账户的拓展维护力度，努力抓好优质企业账户的维护，积极关注“新三板”上市企业，做实客户基础。二是继续加强与政府、社保、园区办等相关部门的沟通联系，持续跟进财政国库资金流向，抓取相关企业的营销机遇，稳定机构存款。三是密切关注宝丽华、富力、高铁等大客户、大项目的资金使用情况，及时做好营销维护工作。四是持续跟进丙村东环高速、洛阳菌业征地拆迁工作，加强与当地政府以及相关村委的沟通联系，提前跟踪维护好关键人员。五是加大对惠农通新上线缴电费功能的宣传力度，扩大惠农通工程对农村储蓄资金的吸纳能力。进一步抓好二代社保卡的激活和推广，提高卡片使用率，全力留存资金。六是就个人贵宾客户，全面实行“包户”，落实管户职责、范围和数量，做好春节返乡资金的营销，同时加大对个人信贷客户资金归行的管理。贷款方面：抓潜力深挖、加快投放和储备。一是做好对重点客户的维护和管理，积极抓好陆丰甲湖湾电厂银团贷款的投放工作，做好内部兄弟行和外部参加行的沟通衔接，确保贷款顺利发放。二是抢挖客户资源，积极营销住房按揭贷款，继续抓好富力城 3 期、豪生公馆、君悦世家等按揭业务，持续跟进梅县碧桂园的项目工程进度，做好准入工作。三是突出重点领域，营销优质项目，加强与政府部门的沟通联系，进一步加大对当地农业龙头企业、柚农、茶农等新型农业主体的支持力度。四是抓好存量管控。落实名单制管理，“一户一策”加快风险化解，加强到期贷款、逾期贷款、关注贷款的管理，把风险防控防线前移，全面做好风险隐患的排查化解，抓早抓细抓到位。五是把好新增贷款质量关。加强客户选择，严格客户准入，坚持风险优先原则，做到好中选优、优中选强，把好风险防范的第一道关口，确保不出现“三新”不良贷款。六是做实做细贷后管理。严格落实贷后管理职责，坚持逾期贷款等存量风险常态化排查，及时掌握变化情况，做好预警预报，及早消除隐患，严防资产质量劣变，发现问题及时处理，确保管住不良和逾期。

内控管理　梅县区支行以从严治党、从严支行为抓手，认真组织和开展“两学一做”学习教育，严抓党风廉政建设和案件防范、风险管理工作，坚决守住风险底线。一是紧密结合“两学一做”教育，分别就党委班子成员与党员、党员与群众开展谈心活动，党员领导干部谈心谈话做到“下谈两级”。谈心谈话深入结合员工行为“案防排雷”行动，真正通过党员谈心谈话发现员工异常行为，解决员工潜在的问题。二是坚持按季召开员工行为管理风险分析例会暨案防分析例会，持续抓好员工“网格”管理、“案防排雷”回头看、业务风险漏洞严控等工作，压实“两个责任”。三是重点开展“网格”管理专项排查，全面梳理员工行为“网格式”管理系统中历次排查数据，重点关注员工是否存在参与民间借贷、非法集资、“飞单”、代客理财、赌博、信用卡套现、洗钱、违规查询征信等行为。四是切实履行主体责任，强调网点负责人是基层案件风险防控第一责任人，重点关注各层级员工是否存在异常行为，特别是营销人员的工作记录，落实好上班期间的外出报告制度。五是深入基层调查研究，帮助基层解决困难和问题，并通过员工座谈，重点了解基层重要岗位和敏感环节工作人员八小时外的行为，综合运用日常观察、排查家访等形式，充分了解员工社会交往和家庭生活等情况，对存在违规违纪苗头的行为，及时采用提醒谈话、诫勉谈话等方式处理。

【中国农业发展银行梅州市梅县区支行】　2016 年，梅县区支行紧紧围绕市分行党委的工作部署，依法从严治行措施，加强队伍建设，解放思想，凝聚力量，全面促进发展。至年底，各项贷款余额 96208 万元，比年初增加 28136 万元；各项存款余额 98777 万元，比年初增加 66052 万元；中间业务收入 36 万元，实收利息 3518 万元，利息收回率 100%，净利润 1511 万元，人均利润 88 万元。

业务经营　梅县区支行主动作为，全力推动信贷业务发展。一是继续坚定不移地履行农发行现阶段职能。认真做好粮油收储资金供应管理工作，重点做好各级储备粮油收储和轮换的信贷支持工作，确保全年 13892 吨地方储备粮收购资金足额按时按质到位。同时，加强库存的监管，确保粮食库存银行账与企业相一致，坚持不定期开展粮食库存检查，以及销粮款的跟踪检查，及时回笼销货款。全年发放县级储备粮贷款 4196 万元；收回地方储备粮贷款 2050 万元。二是增强发展意识，积极营销非经营性中长期贷款业务。突出抓好政府主导的中长期贷款项目的营销，以仓储设施、土地整治、农村路网、棚户区改造、村村通自来水工程建设等项目为重点。一方面，行领导及时向中共梅县区委、区政府汇报省政府《关于加快研究对接充分利用农业发展银行政策性优惠贷款的会议纪要》精神，宣传和推介农发行的信贷政策和金融产品。另一方面，积极主动与区政府、发改、财政、金融办沟通对接，突出农发行的优惠政策宣传，大力开展农发行的优势推介，取得区政府和部门的重视和支持。7 月底，成功发放粮食仓储设施项目贷款 4050 万元，缓解梅县区穗丰粮食收储有限公司雁洋粮库仓容缺口较大的问题。12 月底，成功发放梅州市梅县区伟宏投资开发有限公司 3 亿元棚户区改造固定资产贷款，进一步改善梅县区居民生活条件，美化城市容貌。年底，投放梅县区村村通自来水工程建设重点基金 8900 万元，解决目前农村通自来水工程项目资金问题。三是严格按照上级行有关项目贷款管理的要求，不折不扣执行“盯住土地、卖地还款”的管理模式，指定专人负责跟踪项目贷款收储土地挂牌出让情况，及时收回贷款本息。发放梅州市梅县区征地和土地储备中心农村土地整治中长期贷款 5000 万元；置换收回中长期贷款 13060 万元，收回各类贷款利息 3518 万元。四是积极发展存款和中间业务，树立“存款增效”理念，加大力度开展存款组织工作，探索拓宽中间业务领域。至 12 月底，各项存款余额 98777 万元；中间业务收入 36 万元。五是做好 2016 年度 5 户贷款企业信用等级评定和授信工作，对已发放贷款企业，加强贷后监管和贷款基础信息真实性核查工作，严格执行贷款“十不准”，并与 3 个贷款企业签订《银企廉政共建协议书》。六是扎实开展“贷后管理年”活动。切实按照要求做好各阶段工作，夯实信贷基础，规范各项业务操作，贷后管理设置好跟踪台账，抓好存在问题的整改，年底完成上级行贷后管理活动检查验收。

内控管理　梅县区支行加强内控制度执行。一是开展“重塑合规年”、“两个加强、两个遏制”专项检查“回头看”工作。狠抓信贷、计划、财会、结算等内控风险薄弱环节的风险防控；同时，结合《2016 合规检查方案》《2015 年内控评价工作方案》开展合规自查和内控评价工作。按照“边查边改”的思路，针对自查中发现的问题，制定整改方案，明确整改时限、落实整改部门。通过开展活动，进一步提高我行内控合规意识，强化合规机制建设。二是抓好基础管理，把落实责任清单和负面清单作为“风控提质”的重要抓手，抓好贯彻落实《梅州市分行基础管理考核实施办法》《远程监控考核细则》等制度办法，促进业务流程化和责任的落实。三是按照省、市分行要求，开展保密、印章管理专项自查工作，进一步加强保密管理和着力规范印章的管理。四是认真做好行政事务、电子公文、声誉风险、固定资产、信息技术、车辆等管理工作，确保办公秩序正常运转。

（供稿：张萍）

【中国邮政储蓄银行梅县区支行】　2016 年，中国邮政储蓄银行股份有限公司梅县区支行（简称邮储银行梅县区支行）辖内共设 24 个网点，其中邮政代理网点 21 个、自营网点 3 个。围绕上级指导思路和重点工作部署，不断提升能力，把握机遇、注重整合资源、转型发展，加强队伍建设，调整优化结构，圆满完成市分行下达的收入利润指标。至年底，各项存款余额507590万元，同比增长18.49%。其中：个人储蓄存款余额420226万元(含邮政代理网点余额364836万元)，同比增长9.1%；公司存款余额87364万元，同比增长63.57%。贷款结存余额86853万元，同比增长14021.27万元，信贷总体不良率0.36%，资产质量优良。

业务经营　1．搭建平台，夯实政银企合作，服务实体经济。区支行始终坚持履行国有银行的社会责任，积极参与梅县区经济建设，以服务区域经济为重点，将“普惠金融”服务工作做精、做细、做出成效，提升区域发展的竞争力。持续深化与区政府、人社局、工商局、农业局、中小企业局、共青团等平台合作，加快梅县区政府“助保贷”、区农业局“政银保”及区人社局“创业担保贷款”“青年志愿者卡”等项目对接，积极开展“阳光送贷行动520”“入园区、进村镇”等主题活动，全面推动小微企业与个体商户信息共享。积极组建专业服务团队、为园区及村镇商企客户量身定做个性化的综合金融服务方案，主动联手工商部门和园区，共同构筑一张全覆盖、无缝隙的金融服务网络，全面提升服务实体经济能力。2．加强队伍建设，提升执行力。邮储银行梅县区支行全面加强人员队伍建设，为实现长期持续健康发展奠定坚实基础。通过组织员工参与“每周一堂课”“信贷夜校”“中邮网院”“微信学习园地”“情景演练”等形式丰富的业务培训，进一步提升全行员工的实战能力及业务处理时效。2016年，邮储银行梅县支行荣获省分行颁发的“突出贡献奖”以及市分行颁发的“先进集体”两项荣誉。

内控管理　2016年，区支行严格按照上级行及监管部门要求，认真组织推进“重塑合规年”主题活动以及“合规提升年、我来做表率”“2016年内控达标年”“两个加强、两个遏制”回头看等活动，全行员工积极参与，进一步加强规章制度学习和全面提升制度执行力。邮、银双方领导和职能部门定期召开“控管会”，共同协商内外部检查发现存在问题以及风险隐患的整改措施，各级管理层与员工的合规意识和内控水平不断提升，保障了2016年全年安全运行。在2016年梅州市分行组织的内控合规暨金融消费权益保护知识竞赛中，区支行荣获团队一等奖。

（供稿：刘壁嘉）

【梅县区客家村镇银行股份公司】　梅县区客家村镇银行股份公司（证券简称：客家银行；证券代码：839969）是由商业银行发起设立的村镇银行，成立于2010年11月3日，2016年12月23日在新三板公开挂牌上市，成为广东省首家在新三板挂牌上市的银行。

2016年，梅县区客家村镇银行在全市8个县级行政区设立普惠金融服务点，网点32家，服务点28家；从业人员291人。截至12月31日，存款总额300182.79万元，较年初增加88628.33万元，增长41.89%；各项贷款余额154481.51万元，较年初增加36093.65万元，增长30.49%；各项资产总额345588.05万元，较年初增加92464.57万元，增长36.53%；各项收入累计19385.05万元，各项支出累计17710.77万元，利润总额1753.19万元，净利润1331.86万元。

业务经营　（一）坚定“支农支小”市场定位，夯实业务基础。梅县区客家村镇银行坚持“立足县域、支农扶小”的市场定位，深耕细作农村市场，信贷资源重点向小微和实体企业、农村种养业及重点民生工程等领域倾斜。专门成立“三农”服务部办理农户联保、政银保等支农支小贷款和政策性信贷业务。2016年，成立微贷中心，集中办理30万元以下小微企业贷款。至年底，涉农贷款余额131174.27万元，占各项贷款余额的82.72%，较年初增加31213.43万元，增幅23.79%，高于全行各项贷款平均增幅0.37个百分点。小微企业贷款余额为155406.42万元，占各项贷款余额的98%，较年初增加36527.11万元，增幅30.73%，高于全行各项贷款平均增幅0.13个百分点。（二）加强信息科技建设，大力发展中间业务。2016 年，梅县区客家村镇银行成功加入农信银系统、开通征信业务查询功能，成功开办客户交易结算资金存管业务（第三方存管业务），顺利完成发卡系统和核心业务系统的改造上线工作，正式对外发行“围龙 IC 卡”，成为支持国产密码金融 IC 卡跨行交易的首批地方银行。（三）加大业务营销，大力发展普惠金融。一是加大营销宣传力度，稳步开拓市场。梅县区客家村镇银行与梅州日报社、梅州市妇女联合会、梅州市体育局联合举办 “客家村镇银行杯”第二届广场舞·舞林大会，并积极配合人民银行、梅州公安等单位，举办防电信网络诈骗巡回展演晚会。同时，结合“金融知识普及月”“金融知识进万家”，举办形式多样的活动。二是加大产品创新力度，梅县区客家村镇银行先后开发“消费卡贷”、“精扶贷”等特色业务产品，逐步形成比较完善的产品体系。大力发展资金业务、中间业务以及网上银行、微信银行等业务。三是加快发展普惠金融。在已有的 33 个营业网点的基础上，先后设立大埔普惠金融服务点等 6 个县域普惠金融服务点，初步形成遍布梅州城乡的金融服务网络。

内部管理　一是进一步梳理原有的规章制度，填补制度盲区，改进不适应发展所需的制度，全年修订或新出台制度办法 37 项；形成每周一次的学习惯例，通过加强制度学习，进一步提高风险合规意识，确保从组织架构到制度建设有一套有章可循、合规稳健的运营机制和风险控制体系。二是加强内控管理，强化执行力。梅县区客家村镇银行根据《中国银监会办公厅关于全面开展银行业“两个加强、两个遏制”回头看工作的通知》（银监办发〔2016〕115 号）有关要求，结合自身实际，坚持以问题为导向，重点关注“三大领域”“十大行为”及各监管意见，分条线、责任到人，全面扎实推开自查工作，通过回头看工作的开展，进一步增强员工合规意识，真正树立“合规为先、风险为本”的经营理念；形成操作风险排查的常态化机制，定期开展操作风险、员工异常行为等方面的专项排查，促进内部管理水平不断提升。三是加强流动性风险管理，全面提升管理水平。为降低流动性风险，合理地改善存款结构，梅县客家村镇银行进一步完善绩效考核制度，加强全行营销意识，提高员工工作积极性，扩大经营覆盖面。指定会计结算部负责对全行存贷比、流动性比例等流动性指标进行日常监测，做好每日资金头寸管理，并定期开展压力测试。至年底，存贷比 52.83%，流动性比例 116.93%，运营指标符合监管部门要求。

客家村镇银行在新三板正式挂牌　梅县区客家村镇银行股份公司股票于 2016 年 12 月 23 日起在全国股转系统（新三板）挂牌，证券简称为客家银行，证券代码 839969。这是广东辖区（不含深圳市）首家由中国银监会、中国证监会正式批准进入全国性资本市场的银行业金融机构。梅县区客家村镇银行在新三板挂牌，通过资本市场所形成的良性资本补充机制，将大大增强银行抵御金融风险的能力。同时，也有利于银行在业务方面的创新和开拓，打造精品社区银行。

（供稿：赖志坚）

保　险　业

2016 年，梅县区中保财产险全年各类保费收入 4082.84 万元，同比增长 6%；赔款金额 1670 万元，同比增长 19.9%。梅县区中保人寿险全年各类保费收入 12483 万元，同比增长 15.4%；赔款金额 360.31 万元，同比增长 12.6%。

【中国人民财产保险股份有限公司梅县区支公司】　2016 年，梅县区支公司实现保费收入 4082.84 万元，同比增加 6%；赔款金额 1670 万元，同比增长 19.9%。

业务经营　车险方面：2016 年初,为应对费改带来的影响，支公司及时与车行洽谈全年合作目标；利用地利优势，积极在二手车市场寻求合作伙伴，并成功引进一名营销员和合作车商，为支公司新增 80 万元的车险保费；积极布局农村市场，在畲江与人保寿共建营销服务部，已初步取得成效。商业非车险方面：在分公司的指导下，支公司提前布局，在稳定续保的同时，连续拿下几个大单：梅州市城市综合管理局一揽子业务、梅县区自然灾害公众责任险、梅雁集团团意险加保等，使支公司商业非车险业务取得突破。分散性业务方面：支公司认真落实分公司的工作部署，将各项指标分解至团队和个人，结合奖罚措施，较好地完成分公司下达的任务指标。农险方面：支公司按照分公司与政府主管部门签订的各项协议积极与当地政府主管部门沟通联系，并根据监管要求，认真落实各项政策性保险承保工作。在 9 月、10 月接连出现灾害性台风影响后，支公司积极配合理赔中心开展查勘理赔及数据收集工作，至年底，已经将各项数据收集完毕。

客户服务　支公司加强客户服务管理，不断提高在职人员的专业服务水平，做好展业、出单和售后服务工作，严把出口关。在人员管理方面，努力提高营销团队整体素质和业务能力，加强培训引导，充分调动每一位员工的积极性和创造性。

（供稿：叶灵）

【中国人寿保险股份有限公司梅县区支公司】 2016 年，梅县区中保人寿险全年各类保费收入 12483 万元，同比增长 15.4%；赔款金额 360.31 万元，同比增长 12.6%。个险业务方面：个险标保完成 860 万元，首年新单期交完成 1516 万元，完成年度计划的 150%，10 年期交完成 1192 万元，完成年度计划的 145%；个险短险完成 330 万元，完成年度计划的 100%。银保方面：完成首年保费 2634 万元，首年期交完成 501 万元；团险方面：完成短险 428 万元，其中意外险完成 320 万元。

业务经营　一是认真组织，积极做好年度各阶段的各种销售组织活动。2016 年，按省、市公司要求，梅县区支公司开展多样销售活动：1 月“新春会员会”、3 月“告别鑫如意”、5 月大瑞鑫专销、8—9 月的“积分送好礼”和 TM 活动等，在全体员工的共同努力下，各个阶段的销售活动均取得好成绩，各个考核指标保持市级前三名。业绩提升，收入增加，队伍信心不断增强。二是抓好基础管理工作，营造良好的团队氛围，以管理促发展。按照省市公司要求，在团队特别是主管层面严抓会议出席和会议秩序，并制订会议行事历，开好每天的主管早会、团队集中大早会，及时掌握销售一线的动向，并尽快解决提出的各种问题。督促主管关注业务伙伴活动量以及工作日志的检查、点评。充分利用支公司场地，在二楼设立大早职场和多功能职场，在三楼设立新兵营和农网场地，对城乡伙伴分类管理和服务，公司办公环境和秩序得到一定改善。三是大力做好增员以及队伍举绩工作。充分利用取消代资考这一良机，积极参与上级公司增员活动，坚持开好支公司增员会，调动各阶层的增员积极性，通过增员充实活动，使团队结构逐渐趋向合理。另外，不断关注新人的培育，由组训经理和教育培训专员负责新兵营、初管营等的强化工作，尽早尽快地为团队输送新鲜血液。

客户服务　梅县区支公司不断强化保全理赔等客户服务工作，严格实行岗位责任制，加强技能培训，提高服务质量。保证客户投保工作，保证客户续期缴费、复效、退保、期满给付等各项保全工作顺畅。同时，通过完善的后援服务，对一线销售人员提供强有力的支持，维护公司形象，促进业务的发展。

（供稿：卜晓灵）

上 市 公 司

梅雁吉祥
（证券代码：600868）

2016年，公司管理层按照董事会的决策部署，紧紧围绕年度经营目标 ，坚持“创新、协调、绿色、开放、共享”的发展理念，以市场为导向积极探索市场化经营道路，带领全体员工团结奋斗，圆满完成各项经营目标任务。报告期末公司总资产为250057.4万元，归属于母公司净资产为223002.54万元；报告期营业总收入为36348.58万元；实现归属于上市公司的净利润为6820.67万元。

【经营情况】 2016年，公司不断调整和优化产业结构，加强水电清洁能源的主营业务发展，转变工业企业经营管理模式，促进效益提升。报告期内的主要经营情况如下：

（一）贯彻集中化战略，突出水电业务，实现发电量新突破。

1. 报告期内公司电站所在区域降雨充足。在这一前提下，公司对各电站继续实施创新管理，制订管理措施等激励方案，通过超设计发电量、超每毫米降雨量的发电量、增收节支等具体措施与员工收入挂钩，提高和调动员工的积极性；同时，通过技改、维修碎片化管理以及实行联动机制，充分利用水头及来水，挖掘自身机械设备的潜力，提高机组发电能力，最终促进发电效益的提升。通过各项措施的有效实施，2016年预算发电指标顺利完成，发电量创历史新高。

2. 2016年，公司顺利完成了分支机构丙村水电站的公司制改造，设立全资子公司梅州丙村水电有限公司，使其成为依法自主经营的独立市场主体，进一步转变了公司的管理职能。公司将继续完善市场化经营机制，积极调研符合公司发展战略的清洁能源项目，充分调动企业管理者和员工的积极性和主动性，促进公司不断取得新的发展。

3. 实施丰顺县梅丰水电发展有限公司B站后续建设的各项工作，保证施工质量、施工进度，争取尽快投入运营。截至报告期末，梅丰公司B厂各项工程建设正加速进行，大坝、厂房和引水工程基本完成，机电及变电设备安装工程紧张施工中。

（二）以市场为导向，转变经营理念，对制造业实行租赁经营管理。

1. 公司控股的梅州市梅雁旋窑水泥有限公司受市场因素影响，自2015年8月以来一直处于停产亏损状态，为了避免亏损面的进一步扩大，2016年公司积极探讨复产方案，但受产能过剩约束及市场行情下行影响，公司面临生产越多亏损越多的困境，各种复产方案难以实施。为规避经营风险，公司及时转变经营思路，实现了对该公司的整体租赁，降低了经营风险。

2. 由于经营状况一直未能取得突破，结合行业现状和发展需要，公司决定通过经营方式的变化，将持有的广东翔龙科技股份有限公司总股本56%的股权进行了转让，从实体经营转向股权投资。转让后公司仍持有该公司24%的股权，翔龙公司自转让日起不再纳入合并报表范围。

3. 经公司2016年第二次临时股东大会审议通过，公司的全资子公司梅州市梅雁矿业有限公司将采矿权及矿区与选矿场范围内的所有设施及办公场所等全部资产按现状租赁给平远彦建荣矿业有限公司。公司积极调研、探讨在新的经营管理模式下实现双方共赢，共享收益的租赁模式，降低其经营风险，为公司取得收益奠定基础。

4．进一步完善并提升全资子公司梅州市梅雁中学安全、优美的校园环境，营造良好育人氛围，促进公司更好地履行社会责任。

【分配预案】 根据广东正中珠江会计师事务所（特殊普通合伙）出具的“广会审字〔2017〕G17000900015 号”审计报告，2016 年度公司经审计的母公司净利润为 57,649,789.67 元，合并报表归属于上市公司所有者的净利润为 68,206,740.08 元。公司拟按 2016 年期末总股本 1,898,148,679 股为基数，向全体股东每 10 股派发现金 0.15 元（含税），合计派送现金股利 28472230.19 元，占审计后归属于上市公司股东净利润 41.74%。

（摘自公司年报）

宝新能源
（证券代码：000690）

2016 年，社会经济呈现新常态，经济结构加快调整，电力行业面临较大挑战，火电设备利用小时连年下降，特别是随着 2016 年下半年煤价的上涨，行业盈利空间被迅速削弱，行业发展压力较大，经营形势严峻复杂。 面对严峻复杂的经营环境，公司董事会与管理层主动、自觉、持续规范运作，稳电力、抓金融，坚定不移地贯彻实施“产融结合、双轮驱动”的发展战略，积极应对挑战，实现平稳发展的目标。报告期内，公司实现营业收入 35.40 亿元，同比下降 0.96%；净利润为 6.75 亿元，同比增长 4.69%；每股收益为 0.33 元。

【经营情况】 （1）稳中有进，提升管理，提升效益，确保安全环保生产，巩固在新能源电力细分行业的龙头地位，坚持走资源综合利用、企业绿色崛起的科学发展之路。

①梅县荷树园电厂运营稳定

在电力市场低迷、发电装机规模增长及煤炭价格大幅上涨的背景下，梅县荷树园电厂积极应对各种不利因素，抓好安全生产，保障稳定运营，稳固在资源综合利用新能源发电方面的优势，实现发电量和设备利用小时的稳定，保证公司效益的基本面不变。

②陆丰甲湖湾基地建设

公司积极利用各种有利因素，努力推进陆丰甲湖湾清洁能源基地项目建设工作。报告期内，公司广东陆丰甲湖湾电厂新建工程项目（2×1000 兆瓦超超临界机组）建设有序进行，项目资本金通过非公开发行股票募集到位；二期工程 2×1000 兆瓦超超临界机组项目成功纳入广东省“十三五”规划；陆丰宝丽华风能开发有限公司注册设立。公司将继续全力以赴做好基地的规划建设工作，确保项目工程优质高效完成。陆丰甲湖湾基地将为公司实施蓝海战略、贯彻新能源电力“221”发展规划、实现规模化扩张展开宏伟蓝图，对实现公司新能源电力的专业化、规模化、国际化、品牌化的战略目标，具有重要的积极意义。

（2）锐意创新，新金融控股深度布局。

公司在做大做强新能源电力的同时，全力构建涵盖银行、证券、基金、投资、保险、征信、融资租赁于一体的金融大平台，培育打造"宝新金控"金融产业集群，形成新的利润增长极，实现金融板块与电力板块的良性互动发展。

①报告期内，公司积极推动梅州客商银行股份有限公司（以下简称“梅州客商银行”）筹建事宜，并取得重大突破进展。2016 年 12 月 29 日，梅州客商银行获《中国银监会关于筹建梅州客商银行股份有限公司的批复》（银监复〔2016〕451 号）批准，成为广东省银监局辖区第一家获批筹建的民营银行。目前，公司正加紧推进梅州客商银行开业前期工作，力争于 2017 年内完成前期准备并顺利开业。

②公司积极推动各种金融业态的协调发展。报告期内，公司先后设立广东信用宝征信管理有限公司和宝新融资租赁有限公司，将全资子公司广东宝新能源投资有限公司更名为广东宝新资

产管理有限公司，并完成私募基金管理人登记。报告期末至报告披露日，公司通过受让及增资方式取得宝合金服投资管理股份有限公司40%的股份，成为其第一大股东。多元化金融业态有助于进一步壮大公司实力，形成内部资本生态圈，从而夯实金融平台基础，推动板块协调互生。

③为深入贯彻公司发展战略，打造"互联网"新业态，实现公司金融业务与新兴互联网业态的交互融合发展，报告期内，公司出资9.15亿元，受让百合网共计2.31亿股，加上前期持有的百合网股份，公司合计持有百合网2.68亿股，占百合网股份比例为21.33%，为百合网第一大股东。收购百合网有利于进一步完善公司在新兴产业的战略布局与业务协同，优化公司经营结构，全面提升公司竞争力。

④报告期末至报告披露日，经公司第七届董事会第十五次会议、第七届监事会第九次会议审议通过，公司与萍乡市富海久泰投资咨询合伙企业（有限合伙）等机构和自然人签署《关于深圳市东方富海投资管理股份有限公司之股份转让及认购协议》、与珠海金控股权投资基金管理有限公司等机构和自然人签署《关于深圳市东方富海投资管理股份有限公司之股份转让协议》，出资人民币25.20亿元，受让暨增资东方富海2.10亿股股份，占其股份比例为42.86%。该协议正在正常履行中。投资东方富海有利于进一步拓展公司金融投资的广度、深度和专业度，培育打造"宝新金控"金融产业集群，打造"银行PE"的全新模式，促进公司各金融业务板块协同发展。

（3）积极稳健，多元化融资保障资金。

①为进一步做大做强新能源电力业务，报告期内，公司成功完成2015年度非公开发行股票工作，共计发行人民币普通股（A股）449,275,362股，每股发行价格人民币6.90元，募集资金总额为人民币3,099,999,997.80元，扣除发行费用人民币34,981,997.80元后，募集资金净额为人民币3,065,018,000.00元。募集资金于2016年4月8日全部到位，新增股份于2016年4月26日上市，公司股份总数增至2,175,887,862股。公司将按照相关法律法规的要求做好非公开募集资金使用工作，确保项目进展顺利，全面提升公司核心竞争力。

②报告期内，公司申请并获中国证监会核准同意面向合格投资者公开发行不超过30亿元的公司债券。本次公司债券采取分期发行的方式，其中第一期于2016年12月1日完成发行，发行总额20亿元，票面利率3.73%；第二期于2016年12月13日完成发行，发行总额10亿元，票面利率4.14%。

非公开发行股票、公开发行公司债券等多种融资形式的结合运用，有利于降低资金成本、优化财务结构，为公司的可持续发展提供强大的资金保障和充足的财务动力。

（4）创新机制，员工持股凝聚士气。

在《2015年至2024年员工持股计划》及其配套文件的基础上，报告期内，公司继续实施了第二期员工持股计划，并于2016年6月1日通过二级市场买入的方式完成第二期员工持股计划股票的购买，购买平均价为7.09元/股。该计划进一步建立和完善了公司劳动者与所有者的长效利益共建共享机制，凸显公司员工对公司长远价值的坚定信心，有助于通过制度机制的创新牵引，聚合优秀人才加盟，进一步提升公司吸引力和凝聚力，促进公司持续、健康、高效发展。

【分配预案】 分配方案为每10股派0.33元（含税）。

（摘自公司年报）

超华科技
（证券代码：002288）

2016年，受国家新能源汽车政策有利影响和日新月异的移动通讯技术、高端服务器、汽车电子等行业的推动，公司作为电子基材新材料提供商和印制电路解决方案提供商，有效抓住行业发展机遇，全力推动营销改革和客户结构调整，加强新产品储备和产能扩张，并取得阶段性成果，为后续业务的开展奠定坚实的基础。但根据会计准则等相关规定，出于谨慎性原则，公司对诉讼应收款项、往期应收账款、存货等资产计提减值准备，对报告期利润数据影响较大，报告期内，公司业绩未及预期。报告期内，公司实现营业收入为 10.35 亿元，较上年同期下降 1.19%，净利润为亏损 6193.43 万元。

【经营情况】 作为电子基材新材料提供商和印制电路解决方案提供商，公司充分受益于 2016 年行业景气度提升，一方面结合市场行情调整产品价格，提高了产品的毛利率，如铜箔产品毛利率增长了 13.39%；另一方面借机调整客户结构，优先选择回款周期短和风险低的优质客户及长期友好合作的老客户，较好地改善了客户结构和回款状况，并与客户建立有效稳定的合作关系，为后续业务的开展奠定坚实的客户基础。

1. 全力推动 6—8 微米高精度锂电铜箔设备调试投产，完善电子基材产业布局报告期内，公司从日本引进的 6—8 微米高精度锂电铜箔设备已到位并进入安装调试阶段，公司此次引进的高精度锂电铜箔设备全部原装进口于日本，是目前市场上最先进的铜箔制造设备。目前铜箔市场依旧延续 2016 年下半年以来供不应求的市场状态，为有效抓住市场机遇，公司集中各项力量全力推动设备的安装调试，截至目前，设备已安装完毕。同时，公司根据市场供需动态变化，适时调整市场策略。鉴于公司拥有丰富的标准铜箔市场经验，且目前标准铜箔的市场需求旺盛，而锂电铜箔产品相关客户认证和检测耗时较长，从效率最大化因素考虑，公司会将 4/3 的产能首先用于生产高精度标准电子铜箔，进行后处理线的调试中。依托“纵向一体化”的优势，公司可自行完成高精度标准铜箔的测试工作，从而加快铜箔量产速度和销售速度，锂电铜箔出箔后将立即送样至相关客户测试。设备正式投产后，加上公司原有的铜箔产线，届时公司将拥有约万吨的铜箔产能，公司将成为国内少数拥有万吨级高精度铜箔生产能力的企业，进一步完善了公司电子基材产品结构，提升了公司产品的综合竞争力。后期公司将紧密跟踪市场发展情况，规划锂电铜箔的二期产能。

2. 梅州客商银行获批成立，有效实现产融结合。

2015 年，公司拟出资 2 亿元参股梅州客商银行（原名为“广东客商银行”），持股比例不超过 10%。报告期内，基于战略考虑，公司将出资额由 2 亿元增加至 3.52 亿元，持股比例增加至 17.6%。截至目前，梅州客商银行已经中国银监会核准通过，并正积极筹备中。发起设立梅州客商银行，是公司实施多元化战略，寻求新的利润增长点的重要举措，有利于充分发挥民营企业在金融领域改革的创新作用，丰富多层次金融市场，满足差异化金融需求、拓宽企业融资渠道。梅州客商银行的获批成立将为公司实业的快速发展提供坚实的融资基础和资金支撑，标志着公司进入实业资本和金融资本协同发展，互融互补的发展新阶段。

3. 借力电子基材行业回暖，调整客户结构，改善回款状况。2016 年下半年，受新能源汽车产业和锂电池产业爆发式增长的影响，电子基材行业回暖明显，铜箔和覆铜板供应紧张，价格上涨幅度较大。在供给和需求不均衡的市场环境下，公司充分利用市场回暖的有利因素，一方面结合市场行情调整产品价格，提高了产品的毛利率；另一方面，调整客户结构，优先选择回款周期短和风险低的优质客户及长期友好合作的老客户，同时缩短账期，较好地改善了客户结构和回款状况，并与客户建立了有效稳定的合作关系，为后续业务的开展奠定了坚实的客户基础。

4. 推动产学研合作和技术积累，加强新产品储备。

报告期内，公司高度重视跟踪行业前沿技术和产品的发展动态，并持续加大研发投入，通过产学研合作和自主技术创新等方式，加强技术升级和新产品研发，不断提升公司技术水平和优势。报告期内，公司电子基材工程技术研发中心项目已建设完成，为公司的技术研发奠定了良好的基础。此外，公司与华南理工大学、哈尔滨理工大学材料科学与工程学院签订了产学研合作协议，就电子基材行业领先技术和产品开发、技术平台建设、人才交流、技术成果转化等方面开展深入合作，在充分利用高校的技术资源和优势，提升公司技术研发水平的同时，将有效加快公司新产品的开发和成果转化速度，以抢占有利的市场先机。

【分配预案】 2016年度，利润不分配（实施）。

（摘自公司年报）

嘉元科技
（证券代码：833790）

广东嘉元科技股份有限公司成立于2001年9月，2015年10月22日，公司在全国中小企业股份转让系统挂牌。截至2016年12月31日，注册资本为15007.60万元，注册地为梅县雁洋镇文社，总部地址为梅县雁洋镇文社。公司经营范围：研究、制造、销售电解铜箔制品；经营本企业自产产品及技术的出口业务；经营本企业生产所需的原辅材料、仪器仪表、机械设备、零配件及技术的进口业务（国家限定公司经营和国家禁止进出口的 商品除外；不单列贸易方式）。是一家国家高新技术企业、国家知识产权优势企业、广东省战略性新兴产业骨干企业、广东省创新型企业和广东省清洁生产企业。

报告期内，公司拥有知识产权113项，其中技术专利108项（发明专利20项、实用新型专利88项），注册商标5项（广东省著名商标2项）；拥有科技成果72项，其中高新技术产品12项、广东省名牌产品2项；公司成功组建广东省工程技术研究开发中心、广东省企业技术中心、省部产学研结合示范基地。

2016年，公司坚定当前在铜箔产业的战略布局，以生产高档锂电铜箔为核心，做大做强公司铜箔业务，积极开发、生产附加值高的锂电铜箔拳头产品，继续强化技术创新和科研成果产业化推进工作，巩固公司在广东嘉元科技股份有限公司 9 高档锂电铜箔领域的领先地位。受国家大力推动新能源汽车发展政策带来的锂离子动力电池需求高速增长的影响，嘉元科技作为锂离子动力电池负极集流体的研究、制造和销售为一体的专业生产厂家，在国内同行业中，无论是技术水平还是规模水平均具有较强的竞争能力。公司新增1500吨/年技改项目于2016年7月成功实现投产，有效扩大公司产业规模和市场份额、提高产品性能与质量、优化生产成本等。截至2016年12月31日，公司实现产品入库 6696.3吨，实现销售收入42362.47万元，利润 6174.38万元，归属于挂牌公司的净利润 6207.77万元。上缴税收2800万元，各项指标连续3年实现30%以上的增长。

为践行省、市、区“创新驱动和加大有效投资工作会议”精神和“重实体、兴实业”的发展思路，公司通过资本与创新结合的方式，于2016年9月启动总投资7.2亿元的年产15000吨新能源动力电池用高性能铜箔技改项目，该项目分三步实施：一是投资2.8亿元建设三期6500吨/年技改项目，计划于2016年9月至2018年5月建成投产；二是投资1.8亿元建设四期3500吨/年技改项目，计划于2016年12月至2018年6月建成投产；三是投资2.6亿元建设五期5000吨/年技改项目，计划于2017年12月至2019年6月建成投产。项目整体建成投产后，预计全厂实现产值20亿元、利润2亿元和上缴税收1.2亿元以上，解决就业岗位600个以上。因此，至2019年6月，实现从产能、产值、效益上再造2个嘉元科技的战略目标。

（供稿：办公室）

骅锋科技
（证券代码：833796）

广东骅锋科技股份有限公司成立于2007年，公司属于软件和信息技术服务行业，主营业务为智慧城市落地服务以及智慧校园行业集成服务，为一家综合性信息化建设和服务公司。公司于2015年9月成功登陆国内新三板平台市场，成为一家新三板平台的公众公司。公司在广州、深圳、茂名等地设立分支机构。

公司围绕发展目标，强化市场拓展，把握发展机遇，扩大公司规模，丰富和优化现有业务，进一步增强竞争力，取得较好的经营成果。2016年度，公司主营业务继续保持良好的发展势头，各项主要经济指标较去年同期呈现增长态势。2016年，实现营业收入 6,187 万元，较上年同期增长了1.9倍，净利润增长4.6倍；达到进入“新三板”创新层的业绩要求。

在智慧政务和系统集成板块，公司凭借长期以来专注于计算机信息系统集成服务业务积累的丰富经验、对政府和企事业单位信息化建设需求的充分了解与深入摸索以及拥有的相关行业资质和经验丰富的技术开发人员，公司承担梅县区公共基础服务平台、梅州市行政服务中心、梅县区行政服务中心、五华县行政服务中心等重点民生工程的建设。在智慧教育板块，公司的服务已经覆盖梅州地区，服务能力达到百万级。2016年，公司依托在梅州的智慧教育平台的运营经验，成功拓展茂名、河源等省内市场，为公司今后拓展省内外市场的战略部署打下坚实基础。

（供稿：办公室）

泰鸿科技
（证券代码：839343）

广东泰鸿科技股份有限公司前身系梅县泰鸿科技有限公司，于2001年7月9日获梅县工商管理局核准，由自然人梁江、梁炳华共同设立的有限责任公司。2016年10月17日，广东泰鸿科技股份有限公司在全国中小企业股份转让系统成功挂牌，登陆新三板市场。公司主营业务为IT系统集成服务、IT系统运维服务以及游戏代理运营。至2016年底，公司已形成较完善的研发、技术、服务等体系，拥有多项软件著作权，不断对技术、服务等流程进行完善优化，为政府机构、事业单位、企业、学校等客户提供专业、优质的服务。

报告期内，公司获取IT系统集成服务项目主要有参加招投标、客户单位直接委托两种方式。招投标的项目信息主要由公司市场部人员主动搜寻或客户与公司联系获得，主要包括参加邀请招标或者公开招标。此外，亦有长期合作客户，主动将项目委托给公司。公司内部自主研发、合作研发和委托外包研发三种模式相结合。公司有专门的研发团队和一套完善的研发管理体系及研发设备，根据客户的需求为客户度 身定做所需的产品和服务。

2016 年，公司实现营业收入 33,246,233.75 元，实现净利润 3,244,614.54 元。截至 2016 年 12 月 31 日，公司总资产为 42,620,458.68 元。

（摘自公司年报）

自远环保
（证券代码：839987）

广东自远环保股份有限公司于 2002 年 6 月 13 日成立。2016 年 9 月 18 日，完成股改工商变更登记手续，公司名称由梅州环保设备有限公司更名为广东自远环保股份有限公司。2016 年 12 月 9 日，公司在全国中小企业股份转让系统正式挂牌。公司经营范围：环境治理设计、施工；环境治理工程总承包；环境检测；环境监理；环境污染治理设施运营；环境监测仪器及自动化控制系统研发；环保机械设备制造、安装；批发零售业；进出口贸易；实业投资；物业租赁。公司主营业务为城镇生活污水治理、医院污水治理、工业废水废气治理、环境治理设施第三方运营管理、环保治理成套设备的研发、生产及销售。

2016 年，公司顺应环保治理行业的发展趋势，全面推进整体发展战略。报告期内，公司管理层根据年初制定的经营规划，以“稳定发展”为基本理念，围绕战略发展目标，不断加大新技术的研发力度，积极开拓市场，提高市场占有率，同时不断吸纳优秀人才加入，持续完善内部控制体系，强化公司规范运作意识，提升公司的经营管理水平。2016 年，公司实现营业收入 3,207.38 万元，同比增长 31.83%；实现利润总额 218.91 万元，同比增长 289.60%；实现净利润为 205.19 万元，同比增长 276.33%。截至 2016 年 12 月 31 日，公司总资产规模为 4,383.85 万元，较期初增长 23.06%；净资产为 1,464.10 万元，较期初增长 16.30%。

（摘自公司年报）

责任编辑：黄森

科教文

科 学 技 术

【概述】 2016年，梅县区有国家高新技术企业15家；广东省高企培育入库企业4家；广东省创新型企业2家、创新型试点企业1家；省级工程技术研究开发中心7家、市级4家；广东省省部产学研示范基地3家、科技特派员工作站5个；省部产学研合作重点实验室培育单位1家；省级技术创新专业镇7家、市级2家；全国企事业知识产权试点单位1家、省知识产权优势企业5家、省知识产权教育试点学校2所。

【科技创新与项目申报】 科技项目申报　认真开展科技调研和科技计划项目申报工作。组织申报省级科技计划项目14项，获准立项6项，获得财政资金支持760万元。组织企业申请研究开发补助资金。组织广东超华科技股份有限公司、广东嘉元科技股份有限公司、广东泰鸿科技股份有限公司、广东自远环保股份有限公司和BPW（梅州）车辆有限公司等5家企业申请省级研究开发财政补助资金，合计得到核拨省级研究开发财政补助资金306.84万元。

科技创新平台建设　梅州市梅县区松口镇人民政府获批为广东省金柚技术创新专业镇；梅州市梅县区佳禾现代农业有限公司的“梅县佳禾现代农业省级青少年科技教育基地”和梅州哆梦创客科技有限公司的“梅州市青少年创客省级青少年科技教育基地”均被确认为广东省青少年科技教育基地；广东十记果业有限公司的“现代农业示范区电商园”被确定为广东省众创空间试点单位。

产学研结合　做好省部产学研结合科技特派员的选派工作，全年有广东自远环保股份有限公司和梅州市客迁食品有限公司等2家企业与5所高等院校、科研院所建立产学研合作关系，聘请6名科技特派员。

【科技成果与奖励】 全区有6项科技成果通过市级科技成果鉴定，6项科技成果获2016年市科学技术奖（二等奖2项，三等奖4项，其中含发明专利奖2项）。组织专家鉴定区科技成果1项，推荐3项发明专利和3项区科技成果参加区科学技术奖评审，评选出2015年度区科学技术奖6项。以上合计获奖单位18个、获奖科技人员78人次。

2016年梅县区获市以上科学技术奖情况表

表5

序号	获奖成果名称	完成单位	获奖情况
1	深两优870的选育及配套高产栽培技术研究推广	广东兆华种业有限公司、国家杂交水稻工程技术研究中心清华深圳龙岗研究所、深圳市兆农农业科技有限公司	市科学技术奖二等奖
2	一种生产高锰酸钠的方法	广东航鑫科技股份公司	市科学技术奖二等奖
3	循环流化床锅炉SNCR脱硝效率提高工艺	广东宝丽华电力有限公司	市科学技术奖三等奖

续表 5

序号	获奖成果名称	完成单位	获奖情况
4	“掌游客家”智慧文化旅游移动门户平台	梅州市掌游客家电子商务发展有限公司	市科学技术奖三等奖
5	利用表面处理过程产生的含镍废水制备电镀级硫酸镍的方法和设备	梅州环保设备有限公司	市科学技术奖三等奖
6	三红蜜柚引种试验示范及推广应用	梅州市梅县区水果服务中心、梅州市农业科学院	市科学技术奖三等奖

【人才引进工作】 积极配合上级部门做好富力城广东院士团队创新创业（梅州）驿站设计规划和建设工作。

【专利与知识产权】 扎实开展国家知识产权试点区建设工作。积极配合上级开展国家知识产权强县工程试点区考核验收工作，经严格撰写考核材料，将相关验收材料报送上级部门。积极推动知识产权创造、运用、保护和管理全面发展。积极实施《梅州市梅县区专利授权补助管理办法》，区政府拨款 135.24 万元对 1736 件授权专利进行补助。全年专利申请量 450 件（其中发明专利 60 件，实用新型专利 227 件，外观设计专利 163 件）；专利授权量 340 件（其中发明专利 28 件，实用新型专利 210 件，外观设计专利 102 件）。发明专利申请量及授权量连续 3 年位居全市第一。认真开展知识产权执法检查工作，维护知识产权人的合法权益。积极推动知识产权质押融资工作，2 家企业获客家村镇银行专利质押融资贷款 900 万元。嘉元科技被认定为“国家知识产权优势企业”，其“电解铜箔生产废水处理工艺”发明专利被评为广东省专利优秀奖。

扎实推进专利技术孵化产业园规划建设。2016 年 11 月，梅州市专利技术孵化产业园揭幕挂牌。产业园包括产业孵化、产业研发、人才培训及配套高级人才公寓、综合楼、研发楼等。园区实行分期建设，首期投资 1 亿多元，占地 7.73 公顷，项目已全面动工，综合楼和研发 1 号楼预计 2017 年底建成启用。

【防震减灾】 认真做好梅西柱坑、龙虎地震观测井的运行维护管理工作，及时准确上报观测井观测数据。组织编制《梅州市梅县区地震应急预案》及《应急预案操作手册》，并编制《区委区政府大院地震应急预案》。按照《广东省国家地震烈度速报与预警工程项目基准站、基本站、一般站场址勘选工作指南》，积极做好地震预警台选址工作，在梅县区范围内 11 个乡镇选址建设地震烈度速报与预警工程。规划建设城区应急避难场所。梅县人民广场列入梅州城区四个大型紧急避险场所之一。2016 年 5 月“防震减灾宣传周”期间，积极开展防灾减灾科普宣传，组织中小学开展地震应急疏散演练，专门印制防震减灾宣传图册 6.9 万份，发放到全区各学校中小学生手中。开展地震灾害风险点、危险源排查整治工作，经排查，梅县区无大中型水库及枢纽工程地震风险，C 级校舍 3 栋，D 级校舍 1 栋，并采取相应的整改措施。

【机构改革】 根据《梅州市机构编制委员会关于印发梅县区人民政府职能转变和机构改革方案的通知》（梅市机编发〔2014〕96 号）和中共梅州市梅县区委办公室、梅州市梅县区人民政府办公室《关于印发〈梅县区人民政府职能转变和机构改革方案〉的通知》(梅县区委办电〔2014〕60号)精神,设立梅州市梅县区科工商务管理局,挂梅州市梅县区知识产权局牌子,为区人民政府工作部门。区科工商务管理局内设21个职能股(室)。下设梅州市梅县区外经贸咨询服务中心、梅州市梅县区地地震局、梅州市梅县区节能监察中心、梅州市梅县区经委职工学校。根据梅机编〔2014〕119号文,区科工商务管理局加挂梅州市梅县区生产力促进中心牌子,于2016年7月合署办公。局机关行政编制30名。

【经济与信息化】 区科工商务管理局坚持用好用足国家促进赣闽粤原中央苏区和省促进粤东西北振兴发展"两大政策",全力推进"梅兴华丰产业集聚带"梅县集聚区建设,着力培育发展装备制造、电子信息、新能源、商贸物流四大超百亿元产业。至年底,全区有工业企业566家。其中:规模以上企业101家(其中:畲江工业园企业30家),规模以下企业465家。工业产品主要有:发电量、电子元件、水泥、车轴、橡胶轮胎、编织工艺品、电解铜箔、服装、覆铜板、精炼铜等10类产品。

1–12月,全区规模以上工业企业实现工业增加值50.71亿元,同比增长5%;实现工业总产值176.73亿元,同比增长6.6%。全区完成工业投资39.71亿元,同比增长10.5%,其中工业技改投资12.1亿元,同比增长46.2%。全区完成社会消费品零售总额142.01亿元,同比增长14.1%。

【支柱产业】 全区有装备制造企业105家,实现产值约46亿元。其中,亿元产值以上的有BPW(梅州)车轴有限公司、卡莱(梅州)橡胶制品有限公司、华南三一工程机械有限公司、梅县雄飞实业有限公司、梅州国基精密制品有限公司等5家企业。规模以上的有梅州鸿荣机械有限公司、梅县庆达实业等6家企业。

【电子信息产业】 全区有电子信息产业企业85家,实现产值31亿元。其中,亿元产值以上的有广东超华科技股份有限公司、广东嘉元科技股份有限公司、梅州紫晶光电科技有限公司、广东博森光能有限公司等4家企业,规模以上的有:梅县锦江电路板有限公司、高迪数码科技(梅州)有限公司等6家企业。

【新能源产业】 全区新能源产业实现产值51.8亿元。规模以上的有广东宝新能源股份有限公司、梅雁吉祥水电股份有限公司、梅县龙上电站、梅县洁源水电有限公司、梅州市程江梯级水电厂等5家企业,其中亿元产值以上的有广东宝丽华新能源股份有限公司、梅雁吉祥水电股份有限公司2家企业。

【商贸物流产业】 全区商贸业产值98亿元。广东喜之郎集团有限公司投资的锦绣国际·家居博览中心建设一期工程于2016年11月15日竣工并正式对外营业,该中心投入运营,标志着粤东西北乃至粤闽赣边区规模最大、现代化程度最高、交易品种最全、服务最完善、辐射能力最强的一站式家居建材中心在梅县区"诞生"。梅县区电子商务产业园引进云电商基金建设云电商生态城,形成以云电商生态城、电商创业大厦、淘宝创业园、现代农业示范区电商园为主体的电子商务发展平台和产业集聚区已引进电商企业58家,有电商企业80家。引进广东工业设计城有限公司进驻梅县区,建立广东工业设计粤东基地,实现网店运营、设计、客服、营销、仓储、物流、售后等服务一体化,打造工业创业平台。

【工业建设】 超华高精度铜箔、博森光电产业园、富柚生物金柚深加工、航鑫二期、鸿荣重工再制造、庆达二期、嘉元超薄电解铜箔、梅雁吉祥产业园、烟叶复烤打叶复烤、新城水厂建设、盛兴客运分布式光伏发电、盛富金属等工业技改项目已竣工或即将竣工;畲江工业园大项目(如高端纺织产业园、富源赛翡"蓝宝石技改项目"、桦粤"有机农副产品加工项目"、恒一"个人护理用品生产项目"、广晟稀土"钕铁硼磁性材料生产线项目”）紧张有序推进。全区完成工业投资 39.71 亿元，同比增长 10.5%，增速排名全市第五。其中：技改投资 12.1 亿元，同比增长 46.2%，增速排名居全市第四。

【信息化建设】 推进原中央苏区农村超高速无线局域网应用试点工作。梅县区有 359 个行政村列入试点（包括市直管的梅西水库、上官塘、侯畲村 3 个行政村）。对各镇级政府门户网站，区政府各部门、各直属机构及下属参照公务员法管理的事业单位网站（含省以下垂直管理单位）57 个进行日常监测和年度考评。向社会主动公开政府信息 2339 条，其中发布工作动态信息 1268 条，视频新闻 251 条、规范性文件信息 50 条、其他类信息 770 条。另外各行政机关向社会公开的信息有近 1214 条，其中发布工作动态信息 902 条、通知公告 126 条、政策法规、办事指南等信息 186 条。

【服务企业发展】 2016 年，省、市、区下达梅县区工业企业技术改造技术创新专项资金 8 个专题 19 个项目 2702.69 万元，其中省级财政资金 6 个专题 11 个项目 2082.24 万元、区级财政资金 1 个专题 6 个项目 310.35 万元、事后奖补资金项目 2 个 310.1 万元。

【安全生产】 做好广东天诺民爆有限公司梅县分公司、梅州市兆安民爆梅县分公司等民爆生产、仓储企业的日常监管。督促民爆企业进行应急演练，开展民爆物品警示标识登记标识、消防设备，维护检查记录等进行认真细致的检查，抓好企业的安全生产。

做好加油站的年检和换证工作，对加油站加强监管和整治，依法审核油品的经营资格，消除各种安全隐患，严禁无牌、无证的走私油流入市场，保证成品油市场平稳有序。对辖区内 56 间在营加油站进行系统、全面、细致的拉网式检查，安全运营良好。

【节能降耗】 梅县区万元 GDP 能耗同比下降 9.16%，工业增加值能耗下降 15.4992%。

积极开展电机能效提升工作，帮助企业转型升级。全年 8 家企业申报电机改造补贴，更换高效电机 700 台 8903.5 千瓦，申请财政补贴 109.35 万元。

【商流贸易】 发挥梅县区产业优势，引导内贸流通企业向智慧商业、文化商业方向发展，提升商业设施的文化内涵，推动现代商业与传统文化融合创新。推进专业市场和市场集群升级改造，鼓励商品交易市场运营模式创新，积极扩展供应链综合服务、品牌孵化和物流配送等功能。

围绕“增强供给能力，促进消费升级”的主题，积极组织企业开展消费促进月活动，确保梅县区促消费、稳增长活动全面深入开展，同时，引导企业积极主动参加追溯体系建设。

依据上级文件对内贸特种行业（拍卖、典当、二手车交易市场、报废机动车回收拆解及现生资源回收等企业）做好审核、年审等工作。

继续协助做好家禽“集中屠宰、冷链配送、生鲜上市”工作。

【外商投资】 全年，批准外商投资项目 3 个，合同外资金额 4887 万美元，实际利用外资 1092 万美元。

【对外经济贸易】 完成进出口总额 28735 万美元，同比减少 46%；其中，出口总额 23120 万美元，同比减少 51.6%，进口总额 5615 万美元，同比增长 3.6%。

【对外经济管理】 搭建平台，积极推动企业“走出去”。组织 20 多家外经贸企业参加广交会及德国等境内外展览会。

梅县区 2016 年外贸骨干企业出口海关统计表

表 6　　单位：万美元

序号	企业名称	当年金额	基期金额	同比增长（%）
1	卡莱（梅州）橡胶制品有限公司	10322	13733	-24.84
2	BPW(梅州)车轴有限公司	2519	3063	-17.75
3	梅州瑞东厚珠宝首饰有限公司	1514	0	+100
4	梅州市中一实业发展有限公司	962	648	+48.56
5	梅县新瑜盛制衣有限公司	805	714	+12.65
6	梅州市锦芳工艺有限公司	796	930	-14.47

梅县区 2016 年外贸骨干企业进口海关统计表

表 7　　单位：万美元

序号	企业名称	当年金额	基期金额	同比增长（%）
1	卡莱（梅州）橡胶制品有限公司	2535	3926	-35.43
2	梅州瑞东厚珠宝首饰有限公司	1065	0	+100
3	BPW（梅州）车轴有限公司	833	860	-3.13
4	广东超华科技股份有限公司	789	0	+100

【电子商务与物流】 推进镇级农村电子商务服务站建设。全年，建成 19 家镇级电商服务站，为当地村民提供网络代购和农特产品收购、销售，提升农产品价值，发挥重要作用。拓展电商人才培训，扩大电商培训范围，带动青年电商创业就业，2016 年开展各类培训 43 期 1503 人(次)、孵化企业 83 家，为打造大众创业、万众创新打下坚实的人才基础。组织 3 家企业参加广东省“互联网+”试点项目工作：广东振声科技股份有限公司申报工程爆破信息化职能管控系统项目入选 2016 年广东省“互联网＋”先进制造试点项目、广东十记果业有限公司申报梅州农副产品电子商务运营推广与金柚科技示范园建设项目、广东李金柚农业科技有限公司申报广东李金柚“互联网+”柚果储藏保鲜电子商务项目有 8 家企业和个人获评 2016 年中国·广东农电奖：梅县区淘宝创业园获评优秀县域电商创业园奖；广东绿丰农品现代农业发展有限公司获评“互联网＋”休闲农业领先奖；广东李金柚农业科技有限公司的李永生和梅州市兴缘农业发展有限公司的林

绿获评致富带头人奖；梅州市永兴客家食品有限公司的“客商”获评最具潜力电商农产品品牌奖；梅州启赢电子商务有限公司获评农村电子商务服务型企业奖；广东十记果业有限公司获评农村电子商务标杆企业奖；梅州客来客往有限公司获评电商扶贫模范奖。

电子商务发展目标是至2018年全区培育3—5家在广东省较有影响力的农村电子商务企业，培养农村电子商务创业队伍 2000 人，培训电子商务应用技术人才 2000 人，实现农村电子商务服务站（点）全覆盖，力争实现农村电子商务年销售额超10亿元。

（供稿：李晓莹）

教　育

【强镇复评】 巩固提升教育“创强”成果，抓好“广东省教育强镇”复评工作。继续筹措资金对相关学校的设备设施进行充实和完善，确保按时、按质完成“强镇”复评验收，至4月，梅西镇、南口镇等7个乡镇的“强镇”复评通过省专家组的督导验收。6 月，创建“全国义务教育发展基本均衡县”复审工作通过国家复检验收。做好梅县区争创“广东省推进教育现代化先进区”工作，投入资金 4000 多万元，对全区中小学校的设备设施进行充实和完善，全区 543 位教师进行学历提升。

【民生重点项目】 继续完善梅县外国语学校后续工程建设。基本完成投资 2300 万元的程江镇德兴小学扩容提质工作，新建的教学楼于 9 月交付使用，实现新增学位 1500 个。预计投资4000多万元建设的梅县区特殊教育学校进入全面施工阶段。提质扩建畲江镇中心小学，新建两栋教学楼进入工程扫尾阶段，运动场等附属工程建设全面动工。

【学前教育】 全区有各级各类幼儿园 110 所（其中：区直属幼儿园 1 所、镇中心幼儿园 19所、学校附设幼儿园18所、民办幼儿园72所），有广东省一级幼儿园1所，梅州市一级幼儿园18所、梅县区一级幼儿园20所、规范化幼儿园76所。幼儿园教职工 2094 人，教师学历达标率为100%；在园幼儿20060人，学前三年毛入园率为99.3%，同比增长1%。

【中小学教育】 全区有各类学校 59 所，其中完全中学 8 所，初级中学 17 所，中心小学和直属小学 27 所，中等职业学校 2 所，教师进修学校、富力足球学校、特殊教育学校、青少年宫、技工学校各1所。中小学生64368人，其中：普通高中9305人、中等职业学校3411人、初级中学12684人、小学38968人，适龄儿童入学率和小升初升学率为100%，高中毛入学率为96.06%，同比增长0.01%。

2016 年，全区高考考生 4396 人，上重点本科线 199 人，比上年增加 39 人；上本科线 1552人，比上年增加 232 人，入围率为 35.31%；上省三A线2539人，入围率 57.76%。高级中学上重点本科线 171 人；考上本科线以上 979 人，入围率为 82.34%；考上省三 A 线 1148 人，入围率96.55%，居全市 10 所重点中学第一。全区中考考生3989人，其中750分以上有7人，700分以上180人；高级中学考生285人，700分以上75人；宪梓中学考生1476人，700分以上71人。

【中等职业教育】 全区有中等职业学校2所，即公办中等职中 1 所（梅县区第一职业学校），民办中等职业学校1所（梅州市英才外语学校）。另外有教师进修学校1所、技工学校1所。有在校学生 3411 人；有教职工 275 人，其中专任教师 223 人。梅县区第一职业学校为全省首批 31 个、梅州市唯一一个被广东省教育厅批准备案的学前教育专业点。

【成人教育】 全区 19 个乡镇（办事处、高管会）均办有成人文化技术学校，共 19 所，其中达到省级示范校标准 2 所，达到市级示范校标准 17 所。学校均成立有镇党委或政府领导参加的校务委员会，配备有成人教育专职工作人员、专职干部 19 名、专职教师 76 名、兼职教师 100 多名；有图书阅览室 20 个、图书 5.2 万册、服务实体 20 个。另外，有村级成人文化学校 22 所、开展培训的中等职业学校 2 所。

【特殊教育】 全年 7—15 周岁三残儿童少年入学率为 97%。梅县区特殊教育学校作为特殊教育随班就读指导中心，有 23 名智残学生在读；全区设立有随班就读资源教室 8 间，有就读残疾儿童少年 169 名。

【特色教育】 梅县高级中学是省首批国家级示范性普通高中，先后获得首批全国绿色学校、首批全国诗教先进单位、全国群众体育先进单位、国家级足球传统项目学校、全国校园足球特色学校等荣誉。该校是国家级足球传统项目学校，注重培养“足球小将”，重视体能教育，曾培育出王惠良、池明华两任国家足球队队长和国脚李健华。十多年来，为国省市足球队和各高等院校输送足球苗子 200 多人。初中部于 2016 年开始招足球特长生，专业的足球教练 3 位，分别对应指导初中组、高中组和守门员。在初中部开设每周一节的足球课，高中开设足球选修课，学校要求学生坚持每天运动一小时，每年举办运动会。另外，高级中学有另一个为人熟知的特色教育——诗教。高吟诗社成立于 2000 年 10 月，诗社常有诗词交流、鉴赏活动，社员 350 人左右，其中教职员工 30 多人。此外，坚持举办诗词创作培训班，运用校园计算机网络、校园闭路电视开设“中华诗词阅读鉴赏”专题讲座；在各年级开设诗教课程，每周 1 节课，由诗教老师指导学生学诗写诗，开展背诗、默诗活动。高级中学已出版诗集《高吟五百首》、《高吟》3 集和《高吟》诗刊 57 期，全国各地报刊纷纷刊发该校师生诗作，至今已发表 1264 首。

【民办教育】 民办幼儿园　梅县区有民办幼儿园 72 所，在园幼儿 11927 人，教职工 1377 人，教师学历达标率为 100%。

民办职业学校　梅县区有民办中等职业学校 1 所（梅州市英才外语学校），创办于 1996 年，有学生 1274 多人，教职工 50 人，开设有 4 个专业计算机应用、电子商务、电子电器（与电工）、学前教育，各专业就业升学率 100%。

【教师队伍建设】 师资质量　梅县区中小学有教职工 5477 人，专任教师 4746 人。小学、初中、高中教师学历达标率均为 100%。

队伍培训　举办校长高级研修班、骨干教师培训班、各项专题讲座及邀请国内教育领域的知名学者、专家前来讲学、授课等方式，累计培训校长、教师近万人次，派出校长到东北师大等学习培训 300 人次。

引进人才　积极实施高素质人才引进工程，面向全国招聘 74 位“211”工程院校全日制师范类应届毕业生或全日制师范类本科起点的硕士研究生到梅县外国语学校任教，招聘 40 位师范类本科毕业生充实到各中小学校任教。

【教育经费】 2016 年度，梅县区教育经费总投入 144818.5 万元（其中：国家财政性教育经费 129122.1 万元、民办学校中举办者投入 5310.7 万元、社会捐赠经费 282.6 万元、事业收入 9622.4 万元、其他收入 480.7 万元），同上年对比教育经费投入增加 18389.3 万元，增长 14.55%。

【教学设施】 全区中小学有独立科学馆 26 幢，理化生实验室 153 间，语言实验室 41 间，计算机室223间，计算机9899台，电教平台940个，57间学校安装校园网，地面卫星接收系统10套，仪器设备总值 2775 万元。中小学图书室、阅览室95间，图书171.3万册。中心小学以上的学校全部开设信息技术课，大部分学校还开展计算机辅助教学和管理。

【校园安保】 抓好学校安全工作，健全学校各项管理制度，各中小学校法治工作合格率达100%，丽群小学被评为“广东省依法治校示范校”。全年，全区各中小学校综治安全工作态势平稳，近8万名师生犯罪率为零。

【德育工作】 抓好小学“三礼”（礼仪、礼节、礼貌）教育和中学养成教育的基础上，全区各校积极创新德育新模式，逐渐形成自己的特色和品牌，如程江镇小的“三礼”教育、丽群小学开展的行为规范教育、宪梓中学的养成教育均取得良好效果，中小学生的良好行为习惯已初步养成。

【体、艺工作】 2016 年，成功举办梅县区第57届中小学生田径运动会、梅县区第十二届中小学生足球联赛等大型比赛。认真做好梅州市第八届运动会的筹备工作。成功举办梅县区中小学生文艺会演，全区 55 所中小学校有 107 个文艺节目参加演出，评选出一等奖 11 名、二等奖 17 名、三等奖 23 名。组织师生参加省、市书法和绘画活动，教师、学生的众多参赛作品在省、市级都取得较好的成绩。

（供稿：萧　潇）

文　化　艺　术

【概述】 2016年，梅县区文化广电新闻出版局以开展丰富多彩的惠民文化活动为载体，以加强文化基础设施建设、净化文化市场环境、做好文化遗产保护利用、推进文化产业发展为重点，进一步推进公共文化服务体系建设。全年创建农村文化俱乐部 16 个；创建雁洋、白渡乡镇文体广场示范点2个；创建雁洋雁中村、南口侨乡村行政村综合性文化服务中心示范点2个；大型山歌剧《合家福》作为广东省唯一入选剧目参加全国基层戏曲会演；山歌表演唱《月下恋歌》荣获客家山歌（东莞·凤岗）邀请赛金奖。

【文化设施建设】 区公共图书馆、文化馆、博物馆、乡镇综合文化站等公共基础设施场地全部免费开放。区图书馆加大投入，更新书架及电脑一批，增设残障人士通道、成人电子阅读机等，利用馆内天井，改建成400平方米的活动区。区博物馆购置轻便展架100块，提高博物馆进社区、进校园等活动的开展。区文化馆和乡镇综合文化站不断提升文化活动的设施建设，购拨一批电脑、音响、灯光、乐器等，建立电子阅览室、充实完善教学、培训、演出活动等设施。

区委、区政府将农村文化俱乐部创建工作列入十件民生实事，列入对镇级工作绩效考核的指标。制订《2016年梅州市梅县区农村文化俱乐部建设工作方案》，通过市检查验收，完成16个农村文化俱乐部的建设，创建文体广场示范点2个、行政村综合性文化服务中心示范点2个。

【文学艺术创作】 歌曲《家乡话》获省群文创作二等奖和梅州市群文创作一等奖；相声《特殊会议》获省群文创作三等奖和市群文创作一等奖；表演唱《老汉进城》获省群文创作三等奖和市群文创作二等奖；歌曲《年三十布》获市群文创作二等奖；小戏《送你一盆合欢花》获市群文创作三等奖；小戏《山中石头村》获市群文创作三等奖；小品《不能砍的树》获市群文创作三等奖；小品《宝宝的心愿》获市群文创作三等奖；

歌曲《客家美酒》获市群文创作三等奖。由梅县区文化馆选送的舞蹈《排排坐唱山歌》参加广东省第十届少儿艺术花会荣获三等奖。

【群众文化】 积极开展“送戏、送影、送书”活动，进一步丰富广大人民群众的精神文化生活。2016年，客家山歌传承保护中心、木偶传习所各送戏下乡演出80多场。一是大型山歌剧《合家福》作为广东省唯一入选剧目参加全国基层院团戏曲会演；大型山歌剧《古寨牛人》参加“2016广东戏曲喜剧特邀展”；山歌表演唱《月下恋歌》参加“两岸暨港澳地区”客家山歌（东莞.凤岗）邀请赛荣获金奖。山歌剧团演艺公司改革创新的音乐剧《风雨白石龙》在深圳市保利剧院举行专场演出，得到专家及观众们的高度好评。精心编排一台专题节目——“金秋重阳、情暖老人”敬老院慰问巡演，分组4个小分队到梅县区18个乡镇敬老院进行演出；举办梅县区第二十八届中秋山歌节文艺演出、“中国梦 丝绸路—文化迎春松口行”和非遗文化进校园等系列活动。二是木偶剧团演艺公司新创作的大型人偶剧《海族总动员》在梅州市山歌剧院首演，并在广州、潮州、深圳，重庆、海南等地区进行巡演。在2016年春节期间应中国文联的邀请参加北京市2016年百花迎春晚会；参加第十二届深圳文博会，创作的《提线变脸》和《杖头书法》深受欢迎；参加广东非遗走进澳门国际旅游（产业）博览会。积极参加由区纪律检查委员会、区委宣传部、区文化广电新闻出版局等联合组织的2016年“风清气正·依法治区”专题文艺晚会在梅县区19个镇巡回演出。三是举办“梅县区‘留住乡愁·守护家园’图片展”“纪念长征胜利80周年暨‘美丽梅县——翰墨飘香’书画展”“永远的颂歌——梅县区书画展”“‘峥嵘岁月·红色记忆’——梅州市梅县区革命简史图片展”“东江铁流·南粤旌旗——东江纵队史实图片展”等展览。

【文化市场整治】 进一步建立和完善岗位责任制及相关审批制度，不断提高文化市场行政服务水平和质量，推动梅县区文化市场工作规范化、法制化的健康轨道。依法行政、便民便利，切实做好行政审批工作，按时办结率和群众满意率均为100%。

加强文化市场文化执法监管，抓好文化市场日常巡查和专项整治，创新执法方式，建立网吧经营场所视频监管平台，通过网络科技手段，即时监控网吧现场安全经营情况。执法经验在“全省文化市场综合执法暨文管办工作会议”上交流。加强文化执法及安全生产（消防）监管工作，全年出动执法人员1846人次，检查文化经营单位1972家次,其中检查歌舞娱乐场所260家次，检查网吧432家次，检查书报刊经营单位444家次，检查印刷经营单位132家次，检查文物单位482家次等,作出行政处罚11家，收缴非法出版物158册（张）。

积极做好安全生产（消防）监管工作，认真落实领导干部“一岗双责”，坚持管行业必须管安全、管业务必须管安全、管生产经营必须管安全的要求，采取有力措施，抓好常规与专项整治检查。以“清源”“秋风”等专项行动为重点，认真开展“扫黄打非”专项行动，净化出版物市场。

【电影放映】 完成农村电影放映4260场、广场电影322场、关爱残疾人送影下乡放映活动放映790场、扶贫济困敬老院放映活动332场，梅县区人防科教影片《居安思危备战人防》放映活动740场，广东工会情系职工放映活动6场，观众30多万人次。

【公共图书馆】 梅县区图书馆不断加强文献资源建设，2016年新增藏书1万册，电子图书100万种；全年到馆人数10万多人，借阅纸质图书20万多册。投入10多万元，把原有旧桌椅及不适合少儿的书架全部更换，电子阅览室新增电脑30台，增设成人电子阅读机、少儿动漫阅读机各1台；新购置移动图书馆，利用移动阅读服务和读者的手机终端，电子阅读机点读率达12万次，下载图书4万多册。利用馆内天井，改建成读者活动区及展览区，面积约400平方米。在盲人阅览室增设有声读物，增设残障人士通道。继续推进流动图书站的建设和服务，充分利用丰富的馆藏资源，为每个流动站配置500到1000册图书（已建17个流动分馆），全年流动书籍2万册，受益群众约22万人次。以“4·23”世界读书日为契机，成功举办“书香梅县 共享阅读”全民阅读活动暨梅县区数字图书馆落成仪式；邀请知名作家现场签名赠书活动；向读者赠送梅县区图书馆数字阅读卡；与广东新华发行集团梅州市新华书店有限公司合作举行新书推介活动。举办“易趣探索自然之旅”AR3D电子书阅读互动活动；举办“客家童谣”“客家唐诗”等展览；与鸿景花卉超市合作开展亲子鲜花DIY花艺比赛，邀请花艺师为参赛的30个家庭讲解插花技巧；联合梅州市哈喽贝比亲子俱乐部共同举办了“绘本故事会”活动；开展“关爱老人、送书到敬老院”活动，为梅县区7个敬老院送书1148册；同时为丰富少年儿童的假日生活和广大群众的节日活动，开展了为期1个月的少儿动漫展播活动。

【文物保护】 认真做好第一次全国可移动文物普查的数据采集、信息审核和编制工作。完成全区7个国有单位7291件/套可移动文物的数据采集和信息登录工作，完成梅县区第一次全国可移动文物普查工作报告。全区有各级文物保护单位53处。其中，国家级文物保护单位1处、省级文物保护单位14处、市级文物保护单位19处、县级文物保护单位19处。第三次全国文物普查登录的文物点有380处，公布的不可移动文物名录有267处。市级历史建筑44处。中国历史文化名镇1个。中国历史文化名村1个、广东省历史文化名村1个。历史文化名街有国家级1个（松口古街区）。中国传统村落15个。认真做好文物保护单位和革命遗址修缮保护工作，完成世德堂维修勘察设计方案，争取省专项资金800万元，对宋湘故居、李金发故居、群丰大夫第进行维修及编制宋湘故居、李金发故居保护规划。配合党史办完成梅县区革命遗址修缮规划方案（2016—2020年）。

【文化遗产保护与传承】 高度重视文化遗产传承保护工作，认真做好“丙村开锅肉丸”申报梅州市第七批市级非物质文化遗产代表性项目的申报工作，此项目已成功被列入市级非物质文化遗产代表性项目名录。在梅县区程江镇德兴小学举行“客家山歌进校园”活动；围绕第11个“文化遗产日”和“让文化遗产融入现代生活”主题活动，梅县区非物质文化遗产项目展演和非遗图文展宣传活动走进梅县区外国语学校；邀请省级非遗项目代表性传承人参加“梅县区第二十八届中秋山歌节——松口之夜”文艺晚会。至年底，梅县区有省级非遗项目4项、市级非遗项目7项、县（区）级非遗项目32项，共有9类43项；各级非遗项目代表性传承人42人。各级非物质文化遗产目录（附后）

【文化产业】 全区有文化产业企业167家。其中：文化旅游产业3家、动漫制作4家、文化艺术传媒6家、动漫电子游艺城2家、电影放映单位4家、歌舞娱乐场所10家、互联网服务营业场所45家、文艺表演团体4家、音像零售26家、国内版书报刊40家、印刷企业10家、工艺美术13家。注册资金100万元以上的有32家、10万元以上55家、10万元以下80家。从事文化产业的工作人员1.1万多人。做好重点项目中国文化收藏基地的跟踪服务工作，积极组织区辖范围的优秀企业参与十二届中国（深圳）文化产业博览会、2016京交会、第四届客家文化创意产品博览交易会等工作。

梅县区各级文物保护单位一览表

表6

序号	级别序号	级别	名称	年代	地址	文号	批次
1	1	国家级	叶剑英故居	1897年	梅县区雁洋镇雁上村虎形自然村	国发〔2001〕25号	2001年6月第五批
2	1	省级	灵光寺	唐代	梅县区雁洋镇阴那村	粤府办〔2002〕56号重新核定	1978年第一批
3	2	省级	元魁塔	明代	梅县区松口镇铜琶村	粤府办〔2002〕56号重新核定	1989年6月第二批
4	3	省级	南华又庐	1886年	梅县区南口镇侨乡村	粤府办〔2002〕56号	2002年7月第四批
5	4	省级	桥溪村古民居建筑群	清代	梅县区雁洋镇长教村	粤府办〔2002〕56号	2002年7月第四批
6	5	省级	宋湘故居	清代	梅县区白渡镇创乐村	粤府〔2012〕123号	2012年10月第七批
7	6	省级	李金发故居	1900年	梅县区梅南镇上村	粤府〔2012〕123号	2012年10月第七批
8	7	省级	群丰大夫第（仁厚温公祠）	清代	梅县区丙村镇群丰村	粤府〔2012〕123号	2012年10月第七批
9	8	省级	仪园	1949年	梅县区水车镇先锋村木莲塘	粤府函〔2015〕343号	2015年12月第八批
10	9	省级	世德堂	明清	梅县区松口镇铜琶村下店	粤府函〔2015〕343号	2015年12月第八批
11	10	省级	张民达旧居	1925年	梅县区桃尧镇螺江村	粤府函〔2015〕343号	2015年12月第八批
12	11	省级	双龙村大夫第	清代	梅县区畲江镇双龙村	粤府函〔2015〕343号	2015年12月第八批

续表6

序号	级别序号	级别	名　　称	年 代	地　　址	文　　号	批　　次
13	12	省级	莲塘村古氏洋楼	1919年	梅县区城东镇莲塘村	粤府函〔2015〕343号	2015年12月第八批
14	13	省级	邓仲元旧居和仲元小学旧址	1918年	梅县区丙村镇银场村	粤府函〔2015〕343号	2015年12月第八批
15	14	省级	喆庐	1925年	梅县区松口镇大黄村	粤府函〔2015〕343号	2015年12月第八批
16	1	市级	盘龙围	清代	梅县区石坑镇龙凤村	梅市府〔2014〕2号	2014年1月第二批
17	2	市级	蔡蒙吉故居	宋代	梅县区松源镇金星村	梅市府〔2014〕2号	2014年1月第二批
18	3	市级	新南斐夏堂	明—清	梅县区松源镇新南村	梅市府〔2015〕4号	2015年2月第三批
19	4	市级	闽粤梁氏宗祠	明—清	梅县区松源镇青塘村	梅市府〔2015〕4号	2015年2月第三批
20	5	市级	茶山资政第	民国	梅县区水车镇灯塔村茶山自然村	梅市府〔2015〕4号	2015年2月第三批
21	6	市级	侨乡德馨堂	1917年	梅县区南口镇侨乡村	梅市府〔2015〕4号	2015年2月第三批
22	7	市级	肖向荣故居	清	梅县区石扇镇新东村	梅市府〔2015〕4号	2015年2月第三批
23	8	市级	悦来凹下山新居	民国	梅县区白渡镇悦来村	梅市府〔2015〕4号	2015年2月第三批
24	9	市级	邓太乙墓	元	梅县区松口镇盘龙村	梅市府〔2015〕4号	2015年2月第三批
25	10	市级	谢田谢氏祖祠	清代	梅县区城东镇谢田村	梅市府〔2016〕13号	2016年6月第四批
26	11	市级	悦来敦尚楼	民国	梅县区白渡镇悦来村	梅市府〔2016〕13号	2016年6月第四批

续表6

序号	级别序号	级别	名　称	年代	地　址	文　号	批　次
27	12	市级	铜琶爱春楼	清代	梅县区松口镇铜琶村	梅市府〔2016〕13号	2016年6月第四批
28	13	市级	桃源继述楼	清代	梅县区桃尧镇桃源村	梅市府〔2016〕13号	2016年6月第四批
29	14	市级	太湖刘屋	清代	梅县区畲江镇太湖村	梅市府〔2016〕13号	2016年6月第四批
30	15	市级	坑美以祯居（蒲风故居）	清代	梅县区隆文镇坑美村	梅市府〔2016〕13号	2016年6月第四批
31	16	市级	广东工农革命军(东路)第十团团部旧址	1927年	梅县区梅南镇九龙村	梅市府〔2016〕13号	2016年6月第四批
32	17	市级	连江作庐	1941年	梅县区畲江镇连江村	梅市府〔2016〕13号	2016年6月第四批
33	18	市级	人和三堡学堂	清代	梅县区丙村镇人和村丙村中学	梅市府〔2016〕13号	2016年6月第四批
34	19	市级	中和善庆庐（彭精一故居）	1931年	梅县区石扇镇中和村	梅市府〔2016〕13号	2016年6月第四批
35	1	县级	龙岩寺	清代	梅县区隆文镇岩前村	梅市府字〔1987〕104号	1987年11月第二批
36	2	县级	中山公园	1933年	梅县松区口镇社区居委圩镇中心	梅市府字〔1987〕104号	1987年11月第二批
37	3	县级	龙源宫	清代	梅县区松源镇圆岭村蕉松公路旁	梅府〔2010〕43号	2010年11月第三批
38	4	县级	笃敬庄	清代	梅县区雁洋镇南福村矿山	梅府〔2010〕43号	2010年11月第三批
39	5	县级	龙居堂	清代	梅县区白渡镇嵩溪村坎里小组坝围	梅府〔2010〕43号	2010年11月第三批

续表6

序号	级别序号	级别	名　　称	年 代	地　　址	文　　号	批　　次
40	6	县级	夏氏祖屋	清代	梅县区新城办事处富贵居委红旗村民小组	梅府〔2010〕43 号	2010 年 11 月第三批
41	7	县级	茶山村古民居建筑群	清至民国	梅县区水车镇灯塔村茶山自然村	梅府〔2010〕43 号	2010 年 11 月第三批
42	8	县级	安思居	民国	梅县区雁洋镇三乡小都村黄泥坑	梅府〔2010〕43 号	2010 年 11 月第三批
43	9	县级	陈烈士敬岳纪念碑	1941 年	梅县区丙村镇横石村双对坑	梅府〔2010〕43 号	2010 年 11 月第三批
44	10	县级	宝善楼	1915 年	梅县区城东镇石下村	梅府〔2010〕43 号	2010 年 11 月第三批
45	11	县级	承聚楼	1923 年	梅县区城东镇谢田村	梅府〔2010〕43 号	2010 年 11 月第三批
46	12	县级	光远居	1940 年	梅县区白渡镇创乐村	梅府〔2010〕43 号	2010 年 11 月第三批
47	13	县级	承德堂	民国	梅县区南口镇侨乡村	梅府〔2010〕43 号	2010 年 11 月第三批
48	14	县级	梅县革命烈士纪念碑	1960 年	梅县区南口镇益昌村	梅府〔2010〕43 号	2010 年 11 月第三批
49	15	县级	廖氏雕楼	民国	梅县区水车镇先锋村曾田自然村廖氏庆捷公祠左侧	梅府〔2010〕43 号	2010 年 11 月第三批
50	16	县级	来安楼	民国	梅县区梅南镇顺里村大凹	梅府〔2010〕43 号	2010 年 11 月第三批
51	17	县级	扬孝石刻	明代	梅县区丙村镇石窟河西崖新墟村古渡口岸边	梅府〔2010〕43 号	2010 年 11 月第三批
52	18	县级	高隐洞天摩崖石刻	清代	梅县区大坪镇汤湖村	梅府〔2010〕43 号	2010 年 11 月第三批
53	19	县级	水光接天摩崖石刻	明代	梅县区畲江镇莲江村鸭粤威山双头潭吴钩洞口	梅府〔2010〕43 号	2010 年 11 月第三批

梅县区（省级、市级、区级）非物质文化遗产代表性项目及代表性传承人名录汇总表

（全区项目共9类43项，其中省级4项、3人，市级7项、1人，区级32项、38人）

省级非物质文化遗产代表性项目名录（4项、3人）

表7

序号	类别	项目名称	传承人
01	传统音乐	客家山歌 （松口客家山歌）	（省级）卢月英、 （区级）廖建隆、温婉香、廖胜华、李园妹、梁媚玲、刘谦隆、廖　丽、黎　骏、梁　莹
02	传统戏剧	木偶戏 （梅县提线木偶戏）	（省级）巫启胜、 （区级）黎为艺、李嘉珍、廖佳萍、陆怡婷、聂　瑜
03	曲艺	竹板歌 （梅县竹板歌）	（区级）李玉珍
04	传统技艺	酿造酒传统酿造技艺 （梅县客家娘酒酿造技艺）	（省级）温凤珠、 （区级）郭榴红、温带芬、郭忠爱、郭忠义

表8

市级非物质文化遗产代表性项目名录（7项、1人）

序号	类　别	项目名称	传承人
01	传统技艺	畲江菊花糕	（区级）张应新
02	民俗	松源扛公王	（区级）王耀东
03	民俗	水车小桑等公王	（区级）罗铸英
04	传统体育、游艺与杂技	足球运动	（区级）杨电松、陈晋干
05	传统技艺	南口车陂仙人粄	（区级）饶俊顺

续表 8

序号	类 别	项目名称	传承人
06	传统美术	梅县区客家门神画	（市级）侯文发、 （区级）徐建文
07	传统技艺	丙村开锅肉丸	（区级）李尧君

区级非物质文化遗产代表性项目名录（32 项、38 人）

表 9

序号	类别	项目名称	传承人
01	民间文学	客家方言	
02		歌仙刘三妹的传说	
03		民间歌谣	
04		民间谚语	
05	传统音乐	客家山歌	
06	传统技艺	白渡牛肉干（白渡镇）	宋增广
07		松源麦芽糖（松源镇）	王集荣
08		南口黄皮豆干（南口镇）	
09		石坑柿花（石坑镇礤岭村）	
10		隆文竹编(隆文镇卢溪、横坑、木寨村）	
11		隆文土纸（隆文镇梅州村）	
12		隆文木炭（隆文镇苏溪村）	
13		梅县客家名菜（新城盐焗鸡）	
14		畲江工艺品（畲江镇）	

续表 9

序号	类别	项目名称	传承人
15	传统技艺	九龙手工茶（梅南镇九龙村）	
16		石扇鱼血焖饭（石扇镇）	
17		石扇咸菜（石扇镇）	
18		梅西肉丸（梅西镇）	
19		客家服饰	
20		客家围龙屋	
21		梅县金柚（丙村镇）	钟亮
22		金柚陈茶（丙村镇）	
23		客家手工茶（丙村镇）	李新玲
24		钉砻（雁洋镇）	张学敬
25	民俗	挂大牌（松源镇松兴坪村）	
26		七月二十八日老姑婆生日（水车镇安和、白沙村）	
27		观音生日（大坪镇营里村）	
28		升龙转火（程江镇西山村）	
29		作福（城东镇莲塘村）	
30		“三月三”相公爷出巡（石扇镇）	张绍轩、张倣明、张建新、张自荣
31	传统舞蹈	打腰鼓（桃尧镇）	
32	传统美术	客家泥塑（文化馆）	刘沅声、刘芷瑜

广 播 电 视

【概况】 梅州市梅县区广播电视台按照“围绕中心抓宣传，立足观众办节目，打造县级强势媒体”的发展目标，全年该台优质制播《梅县新闻》272期1912条、《今日知多点》262期、《梅县一周要闻》52期、民声节目252期约800条、专题节目231期，被市电视台采用播出新闻571条、市电台采用播出新闻498条，获广东新闻奖（电视新闻专题）二等奖1个，获广东省县(市)区广播电视台电视新闻类一等奖1个，获中国电视协会第四届全国市县电视台推优活动“电视专题”一等奖1个。新增主机2310户，新增副机2342户，新架设、改造光缆线路88公里、电缆线路189多公里，乡镇架设光缆线路65公里，新开通48个光点，主干线电缆124公里。完成丙村雷锋村、松口富坑村、南口荷泗东坑村、蕉坑村共四个有线电视盲点村的线路覆盖，全年实现事业性创收3400万元。

【宣传报道】 时政新闻 以创新、协调、绿色、开放、共享五大理念为主线，扭紧“三大抓手”，建设“一区两带”实现振兴发展，全方位多角度地进行宣传。开设“振兴发展·看梅县”“院士风采”“干群心连心”“企业上市谋发展”“精准扶贫在行动”“整治人居环境、共建美好家园”等10多个专栏。推出城市扩容提质系列报道、中山大学粤东医院系列报道、梅县外国语学校系列报道、金柚电商销售系列报道、美丽城乡系列报道等10多个大型系列报道。

民声节目 《梅县民声》栏目融入《梅县新闻》后，坚持以“关注民生，服务百姓”为宗旨，努力聚焦民生，传递民声，扩大收视人群，提升栏目传播力和影响力。播放民声节目252期，播出新闻约800条，其中监督、诉求、呼吁类新闻100多条，重点配合做好“巩卫”、“创模”、民生诉求等题材的宣传曝光，并进行跟踪报道，推进了一批问题的解决落实，起到舆论监督的作用。

专题节目 区广播电视台专题中心继续保持原有《梅县农情》《梅县教育》《健康园地》《客家方圆》《纪检监察之窗》《以案说法》《梅县党建》《车友》《球乡》《美丽梅县·乡村风采》10档专题栏目。全年播出节目231期。同时，继续与湖南长沙中广天择传媒公司合作，精心包装推出《有话直说》《观点致胜》《记者再报告》《非常故事汇》等四档合作栏目，安排在综合频道播出，受到广大观众的欢迎。送评的《不安分的老农》获得广东新闻奖（电视新闻专题）二等奖和广东省县（市）区广播电视台电视新闻类一等奖，《桥溪古韵 梦里客家》专题片获得第四届“全国市县电视台推优”活动一等奖。

电台节目 继续着力于研发与编排新型广播节目形态，开辟梅州广播新模式；娱乐脱口秀节目《940下班路上》，加入更多的事件同期声，一直稳居晚高峰收听的前列；王牌音乐节目《我的汽车会听歌》在每周四开辟专属的夜跑音乐推送，将广播线上的音乐伴随健身夜跑活动相互交织组合在一起，听众反响大，好评度高。

外宣工作 2016年，被市电视台采用播出新闻571条、市电台采用播出新闻498条，在全市各县级台中双双位居第一。同时，梅县区广播电视台还有效扩大外宣平台，推出微信公众号，将权威资讯、热点民生和品牌专栏更好更快更全面地进行宣传推广，用户在菜单栏可以随意点区广播电视台的所有新闻和专题节目。此外，继续与移动合作编发新闻手机报，将“梅县新闻”链接在区政府网站和“梅县发布”平台上，把梅县区新闻资讯推向更多的受众。

【事业发展】 城乡网络改造 对全区城乡有线电视网络进行建设、改造，全年新架设、改造光缆线路88公里、电缆线路189多公里。乡镇架设光缆线路65公里，新开通48个光点，主干线电缆124公里。

线路管线建设 按照规范做好网络规划建设，配合区委、区政府基本完成梅畲快速干线、梅汕高铁及 X026 、X969 、 X023、X010 线道路改造涉及的管线迁移、松口官坪防堤、205 国道等的管线迁移工作；配合政府做好雁洋三乡国际慢城建设和各镇美丽乡村建设的线路迁移改造工作。

盲点村的扫盲工作 覆盖丙村雷锋村、松口富坑村、南口荷泗东坑村、蕉坑村 4 个有线电视盲点村的线路覆盖，发展用户 150 多户。

扩大电视用户阵地 城区新装主机 4488 户，在上年同期有效用户 44376 户的基础上新增 10.11%，净增 1.91%；新装副机 1185 户，在上年同期 13004 台的基础上增长 9.11%，净增 3.93%；乡镇新装主机 2833 户,在上年同期 52504 户的基础上增长 5.39%；新装副机 1931 户，在上年同期 4868 台的基础上增长 39.66%，净增 36.56%。全区有效主机在册 104201 户（在用 99190 户），副机 21753 台（在用 20214 台），分别同比净增 2.32% 和 11.59%，有效地扩大有线数字电视的区域覆盖和数字电视的增长，实现经济效益双丰收。

【技术装备】 增强采编能力、改善制作条件。筹资 44.6 万多元，新增三套专业摄像设备，进一步提高节目的拍摄效果，节目质量得到提升。筹资 4.8 万元，对区广播电视台二楼的电视制播室的编辑设备进行升级换代。改善无线发射条件，2016 年 1 月，区广播电视台潮塘发射中心新增一台广播调频发射机及天线，扩大电台覆盖效果，安装一套 50KVAUPS 电源，保证设备停电后的无缝连接，保证安全播出。架设由城东至潮塘发射塔 26.2 公里光缆传输线路，有效保证广播电视信号的安全，配合做好中央和省无线数字覆盖工作，对机房外墙进行客家元素的装修。

【队伍建设】 招考聘用 6 名新闻相关专业本科毕业生为新闻记者，形成新老记者的衔接。同时，聘用 2 名普通话播音员，对优秀人才实行同工同酬。先后选派台班子成员、工作一线人员到山东、海南、广州等地，就创新宣传管理、兄弟台办台经验等进行专题学习研讨。区文广视讯传媒有限公司组织 20 多名员工到省培训中心参加中级工培训、组织全区 30 多名收费员参加收费系统培训,掌握基础理论知识，提高业务技能。

【安全播出】 区广播电视台认真贯彻落实中央、省、市、区安全播出工作文件和会议精神，坚持安全发展理念，以高度的政治意识和责任意识，把广播电视网络安全播出工作作为全台工作的重中之重来抓，通过抓好日常和敏感时期的安全防范，以及施工生产、防火防盗等安全生产和安全播出工作，确保广播电视节目信号的安全优质高效传输。全年，区广播电视台没有发生任何安全责任事故。

（供稿：何其乐、徐玉玲）

体　育

【概述】 2016 年，梅县区体育局牵头制定《梅州市梅县区全民健身实施计划（2016—2020 年）》《梅州市梅县区振兴“足球之乡”实施方案》及《梅州市梅县区职业足球俱乐部建设扶持办法》《梅州市梅县区足球场地建设补助办法》《梅州市梅县区足球队奖励办法》等 3 个足球改革方案配套文件，为重振“足球之乡”雄风，擦亮“足球之乡”品牌提供政策支持，加快转变体育发展方式，扎实开展群众体育、竞技体育事业。

【基础设施建设】 梅县区体育活动比较普遍，体育设施比较全面，城乡的普通中学和中心小学一般都有足球、羽毛球、乒乓球、篮球、田径等运动场地及器材等设施。全区有大、小足球场 103 座，乒乓球桌（室）78 个、田径场 25 座、篮球场 256 个、游泳池 2 个。梅县区大型的体育设施有梅县文体中心和曾宪梓体育场。

【群众体育】 完成铁炉桥社区体育公园建设。全年下拨 82 套小全民健身路径、16 个室内乒乓球台、43 个室外乒乓球台等器材，对曾宪梓体育场进行田径场地塑胶跑道的全面改造；牵头制订 3 个足球改革方案配套文件；2 月 3—5 日，协助举办 2016 年梅州市第六届“贺岁杯”足球比赛，参加队伍有新疆天山雪豹、呼和浩特中优、梅州客家三支中甲队伍及中乙梅县铁汉生态队，进一步推动梅州市振兴足球十年规划的发展；4—8 月，承办中乙 2016 美摄中国足球协会乙级联赛“梅县铁汉生态的主场赛事（预赛）；4 月 12 日，承办中国“足协杯”足球比赛（梅县赛区）；6 月 29 日至 8 月 18 日成功举办 2016 年梅县乡镇足球超级联赛；6 月 23—28 日，协助举办广东省“忠诚杯”篮球比赛（粤东赛区）；8 月 27 日，在梅县区文体中心举办“广东宏远 VS 深圳新世界 2016 年篮球梅州对抗赛”，与广播电台联合主办《球乡》栏目，是梅州乃至客家地区唯一的专业足球栏目，做到《球乡》公众号平均每星期至少有 3 次关于梅县区的足球资讯，每周平均至少有 1 次以上的关于梅县足球的电视新闻报道；举办广东省第二届“百街千镇”乒乓球选拔赛；8 月 27 日，举办梅县区“体彩杯”斯诺杯台球比赛；11 月 20 日，举办 2016 年梅州市首届邮政储蓄银行杯乒乓球联赛。积极参与市老体协举办的体育运动会，加强体质测定与运动健身站、晨晚练点、健身气功 3 个站点的建设。聘请 2 名专职人员做好体质测定与健身指导工作，负责向市民开放体检，完成 1000 多名群众监测样本。选送 30 名晨晚练、健身气功立站点人员参加省、市级专业培训。全年组织培训三级社会体育指导员 90 名。

【竞技体育】 2016 年，获得广东省青少年女子足球乙组联赛（2001—2002 年龄段）亚军、广东省青少年男子足球乙组联赛（2004—2005 年龄段）第四名、广东省青少年男子足球甲组联赛（2001—2002 年龄段）第四名、梅州市少年男子足球选拔赛（2002—2003 年龄段）冠军、梅州市少年女子足球锦标赛甲组冠军、梅州市少年男子足球锦标赛乙组冠军、梅州市少年男子足球锦标赛甲组冠军、梅州市少年女子足球锦标赛乙组亚军。

【体育产业管理】 积极做好 2016 体育彩票销售年度计划工作和制定奖励促销方案，1—12 月梅县区体育彩票销售额预计可达 4500 万元；积极培育发展以足球为重点的体育产业发展格局，扩大和引导体育消费，推动体育产业与旅游、文化等相关产业的互动发展；积极协助富力足球学校申报国家青少年足球训练基地；支持丙村镇足球加工业的发展；协助铁汉生态环保股份有限公司对做好区体育公园的策划和开发，加快落实《梅州市体育产业策划》足球相关项目的开发；完成 2016 年梅县区十件民生实事之体育场馆免费或低收入开放工作；严查细管确保梅县区高危体育行业（游泳池）的安全运作。

【梅县区业余体校】 梅县区业余体校全年投入训练和比赛等经费 134 万元（其中足球专项经费 112 万元），用于选才、组队和参加市级以上的比赛。全面恢复食、宿、训练为一体的“三集中”办学模式。在梅县区华侨中学旁租赁一栋楼房，供业余体校运动员食宿，进行统一管理。有足球教练员 8 人（其中高级教练 2 人，中级教练 4 人，初级教练 2 人）。为备战市运会聘请羽毛球教练 2 人、乒乓球教练 2 人、跆拳道和拳击教练各 1 人。学校运动员有 201 人。组建 2001、2002、2003、2004、2005、2006 年龄组女子足球队；组建 2001、2002、2004、2005、2006、2007 年龄组男子足球队；组建羽毛球队、拳击队，业余体校各项目运动员统一安排在离住宿就近的华侨中学、扶大宪梓小学、德兴小学、程江镇中心小学等学校就读和训练。在参加梅州市比赛中获：2001—2002 年龄组少年男子、女子足球锦标赛均获得冠军，2003—2004 年龄组少年女子足球锦标赛获得第二名，2004—2005 年龄组少年男子足球赛获得冠军。2001、2002 年龄组女子足球队获省少年女子足球联赛亚军。

【富力切尔西足球学校】 学校于 2013 年 9 月 18 日正式开学，首期工程占地面积 16.67 公顷，投资2亿元兴建行政中心、教学中心、生活中心、运动员培养与发展中心，及 14 块具备全天候训练条件的国际顶级足球场，其中人造草球场选用荷兰进口 GreenField 品牌草种，有在校学生 213 人。参照“中国足协青少年足球培训基地”和省一级学校标准，学校二期工程（中学部）建筑面积 8000 平方米于 2015 年 9 月正式完工投入使用，涵盖了教学、生活、住宿等功能，建设有文化课室、生化实验室、物理实验室、技术分析室、会议室、公寓、食堂、餐厅、更衣室等，能够同时满足 500 人的生活、学习、足球教学和会议需要。

【梅县客家足球俱乐部】 梅县铁汉足球俱乐部前身为梅县客家足球俱乐部，于 2012 年注册成立，是梅州市首家职业足球俱乐部，2013 年开始参加中国足球乙级联赛，俱乐部主场设在梅州市梅县区曾宪梓体育场。2016 年 12 月 29 日，经中国足球协会职业联赛理事会执行局通过，俱乐部正式召开新闻发布会，梅县客家更名为梅县铁汉足球俱乐部。2015 年 3 月，深圳市铁汉生态环境股份有限公司整体收购梅县客家足球俱乐部。俱乐部设有综合管理部、竞训部、外联商务部、财务部、训练基地等部门，有俱乐部工作人员 30 多名。俱乐部还拥有一支一线球队、一支 U18 精英梯队、三支与梅州市体校共建的其他年龄段梯队（U16、U15、U13 各一支），其中一线队教练组成员 10 名，签约职业球员 28 名；U18 精英梯队教练组成员 5 名，队员 22 名；其他年龄段梯队教练组成员 9 名，队员 60 名。在一线队 28 名签约的职业球员中，有 8 名梅州籍球员。

俱乐部足球训练基地位于梅州市梅县区南口镇，是一个集俱乐部办公室、球场、健身中心、康复室、休息室、球员食堂、球员公寓及停车场等配套设施齐全的综合性训练基地。未来规划将在现有训练基地的基础上，在周边建设一个集足球学校、康复医疗中心、球员公寓、训练基地及相应商业配套等大型综合性足球产业园区。

俱乐部在 2016 年中国足球乙级联赛赛季结束后，聘请前国脚、“香港足球先生”李海强担任球队主教练，同时签约前恒大功勋球员李健华，以及筹划引进多名具有中超中甲经验的球员等加强球队整体实力，打造一支既有自身技战术特点，又符合先进足球理念的队伍。

（供稿：何志新）

社 会 科 学

党史资料征集与党史研究

【党史资料征集与编纂】 2016 年，梅县区委党史研究室征集研究、编辑、出版党史资料和专题近 100 万字；收集老同志稿件和党史资料 3 篇，收集摘录当年党史大事记约 2 万字。收集、整理梅县区苏区历史文献资料 17 万字，并上报省委党史研究室。挖掘、整理梅南镇、松源镇、雁洋镇和城东镇 10 处新增革命遗址史料，并增补九龙嶂革命斗争纪念馆、九龙嶂红军烈士纪念碑等新建革命纪念设施相关文字资料。收集、整理梅县区籍 11 名抗战英烈事迹史料 7500 字，并上报市委党史研究室。收集、整理、报送叶剑英等 5 位参加长征的梅县区籍红军人物肖像、家乡村貌照片和人物介绍史料，并由市委党史研究室编辑出版。收集、整理梅县区 33 处红色军事文化遗产史料 1.5 万字、图片 33 幅并逐一填报登记表，并上报市委党史研究室和区委宣传部及区文广新局。报送 1 篇党史工作简讯在梅州党史网站发布。整理 2015 年度方志年鉴资料 4000 字，并报区方志办。撰写《原中央苏区梅县革命斗争史略》，并在《源流》杂志 2016 年第 11 期刊登。撰写《重视做好苏区革命纪念场馆文物征集利用工作》研讨论文 4000 字，并到广州参加广东中央苏区历史研讨会。完成市委党史研究室交办的党史研究课题，撰写《梅县党组织对梅县苏区与农村包围城市革命道路的探索》专题文稿 7500 字，并上报市委党史研究室。编写《中共梅县区地方史》第二卷（1949.10—1978.12）文稿（初稿）34 万字。协同梅南镇做好九龙嶂革命旧址和纪念设施展馆（室）的图文布展和音像制作等工作。

【史料服务】 按市、区委和政府部署，联合区文广新局编制梅县区革命遗址修缮保护规划，提供革命遗址有关史料，配合协同相关镇做好布展等工作；联合区文广新局等部门推进革命旧址和纪念设施工程修建工作，保护利用好革命遗址。为区委新闻秘书室提供梅县区苏区红色历程史料和历史照片，并配合区委做好建党 95 周年和红军长征胜利 80 周年相关纪念活动。分别为广东省南方杂志社和源流杂志社提供梅县区苏区革命斗争概况、革命人物、革命遗址等史料和历史图片。为韶关市始兴县政协一行提供 30 年代梁广（新兴县人）与李碧山（越南人，国际主义战士）交往有关史料。

（供稿：林柿华）

地方志编修

【综合年鉴编纂】 《梅县年鉴（2016）》为总第 23 卷，全书设大事记、梅县区概况、政治、经济、科教文、社会生活、乡镇建设、国民经济主要指标、内设机构、名录人物、文献辑存等 11 篇、共 40 章、104 节、694 个目、彩版 40 版，约 54 万字。在保持基本框架相对稳定的前提下，对部分内容进行更新、调整、充实。其中：政治篇中将组织、宣传、党校、老干、直工委和信访归入中共梅州市梅县区委章；经济篇中将交通和公路并为交通运输，社会生活篇中将工商联调至政治篇与民主党派构成章；文联并入科教文的文化艺术章，将编制管理和行政服务调到政治篇，增设行政服务管理章。年鉴由方志出版社负责审核出版。

【资源开发利用】 完成《梅县风华（1988—2013）》的编纂、出版工作。利用梅县撤县设区的契机，主要记载梅县自 1988 年县、区分设以来的经济社会发展历程，回顾总结梅县各阶段重要工作情况、各方面重大成就。该书分为 9 个篇章，图文并茂，时历 3 年，于 2016 年 12 月出版发行。

继续加强梅县区方志室建设。2014 年建成“梅县区方志室”后，继续加大相关书籍的征集力度，广泛发动社会力量支持方志室的建设，有藏书约 4000 多册，主要有省内各地的志书、年鉴、地情资料和辖区内的族谱等。做好《中国名镇志丛书 · 松口镇志》的编纂工作，按照省志办要求，在区政府的支持下，由区方志办作为承编单位，联合松口镇发动专业人士编纂《中国名镇志丛书 · 松口镇志》。组织开展史志成果进军营活动，向火箭军某部赠送志书，赠送书籍主要有《梅县志》、《梅州市志》、地情书等 150 多本。

【信息化建设】 继续抓好信息化建设工作，在提高点击率、加大信息量上下功夫，安排专人负责网站的管理，定期更新内容、及时上传资料。在与中国电子出版社合作以后，坚持对历年年鉴进行数字化处理，并上传至数据库。同时，做好一门式一网式政府服务模式工作，编写梅县区人民政府地方志办公室权责事项清单及服务流程并上传至区行政服务中心网上办事大厅。

【自然村落历史人文普查】 根据省志办部署，在完成松口镇作为全市试点镇工作以后，全面开展自然村落历史人文普查工作。在区委、区政府大力支持下，采取借调、聘请的方式，充实普查队伍，成立普查办公室。全区有 660 个自然村，完成普查表填报 660 份，撰写简介 660 份，资料填报系统完成 562 个。完成资料搜集工作，进入复审阶段。

（供稿：办公室）

档 案 工 作

【基础设施建设】 2016 年，梅县区档案局抓住国家实施西部地区县市级档案馆建设项目的机遇，积极做好梅县区档案馆建设的规划编制和申报工作，经政府常务会议研究决定并印发《梅县区 2015—2017 年国家综合档案馆馆舍建设工作方案》的通知。完成新建梅州市梅县区档案馆项目勘察、设计招标工作。对库区安装的闭路监控系统和报警系统及涉密计算机进行全面的检修和维护，用电、照明、档案消毒、除湿等设备进行维护、维修和保养，确保设备的正常运行。

【基层档案】 加强对区直机关、乡镇、村委会档案管理工作情况的检查和业务指导，结合机关档案目标管理升级、年度档案立卷归档工作，对区地税局、区农发行、扶大镇等单位开展档案业务指导，并协助相关单位做好档案管理。

【馆藏档案】 至年底，馆藏档案 89845 卷 155727 件，排架长度 862 米，其中中华人民共和国成立后档案 112 个全宗、档案 85217 卷，中华人民共和国成立前档案 1350 卷（民国档案 1234 卷，革命历史档案 116 卷）。有声像档案 186 盘、照片档案 8245 张、实物档案 177 件、图书资料 7179 册。有档案案卷目录 16 本、全引目录 937 本、归档文件目录 174 本、专题目录 4 本。

【档案收集整理】 接收区政府、组织部等其他单位文书档案 2400 件，撤销单位梅县电影院及其下属影剧院文书档案 49 卷、会计档案 1546 卷；收集和整理省、市领导调研重点建设项目及第四届客商大会等 63 项有重大影响或较大规模的活动相片 504 张，收藏香港著名画家林炫荣的国画 10 幅及个人珍藏的图书、画册、荣誉证书、奖牌等一批珍贵档案资料。

【档案利用】 提供档案查阅利用 670 余卷，接待查阅利用者 1100 人次，出具复印证明 1135 余份，为领导决策、修史编志，落实政策、工作查考、离任村干部工龄补助、阶级成分、婚姻关系、解决山林权、责任田纠纷提供依据。

【档案综合管理】 根据省、市档案局关于对档案综合管理已达标单位的复查办法，对档案综合管理达标升级满 4 年、8 年、12 年以上的华银集团、区药监局、区妇幼保健院等 23 个单位开展档案复查工作，各单位均能按照通知要求进行自查、整改，巩固档案达标成果，提高档案工作规范化管理水平。

【档案达标升级】 全区有 3 个单位档案综合管理达国家二级标准、有 53 个单位达省特级标准、4 个单位达省先进标准、6 个单位达省一级标准、78 个单位达省二级标准。

【信息化建设】 按照《梅县区档案局数字档案馆项目实施方案》要求，完成第二期项目的电子档案数据中心系统建设二期（全文扫描）项目，完成 40 万页数字化扫描任务。全年新增著录档案文件级条目 1 万多条，档案目录条目总数 67 多万条。在“梅县区档案局”网站主动公开的政府信息 421 条，其中：工作动态栏目 35 条、通知公告栏目 36 条、档案法规 15 条、业内动态 77 条、现行文件 5 条。

（供稿：廖萍）

社会生活

人力资源和社会保障

【概述】 2016年，区人力资源和社会保障局以便民、利民、惠民作为出发点和落脚点，扎实推进创业就业、社会保险、人事人才、权益维护等各项民生工作，推动人力资源和社会保障事业进一步健康发展。

【社会保障】 社保征缴 至年底，全区征收社保费8.6708亿元，完成全年任务8.0602亿元的108%，支付6.6442亿元。其中：企业职工养老保险征收6.9545亿元，占全年任务4.0703亿元的171%；失业保险征收980万元，占全年任务850万元的115%；职工医疗保险征收1.3988亿元，占全年任务1.3068亿元的107%；工伤保险征收877万元，占全年任务618万元的142%；生育保险征收654万元，占全年任务642万元的102%。

异地就医 建起定点互认机制，实现就医信息、医疗服务数据以及财务结算数据等信息及时交互、信息共享、基本医疗保险异地就医即时结算联网医院增加到242家。

基金管理与运营 健全内控制度，落实各个岗位职责，规范业务经办流程。严格执行收支两条线，对各项社保基金进行规范核算，建立会计核算制度，保证账实相符，账账相符。实行双人双控，做到事前、事中、事后有监督检查，确保各项社保基金的安全完整。

建筑业参保 全年工伤认定数为117宗，其中工亡5宗；工伤伤残鉴定数为75宗，因病丧失劳动能力鉴定30宗。辖区内建筑业在建项目77个，参加工伤保险的有62个，参保率81%；建筑业新建项目62个，参加工伤保险的有62个，参保率100%。

就业人员参保 做好灵活就业人员参加企业职工养老保险的工作，受理7820人，征缴收入3.18亿元。

社会化管理服务 全区企业退休人员社会化管理服务率81.27%，比上年的80.22%提高1.05个百分点，完成省下达81%的工作服务目标。

【培训转移就业】 公共就业服务 抓好“南粤春暖”“春暖梅州”“春暖梅县”“秋季公共就业服务”等就业服务和就业援助活动。开展53场现场招聘会，参加招聘企业677家，发布招聘信息5832条，接待求职人员38825人次，达成就业意向12026人，成功介绍就业5673人，安置城镇新增就业3702人，帮助失业人员实现再就业2789人，帮助就业困难人员实现就业395人，城镇登记失业率控制在2.4%。

职业技能鉴定 组织城乡劳动力技能晋升培训51期2538人，培训后实现转移就业786人，新增转移就业12658人。接受鉴定申请55期2174人，核发技能等级证书1683人，其中初级工1493人、中级工190人。

专项资金管理 严格执行《梅县区促进创业就业专项资金使用管理实施办法》，设立专项资金使用管理独立办公室，抽调相关部门业务骨干集中办公，为申请专项资金的企业和个人提供一站式服务。全年使用省级创业就业专项资金633万多元，并撬动银行资金1653万元，扶持创业121家，带动就业1600人。

创业孵化园建设 贯彻落实国家“大众创业、万众创新”和省实施创新驱动发展战略部署，推进梅兴华丰产业集聚带现代创业孵化园建设，该项目建设严格按照程序进行，研发车间2016年底封顶。

人力资源市场建设 投入资金近300万元，建成设备先进、功能齐全、面积450平方米的人力资源市场，内设有办事大厅、LED彩屏信息发布区、招聘区等功能区，免费提供政策咨询、求职登记、职业指导、岗位推荐等各类就业服务。

民营培训机构监管　采取技防手段，在梅县区新港职业培训学校等4个民营培训机构安装教学和技能考试监控系统，实现随时随地实时监控培训机构参训情况，提升就业技能培训的效果和质量。

电商技能培训　联合区扶贫局、妇联、团委等部门，对全区各乡镇有意愿从事电商创业的53名贫困学员进行电商技能培训，推动贫困学员“上网触电”拓宽精准扶贫路径。第一期电商创业就业培训班结业的学员中，考证（SYB创业培训合格证）通过42人，培训结束后创业18人、就业21人。

高校毕业生就业　做好高校毕业生就业保障工作，加强宣传力度，通过网站、信息等渠道发布报到程序及招聘招考信息，促进高校毕业生创业就业。接受毕业生报到207人，新办理人事代理67人，办理企事业单位调动84人，整理入库毕业生档案1173份。

【和谐劳动关系】　劳动合同管理　宣传贯彻劳动合同法律法规，全区企业劳动合同签订率94%，完成创建和谐劳动关系示范区的企业参加率和达标率任务以及省下达2015年企业薪酬调查任务。

争议仲裁维权　全年处理劳动人事争议案件224宗，涉及劳动者人数316人，涉案金额264.98万元。当期审结案件数236宗，法定期限内结案率100%，其中：仲裁裁决28宗、仲裁调解198宗、撤回仲裁申请4宗、不予受理6宗，调解率83.9%。处理10人以上集体劳动争议案件3宗。

劳动权益保障　全年区劳动保障监察部门受理举报投诉案件94件，办结各类违法案件94件，追回400多名劳动者工资944.43万元；处理群众来电来信183批次；妥善处理30人以上集体上访和突发事件2批184人次，涉及金额592万元；向公安机关移送涉嫌拒不支付劳动报酬案件1宗，涉及欠薪金额140多万元；开展“清理整顿人力资源市场程序”、“禁止使用童工违法行为”“用人单位遵守劳动用工和社会保险法律法规情况”“解决拖欠农民工工资问题专项行动”等专项执法行动，检查用人单位138家，发出整改通知6份，纠正违法行为6宗。

综合治理欠薪　建立健全欠薪应急周转金制度，全面实行建筑领域工资支付分账管理制度，政府投资工程带头严格执行，确保工人工资按时足额发放到位；建立欠薪施工企业“黑名单”制度，依法依规做好治理工程建设领域欠薪和处置劳资纠纷。按照劳动监察信息系统发展要求和上级人社部门的工作部署，筹资近90万元完成区劳资纠纷应急处置中心平台建设。

【人事人才】　公职人员管理　坚持“公开、平等、竞争、择优”原则，梅县区招录92名公务员和招聘244名事业单位工作人员。同时，严格按照要求办理人事调动工作，全年为23名公务员和90名事业单位工作人员办理人事调动。办理政府系统副局级以上干部任免81人，对政府系统单位股级干部任免进行材料备案及不定期的检查监督。举办两期新录用和调任公务员培训班，参加培训有261名；全区选派19名乡镇公务员参加2016年广州梅州公务员对口培训。做好全区机关事业单位工作人员年度考核工作，其中：机关单位工作人员3011人，优秀385人、称职（合格）2578人、不定等次48人；事业单位工作人员7696人，优秀912人、合格6743人、基本合格1人、不合格2人、不定等次13人、未参加考核25人。

军转干部安置　接收自主择业军转干部3人，安置军队随军家属7人，及时、足额调整梅县区企业军转干部生活困难补助标准。

专业技术人才队伍建设　为企事业单位专业技术人员办理评审、认定高、中、初级专业技术资格478人。做好全国各类专业技术资格考试管理工作，服务会计、统计、计算机模块、职称外语等考试考证人员有526人次。

【工资福利】 按照上级的统一安排部署和政策规定，在规定时间内及时兑现各项工资福利待遇，做好住房维修和物业管理补贴、乡镇工作补贴、机关单位交通补贴、养老保险制度改革、基本工资和离退休待遇调整等的审批工作。违法违纪并受处分人员的工资及相关福利待遇严格按规定予以处理。

【梅县区技工学校】 投入400多万元，改善学生宿舍条件，实施学校门禁、安全监控系统及校园信息化建设。全年学校招生275人，大部分毕业生被推荐到广汽乘用车集团等珠三角名优企业就业，就业率100%。

（供稿：钟泮宇）

卫生和计划生育

【概述】 2016年，区卫生和计划生育局从“内强素质、外树形象”入手，按照保基本、强基层、建机制的要求，全面落实计划生育新政，推进卫生强区创建和医改，进一步健全机制、强化保障、狠抓管理，有序推进各项工作的开展。

2015年10月1日至2016年9月30日，全区常住人口出生5888人，与上年同期对比增加559人，出生率11.81‰，自然增长率5.32‰，政策生育率96.72%，出生人口性别比为105.37。全年区财政投入计生经费2870万元，人均53.40元；2016年，全区城乡居民医疗保险参保49.16万人，参保率97%；筹资标准提高到每人540元，全年筹资总额2.65亿元。完善异地结算，城乡医保中心实现与异地91家医院联网结算，开展市内特定病种门诊的即时结算工作。进一步提升城乡居民医保部分待遇，同时关注弱势群体，开展医疗救助一站式结算。

【卫生强区创建】 加强组织领导，落实保障措施。根据省、市卫生强省、强市要求，成立卫生强区工作领导机构，全面启动卫生强区创建工作，并将2016年度“卫生强区”项目经费4000万元及时下拨至各镇和医疗卫生单位。医疗硬件开工建设的项目有粤东医院感染大楼、梅县区中医医院改扩建、区妇保院出生缺陷干预中心大楼、梅州畲江医院、梅西镇卫生院综合大楼、白渡镇卫生院综合大楼、程江镇卫生院改建工程；区慢性病防治院皮肤科门诊改建、区疾控实验室改建等工程预计近期可动工建设；其余镇卫生院新建和改造项目有序推进，完成松源、雁洋等卫生院改造工程。全区规划建设标准化卫生站301间，各医疗卫生机构设备配套工作同步进行，部分进入招标采购程序。完善人事制度，稳定工作队伍。对乡镇卫生院在编人员的工资实施绩效、津贴补贴等措施；对县级公立医院改革试点单位梅县区中医医院实行全员聘用制和绩效考核制度。加大人员招聘力度，充实基层医技人员，全年公开招聘基层医技人员230多人。全年投入公共卫生经费超2亿元，抓好卫生强区创建和各项医改，全区医疗卫生机构基础设施建设得到跨越发展，群众就医条件明显改善，不断提高医疗技术和诊疗服务水平，服务能力显著提升。

【基本公共卫生】 落实经费保障，确保按人均45元保障基本公共卫生经费足额配套到位。健全体制机制，保障公共服务。初步建立分级诊疗制度和家庭医生签约服务，在丙村镇、程江镇开展家庭医生式签约试点服务，探索推进签约服务工作。严格执行基本药物制度并实行零差率销售，有效控制药品费用的不合理增长。落实基本公共卫生服务，12类国家基本公共卫生服务、4项重大公共卫生服务项目全部免费或补助的方式向全民提供。

加大妇产儿科规范化建设，畅通产科绿色通

道，提高母婴保健技术、公共妇幼卫生项目服务能力和质量。做好梅县区农村孕产妇住院分娩补助、农村妇女增补叶酸预防神经管缺陷，重点加强孕产妇规范管理与督导。9 月 28 日，在全区范围内全面实施农村妇女宫颈癌检查及农村地区宫颈癌监测工作，完成 2016 年度筛查 1 万人任务，并通过国家项目组质控检查。继续实施出生缺陷综合防控项目工作，努力提高出生人口素质，全区实现连续三年重型地贫儿零出生。梅县区被广东省卫生计生委认定为 2016 年度“省级妇幼健康优质服务示范区”。

【卫生监督检查】 公共卫生　采取日常监督、突击检查、专项整治等措施，依法查处违法行为。开展集中整治“号贩子”和“网络医托”专项行动、打击“两非”专项整治、传染病医源性感染防控专项整治、放射诊疗防护检查等工作，提高监管工作的能力和水平。全年受理各类行政许可 824 份，出动卫生监督人员约 1682 人次，检查有关涉嫌无证行医的场所或门店 38 间、医疗保健机构 407 家、疾病预防控制机构 1 家、采血点 1 家、消毒产品生产企业 1 家；查处无证行医 2 宗，取缔 2 宗；查处医疗卫生机构超范围执业 1 宗；实施行政处罚 3 宗，罚款 7000 元；对 1 家医疗卫生机构的不良执业行为记 2 分查处；调查处理群众投诉举报 6 宗；收缴非法医疗广告牌 7 块；发出卫生监督意见书 1796 份。

饮用水卫生　全区有集中式供水单位 30 家，持有生活饮用水卫生许可证 18 家，持证率 60%，持证水厂中从事供、管水人员均持有健康证明，并制订有各项卫生管理制度、水污染事件报告制度和应急处理措施。

学校卫生　联合区教育局、区食品药品监督管理局对辖区内 12 间中小学开展学校卫生综合评价工作，经检查及评价，11 间中小学校均能达到 B 级（学校卫生合格学校），针对部分学校医疗及保健室管理不完善、无有效医疗机构执业许可证、从业人员未取得执业医师资格证等问题提出指导建议，并协助学校建立完善环境卫生、饮用水和传染病防控等有关卫生管理制度，及时调整、强化、落实相关防控措施，提升学校卫生工作管理水平。

【传染病防治】 疾病预防控制　加大宣传力度，提高群众预防保健意识。抓好疾病预防控制，落实免疫规划疫苗接种管理，抓好适龄儿童免疫规划疫苗基础和加强接种工作。查卡册和随访适龄儿童卡介苗、乙肝疫苗等“八苗”基础和加强免疫接种率均 98%以上；脊髓灰质炎灭活疫苗（IPV）试点工作取得成功。预防接种信息管理，及时建卡造册。加强与学校和托幼机构配合，落实儿童入托、入学预防接种证的查验、接种（或补种）工作。加强卫生应急演练，完善应急预案，做好应急物资的储备工作。做好传染病管理和调查处置，全年有效处置疑似诺如病毒感染、人感染 H9N2 禽流感、水痘疫情各 1 起。开展禽类市场环境禽流感病毒污染监测，及时将检测信息通报区有关职能部门，落实休市等措施。

慢性病防治　增强慢性病管控能力。建立“政府主导、部门合作、专业机构支持、全社会参与”的慢性病综合防控工作机制，创建省级慢性非传染性疾病综合防控示范区工作取得阶段性成效。加强宣传，防治结合。组织开展慢病主题日宣传活动与义诊相结合，全年举办义诊 6 次，免费发放药品价值约 3 万元，发放健康教育资料约 2.6 万份；制作慢性病防治知识等宣传节目 10 期。落实肺结核患者或疑似患者的报告和转诊制度，加强网络专报信息系统和转诊到位情况核查，积极做好肺结核病人的发现、治疗和管理工作。对高血压、糖尿病患者管理进行规范管理，高血压患者规范管理率 98.42%，Ⅱ型糖尿病患者规范管理率 98.67%。至 11 月底为止，已管理高血压患者 21803 人，其中规范管理 20689 人；已管理糖尿病患者 5785 人，其中规范管理 5404 人。

重性精神障碍管理治疗项目　加强对重性精神疾病患者的规范化管理，做好病人的建档、随访、记录及每年 1 次的健康体检等工作；做好对辖区病人应急处置和开展家庭护理教育工作。1–11月份区慢病院精神科门诊就诊约3647人次，免费发药2131人次，价值约71.1万元。

【卫生科研与应用】 加强人才培训，上送全科医师培训5人。区中医院与省中医院等省内知名医院建立协作关系，大力培养学科带头人。

【爱国卫生运动】 落实“三个一”环境卫生整治制度，大力开展农村环境卫生综合整治。7月中旬，省卫计委副主任陈祝生率队到梅县区督查“三个一”环境卫生整治制度落实情况，并对梅县区工作给予充分肯定；加大宣传力度，发放宣传手册9.8万份，利用新闻媒体广泛宣传，群众卫生防病意识明显提高；区财政全年安排1900万元专项经费，用于农村生活垃圾处理。投入30万元，聘请专业消杀队伍在城区开展药物消杀工作，经监测，梅县区鼠、蝇、蚊、蟑密度控制水平均达到国家C级标准，符合国家卫生城市标准要求，全区病媒生物防制水平得到提升；建立健全长效机制，落实“巩卫”责任，巩卫工作取得明显的成效，提升城市管理水平和卫生创建。全年有96个村通过省爱卫办考核验收，授予省卫生村荣誉称号；112个村通过市爱卫办考核验收，授予市卫生村荣誉称号。

【红十字会】 围绕弘扬“人道、博爱、奉献”的红十字精神，深入开展救灾、救助、救护等工作。采取多种形式开展宣传活动，大力宣传《中华人民共和国红十字会法》以及红会相关知识。积极开展救灾救助工作，到受灾严重的松口镇、雁洋镇、丙村镇、南口镇开展慰问活动，发放救灾救助物资6万多元。参加由市关工委、市红十字会、市教育局联合在雁洋镇中心小学开展2016年“世界急救日”主题宣传进校园活动，为学校师生宣传应急救护知识，为10户贫困学生家庭送去价值近6千元救助物资。大力开展社会救助活动，将乡贤支持捐赠的降血压药物用于免费救助丙村镇及其周边乡镇的贫困高血压患者，减轻当地贫困高血压患者的医药费负担。开展贫困家庭先心病儿童和风心病妇女免费筛查活动，筛查39例贫困心脏病患者，符合手术条件的有14人，全年有5人施行心脏手术，手术费用由省红十字会、资助单位和新农合报销支付。

【无偿献血】 通过新闻媒体加大无偿献血的宣传力度，主动配合各单位开展无偿献血的宣传、组织、发动工作，确保临床用血；加大对采血点的监督和管理力度，严格按照相关标准和要求进行采供血工作，建立健全采血点管理，确保血液安全；加大对辖区内医疗机构临床用血的监督和管理，确保临床用血的规范、合理和安全；加快新县城范围内采血屋和采血点的建设。全年发动1718人参加无偿献血，采血量约35.5万毫升，基本满足医疗临床用血的需求，审批用血报销47人次，报销金额4.31万元。

【便民惠民服务】 开展“服务百姓健康行动”“进一步改善医疗服务行动”“扶贫送医献爱心”“健康直通车”及巡回医疗等下乡送医、送药活动，全年组织42支医疗队、医务人员700多人次，免费诊治患者8000多人次，健康咨询1.2万多人次，发放药品价值16.27万元。

全面开展家庭医生签约服务，签约8万多份，使家庭签约式服务人群可以得到体检、转诊优惠，为签约居民或家庭进行健康评价，制定具体的管理措施，并提供健康管理后续服务，为有需要且符合条件的签约居民提供上门医疗、康复指导、家庭病床等服务方案。

【医疗卫生业务】 全面推进粤东医院（区人民医院）、中医院、妇幼保健机构以及各镇卫生院、村卫生站三级网络建设和管理，不断优化卫生资源配置，提升医疗水平，改善就医环境。全区有医疗卫生机构400多家，医疗网点遍布城乡。不断提高粤东医院整体实力和竞争力，镇、村卫生院（站）得到完善，基本建成城市居民15分钟、农村居民30分钟“健康服务圈”。

梅县区人民医院继续全权委托给中山大学附属第三医院管理，成立名医门诊，发挥特色专科优势，积极创建三甲医院，打造闽粤赣边区域医疗中心；积极推进梅县区中医医院建设，发扬中医国粹，开设中医特色专科，其中在全市公立医院中率先成立中医儿童康复科，弥补全区儿童康复治疗的空白。与省中医院、省第二人民医院、南方医科大学中西医结合医院、广东三九脑科医院开展协作，通过借力发展提升全区中医医疗服务能力；妇幼保健院和计划生育服务站资源整合，成立妇幼保健计划生育服务中心，落实预防出生缺陷三道防线，提高妇女儿童保健水平；加强基层卫生院基础设备设施建设，为全区镇卫生院配备“五个一”医疗设备和装备，全面推进基本医疗和基本公共卫生服务示范镇创建活动，促进城乡居民健康水平提升；加强村卫生站建设，织牢医疗网底，按照每个村卫生站配套 12 万元标准，配套完善村卫生站基础设备设施，其中：南口镇潭江村卫生站建设模式得到市主管部门的充分肯定，推荐在全市推广建设。全区新建或改建村卫生站 301 间。充分发挥粤东医院、区中医医院等区直医院的龙头辐射带动作用，通过专家下沉、业务培训、双向转诊等，促进人员、技术、管理等优质医疗资源下沉，让基层群众家门口就享受更加便捷、优质医疗服务，区、镇、村“三级”医疗体系逐步形成。

【安全生产】 按“谁主管、谁负责”和“一岗双责”的原则，层层建立安全生产工作责任制。结合卫计行业实际，从医疗安全、消防安全、临床用血安全、疾病预防控制、施工安全等方面入手，全面抓好卫计系统安全生产工作，做到思想认识、安全措施、责任落实、执法监督“四到位”，做到整改责任、整改时限、整改措施、整改资金和应急预案“五落实”。对安全生产实行“一票否决”，增强各级领导抓好安全生产工作的责任感、紧迫感。全年投入 8 多万元用于添置消防设备、设施、整改电线电路、完善消防通道等。

【信息化工作】 健全完善省、市、区、镇四级人口和计生信息资源网络，实现卫计、公安、综治等部门的信息互通，资源共享，进一步提高全员人口信息系统数据的完整、准确和及时更新。

（供稿：陈敏）

扶贫开发

【概述】 2016 年，区扶贫开发部门扎实推进农村的改革和建设工作，加强人居环境的综合整治，改善农村的生产、生活条件，建设美丽乡村，雁洋镇省级新农村示范片建设初见成效；着力“两不愁、三保障、一相当”建设，不断提高贫困群众生活水平，精准扶贫精准脱贫工作取得可喜的成绩。至年底，实现 30%的贫困户脱贫。

【农村改革】 一是积极探索创新乡村治理新机制。加强基层党组织建设，特别是对农村软弱涣散基层党组织进行整顿和帮扶，提高基层组织的战斗力；完善村级民主自治机制，整合基层治理的各种资源，把村建设成为团结和凝聚农村居民的社会共同体；强化农村基层综治信访维稳工作，建立健全“一村（社区）一法律顾问”的体系。二是创新金融支农服务模式。建立区级征信中心，推进农村小额信用贷款和农业小额贷款保证保险，探索土地承包经营权和宅基地使用权抵押贷款，推广“政银保”合作模式。三是积极推动社会公共服务改革创新。推出 63 项“微改革、微创新”措施，按照减环节、减时限、减材料、优化审批服务流程的“三减一优化”原则，积极推进“微改革、微创新”，提高为农村基层群众服务的整体水平。四是加快农村集体产权管理服务平台建设，建成一个区级平台和 19 个镇级平台。管理服务平台主要包括农村财务监管平台、农村产权流转服务平台、农村集体资产交易管理平台和在线审计平台三个功能，具有农村“三资”监管职能、农村建设工程招投标功能和农村产权交易功能。2016 年，财政预算安排 3000 万元将平台建设延伸到村级。五是积极稳妥推进农村产权制度改革。稳步推进农村土地承包经营权确权登记颁证工作，做好土地承包经营纠纷调处工作。同时，积极调处历史遗留问题和确权中的矛盾纠纷。

【农村环境建设】 *农村人居环境综合整治* 一是深入学习，广泛宣传，激发群众参与农村人居环境整治的积极性。二是强化领导，明确职责。区政府主要领导任农村人居环境综合整治工作领导小组组长，区人大常委会主任任区农村人居环境综合整治督查工作领导小组组长。三是创新模式，力推项目。把全区 19 个镇街分为 5 个片区，将垃圾处理、污水处理、环境整治等基础设施建设按片区整体打包实施 PPP 项目。四是综合整治，全面提升农村人居环境。综合治理生态，以国家现代农业示范区建设为推动力，推动农业向高产安全的总体方向发展；开展农村土地综合整治试点工作，划定耕地土壤环境保护优先区域，确定水功能区限制纳污红线，深入推进畜禽养殖业污染物总量减排，大力加强生态公益林建设，农业生态持续改善；加强洁净农村建设，投入资金 2.8 亿元，深入推进农村“三清”“四改”和“五有”工作（有功能分区的整治规划、有文体活动场地、有绿化美化、有垃圾收集屋、有污水处理简易设施），全区农村生活垃圾处理基本步入规范化运转，村庄环境美化绿化水平不断提高；大力完善公共基础设施，推进农村公路改造，基本实现行政村村通公路和水泥硬底化；积极实施重点民生水利工程，完善城乡水利防灾减灾及病险水库除险加固工程建设，解决农村安全饮水问题，建设农村小公园、小广场、老人活动中心等活动场所。

新农村建设 坚持“政府主导、农民主体”的基本原则，以雁洋省级新农村示范片、重点烟区新农村示范村和幸福村居示范片建设为抓手，大力改善农村人居环境、强化产业支撑、倡导文明新风。1. 雁洋省级新农村示范片。以“叶帅故里 · 国际慢城 · 美丽雁洋”为主题，以雁上村、南福村、大坪村、塘心村和阴那村等五个村为主体，连片规划面积 40.3 平方公里，涉及 18 个自然村 29 个村民小组，共 1752 户 7024 人。在投入 2 亿多元的基础上，2016 年投入 5000 多万元推进村庄整治、建设民生项目、扶持产业发展，启动实施 43 个项目建设。主要是大力整治村容村貌；产业发展形成规模；大力引导规范建设村民理事会，全面激活群众内生动力。2.重点烟区新农村示范村。制定《梅州市梅县区 2015—2018 年重点烟区新农村建设实施方案》，2015—2018 年梅县区规划建设三个示范村，每个村补助 500 万元。2015 年为松源镇横坊村，2016 年为松口镇中江村，2017 年为隆文镇木寨村。3.幸福村居示范片。积极开展“中央苏区县创建幸福村居示范片”相关工作。梅县区示范片为“梅县区南口镇—丙村镇幸福村居示范片”项目，核心村为南口镇葵黄、益昌 2 个行政村和丙村镇群丰、大雅村 2 个行政村。此项工作已完成项目建设、档案资料整理等。

【涉农维稳】 深入开展 2015 年涉农维稳专项整治“回头看”、农村群体权益分配、涉林矛盾纠纷、涉水资源权属、涉农补助资金和村务管理等“五大”专项整治活动，梅县区的涉农维稳态势平稳。制订 2016 年涉农领域社会矛盾专项治理工作方案，建立部门联动矛盾化解机制，区、镇和村三级职能部门在土地承包经营权确权、农业生产经营、集体经济组织管理及收益分配、自然灾害、网络媒体等方面定期开展排查工作，狠抓涉农维稳工作，及时化解基层矛盾，实现“总体形势和谐稳定”的目标。

【扶贫开发】 完成新一轮扶贫开发“双到”工作 在新一轮“双到”工作中，全区33个帮扶单位投入帮扶资金1.69多亿元，完成全部贫困村的建设项目，贫困户实现全部脱贫。一是重点开展产业帮扶，促进贫困村、贫困户增加收入。二是开展智力帮扶，提升群众致富能力。三是开展基础设施帮扶，改善生产、生活条件。四是开展社会保障帮扶，确保生活保障。五是开展扶贫济困献爱心活动，促进社会和谐健康发展。六是集体经济不断发展壮大，33个贫困村集体经济总收入218.3万元，平均每村6.62万元。七是打造亮点、集中连片开发。

推进新时期精准扶贫精准脱贫工作 全区核定录入新时期精准扶贫精准脱贫相对贫困人口7611户、17079人（其中，省定32个相对贫困村有相对贫困户1236户3315人，分散相对贫困户6375户13764人），贫困发生率2.8%。投入帮扶资金2.85亿元，实施种养项目21003个，引进或培育壮大龙头企业37家，发展村旅游项目7个，建立电子商务平台18个，培训贫困户劳动力126次1223人，帮助转移就业45人，帮扶贫困户子女上学2470人，完成农村危房改造46户，完成200人以上自然村道路硬底化改造7.73公里，解决农村饮水安全1122户，建设村文体或休闲活动场所23个。一是完成精准识别、建档立卡和信息上网工作。通过“四看”“五优先”“六进”“七不进”的方法对贫困对象进行严格把关，做到不漏一户、不落一人。二是科学制定三年帮扶规划。至2016年底，全区30%以上的相对贫困人口实现脱贫；至2017年底，全区70%以上的相对贫困人口实现脱贫；至2018年底，全区100%的相对贫困人口全部实现脱贫。三是坚持分类施策、精准发力。坚持“一村一策、一户一法”的原则，实施靶向疗法，因人因地制宜，对建档立卡的8328户19185贫困人口实施精细化管理，对扶贫资源实行精细化配置，对贫困户实行精细化帮扶。四是力推特色产业项目。光伏扶贫，重点在光照条件较好的贫困村，以整村推进的方式，稳步推进光伏扶贫项目发展。光伏企业与南口最大的环保砖厂合作建设18兆瓦发电站和7.5万千瓦变电站，用于满足该环保砖厂的用电需求，第一期工程投资2亿元，集约村集体土地12万平方米，以贫困户入股分红的方式把贫困户纳入项目中；畲江镇彰三村、梅南镇龙岗村发挥日照充足的优势，已与光伏企业签订框架协议，准备安装分布式光伏发电设备，建成后保证参股的贫困户仅此一项每年每户增加收入3000元以上；产业扶贫，围绕产业发展，制定详细规划，着力强化产业帮扶，鼓励贫困户成立或参与合作农场、农民专业合作社和农业或扶贫农业龙头企业。精心打造水果专业合作社，将贫困户零散的果园集中组织起来，聘请经营管理能手及水果专家采取技术入股的形式参与到合作社管理经营中，引进企业进行投资，打开销路，发挥经济效益，带动贫困户脱贫。五是解决群众困难，办好民生实事。积极配合有关部门完成困难群众危房改造申报、遴选等工作，帮助解决住房困难问题；整合有关涉农部门资金，积极实施道路绿化亮化硬底化、安全饮水和农田水利建设工程，在贫困村进行人居环境综合整治，完善文化、教育、卫生、体育、医疗设施建设，改善群众生产、生活环境，改变村容村貌，让贫困村的社会公共服务水平达到或超过全省平均水平。

扶贫开发跟踪服务工作 各帮扶单位纷纷开展扶贫开发“双到”工作“回头看”活动，围绕进一步加强村“两委”班子、发挥专业合作社和扶贫龙头企业作用等长效机制的建设，不断巩固、提升扶贫开发“双到”的工作成果，确保贫困村、贫困户实现稳定脱贫。

【老区建设】 认真贯彻落实《赣闽粤原中央苏区振兴发展规划》《关于进一步促进粤东西北振兴发展的决定》《中共广东省委办公厅广东省人民政府办公厅关于加大脱贫攻坚力度支持革命老区开发建设的实施意见》，不断改善老区群众的生产生活条件，认真做好春节慰问老区工作，让老区人民感受到党和政府的温暖。

【“大禹杯”竞赛活动】 在大坪镇雷甘村、梅西镇白面村和南口镇瑶美村等3个村建设“大禹杯”竞赛活动示范点，示范点总投入119万元。项目建成后，可改善灌溉面积93.33公顷，新增灌溉面积4.67公顷，提高农田的耕种效率。

【智力扶贫】 举办各类技术、技能培训班共40多期，实现农村富余劳动力在家创业或向二、三产业转移，拓宽就业门路，大幅增加家庭的经济收入。

【扶贫农业龙头企业】 区扶贫开发局积极争取上级的资金扶持，着力培育、扶持、壮大一批扶贫农业龙头企业，全区有省级扶贫农业龙头企业4家、市级扶贫农业龙头企业10家。

（供稿：张清祥）

民　政

【概述】 2016年，区民政局秉承“以民为本、为民解困、为民服务”的工作宗旨，落实“托底”政策，推动新常态下民政工作新发展。全年争取中央、省、市、区等民政经费1.47亿元（比上年增加13%）用于保障底线民生、优抚安置和发展社会福利事业等。

【社会保障】 低保动态管理　至年底，梅县区新增低保1604户、3806人，取消低保1081户、3119人。从2016年1月起，全区城镇、农村低保补助标准分别为每人每月419元、191元；城乡低保对象9011户20401人，全年发放低保金5025.3万元。

留守儿童和困境儿童关爱保护　提高孤儿基本生活保障标准，分散、集中供养孤儿标准分别为每人每月820元、1340元，全区有孤儿68人，发放基本生活费70.51万元；建立事实无人抚养儿童生活津贴制度，标准为500元/人月，事实无人抚养儿童158人，发放94.8万元。

农村五保供养　农村五保供养标准为每人每月732元，全区有农村五保供养对象2018人，全年发放五保金1926.5万元。

城乡医疗救助　继续实施医疗救助“一站式”结算服务，全面开展重特大疾病救助工作，为全区城乡低保、农村五保人员购买城乡居民医保334.5万元，发放医疗救助金1090.3万元，救助2510人。

临时救助　全区下拨冬春救助资金40万元用于新生灾害和冬春期间困难群众的生活救助；积极开展“寒冬送温暖”专项救助和流浪乞讨人员引导劝导工作，全年上街开展救助巡查168人次，救助流浪乞讨人员167人次，派发御寒衣服、食品等开支救助经费5615元。

【防灾救济】 投入120多万元为全区60多万户籍人口投保自然灾害公众责任保险，投入100多万元，为全区123174户农房购买自然灾害财产保险；开展全区26户因灾倒损房居民的灾后恢复重建，下拨重建家园资金107万元；组织开展全国第八个“防灾减灾日”活动，筹资90万元，对原救灾物资储备仓库进行扩建，扩建工程项目已取得立项，完成征地，正在对扩建工程项目进行建筑设计；继续开展“全国综合减灾示范社区”创建工作，全区有3个全国综合减灾示范社区（新城办事处华侨城社区居委会、程江镇车上村民委员会、丙村镇溪联村民委员会），申报雁洋镇大坪村民委员会创建为区第4个“全国综合减灾示范社区”。

【基层政权建设】 推进基层公共服务平台建

设，制定出台《梅县区村（居）民委员会工作职责事项指导目录》，明晰界定村（居）委会与乡镇（街道）的权责边界，切实减轻村（社区）负担；全年投入资金 2200 万元，建成社区公共服务站 255 个；编制梅县区村（居）公共服务基本目录，准入事项 22 项，法定事项 78 项；加强和规范全区村务监督委员会建设和经费保障工作，全年对全区 355 个村监委会 1156 人发放补贴资金 762.96 万元；完成农村党务村务公开栏规范化建设工作，投入 41.1 万元，对全区 355 个村委会和 33 个社区进行分期分批统一改造。

【双拥优抚安置】 争创双拥模范区，积极探索双拥工作的新模式。大力支持驻区部队建设，加强国防教育和双拥宣传。2016 年，梅县区获得“全省双拥模范城”荣誉称号，这是自 2004 年首次荣获此称号后，再次获得这一殊荣，实现“四连冠”，也是撤县设区以来首次被评为“全省双拥模范城”。

提高重点优抚对象定期抚恤金和生活补助标准。对全区 2572 名各类优抚对象优待金按月实行社会化发放，全年发放优待金约 350 万元；拨出专款 130 万元，为全区优抚对象购买城乡医疗保险、发放门诊补助和对因病住院的给予医疗补助及大病救助。对全区 514 户义务兵家庭发放优待金 370 万元。

开展“爱心献功臣”和清明祭奠革命先烈活动。拨出专项资金 20 多万元作为补助经费，帮助解决有“三难”问题的重点优抚对象 200 多人；会同梅州市复退军人医院，在“八一”节前夕和 11 月先后两次组织“关爱功臣”巡回医疗队到石坑镇、梅南镇，为 200 多名重点优抚对象开展免费送医送药活动；在清明节和 930 烈士公祭日期间，组织干部、群众、青少年和社会各界人士、烈士家属开展祭奠革命先烈活动，全区开展祭奠革命先烈活动 80 多场 7 万人（次）。

退役士兵的接收安置和职业技能培训工作。认真做好 133 名复退军人的接收登记工作，妥善安排 9 名转业士官到乡镇工作；按政策对 139 名城乡退役士兵发放安置补助金 390 万元；组织 130 名退役士兵参加职业技能培训。

涉军人员信访维稳工作。完善复退军人管理服务机构建设，投入 15 万元，将原闲置的仓库改造为复退军人管理服务中心；做好复退军人稳定工作，全年到省、市、区政府上访的人数大幅减少。

【社会福利机构】 敬老院公建民营改革试点。为鼓励社会力量参与特困人员救助供养工作，激发特困人员供养服务机构活力，提高供养机构管理服务水平，经前期调查和推荐，丙村敬老院被省厅定为第一批公建民营社会化改革试点单位，区专门成立工作机构，并制定实施方案。

民政福利服务机构消防安全。投入 315 万元（分 3 期，第一期已投入 100 万元），对 21 间敬老院进行消防安全升级改造，同时联合区消防大队开展民政福利机构消防安全业务知识培训、消防安全大排查和整改工作，全区民政福利机构总体平稳。

村居养老服务站和农村“颐养居”建设。组织并协助做好程江镇居家养老服务中心、松源镇居家养老服务站、桃尧镇麻坝村居家养老服务站、梅西镇崇化村居家养老服务站等 4 家村（居）级养老服务项目申报“幸福计划”工作；对 2013 年至 2015 年申报农村幸福院建设的 20 个村进行验收，对其中已验收合格的 14 个村核拨建设资金各 3 万元。

引进民间资本兴办养老服务业。继续抓好省、市重点项目梅县区福晋老年公寓和畅园老年养生休闲中心建设项目。2016 年，引进梅州市政运通实业发展有限公司投资 5386 万元，在程江镇兴办占地 8000 平方米的梅县区利民老年公寓。

【军休所和光荣院管理】 抓好军休干部“两个待遇”的落实。严格按照政策规定，认真落实军队离、退休干部的经济待遇和政治待遇，接收梅州军分区退休干部（副师级）1 名；组织走访慰问在广州、深圳、东莞、珠海等在外居住的老同志；投入 3 万多元完善光荣院消防和生活设施建设，认真做好老人的生活服务工作。

【民间组织管理】 依法办理申请变更、注销、换发证书等，办理社会团体变更 9 个，民办非企业单位变更 7 个、注销 2 个、撤销 2 个、换发三证合一证书 90 个。全区有社会组织 359 个、社团 235 个、民非 124 个，其中全年新登记社团 7 个、民办非企业 12 个。

【公益慈善事业】 组织开展“广东扶贫济困日”活动。全区接收扶贫济困到账捐款 83.51 万元，解决贫困人口、弱势群体和困难群众的生产生活困难，推动精准扶贫工作。此外，还表彰获得梅县区 2015 年度扶贫济困奖的 19 家爱心企业。

【福利彩票】 全年销售福利彩票 4401 万元，完成市下达任务数 4000 万元的 110%，和上年同期相比增长 11.26%；筹集公益金 440 多万元用于发展和保障梅县区社会福利、公益慈善、养老和民政事业。

【婚姻登记】 全年办理婚姻登记业务总额 7895 宗。其中，结婚登记 5219 对、离婚登记 1294 对，补领婚姻登记证 1301 对、补领离婚证 81 件，登记合格率 100%。

【收养登记】 全年累计办理申请收养登记业务 64 人次，符合条件已办理 3 宗。

【老龄工作】 梅县区 60 周岁及以上老人有 106203 人，占总人口的 17.72%。为加强老年社会保障，2016 年，梅县区 80—99 周岁老人高龄补（津）贴由每人每年 200 元增加至 300 元，在重阳“老年节”前发放给符合条件的 22025 名老人，发放资金 660.75 万元；做好 2016 年“银龄安康行动”工作，投入 63.84 万元为全区户籍 80 周岁以上高龄老人、60 周岁以上困难群体、优抚对象 31920 人投保意外伤害保险；推进 60 周岁以上老年人自费投保，完成市自费投保目标任务；开展广东省“银龄行动”第十三期帮扶工作；发放“客家寿星奖”和百岁老人保健金 27.68 万元；办理“梅州市老年人优待证”3900 份。

【殡葬改革】 全区免除殡葬基本服务费 3653 宗，金额 408.21 万元，火化率保持 100%；依法处置违规建坟案件 12 宗；对辖区 1 家经营性公墓和 5 家公益性公墓进行专项检查整治，对部分手续不完善和档案不规范的问题及时督促整改。

【区划地名】 全面开展广东省第二次全国地名普查工作，完成普查任务数的 80%，其中预填地名登记表 10340 张，完成外业地名条数 11400 条，形成地名成果条数 1200 条。

（供稿：陈伟岳）

残疾人事业

【概述】 2016 年，区残疾人联合会积极履行“代表、服务、管理”职能，严格按照残疾人事业发展的新要求，为残疾人解难事、办实事，全面完成残疾人各项工作。梅县区有残疾人近 3.5 万人，占全县总人口的 5.86%，其中持证残疾人 13430 多人，约占残疾人总数的 39%。

【民生工程】 认真做好摸底、调查、核实、确认等残疾人自主创业就业工作，帮助、扶助 384 名残疾人自主创业就业。一是加强领导，出台实施方案。及时出台《2016 年梅县区政府民生实事扶持残疾人自主创业就业工作实施方案》（梅县区残联〔2016〕2 号），成立工作领导小组。二是广泛宣传，营造创业环境。认真做好民生实事扶持残疾人自主创业就业工作的宣传发动和新闻报道，动员全社会关心帮助残疾人，扶持残疾人就业奔小康，形成关爱残疾人、扶残助残的良好社会氛围。三是大力扶持，确保完成任务。认真做好工作安排和扶持对象的筛查摸底，全面掌握残疾人创业就业情况和底数，并进行实地检查督导，全区投入经费62.5万元，扶持残疾人384名。四是依法征管残疾人就业保障金，推进残疾人就业。在区地税局的支持配合下，依法依规做好残疾人就业保障金的征收和管理工作，有力推动残疾人分散按比例安排就业工作，全年47家企业安置残疾人81名，征收就业保障金275万元。

资助智力、精神和重度残疾人缴交养老保险工作　进一步落实2016年市、区民生实事，区残联积极协调区财政局、区人社局等部门，认真做好智力、精神和重度残疾人缴交养老保险工作，为5887名资助对象缴交社会养老保险金额70多万元。

乡镇（街道）残疾人专职委员纳入公益性岗位工作　经区政府第十四次常务会议研究，同意将乡镇（街道）残疾人专职委员纳入公益性岗位。同时，梅县区府办以〔2016〕40号文印发《梅县区建立健全乡镇（街道）残疾人专职委员队伍实施方案》，有效地促进乡镇专职委员队伍规范化建设。

按时发放残疾人"两项补贴"　2016年梅县区符合贫困残疾人生活津贴条件的残疾人5404名，重度护理补贴条件残疾人9265名，9月中旬进行社会化发放，发放"两项补贴"2316.18万元。

【残疾人康复】　区残联认真实施中残联、省残联各项康复计划，进一步推进残疾人事业发展。一是争取社会资助，全面完成白内障复明手术无障碍工作。积极争取香港力行植林慈善基金会的大力支持，于2016年4月、11月为289名白内障患者免费实施白内障复明手术。全年实施白内障免费复明手术420例，完成低视力助视器验配48名，免费装配适用型假肢16具，免费集中收治重度残疾人330名，收治脑瘫儿童康复训练30名、孤独症儿童康复训练79名。免费发放轮椅（含儿童轮椅）635辆、拐杖67副，免费装配助听器240个，开展盲人定向行走技能培训50名，开办盲人按摩培训班1期、参训20人。二是康复机构提质升级，完成残疾人康复任务。梅县区残疾人康复中心属下的梅县区残疾人爱心康复中心（广东省二级孤独症儿童康复机构）、梅县区残联孤独症儿童康复中心和梅县区残疾人康复中心脑瘫训练，不断加强内部管理，努力提升服务水平，从日常管理抓起，通过建章立制的方式，强化目标责任制考核，逐项完善跟踪落实。区残联通过规范机构的经营行为，增强机构诚信守法意识和质量责任意识，提高行业自律水平，提高监管能力，为0—6岁残疾儿童提供康复服务，康复机构为91名自闭症儿童、30名脑瘫儿童提供康复训练。三个康复机构努力打造特色课程，全面推进课程建设，为孤独症儿童和脑瘫儿童提供普通幼儿教育的环境，使残疾儿童能够更快更好的完成康复训练。2016年，梅县区残疾人康复中心（梅县区爱心康复中心）被省残疾人康复工作办公室评定为二级自闭症儿童康复机构；梅县区残联孤独症儿童康复中心被市残联评定为三级康复机构。

【扶残助残】　区残联认真协助教育部门做好残疾儿童学前教育，继续实施"扶残助学"工程，开展残疾人实用技术培训、岗前培训等个性化的职业技能培训。全区投入经费62.5万元，扶持残疾人384名；积极抓好贫困残疾人学生扶残助学调查、登记、帮扶工作，争取香港力行植林慈善基金会捐资18.5万元，帮助100名贫困残疾人家庭优秀学生完成学业。同时，认真贯彻落实《广东省分散按比例安排残疾人就业办法》，主动出击，加强协调，认真做好协调服务工作，发挥残联职能作用，按照"广东省残疾人就业保障金年审和地税征收系统"提供的数据进行年审核定，严格把关，促使企业安排残疾人就业比例逐年提高，全年 47 家企业安置残疾人 81 名，征收就业保障金 275 万元。

【信访工作】 利用“全国助残日”“世界残疾人日”等重大节日和召开座谈会形式，认真开展“扶残助残”系列活动。与区电信局、广播电视台建立长期合作关系，开辟“梅县残疾人之声”栏目，利用短信、新闻、广播等形式宣传维护残疾人合法权益。真正做到报纸上有“字”，广播上有“声”，电视上有“像”的立体宣传格局。认真做好《中国残疾人》《广东残疾人》《三月风》等杂志的征订、发送工作；开展“文化下乡”“文化助残”“三关爱”志愿服务活动，积极营造良好的扶残助残氛围。认真贯彻国务院《信访条例》，做好信访接待和调查处理工作，及时将矛盾化解在基层，解决在萌芽状态，切实保障残疾人的合法权益。全年，接来信 86 件（次）、接待来访 63 人（次）。

（供稿：李广呈）

责任编辑：邓慧聪

乡镇建设

新城工委、办事处

【概述】 新城工委、办事处成立于1999年，位于梅县区城区，办事处驻华侨城扶贵西路5号。总面积3.88平方公里。东临梅江河，北接梅江区西郊办事处，西、南靠梅县程江镇。下辖程江居委会、富贵居委会、华侨城居委会、西桥居委会和锭子桥居委会共5个居委会。2016年，辖区常住人口9万多人；总户数2万户，户籍总人口2.4万多人。2016年，财政税收完成1.14亿元，同比增长16%；固定资产投资2.62亿元；城镇居民年人均可支配收入25577元，同比增长9%。

【工商企业】 2016年，引进招商引资项目有4个，投资总额1.3亿元。辖区内较大型规模企业有广东宝丽华集团有限公司、广东华银集团有限公司、梅州市锦发房地产开发有限公司、梅州正大卜蜂莲花连锁超市、梅州乐万家连锁超市有限公司、梅州柏丽酒店、力天世纪公司等。

【基础设施建设】 将打通华银路到宪梓大道及楣杆路的道路，已列入市政道路建设，征拆工作全面启动；依法依规解决“三旧改造”工程欧阳丙方76.84平方米土地的征地和相关审批工作；协助完成乌廖沙三旧改造项目1.67公顷土地征收。配合完成渡江津桥修复工程的征拆，进入附属设施建设施工阶段；配合跟进新程江大桥的规划设计和环评等。筹资39万元，在西桥居委建设一座1500平方米的社区体育公园，实行开放式管理；投入50万元，用于提升办事处居家养老示范中心及富贵、程江居委居家养老两个分中心场所建设。

【民生】 全办城镇居民基本医疗保险和城镇居民养老保险实现全覆盖。做好城乡低保、五保及救灾救济，2016年发放低保金83.5万元、临时救助资金12.3万元；加大劳动保障监察力度，维护劳动者的合法权益；投入20万元，提升改造办事处人社公共服务平台。

【综治维稳】 执行属地管理原则，定期开展矛盾纠纷和不稳定因素大排查，把信访举报和投诉案件解决在基层和萌芽状态。全年办事处综治信访维稳中心共接待来访人员51批150人次，受理矛盾纠纷36宗，调解35宗，成功率97%；宝华派出所立刑事案件293宗，同比下降29%，破案177宗，查处治安案件280宗；未发生户籍人口群体性到区以上上访事件。

【计划生育】 全年户籍人口出生298人，政策生育率97.65%，出生率12.47‰，自然增长率9.38‰。11月23日，与江西寻乌县联合正式成立流动人口计划生育协会，让外来人员享受更多的优惠政策。

【文化】 加强阵地建设，实施公共文化全覆盖工程，筹资20多万元，对新城社区文化活动中心进行全面修缮及更新设备，并全面免费开放。通过设施建设提升，文化站升级为省特级文化站；配合制作《美丽梅县 乡村风采》大型专题纪录片；认真规划，科学选址，利用农村祖祠堂，投入20多万元，创建1个农村文化俱乐部；办文艺队由原来的21个发展到24个，总人数550多人。

【教育】 辖区内小学有丽群小学（省一级小学）、新城中心小学、扶外小学共3所；适龄儿童入学率100%，义务教育阶段升学率100%。有中等职业学校1所（国家级重点中等职业学校——梅县第一职业学校），常年就业率保持在98%以上。有鹏辉、春天等幼儿园20所。

【社区建设】 新城办按区委区政府统一部署，把创建平安小区工作作为推进社会治安综合治理的重要举措和民心工程，全年筹资17多万元，提升改造永兴花园南区安全文明示范小区，巩固平安创建活动成果。全年，新成立小区业主委员会 5 个。全年清查出租屋 1638 间，登记流动人口 7583 人。

【党的建设】 2016 年，全办有党支部 24 个，有党员 1078 人，其中新发展党员 4 人。继续落实驻点直接联系群众工作，建设服务型党组织。一是建立新城办事处驻点工作微信群，加强驻点工作管理和交流，促进工作上新台阶。二是强化网格化管理制度。固定每周二、五为驻点日，结合实际，设立 1 个大网格、5 个中网格、38 个小网格，实现联户全覆盖。全年各驻点团队共走访群众 1.05 万户，建立《居民档案》1.08 万本。投入 31 多万元解决环境卫生、民生等问题 62 个。三是不断创新完善社会综合信息管理平台系统，实现驻点工作实行网络化、信息化动态管理。全年共录入 1.17 万份人员和门店、出租屋等信息。按照《梅县区 2016 年基层工作任务清单》的要求，认真排查和清理，开展专项治理工作。投入 20 多万元建成公共服务中心基层综合服务平台 6 个，建立"一窗通办、同区通办"的社区便民服务机制，解决群众办事"最后一公里"问题；扩大党组织覆盖面，推进"两新"党组织的建设，新成立 "两新"党组织 3 家；全面完成党组织关系清查和党费收缴，补缴党费 34 万多元。持续开展农村基层党员、干部违纪违法线索集中排查行动，全年排查线索总数 7 条，立案 2 宗，来信信访 7 宗。按照班子建设"五好"目标，创建学习型领导班子，并定期召开民主生活会，相互交流思想体会，提高干部执行力，实现用制度管人、用制度管事。履行"两个责任"，推进党风廉洁建设和反腐败工作。党委书记履行第一责任人责任，加强对班子成员和干部队伍的管理；通过换届纪律学习，开展"四必谈"及引导群众参与监督等方式，确保风清气正。开展农村"三资"清理，通过建章立制，实行动态管理，加强对集体"三资"监管。

（供稿：刘莹慧）

梅州市高新技术产业开发区梅县区（扶大）园区管理委员会

【概述】 扶大高新区位于梅县区城区，高新区驻区委党校临时办公室。东临梅江，北靠程江，南、西两面是丘陵地带，与程江镇车上、槐岗相邻，西与南口镇接壤。辖区面积 18.8 平方公里，其中耕地面积 28 公顷（含水田面积 24.33 公顷）、园地面积 3.33 公顷、林地面积 726.67 公顷。下辖 4 个行政村和 1 个居委会，2016 年有 4251 户，在册人口 11183 人。全年实现农村社会总产值 9.16 亿元，同比增长 10%；完成固定资产投资 36.6 亿元，同比增长 20.2%；完成工商财政税收 2.86 亿元，同比增长 50.52%；镇级地方财政税收 1.24 亿元，同比增长 0.81%（下半年取消营业税后税收大幅减少）；年农民人均可支配收入 20470 元，同比增长 7.96%。

【农业】 全年水稻种植面积 91.8 公顷，总产 698 吨；水果种植面积 86.13 公顷，总产 3008 吨，其中金柚种植面积 62 公顷，总产 2442 吨；生猪存栏 5048 头，出栏 9075 头；"三鸟"存栏 5.15 万只，出售 51.35 万只；养殖水面 27.47 公顷，总产 207 吨。在三葵村 10–12 组创建连片早晚稻粮食高产示范点，面积 13.33 公顷，实现亩产 630 公斤以上。

【工商企业】 2016 年，有园内企业 60 家，其中新增 6 家，招商引资 30 亿元，实现招商增税 5826 万元。上规模企业有 5 家，分别是广东鸿荣机械设备制造有限公司与广东鸿荣重工有限公司、广东顶业农牧饲料有限公司、广东自远环保股份有限公司、广东卓立变压器有限公司、惠兴米业等。2016 年，梅州鸿荣重工有限公司新建技改大楼，当年产值 2900 万元。至年底，园区规模以上工业总产值 3.55 亿元。有商店 179 家，连锁超市 1 个，酒店 1 家，餐饮服务业 31 家，个体工商户 397 户。

【圩镇与农村基础设施建设】 全年完成高铁、盈方创投、三丰棚户区改造、三葵特殊学校等项目征地 17.33 公顷，拆迁房屋 117 座；推进建设富力城 3 期、宝丽华客商银行、锦绣国际二期、艺展中心（熙园）、盈方创投以及客都大桥连接线、公园北路、公园南路等项目。投资 200 多万元，改造梅西灌区和中小河流治理；分别投资 150 多万元和 200 多万元，改造三丰和三葵村灌区。投入 70 多万元，完成铁炉桥村红二、六组及客家新世界内涝受浸的圳道工程设计施工；投入 6 万元，完成三葵村湖洋塘山塘加固工程；投入 2 万元，完成三丰村九组旧圳道改造工程。

【环境保护与治理】 张贴护林防火标语 300 多条，树立永久宣传牌 12 块，成立 20 人巡逻执罚队 24 小时巡查；开设 12.2 公里生物防火林带，已进入第二年管护期；建设三丰县级森林公园、乌仙岩镇级森林公园，完成梅花山森林公园景观提升改造工程，处理林政案件 2 宗，调解林业纠纷 2 宗。

【土地保护与利用】 全年，整治“两违三抢”行为 28 宗，拆除房屋 28 座；完成农村危房改造 3 户。

【民生】 农村社会养老保险参保 3045 人，参保率 95%；参加新型农村合作医疗 8904 人，参合率 100%，参合金 133.71 万元。失地农民养老保险办理 700 多人，申请资金 800 多万元。有低保户 89 户，享受低保对象 220 人，全年发放低保救助金 57.02 万元。五保户 10 户，均属于分散五保供养，发放五保救助金 8.78 万元，为困难群众解决医疗救助和发放临时救济金 5.33 万元，发放春夏荒救助和冬令救助金 1.5 万元。发放退役士兵优抚补助金 9.54 万元，发放义务兵家属优待金 5.89 万元。农村劳动力技能培训 132 人（种养技术），转移就业 51 人。利用科技信息帮助各村富余劳动力参加应聘 60 多人，发放各类惠民补贴 50 多万元。精准扶贫工作筛选 39 户 83 人，其中有劳动力的 8 户 27 人，全年投入资金 20 多万元，用于慰问、产业帮扶。

【综治维稳】 全年接待来访群众 23 批 41 人次，为群众提供法律咨询 280 人次；受理群众矛盾纠纷、来信来访 43 宗，解决 43 宗；村级信访工作站全年受理调处矛盾纠纷 37 宗，调处成功率 100%；未发生一起群体性事件和集体越级上访事件。全年接警 694 起，调解各类纠纷 325 起；立刑事案件 46 宗，破 19 宗；查处治安案件 61 宗，侦破 16 宗；行政拘留 16 人，行政罚款 19 人，强制戒毒 6 人，刑事拘留 8 人，逮捕 7 人，收缴枪支 7 支，追回被盗摩托车 2 辆。

【计划生育】 全年出生 171 人，男女性别比 106，政策生育率 96.49%，人口自增率 9.69‰，人口出生率 13.28‰；完成免费孕前健康检查 70 例，完成“四术”22 例；征收社会抚养费 6.5 万元。

【卫生】 扶大卫生院有现职人员 23 人，其中执业医师 8 人，执业助理医师 5 人，执业护士 4 人，检验师 1 人，西药师 1 人。主要仪器设施有：B 超、心电图、血细胞分析仪、尿液分析仪、全自动生化分析仪、牙椅、红外线灯治疗仪、中频脉冲治疗仪、电子低频治疗仪。有住院病床 8 张。

【文化】 全年送戏下乡 8 次，服务群众 9800 多人次；配备电脑等一体化办公设备 12 套，抓好西林公祠农村文化俱乐部的建设，组织参加“粤青春”广场舞比赛活动等。

【教育】 梅县外国语学校　是一所集中、小学和幼儿园于一体的 5000 人（高中 1500 人、初中 1500 人、小学 1500 人、幼儿园 500 人）规模的高标准、现代化、有特色的公办外国语学校。位于梅县区新城西片区剑英大道旁，占地面积 26.67 公顷，建筑面积 11.75 万平方米，项目总投资 10.5

亿元（学校建设约 4.5 亿元，土地估价 6 亿元）。于 2014 年 3 月破土动工，2015 年 8 月基本建成、9 月开办。2016 年学校有 154 位教职员工（教师 134 人、教辅人员 18 人、校医 2 人），教师均为国家“211”工程院校全日制师范类毕业生或全日制师范类本科起点的全日制硕士研究生，教辅人员也为师范类全日制本科毕业生；学校四个部设 39 个教学班，学生 1537 人（2016 年幼儿园小一班 3 个班 89 人；小学一年级 8 个班 334 人、二年级 4 个班 170 人；初一级 6 个班 244 人、初二级 6 个班 223 人、初三级 4 个班 158 人；高一级 4 个班 159 人、高二级 4 个班 160 人）。

梅县区宪梓中学　是区直属初级中学，梅州市一级学校。学校位于梅县新城区，创办于 1969 年，原名为梅县扶大中学，1990 年起由原全国人大常委、金利来集团董事局主席曾宪梓博士先后捐资近 2000 万元重新兴建，并于 1993 年春更名为梅县宪梓中学。2014 年改为梅县区宪梓中学。学校占地面积约 10 万平方米，建筑面积 3.8 万平方米，校园绿化率 80%。2016 年，学校有教学班 71 个，学生 4085 人，教职工 332 人，其中中学高级教师 68 人，中学一级教师 138 人。2016 年高中考试入东山中学有 138 人；入曾宪梓中学有 200 人；入梅县高级中学有 474 人。

扶大宪梓中心小学　由原全国人大常委、香港金利来集团董事会主席曾宪梓博士捐资建设。学校占地面积 1.45 万平方米，生均占地面积 17 平方米；建筑面积 6750 平方米，生均建筑面积 7.9 平方米。2016 年，有教学班 27 个，学生 1618 人，教职工 86 人。学校按规范化学校标准配齐功能场室，是广东省规范化学校。设铁炉潭教学点 1 个，有一至四年级 6 个班，有学生 207 人，教师 16 人。

扶大宪梓中心幼儿园　由曾宪梓博士捐建的一所规划设计达标的全日制幼儿园。于 2009 年投资 150 多万元，对幼儿园进行全面改造装修。改建后通过“梅州市一级幼儿园”的评估验收，成为梅州市一级幼儿园。占地面积 2700 平方米，建筑面积 1400 平方米。2016 年，有教学班 7 个，有幼儿 342 人，有教职工 16 人。

【党的建设】　2016 年，有党支部 15 个，其中“两新”支部 5 个，有党员 634 人，新发展党员 4 人。依法依规完成高新区党委换届选举和区人大代表选举工作；推进“三严三实”教育活动，深化驻点直联工作，以“我要干，如何干”六字原则，强化干部责任心，抓好干部队伍建设。对征地拆迁、项目建设、村级财政等严格执行收支两条线的财经纪律，强化村账镇管。推进“智慧党建”，完善党务、政务、村务信息公开，实施书记项目带动整顿改进后进基层组织；通过驻点指导、活动宣传、经费支持等办法，扩大园区“两新”组织规模，推进“两新”组织建设，同时做好党费清缴工作。

（供稿：饶犇）

程　江　镇

【概述】　程江镇位于梅县区新县城，镇政府驻大新城步行街。东连新城办事处，西接扶大高新区和南口镇，南望梅州城区，北邻梅江区。自然资源有钴、煤、石灰石、矿泉水，其中煤炭储量丰富。是全国文明县城；广东省卫生镇、教育强镇、文明镇、生态镇；总面积 54 平方公里，其中：耕地面积 502.46 公顷，山地有林面积 3013.33 公顷。下辖 14 个行政村和 1 个居委会。2016 年，户籍人口 4.6 万人，常住人口 10 万多人。全镇实现农村社会总产值 11.01 亿元，同比增长 7.5%；村集体经济总收入 441.31 万元；完成工商税收 4.11 亿元，同比增长 12.8%；规模以上工业产值 1.6 亿元，工业产值 13.5 亿元；固定资产投资总额 14.2 亿元。年农民人均可支配收入 16491 元，同比增长 6.2%。

【农业】　全年农作物总播种面积 1060.6 公顷，其中水稻种植面积 601.6 公顷，总产量 4353 吨；

水果种植面积205.2公顷，总产量4933吨，其中柚子种植面积128.7公顷，总产量3000吨；蔬菜种植面积285.92公顷；生猪饲养量1.3万头，“三鸟”饲养量10.02万只；水产品总产量609吨。推进农村农业产业结构调整和发展方式转变，做大做强三大、城西片蔬菜、兰花等专业合作社组织，以“浒洲村葡萄园”等特色农业基地为示范，增强辐射带动能力，提高农村绿色经济发展的质量和效益，推动现代农业、观光农业、生态经济科学发展。注重提升农业生产条件，推广良种良法，加强农产品检测，确保粮食安全，促进农产品精深加工。

【工商企业】 2016年，招商引资引进项目6个，总投资额15.3亿元，其中亿元以上项目5个，竣工投产的有创亿谷企业孵化器发展有限公司、华景商业广场，加紧建设的有腾达御园、客通天下科技有限公司项目，工程收尾阶段的有豪生苑酒店公寓、毅景都房地产。2016年，新注册企业经营1181户，其中新增1家（全嘉福餐饮有限公司）限额以上餐饮企业；有新瑜胜制衣厂、梅州中燃公司、广东岭东医药有限公司规模以上企业3家；有泰鸿科技在新三板挂牌上市1家。

【圩镇与农村基础设施建设】 完成港湾式公交站点建设；配合新建公共自行车站点20多个；全面铺开原中央苏区农村超高速无线局域网应用试点建设；以扶贵村公共服务综合平台为示范，在全镇15个村（居）建设村级公共服务综合平台，13个村已建成平台大厅。投入4000多万元，完成人民南路、大新路、新贵街等市政道路柏油路的提升工程；投入80多万元，铺筑古塘、长滩等村道3公里；投入50多万元，进行辖区内5处共6公里乡村公路水毁修复；投入25万多元，安装城区路段安全隔离带；投入8万多元，进行辖区内危桥检测、限高栏建设；配合做好高速铁路、快速干线等重点建设项目的前期准备工作；抓好乡树园至梅州师范、梅州师范至金德宝“断头”路、信宝地块市政道路，大新东路单边路的建设。投入220万元，进行千斤水库灌区加固改造工程；投入160多万元，完成改造村级三面光圳道3000多米；投入110多万元，用于平原片城中村内涝安全排洪；投入250多万元，建设长滩电排站；推进村村通自来水工作，配合做好农村污水处理工程建设前期准备工作。

【环境保护与治理】 持续开展“绿满梅州”大行动，做好封山育林，残次林更新工作，完成长滩等村抚育碳汇林造林工程800公顷；实行分片分段“网格化”护林防火工作，投入83万元，加强辖区内58.6公里山林冬季护林防火带建设。全力管护森林资源，完善森林防火机制，严厉查处砍伐毁林的不法行为，不断加强扑火队伍建设管理和配强扑火设施设备，实行领导带班巡查制度，加大野外火源管理力度，从源头上预防山火的发生，确保林业生态安全。实施城乡环境综合治理工程，加大环境监督力度，抓好污染减排、大气污染防治，倡导绿色低碳生活方式。大气防治污染和饮用水源保护工作落实到位。对辖区内的2座砖厂、1座瓦厂进行搬迁关闭；加快推进梅江河引用水源保护区程江范围内排污口整治工作。

【土地保护与利用】 以服务新城建设为中心，落实征地拆迁工作职责，有序推进梅汕高铁、梅畲快速干线程江段、梅州城区新城水厂等重点民生项目，加快建设客都大桥、客都大桥连接线、剑英大道延长线、槐岗村国防主题公园、大沙儿童智力乐园等项目，整合征用土地80公顷、租用临时用地33.33公顷，拆迁房屋136座；解决好扶贵村华银公司用地遗留问题、大新东路单边路、车上村岑下政府储备用地征地拆迁等项目，拆迁面积4371平方米。落实镇村组三级联动的“网格化管理制度”，实行党政领导带队针对重点区域进行24小时巡查，全年巡查发现违法用地行为和违章建筑共97宗，发出《责令停止国土资源违法行为通知书》88份，依法拆除违章建筑30宗，拆除违建面积1.8万多平方米。

【民生】 落实低保、五保和医疗救助政策，并兑现到位；全年高龄津贴发放1091人，合计32.73万元；全年低保补助资金发放4696户11572人次，合计259.71万元，集中五保补助资金发放816人次，合计59.66万元，分散五保补助资金发放6255人次，合计137.2万元；全年合作医疗保险人员32903人，参保率99%。投入各类扶贫资金278.33万元，相对贫困人口人均可支配收入提高至3100元。

【综治维稳】 2016年，综治信访维稳中心共受理矛盾纠纷33宗，司法所调解各类民事纠纷112宗，调处成功率均100%，村综治信访维稳工作站受理矛盾纠纷121宗，解决120宗，没有一宗因调解不善而引发民转刑或转化为集体上访事件。实现平安创建全覆盖，建成小区有243个，聘请小区物业管理或业委会自主管理的有213个。受理群众报警案件3675起，其中立刑事案件337宗，破109宗，抓获嫌疑人162人，其中逮捕48人；受理治安案件221宗，查处197宗，行政拘留75人，社区戒毒58人，强制戒毒14人，捺印指纹175份，采集DNA数170份。

【计划生育】 全年出生703人，政策生育率96.30%，人口性别比103.77（正常范围103—107）。出生率15.45‰，人口自然增长率11.8‰，长效节育措施落实率72.34%，及时率67.02%。孕前优生健康检查任务240对，完成279对，完成116%。

【卫生】 严格执行新医改政策，强化卫生院公益性，实施国家基本药物制度，实行药品零差率销售；落实基本医疗制度，建立健全各项技术操作规范和常规；完善医疗安全制度，抓好医疗质量和医疗安全工作，建立医疗安全工作的长效机制，实行医疗质量和医疗安全责任追究制；落实国家基本公共卫生服务工作，卫生院和村卫生站组建“家庭医生式签约服务团队”，推进为居民提供家庭医生式服务；开展创建“基本医疗和基本公共卫生服务示范镇”活动，推进医疗保障、医疗服务、公共卫生，提升基层中医药服务能力的综合改革水平。全年，医疗门、急诊2.06万人次，业务总收入162.6万元。

【文化】 镇文化站的“电子公共阅览室”，方便群众上网学习、查阅资料等。周塘村“秋官第”创建“农村文化俱乐部”后，吸引周围群众到俱乐部开展文体活动，大塘村的吴氏公祠和浒洲村梁氏祖祠农村文化俱乐部基本建成，进入验收阶段。每村设立“农家书屋”，并配备文体协管员定时对外开放。建成健身队伍40多支，组织两支队伍参加区广场舞大赛，获得第一名和优秀奖；参加2016梅县区乡镇足球超级联赛，程江镇足球队获得冠军；结合各村农家书屋，开展以“我的书屋、我的梦”为主题的农村少年儿童活动；完善镇级公共电子阅览室，安装电子阅览室接收终端软件；下村放映电影168次；加强文物保护。

【教育】 梅县北大附属实验小学（梅县区程江镇中心小学）位于梅县区新城梅江河畔，是区级中心小学、省规范化学校，有83个教学班，有学生5351人；含两间完小（槐岗小学、发昌小学）和四个教学点（大塘小学、大和小学、新民小学、长滩小学）；全镇有学生6027人。

【党的建设】 2016年，全镇有党支部33个，有党员1876人，其中新发展党员15人。加强领导班子建设，完成镇党委和人大、政府领导班子换届选举；抓好村级组织建设，为每个村至少选拔2名村组后备干部，重点对浒洲、扶贵、大塘等4名村书记后备干部进行培训。整合镇村干部力量，建立镇、村两级联动机制，定期研判解决群众反映的问题。全镇走访群众1.27万户人，入户率、建档率均100%；投入资金200.8万元，解决群众诉求120件，化解矛盾纠纷96件。筹资投入88.4万多元，新建村级医疗卫生站、村级综合服务平台，全村圳道进行三面光改造、铺打三段水泥路、安装路灯30盏、新建垃圾中转站1个。

（供稿：廖文玲）

南口镇

【概述】 南口镇位于梅县区西南部，镇政府驻南口圩，距梅县区人民政府12.8公里。东与扶大为邻，西与石坑交界，南与水车毗连，北与大坪接壤。总面积262.5平方公里，其中山林面积1.86公顷、耕地面积2400公顷、城镇面积2.5平方公里。矿产资源主要有钴、锰、煤、石灰石、硅石、钨、钼、铁、金、稀土、高铝土、铀等。下辖46个行政村和3个居委会。2016年，总户数16235户，户籍人口70913人。全年，社会生产总值29.95亿元，同比增长7.6%；工业生产总值14.8亿元，同比增长10.4%；农业生产总值10.9亿元，同比增长11.2%；固定资产投入10.5亿元，同比增长23.5%；镇级财政收入1865万元；国地两税共完成5200万元；年农民人均可支配收入11320元。

【农业】 全年水稻种植面积3866.67公顷，总产2.7万吨；水果种植面积2400公顷，其中金柚种植面积1400公顷、脐橙种植面积366.67公顷；生猪饲养量2.5万头；“三鸟”饲养量18.4万只，水产品养殖面积466.67公顷。有农业龙头企业16家，其中省级3家（广东健神科技股份有限公司、广东徐梅农林发展有限公司、梅州生原现代农业有限公司）、市级6家（梅县莲泉酒液酿制有限公司、梅县南口镇嘉园蔬菜种植场、梅县南口镇荷泗洋坑种养场、梅州市东强农业科技发展有限公司、梅州市尚鸿农业有限公司、梅州市客乡乳业有限公司）、区级7家（梅县富裕源养鸡有限公司、梅县荣运农业发展有限公司、梅州市鹏嘉生态农业发展有限公司、梅县福田肥业有限公司、梅州市福昌来食品有限公司、梅州葵山农业发展有限公司、梅州征诚园林绿化有限公司），其中新发展区级农业龙头企业1家。有农业专业合作社41家，其中新发展农业专业合作社2家。有家庭农场14家。建立完善镇农产品质量安全监管站，固定检测室场所，完善检测设施，每月开展100个蔬菜质量安全风险监测及数据报送工作。开展基层农技推广体系建设项目，全年培训12次、750人次，现场指导3960人次；建立科技书屋1个，发放科技书籍300册。完成农村新能源项目沼气池建设20个。一村一品有：双桥火龙果、锦鸡砂糖橘、侨乡橘红茶、南龙阳桃、南虎佛手、车陂葡萄等。全年完成18个村的土地确权外业工作及公示。

【工商企业】 2016年，招商引资项目有4个，计划总投资8亿元，其中重点引进梅州金蔡光伏发电有限公司光伏电站落户南口。麓湖山文化产业园区、广东梅州烟叶复烤有限公司、梅县区毅嘉货物仓储有限公司、梅州莲泉酒业酿制有限公司、梅州市盛富金属制品有限公司等企业进一步完善和改进基础配套设施。

【圩镇与农村基础设施建设】 投入4884万元，治理30.2公里中小河流；投入630万元，加固改造瑶美水库、大径水库、禾仓石水库等3个水库灌区长11公里二期工程；投入1000万元，建设污水处理项目，完成一期498万元工程项目招标；通过立项申请财政拨款、乡贤捐资和群众自筹等方式筹集资金331万元，铺设水泥硬底化道路9公里；投入45万元，做好乡村公路养护工作。

【土地保护与利用】 2016年，发现和阻止高铁防控区域和农民未批先建占用耕地建房违法用地48宗。全年组织拆除违章建筑48宗。

【民生】 实现城乡居民社会养老保险全覆盖，城乡居民医疗保险参保率96.17%；足额发放生态林资金251万元；发放各类民政救助优抚资金1073万元，落实1690人优抚安置，做好209名五保户和1017户低保户的服务保障。办理失地农民养老保险两批次28.8万元；投入10多万元，规范化建设镇级公共服务中心；投入 60 多万元，建设 46 个村级公共服务站。开展精准扶贫精准脱贫工作，经过摸排、公示、申请、核实，符合帮扶对象 1301 户 3022 人，全面完善卡册薄资料，做到一户一卡、一村一册、一镇一簿。全年投入各类帮扶资金 2984 万元，实施帮扶项目 11 个。

【综治维稳】 全年受理各类纠纷 465 宗，其中村级调委会 402 宗，镇级调委会 63 宗，调解成功 457 宗，调解成功率 98%；加强社矫人员的监管和教育，未出现社矫人员重新犯罪行为；创建“无邪教村（居）”，没有发生因邪教问题影响社会稳定的重大事件；派出所全年受理治安案件 124 宗，查处 124 宗；刑事案件立案 43 宗，破案 26 宗。

【计划生育】 全年出生 913 人，人口自然增长率 5.25‰，男女性别 104；完成四术 103 例，人口出生率 12.64‰，计划生育率 96.71%。征收社会抚养费 22.96 万元。

【卫生】 南口镇中心卫生院建筑面积 1 万平方米，其中医疗业务用房面积 6319.4 平方米。医疗设备有自动血液生化分析仪、全自动血球计数仪、彩色 B 超、多功能麻醉呼吸机、心脏除颤起搏器、生命体征监护仪、DR 机、内部程控电话、发电机组、救护车等。有在编人员 96 人，其中高级职称 1 人、中级职称 18 人、全科医师 2 人、临聘人员 23 人、退休人员 40 人。医院设有内、外、妇儿、心血管、骨科、牙科、理疗、妇幼保健、计划免疫等科室。有输液观察室、相关辅助科室，住院病房配套完善。

【文化】 兴建锦湖、油坊、葵黄、竹香、侨乡（景星围）等村文化广场 5 个，有瑶上村丘氏祖祠、益昌村陈氏祖祠、侨乡村毅成公家塾、侨乡（景星围）等农村文化俱乐部 4 间，有农家书屋 46 个，有民间文艺队伍 21 支。

【教育】 全镇有中学 3 所、小学 3 所、教学点 3 个、公办幼儿园 3 间、民办幼儿园 5 间，有教职员工 598 人，有在校学生 4098 人，有在园幼儿 1217 人。

【党的建设】 2016 年，全镇有党支部 66 个，有党员 2949 人，其中新发展党员 23 人，培养入党对象 69 人。全镇有新经济组织党组织 6 个。开展镇领导干部驻点普遍直接联系群众互动，坚持四个固定（固定联系时间、固定联系地点、固定联系人员、固定联系方式），强化与群众联系。全镇成立了 49 个驻点团队，每周二到村走访接待群众。全镇共走（接）访群众 16850 户和 42610 人次，建立村（居）民档案 23117 户。全年共收集群众反映问题或意见建议 6560 条，解决民生问题 180 件，化解基层纠纷 265 宗。抓好 2 个后进村（南虎村、石陂村）整改工作，针对存在的突出问题，一村一策制订工作方案。

（供稿：吴睿峰）

畲江镇

【概述】 畲江镇位于梅县区南部，镇政府驻畲江镇红星村，距梅县区人民政府 42 公里。206 国道贯穿全镇，广梅汕铁路穿境而过，是汕梅、梅河高速公路交汇中心。东南与丰顺县相邻，西南与兴宁的水口镇为邻，东北部与水车镇交界，西北与兴宁的新圩镇接壤。辖区面积 175 平方公里。下辖 23 个行政村和 2 个居委会。2016 年有 13127 户、总人口 49070 人。矿产资源有钴、铀、瓷土和矿泉水资源等。全年实现镇工农业总产值 42.76 亿元，同比增长 13.1%；固定资产投入 36.92 亿元，同比增长 157.4%；村集体经济总收入 221.34 万元，同比增长 10%；实现税收 3289 万元，同比增长 6.6%，其中国税 2016 万元，地税 1273 万元，乡镇净收入 1144 万元；农村年人均可支配收入 17722.9 元，同比增长 15.1%。

【农业】 全镇水稻种植面积1986.7公顷，总产量1.37万吨，水果种植面积1373.3公顷，总产量3.16万吨，生猪饲养量1.18万头，“三鸟”饲养量10万只，水产养殖面积112.3公顷。有农业龙头企业7家，其中省级1家、市级1家、区级5家。有农民专业合作社35家。有家庭农场7家。全年蔬菜种植面积333公顷。在双螺村建立3.3公顷蔬菜种植基地，在成山村建立14公顷的粮食创高产基地，在官铺村建立8公顷的优质金柚示范园。梅州欧玛植物油有限公司、官铺隆兴豪实业有限公司花木场、连江黄塘水库然中园油茶种植基地、梅州市梅县区畲江镇新辉兰花种植场、梅州市梅县区畲江镇金运来兰花种植场。植树造林面积1000亩，提高绿化率。

【工商企业】 2016年，招商引资有4个，计划投资总额8.3亿元，已投入金额1.39亿元。分别是梅州瑞东厚珠宝首饰有限公司、梅州译新实业有限公司、梅州众创空间企业孵化器发展有限公司、梅州琉璃光电设备有限公司。较大规模企业有梅州市宏丰工艺有限公司、梅州市嘉兴工艺品有限公司、梅县嘉伟工艺制品厂、梅州市裔辉工业品有限公司、梅州市时达工艺有限公司、梅县好彩工艺厂、梅州市春风工艺品有限公司等。

【征地拆迁】 2016年，完成征地拆迁五项面积计60.27公顷。一是完成梅汕高铁畲江段38.2公顷的征地拆迁；二是完成梅畲快速干线17.6公顷的征地拆迁；三是完成杉里、咸和梅汕高铁和梅畲快速干线征地拆迁安置地征地4公顷；四是协助完成梅汕高铁、梅畲快速干线40公顷租地；五是完成黄竹沥和老圩电排站0.47公顷征地。

【圩镇与农村基础设施建设】 2016年，铺设水泥硬底化道路五条，计3.6公里，其是投入498万元用于村道水泥硬底化和美化亮化工程，重新铺设X023线畲江镇人民政府门口大道至凤凰山官铺公路硬底化1.5公里。重点规划建设畲江新圩商业中心和红星村新农村建设示范区，其中畲江新圩商业中心总规划面积280公顷，建成18栋4000多间门店。圩镇建筑面积扩展到2.8平方公里，常住人口2.5万多人，初步形成行政区、工艺区、商住区和文化活动区的中心镇。

【环境保护与治理】 悬挂横额、张贴标语、发放致农民朋友一封信等形式，累计发放各类宣传资料1万多份。加大对环境整治资金的投入，累计投入1703多万元，其中投入污水处理厂二期项目523万元、5个村的水利基础设施建设500多万元、投入300多万元用于购置垃圾桶1000余个和垃圾车30多辆，配备保洁员85名。推进两个高速路出口至圩镇沿线“六乱”整治，拆除乱搭乱建铁皮瓦24家约2200平方米、清理户外广告牌150多块、清理乱堆乱占公共绿地800多平方米、清运废旧轮胎垃圾等40余吨。将圩镇、农村垃圾收集转运进行市场化运营。

【民生】 全镇农村社会养老保险参保39175人，收缴金额587.63万元，参保率100%。全镇医疗补助总额2238万元。全镇全年新增就业岗位800人，下岗失业再就业15人，就业困难人员再就业8人，农村劳动力转移621人。全年调处成功化解劳务纠纷7宗，涉案211人，至年底，创建和谐劳动关系示范点17个、涉及职工489人。全年举办初级农艺技能培训班四期、283人次。全镇23个村2个居委会工作站实现场地、机构、经费、制度、工作、服务台账“六落实”。为全镇80—99岁的高龄老人共1199人发放高龄老人补贴35.97万元。为1637位80岁以上老人及60—79岁困难户投保老人意外险，还对7位百岁老人每月发放200元的长寿保健金及每年1200元的客家寿星奖。

【综治维稳】 一是打击防范“花篮托”电信诈骗，扫除“六合彩”赌博毒瘤，深入开展同“法轮功”邪教组织的斗争。二是开展省平安镇创建活动，投资58万元，建立圩镇平安视频监控系统。全年，全镇综治中心接访群众45场次，镇领导接访咨询 200 多人次，受理矛盾纠纷 61 宗，调解成功 59 宗，调解成功率 96%。村级工作站接待群众来访 127 批、250 多人，受理矛盾纠纷 123 宗，成功调处 85 宗。派出所接处警 978 起，其中立刑事案件 78 宗，破获 28 宗；立治安案件 38 宗，查处 38 宗；抓获处理各类违法犯罪人员 109 人，其中 行政拘留 36 人，行政罚款 48 人、刑事拘留 25 人、逮捕 13 人、抓获吸毒人员 23 人、强制戒毒 8 人。

【计划生育】 全年出生 726 人，其中政策内出生 704 人，政策外出生 22 人；人口出生率 12.66‰，政策生育率 96.97%，人口自然增长率 10.97‰。有已婚育龄妇女 10251 人，采取避孕节育措施 8382 人，综合节育率 81.77‰。落实享受“全国农村部分计划生育家庭奖励扶助”有 171 人，全年上报农村计划生育节育奖励 579 人、新增 8 人。

【文化】 畲江文化站站舍面积 1600 平方米，室外活动场地面积 6000 平方米，活动中心有图书馆、阅览室、综合培训室、少儿培训室、老人活动室、文艺创作室，文艺活动室、办公室等，并配备有文化活动器材一批，藏书有 1.6 万册。全镇 23 个村 2 个居委会均建立多功能文化活动室，订有报刊，并成立农家书屋。“畲江民间艺术团”和社区文艺队全年送戏下乡 20 多场次，播放电影 100 多场次。

【教育】 畲江镇有完全中学 1 所（梅县畲江中学）；九年制学校 1 所（梅县径义中学）；完全小学 2 所（畲江镇中心小学、韬奋学校）；小学教学点 5 所（太湖教学点、彰坑教学点、松林教学点、杉里教学点、韬奋分教学点）；幼儿园 7 所，其中公办 2 所（畲江镇中心幼儿园、径义镇中心幼儿园）、民办 5 所。

梅县区畲江中学　创办于 1905 年，原校名为“畲江三堡彬文公学”，创办者有刘清祥、刘云根、叶则愚等人。是市一级学校，占地面积 6.87 公顷，校园建筑面积 3.3 万平方米，有学生 1338 人，有教职工 170 人，其中有享受梅州市政府津贴专家 1 名、全国优秀工作者 2 名、“南粤山区优秀教师” 3 名、荣获“叶剑英基金优秀教师”奖 3 人、嘉应名师 4 名、高级教师 31 名。

梅县区径义中学　前身是 1966 年秋创办的径义林业中学，校址设在叶华村寮子岗。1968 年冬，由县政府拨款 5000 元，在径义村营盘岗建新校，更名为径义中学，1969 年增办高中，1979 年高中停办，为全日制初级中学。学校占地 2.33 万平方米，建筑面积 6546 平方米。2006 年径义镇中心小学并入中学，成为一所九年一贯制学校，现有学生 210 多人，现有教职工 30 人，其中本科学历 24 人，中学高级教师 5 人，中级职称的教师 16 人，梅州市名教师 2 人。

梅县区畲江镇中心小学　创建于 1928 年，坐落于畲江镇红星村，将原来的红光小学（官铺村）合并到中心小学，成为中心小学的新校区。校园占地面积 4.95 万平方米，建筑面积 2.04 万平方米。学生有 2378 人，专任教师有 116 人，中级职称有 68 人，专科学历有 48 人，本科学历有 68 人，教师学历达标率 100%。中心小学附设中心幼儿园（在原老校区），幼儿园开设大、中、小共 9 个班，有幼儿 350 多人。

【党的建设】 2016 年，全镇有党支部 35 个，有党员 1643 人，其中新发展党员 4 人。全镇接访群众 6527 人，走访群众 1.29 万人，建立村（居）民档案 9980 户，召开座谈会 596 场；群众反映问题或建议 1686 个，其中解决 1587 个。一是整合便民服务点、党代表工作室、驻村法律顾问等服务平台，完善为民代办服务工作机制。二是开展“两学一做”，完成补缴党费 42.71 万元。全镇有非公有制企业 29 家，党员 19 名，有党员的企业 9 家，已经组建党组织 2 个。有社会组织 5 家，有党员的有 1 家。三是优化班子整体架构，完成镇级换届。分别于 7 月底和 9 月底完成党委和人大、政府班子成员的换届选举。

【广东省工艺编织专业镇】 畲江是广东省确立的中心镇之一，也是梅州市重要的编织工艺生产出口基地，2005 年获广东省工艺编织专业镇的荣誉称号。编织工艺是畲江的主导产业，始于 1977 年，现有工艺企业 30 多家，其中拥有私营出口权的企业 21 家，工艺品种从最初单一的竹制品发展到现在的藤、竹、木、铁、丝制品等五大类八万多个样式，产品远销欧美、日本等世界各国。以畲江编织工艺为代表的梅州工艺品已发展成为广东省装饰品出口产值排名第三的产品，畲江工艺行业吸纳了梅县南部 2 万多名闲散劳动力在家从事编织业。

2002 年，在畲江组建“梅县工艺品行业协会”，旨在做好加强技术、人才、信息、项目的交流与合作，促进工艺行业做大做强。通过集聚式发展，以锦芳工艺有限公司、安吉工艺有限公司、宏丰工艺有限公司为代表的工艺龙头企业带动中小型企业发展。

随着 2008 年国际经济金融环境的急剧变化，对畲江的工艺编织出口行业造成一定的影响。镇党委、政府深入企业了解、调研实际情况，帮助企业妥善应对国际经济环境变化对畲江镇工艺行业的影响，一是引导企业加快产业结构优化升级，完善管理体制，改变家族式管理体制，引导企业大力引进专业人才，加强技术创新能力，提高现代化管理水平和科技信息交流，增强工艺产品的国际竞争力。二是推动“产学研”联合，加快科技成果转化。引导、支持企业与高等院校和科研机构建立长期稳定的合作关系，形成“产学研”联合。三是引导企业克服小富则安的小农意识，树立不进则退的发展理念，把畲江镇工艺企业的地缘优势、基础优势、人才优势、技术优势、品牌优势等，转化成发展优势。2008—2016 年间，在整体经济下行的不利形势下，畲江工艺产值仍实现年均 2 亿元，2016 年实现工艺产值 2.59 亿元（含园区）。

（供稿：林志明）

水　车　镇

【概述】 水车镇位于梅县区南部，镇政府驻水车圩，距梅县区人民政府 31.9 公里。梅江河自西南向东北穿流，将地域分成东西两部分，东南与径义和丰顺县建桥、丰良为邻，西南与畲江相连，东北与梅南交界，西北与荷泗和兴宁市径南、新圩接壤。总面积 123 平方公里。下辖 18 个行政村和 1 个居委会。2016 年有 5180 户，总人口 2.3 万人。全镇实现社会生产总值 6.32 亿元，同比增长 11.07%；工农业总产值 5.27 亿元，同比增长 12.37%，其中工业总产值 3.19 亿元，同比增长 15.6%，农业总产值 2.08 亿元，同比增长 7.8%；完成镇级税收 464 万元，同比增长 10.21%；完成固定资产投资 4.26 亿元。

【农业】 全镇有耕地面积约 1000 公顷，有山林面积 9400 公顷；全年种植蔬菜 800 公顷；水稻种植面积 733.33 公顷，产量 5139 吨；水果种植面积 1066.67 公顷，产量 2.2 万吨，其中金柚种植面积 591.27 公顷，产量 1.4 万吨；水产养殖面积 440 公顷，产量 5500 吨，产值 9000 万元；生猪饲养量 1.1 万头，“三鸟”饲养量 30.9 万只；有专业合作社 13 家。至年底，全镇农业总产值 2.08 亿元，同比增长 7.8%。

【工商企业】 全年招商引资项目 5 个，计划投资 2.5 亿元。培育梅州市利臻实业有限公司转为规模以上工业企业，发展梅州市达兴盛农业发展有限公司成为限额以上批发零售业企业。

【征地拆迁】 梅汕高速铁路征地面积 21.67 公顷、拆迁房屋 17 座，梅畲快速干线征地面积 58 公顷、拆迁房屋 26 座。

【圩镇与农村基础设施建设】 投入 445.8 万元

完善配套服务设施，分别投入 38 万元安装圩镇主要街道路灯，投入 20 多万元完善圩镇道路和排水设施，投资 30 多万元升级改造圩镇主街道道路，投资 103.8 万元招标建设将军山森林公园，投资 284 万元的水车镇污水处理厂完成可研、环评、设计和立项，已进入招标和采购程序。投入 900 多万元，完成礤下、水车、安美、安和、白沙、鹅峰、灯塔、石岭等村总长 26.5 公里农村公路硬底化建设；投入 21 万元，对全镇 60 多公里的道路进行养护、投入 18 万元，对道路标识标志进行更新。完成总投资 2200 多万元的小桑河流域综合治理工程；投入 2000 多万元，抓好先锋河、水声河、泮坑水、灯塔河、梧塘河的小流域综合治理；投入 108.8 万元，建设和维护坑尾、水车、鹅峰、泮坑、石岭三面光圳道。

【环境保护与治理】 投入 150 多万元，抓好环境卫生整治，其中投入 25 万元购置一批垃圾桶和 4 辆垃圾车；全年投入绿化资金 30 余万元，完成义务植树 1.1 万株，造碳汇林面积 153.8 公顷；投入 280 多万元，抓好泮坑村崩岗治理工程；投入 10 多万元，购置防火物资和器材设备。投入 48.7 万元，建设坑尾村活动广场、灯塔村文化健身广场、水车村老人活动中心、安和村农村文化俱乐部及安和村健身广场；白沙、水声、泮坑等 3 个村被评为省级卫生村，小桑、新湖、淮洞等 3 个村被评为市级卫生村。

【民生】 做好城乡居民医疗保险和农村社会养老保险缴费工作，城乡居民医疗保险参合率 98%，农村社会养老保险覆盖率 82%；发放优抚、社会救济救助、社会福利等资金 389.8 万元；完成农村危房改造 74 户，补助资金 136.9 万元；投入 15 万元，建设康园中心；投入 70 多万元，建设镇公共服务中心和村（居）公共服务站；为 100 多名白内障患者免费实施复明手术，为 300 多名农村妇女进行“两癌”免费筛查；全镇贫困户建档立卡 317 户 705 人，并筹集 222 万元，落实医疗救助保障、产业发展帮扶、技能培训等。

【综治维稳】 全年接待群众来信来访 40 件次，已办结 40 件，办结率 100%；排查出各类矛盾纠纷 93 起，成功调处 93 起，化解突出矛盾纠纷 9 起；没有发生重大群体性事件和重大安全生产责任事故。全年立刑事案件 9 宗，破获 5 宗；逮捕 3 人，抓获网上通缉在逃人员 1 人；立治安案件 26 宗，拘留违法人员 21 人；调处民事纠纷 39 起，移送和其他处理 83 起。

【计划生育】 全年，出生 281 人，出生率 11.51‰，政策生育率 94.61%。完成四术 33 例，长效措施落实率和及时率均为 68.75%。全年征收社会抚养费 18.5 万元

【卫生】 水车镇卫生院　有现职人员 37 人，其中执业医师 5 人、执业助理医师 9 人、执业护士 8 人。主要仪器设施有 B 超、心电图、血细胞分析仪、尿液分析仪、心电监护仪、胎心监测仪等。有住院病床 10 张。

【教育】 梅江中学　创办于 1939 年，首任校长温柏心是日本早稻田大学留学生，1952 年由私立学校改办为公办学校，并纳入国家教育计划。1960 年，梅江中学更名为水车中学，在“文化大革命”期间办了 3 年高中。1981 年，经梅县人民政府批准，学校复名为梅江中学，重新恢复校董会和校友会。由原董事长黄琪翔之夫人、原全国政协委员郭秀仪担任名誉董事长，全国政协常委、全国妇联副主席黄甘英担任董事长。校园占地面积 4 万平方米，建筑面积 9528 平方米，校园绿化率 72%。有教师 44 人，其中高级职称 7 人、中级职称 30 人，教师学历达标率 100%；设 7 个教学班，有学生 255 人。

水车镇中心小学　原名“铸英学校”，创办于 1923 年，由几间旧祠堂组成。2016 年，学校占地面积 5666 平方米，建筑面积 3419 平方米。有教职工 40 多人，设 13 个教学班，有学生 456 人。附设幼儿园 1 个，设大、中、小 3 个班，有幼儿 150 多人。

【党的建设】 全镇有党支部28个，有党员1034人，其中新发展党员9人。补缴党费16.35万元。举办各类型的培训班及学习讨论会67期。投入资金80多万元，整治石岭村和先锋村两个软弱涣散党支部，用于升级改造村级办公场所、维修路面桥墩、设立主要路口高清监控视频等。建立村（居）民档案5985本，定点接访群众1569人，入户走访群众5985户，全年投入76.5万元解决群众问题134个。

【梅县区水车生物谷】 按照《广东梅兴华丰产业集聚带总体规划（2015—2030）》的要求，水车镇被纳入“一轴五片区”的规划范围，其中水车片区13平方公里。镇党委政府主动落实“两大政策”和实施“乡贤回归投资兴业工程”，狠抓“三大抓手”和守住“两条底线”来完善基础建设“筑美巢”，推进招商引资“引金凤”。水车生物谷位于水车镇东部，辖6个行政村，规划总面积约13平方公里，项目建设用地约3平方公里，生态种植基地约1.3平方公里，首期计划投资20亿元。将依照生态优先的原则，重点发展医药研发、医药保健品生产、南药种植、科普实践以及配套仓储、商务及生活服务等功能，形成完善的大健康产品发展产业链。与广州富力集团和深圳海王集团签订合作协议，与远信集团广州柚子舍生物科技有限公司签订入园协议，与华泰基因、中大南药入驻洽谈。

（供稿：张足锐）

梅 南 镇

【概述】 梅南镇位于梅县区南部，镇政府驻新塘圩，距梅县区人民政府20.2公里。东面与丰顺县龙岗镇毗邻，西面与南口镇相连，南面与水车镇交界，北面与程江镇、梅江区长沙镇接壤。广梅汕铁路，国道206线，梅揭高速公路，在建汕梅高铁、梅畲快线穿境而过。总面积146.9平方公里。下辖16个行政村和1个居委会。2016年，总户数4120户，总人口1.6万人。全年，实现镇级税收2880万元；完成固定资产投资5.57亿元，同比增长179%；实现规模以上工业产值3.54亿元，同比增长2.9%；年农村居民人均可支配收入14627元。

【农业】 全镇水稻种植面积826.33公顷，产量5439吨；水果种植面积563.47公顷，产量7926吨；生猪出栏5500头，其中能繁母猪530头；水产产量821吨。开展土地确权和落实耕地地力保护补贴工作；新塘村优质金柚园被评为2016年度十大优质金柚园。

【工商企业】 全年引进新源兴混凝土、客都来红色养生谷和鼎丰纸业3家企业。全镇有企业93家、农贸市场1个、超市2家、个体工商户411户。

【征地拆迁】 汕梅高铁梅南段征地涉及轩内、轩中两个行政村，直线长度2.8公里（实际涉及征地长度4公里），第一次红线内征地面积约17.2公顷。梅畲快线梅南段征地拆迁涉及轩内、轩中、轩外、官径4个行政村，全长7.8公里，征地面积约56.67公顷，拆迁房屋24座。兴南新区建设是市重点项目预备项目，按照“六个一”要求和“宜居宜业宜游特色小镇”的功能定位，聘请华南创图设计有限公司，做好近26.67公顷城镇土地规划，安排城镇建设用地规模12公顷，已征地6.67公顷，其中安排用地指标5.2公顷；投入300万元，完成排水工程建设1公里；投入近3000万元完成土地平整。

【圩镇与农村基础设施建设】 投入200多万元，完成新农村公路水泥硬底化工程6.67公里，其中南坑村竹子排2公里、下村赤竹塘2公里、暗角1.5公里、龙岗村温屋岗0.27公里、顺里村来安楼0.1公里、北洞村公王下0.8公里；完成Y223线龙岗至九龙段、Y226线杨梅墩至顺里段路沟整修，建设会车道28处，埋设排水涵25处；投入18万元，修缮九龙嶂红军路；投入234万元，安装龙岗村至九龙嶂安全护栏13公里；投入4万元，对万福桥加装安全护栏；投入8.8万元，新建圩镇排水沟100多米；投入40万元，完成水美桥建设；整改梅长大桥安全隐患；完成上村联坡灌圳工程，完成村村通自来水工程征地，完成龙岗河治理工程，投入6万元新建水美村陂头1座。龙岗村和水美村美丽乡村建设规划由卓创乡建编制，完成《龙岗村乡村建设规划（初稿）》；南坑村由铁汉生态编制，其他13个村美丽乡村建设规划则由梅县嘉园编制，完成罗田上村和北洞村规划编制。抓好龙岗、水美、南坑、罗田上村、北洞和汕梅高速梅南出入口环境提升等示范点建设。完成高速路出入口提升工程勘测、设计、预算等工作，完成迁移电信、供电等线路，加快污水处理厂建设，加大投入购置垃圾清运设施，全面拆除圩镇铁皮瓦6200多平方米，完成圩镇部分商铺门口公共道路和巷道水泥硬底化建设1500平方米。

【民生】 实现社保全员覆盖，确保各类补助发放到位。做好辖区内低保户、五保户、残疾人等困难群体救助。完善卫生院建设并新建8个村级卫生站，有5个卫生站已建好或交付使用。推进"一门式一网式"政务服务体系建设，全镇17个村（居）建成公共管理服务站并全面启用。投入7.5万元升级改造高清视频会议系统。完成危房改造62户。全镇有贫困户388户、1111人，其中相对贫困户140户、450人，分散贫困户248户、661人；上级拨付扶贫专项资金426万元；2016年底，脱贫114户、175人。

【综治维稳】 镇维稳中心调处各类矛盾纠纷110宗，调处成功109宗，调处成功率99%。派出所受理治安案件23宗，查处22宗；立刑事案件5宗，破获4宗；受理民事纠纷30宗，调处成功30宗，调处成功率100%。

【计划生育】 全年出生193人，出生率11.62‰，自然增长率7.95‰，政策生育率96.89%。

【卫生】 创建"广东省卫生强镇"；做好基本医疗和基本公共卫生服务示范镇工作。梅南镇卫生院，位处圩镇，占地面积2600平方米，总建设面积2323平方米，设有病房8间、病床26张，年门诊病人4万多人次，住院病人3000多人日。

【教育】 梅南镇中心小学 坐落于梅南圩镇中心，创办于1914年。校区占地面积1.26万平方米，校舍面积4839平方米。有教职工53人，有学生472人。

梅南中学 占地面积4万平方米，建筑面积6000平方米。始创于1914年，有教职工40人，有学生138人。

【党的建设】 全镇有党支部27个，有党员795人，有预备党员4人，有女党员209人。35岁及以下的党员有163人，大专以上学历的党员有230人。有基层党组织27个，其中非公党组织2个。有入党申请人16人、积极分子31人、发展入党对象7人。

（供稿：何晶晶）

梅 西 镇

【概述】 梅西镇位于梅县区西北部，镇政府设龙虎圩，距梅县区人民政府51.4公里。邻界于梅县区、兴宁、平远。总面积92.7平方公里。下辖17个行政村和2个居委会。2016年总户数8702户，总人口30453人。2016年，实现农村社会总产值6.1亿元；实现财税收入3120万元，净收入784万元，同比增长3.3%；规模以上工业产值1.74亿元；固定资产投资2.59亿元，同比增长5.3%；年农民人均可支配收入14881元。

【农业】 全年粮食作物播种面积1620.2公顷，其中水稻种植面积1426.87公顷，产量1.01万吨；茶叶种植面积88.47公顷，产量82吨；水果种植面积1296.13公顷，产量3.38万吨；其中柑橘橙种植面积279.73公顷，产量7938吨，金柚种植面积581.33公顷，产量1.49万吨，李子种植面积119.27公顷，产量2630吨；生猪出栏2.56万头，“三鸟”出栏13.01万只，水产养殖面积136.53公顷，产量2027吨。有农业龙头企业9家，分别是广东客乡农牧发展有限公司、梅县三益农林发展有限公司、广东长荣林业发展有限公司、梅州市凤山茶业有限公司、梅州市清山生态农业发展有限公司、梅州市梅西水库金丰园农业发展有限公司、梅州雄盛农业发展有限公司、梅州市嘉应农业技术开发有限公司、梅州米子峰茶业有限公司；有专业合作社36家，有家庭农场62家。

【工商企业】 全年招商引资项目有3个：一是梅州市金步电器有限公司，发展金步液晶电视机，在槐岗租赁厂房试生产，待土地调规、征地手续完善后，再把厂房迁入梅西镇境内；二是梅州市振声混凝土有限公司，计划发展混凝土、预拌砂浆、预制构件、水泥混凝土砖等，完成土地平整、大型水泥罐机安装；三是广东丰年盛景有限公司发展光伏发电及蔬菜种植，完成租赁土地1.07公顷、进入项目规划、土地平整阶段。原有振声科技、广东四〇一厂、梅州市技腾科技有限公司、广东长荣林业发展有限公司、华润五丰农产品有限公司、广东嘉阳梅片树发展有限公司等企业。2016年，全镇规模以上工业产值1.74亿元。

【圩镇与农村基础设施建设】 投入280万元，完成丰田电排站建设；投入348万元，完善龙居、龙增、柱坑、崇化、丰田、车居等移民村的水利、道路、桥梁的建设；投入785万元，启动建设龙增河治理工程；投入185万元，建设罗墩、白面的电灌站。争取交通项目补助资金及“一事一议”政策约100多万元，分别完成罗墩村、宜塘村2.5公里的水泥硬底化工程；投入1000多万元，对梅西至石坑段X010线（梅西段4.5公里）进行升级改造，重新谋划圩镇发展区域，初步完成梅西镇总体规划和19个村（居）的村庄规划，争取龙虎圩镇建设用地指标1.87公顷、车子排圩镇建设用地指标2.13公顷，完成龙虎圩镇红线内征地1.06公顷，发放补偿款203万元，进入土地的招拍挂阶段；车子排完成红线内土地房屋丈量，面积约1.67公顷，发放补偿款125.36万元，进入规划测设阶段。

【环境保护与治理】 制定《梅西镇农村人居环境综合整治工作实施方案》，与广东志诚达再生能源物流有限公司合作，优化垃圾清理清运机制，创建车子排、三益、石篆、罗墩、石赖、崇化6个省卫生村。组织镇、村干部参与“绿满梅州”大行动，深入到山边路边河边开展义务植树造林活动，做好现有森林的管护。

【土地保护与利用】 与19个村集体经济组织签订耕地保护目标责任书共19份，各村与村域内的村民小组签订耕地保护目标责任书185份，涉及基本农田保护面积1369.66公顷，补贴金额71.9万元；建立土地动态巡查机制防控“两违三抢”，全年开展土地巡查执法300多人次，依法拆除占用水田建房的违法行为一宗；加强关闭矿井和非法开采稀土的监控管理，全年未发现有偷采偷挖行为；审批并上报农村个人申请宅基地建房30户，面积为2900平方米；农村集体土地登记发证40宗，办理设施农用地2宗。

【民生】 确认全镇精准扶贫贫困户249户636人，完成所有贫困村和贫困户脱贫三年规划及年度工作计划的制定和网上的录入工作，省财政支持资金（第一批）全部安排到位；为退伍军人发放优待金57.4万余元；为优抚对象、低保户、五保户发放保障金额374.5万余元；全年组织白内障筛查活动2次，为38位患者实施复明手术；城乡居民医疗参保25446人，参合率100%；全年为100户困难户进行危房改造；完成镇公共服务中心及19个村（居）的公共服务站建设。

【综治维稳】 开展“一村（居）一法律顾问”工作，全年处理矛盾纠纷27宗，调处27宗，调处成功率100%，没有发生民转刑案件和纠纷激化案件；立刑事案件5宗，破3宗；发生治安案件36宗，查处36宗，查处率100%。

【计划生育】 全年出生430人，政策生育率96.74%，人口出生率14.78‰，自然增长率9.11‰。落实四术58例。征收社会抚养费11.5万元。享受计生家庭奖励政策的有91人，梅州市节育奖励政策的有360人，有162对育龄夫妇参加孕前优生健康检查。

【卫生】 有梅西卫生院1间和村级卫生站17个。梅西镇卫生院现有职人数36人，其中执业医师8人，执业助理医师4人，执业护士8人；有住院病床30张；主要仪器设备有500毫安X光机、B超、心电图、血液分析仪、血球计数仪、尿液分析仪、救护车等。2016年，开展“卫生两基示范镇活动”，加强镇卫生院标准化建设，筹资850万元建造一座占地面积500平方米、楼高五层的卫生院综合大楼，已进入施工阶段。

【教育】 有中学一所（梅西中学），设教学班12人，有学生349人，有教师94人。有小学一所（梅西镇中心小学），设教学班19个，有学生502人，有教师55人。有幼儿园3间，在园幼儿299人，有幼师24人。通过广东省教育创强复评的验收；发动乡贤，争取慈善资金15万元及教育局拨款200多万元，建设镇中心小学图书馆，已完成前期设计、立项和报批程序；做好294名民办代课教师的身份及工作年限的认定。

【党的建设】 全镇有党支部25个，有党员1275人，其中新发展党员11人。注重村党组织书记和村干部后备人选的培养，2016年柱坑村培养1名支部委员后备人选和2名村干部后备干部；严格落实驻点联系制度，按照“五定五联五保障”要求，全镇实行网格化全覆盖管理，每周二到村驻点联系群众，全年共入户9279户次，建立、完善村民档案5863册；柱坑村被定为软弱涣散村党组织，成立整顿软弱涣散工作小组，严格按照“一村一策”要求，制定整改方案，通过召开座谈会、走访调研、征求意见等形式进行摸底调查底后，制订《梅西镇柱坑村软弱涣散党组织集中整顿工作实施方案》，建立《软弱涣散基层党组织整顿工作台账》，明确整顿目标、措施、时限和责任，有针对性地开展集中整顿工作。

（供稿：罗晓丹）

石坑镇

【概述】 石坑镇位于梅县区西北部，镇政府驻转水潭，距梅县区人民政府39.2公里。毗邻梅西、大坪、南口和兴宁市的石马、合水、黄陂、黄槐等7个乡镇。境内周高中低，多为丘陵。总面积87.2平方公里。下辖17个行政村和1个居委会。2016年，总户数5988户，人口2.68万多人。自然资源有铁矿等。2016年，实现镇级税收188万元；规模以上工业产值2807万元；固定资产投资3118万元；年农民人均可支配收入1.36万元。

【农业】 全年粮食作物播种面积1500公顷，其中水稻种植面积1020公顷，产量7477吨；茶叶种植面积166.7公顷；总柑橘种植面积152.9公顷；金柚种植面积416.3公顷，产量1.13万吨；李子种植面积342.4公顷；生猪饲养量3.35万头，“三鸟”饲养量16.3万只；水产养殖面积48.9公顷，产量552吨。2016年水稻高产创建示范区水稻每造平均亩产600公斤。做好全镇蔬菜农药残留的检测工作，2016年，全年完成3000个样品检测，超标数为0个，超标率为0%。全镇有合作社34家、家庭农场10间。

【工商企业】 2016年，全年招商引资项目有9个，分别是恒泰花园、天草电商、志诚达再生能源物流有限公司、绿林农林有限公司、梅州市盛富金属制品有限公司、梅州市梅县区美创家具经营部、梅州市梅县区梅花山商务酒店、梅州市醉鹅世家餐饮管理有限公司和梅州市诚泰发展有限公司等。原有企业9家，分别是梅州市振声矿业有限公司、梅县昌泰发展有限公司、梅县石坑客乡酿酒有限公司、石坑礤洋径水电站、石坑礤洋径电站樟树坑分站、梅县诚泰实业发展有限公司、梅县石坑沙坑口选矿场、梅县石坑屠宰场、泰亿手袋加工厂。实现全镇规模以上工业产值2807万元。

【圩镇与农村基础设施建设】 2016年，为七朱村和岭村村道、礤岭村村道、桥梁及健身广场建设申请村级公益事业一事一议财政奖补资金48万元，并完成梅县区农业局和财政局对该项目的验收。铺设礤岭村东方至上丰水水泥村道0.7公里、澄上中心塘0.5公里、上新至上新塘0.3公里、阜山村道1公里、张屋至栋背塘0.5公里。X010线镇府门口至铁山桥道路改造工程施工中。

【环境保护与治理】 石坑镇集中式饮用水源保护区项目建设工程于2016年2月20日开工建设，同年5月底全面竣工。保护区位于石坑镇礤岭村，陆域保护范围是以取水井为中心，半径50米的圆形区域。以取水井为中心，整治800米长排水洪沟和半径50米内的农户排污设施。树立醒目的标志牌，成立工作小组，派专管人员进行巡逻查看，防止破坏水源地的情况发生，保证村民的饮用水安全。成立22人的护林队，专职护林员4人，负责全镇全天候森林防护，并投入600多万元建设镇级森林公园，部分已验收。

【土地保护与利用】 2016年，发放2015年度基本农田省级补贴资金38.49万元，涉及基本农田面积855.38公顷。镇实行分工负责制，对群众用地建房问题，对照政策和上级下发文件与其解释清楚。全年受理群众来信5封、来访14批，制止违法用地5宗。

【民生】 全镇参加新型农村合作医疗2.2万多人，覆盖率100%，参合金额267万元。农村社会养老保险参保率100%。有重点优抚对象103人、老年退役士兵47人，每月定期发放抚恤定补金7.81万元。帮助9位家庭困难优抚对象申请临时救助金2857元。准时发放2015年度退役士兵安置费13人次共37.04万元。“八一”前夕，区民政局组织巡回医疗队，到石坑镇开展全市“关爱功臣”送医送药活动，全镇有80多名重点优抚对象参加。

【综治维稳】 2016年，镇党委、政府分别与各单位和18个村（居）支部书记、主任签订社会管理综合治理责任书，实行社会治安一票否决。采用广播、标语、横额、宣传栏、发放宣传品等多种形式宣传，发放宣传品1.7万余份，张贴宣传标语1800多张，悬挂横额50多条，出宣传专栏11期。坚持法治宣传与法治实践相结合，到各村、中小学、圩镇市场进行挂图讲解，全年接访群众113人次，办结信访案件11宗，全年调处各类型纠纷75宗（其中村级工作站共调处各类型纠纷72宗，成功72宗；镇综治信访维稳中心受理3宗，调处成功3宗。），调解成功率100%，无因调处不力而民转刑和纠纷上访案件的发生。全年立刑事案件6宗，破4宗；受理治安案件15起，查处14起。结合“七五”普法规划，中小学校配备法制副校长，开设法制、德育课程，到中小学校上法制课2场次，受教育800多人次。

【计划生育】 户籍人口全年出生343人，性别比106.63，其中一孩162人、二孩172人、三孩及以上9人，人口出生率12.69‰，政策生育率96.50%；常住人口全年总出生215人，性别比106.73，其中一孩113人、二孩98人、三孩及以上4人，人口出生率11.88‰，政策生育率96.28%；全年流出人口约有4600人，其中育龄妇女约有2100人。

【卫生】　石坑镇卫生院有现职干部职工 31 人，其中医生 11 人、护士 8 人、药剂 6 人、防疫 3 人，工勤人员 3 人，另新招聘 7 人、退休 2 人。开设病床 20 张；全年门诊 2.83 万人次，全年住院 28 人；全年医技检查 3248 人次，其中 B 超 239 人次，阳性率 58%；心电图 98 人次，阳性率 55%；X 光 189 人次，阳性率 49%；化验 2722 人次，阳性率 52%。全镇设村卫生站 15 个，有乡医 16 人（其中具有执业助理医师资格以上 3 人），保健员 13 人。

【教育】　2016 年，全镇有独立初中 1 所，完全小学 1 所，小学教学点 1 个，幼儿园 2 所，成人文化技术学校 1 所。全镇有在读幼儿 422 人、小学生 600 人、初中生 234 人，教职工有 102 人。石坑中学创办于 1970 年秋，是一所农村寄宿初级中学；校园占地面积 2.57 万平方米，校园建筑面积 1.2 万平方米，绿化面积 8100 平方米。石坑镇中心小学创办于 1938 年，前身为洪秀全纪念学校。石坑镇中心幼儿园创办于 1990 年，占地面积 1995 平方米。2011 年 9 月，被评为梅州市一级幼儿园。

【党的建设】　2016 年，全镇有党支部 25 个，有党员 1078 人，其中 35 岁以下党员 301 人、占比 28%，36 岁至 45 岁党员 171 人、占比 16%，46 岁至 60 岁党员 271 人、占比 25%，61 岁以上党员有 335 人、占比 31 %，大专及以上学历党员 325 名、占比 30%。对软弱涣散村，安排党委班子中能力较强的成员挂村，并配备村书记后备人选。以“主动适应新常态，真抓实干促发展，建设美丽幸福石坑”的思路，贯彻落实上级有关加快振兴发展工作会议精神，解决群众反映强烈的民生问题，以党建服务中心工作。

（供稿：洪玲凤）

大坪镇

【概述】　大坪镇位于梅县区西北部，镇政府驻大坪圩，距梅县区人民政府 30.5 公里。南邻南口镇，北接平远县长田镇，东通梅江区城北镇，西靠梅西水库管理局。总面积 76.7 平方公里。辖 12 个行政村和 1 个居委会。2016 年总户数 5723 户，总人口 21275 人。206 国道、县道 X020 线贯穿境内。2016 年，全镇农村社会生产总值 4.48 亿元；固定资产投资 5986 万元，同比增长 32.2%；实现税收 194 万元；乡镇净收入 75.8 万元，同比增长 41.95%；农村年人均可支配收入 15291 元。

【农业】　全年水稻种植面积 836 公顷，产量 5932 吨；水果种植面积 1153 公顷，产量 2.56 万吨，其中金柚种植面积 617 公顷，产量 1.28 万吨；水产产量 928 吨；生猪出栏 2.45 万头，“三鸟”出栏 1.76 万只。镇农业服务中心发挥“科技兴农”作用，健全农科技术推广网络，推广普及良种良法，开展科技培训和技术咨询服务，办好科普示范基地，促进农业结构调整进程。2016 年，粮食创高产示范区守台村示范点面积 40 公顷，大坪镇被评为“梅县区粮食高产创建活动先进镇”。推进农村土地承包经营权确权登记颁证工作，发展培育农村品牌单位 3 家，新评定区级示范性农业合作社 2 家，坪畲村李汉泉果园被评为梅县区十大优质金柚园。

【工商企业】　全年招商引资项目有 3 个，一是成立梅州市荣利隆科技有限公司，在汤湖村建设开发现代休闲农业园项目，预计投资 6000 万元用于开发旅游、农业加工等相关项目；二是利用原水泥厂的闲置厂房，引进源丰木业有限公司进驻；三是与乡贤成立的合兴房地产开发有限公司签订项目转移协议。位于大坪镇守台村的梅雁吉祥产业园是以建设光电产业为基础、以新材料新工艺为导向的高新技术产业园，计划总投资5亿元、规划工业用地面积52公顷，至2016年底已投入1.75亿元，已完成基础设施建设。入驻企业有5家，分别有TFT液晶显示器有限公司、星泰环保股份有限公司、大江畔酒店食品有限公司、梅州市亮如昼科技有限公司等。

【圩镇与农村基础设施建设】 投入100多万元，用于圩镇老街道的改造挖补和圩镇消防公共设施和亮化及排污工程。计划投资3300万元，建设占地面积1.07公顷的商住小区1个、打造特色商业街1条、新建农副产品交易市场1个、占地面积100.13公顷森林公园1个，并完善宜居休闲公园等一批公共基础设施和垃圾收运设施。投入371万元，铺筑大坪、清连、秀湖、雷甘、三台、汤湖等6个村10.6公里道路水泥硬底化。投入107万元，用于水利设施的建设和维护。投入23万元，建设平中村梯子炭水库灌区改造工程。投入530万元，建设程江河大坪段中小河流治理工程。基本完成省重点项目梅平高速公路征地28.67公顷及房屋16户11座房屋的征拆工作。做好市重点项目22万伏高压线路架设工程，镇辖区内铁塔建设有29座，其中完成24座铁塔的征地和基础建设工作。

【环境保护与治理】 开展创建国家环境保护模范城市工作，围绕从源头抓起，从基础抓起，严格控制，重点治理，加强集中式饮用水源地污染防治，确保饮用水安全。全年投入380多万元用于农村生活垃圾综合整治，投入150万元打造上和、大坪人居环境示范村2个，新建一座面积1公顷的大坪人居休闲公园和大坪圳上、新屋、上和上嶂人居示范点3个。加强生态功能区划管控，严守生态红线，加强固体废物、重金属、危险废物污染防治，完善企业环境应急预案，实现预案动态管理。

【土地保护与利用】 耕地保有量保持动态平衡，按时、按质、按量高标准完成基本农田保护工作；对镇域内矿产资源进行经常性巡查，防控“两违三抢”，确保无非法开采行为；全面排查地质灾害隐患，做好削坡建房户管理，摸查全镇削坡建房户788户，重点户75户，并建立完善的管理台账。

【民生】 全镇城乡居民基本医疗保险参保16338人，参保率99%。落实惠民政策，低保、五保资金足额发放到位。筹集资金10多万元资助31个贫困学生上大学。完善镇级政务服务中心基础设施建设，全面推行网上办事业务，5个办证窗口均配有专职人员，全年办证400多宗。投入47万多元用于村（居）公共服务平台建设，实行村居干部坐班制。精准识别贫困户212户505人，第一批精准脱贫资金117万元已统筹安排到各村，落实各类种苗、肥料、饲料等扶贫物资，至年底，实现36.44%相对贫困人口脱贫。开展农村危房改造工程，完成年底20户危房改造，并做好资料完善和录入。

【综治维稳】 坚持社会治安综合治理委员会制度，各村（居）成立并健全治保队，并签订《大坪镇2015—2017年维护稳定及社会治安综合治理目标管理责任书》。做好普法宣传、平安创建、精神病患者排查和社区戒毒及反邪教宣传工作，已申报守台村为“全国无邪教示范村”。全年受理群众矛盾纠纷97宗，成功调处97宗，成功率100%；全年立刑事案件8宗，破获5宗；发生治安事件20宗，查处 20宗。

【计划生育】 全年出生244人，出生性别比100:106.78，政策外多孩率0.41%，计划生育率96.72%，人口出生率12.24‰，自然增长率6.77‰。征收社会抚养费17.5万元。

【卫生】 推进卫生强镇创建工作，投入162万元对卫生院科室设置改造和宣传文化建设，9个村新建或改造了标准的卫生站，并通过了区检查“两基”组的达标镇验收，正报市验收。大坪村、三台村被授予“省卫生村”称号，汤湖村、秀湖村被授予“市卫生村”称号。推进疾病防控工作，全年无重大疾病事件发生。

【教育】 有幼儿园2所（大坪镇中心幼儿园、广博幼儿园），有在园幼儿195人，有幼师14人；有小学1所（大坪镇中心小学），有学生322人，有教师44人；有中学1所（程风中学），有学生164人，有教师45人。

【党的建设】 2016年，全镇有党支部22个，有党员956人，其中新发展党员9人。落实《关于新形势下党内政治生活的若干准则》《中国共产党党内监督条例》，增强全面从严治党的责任感紧迫感，树立“四个意识”，落实“两个责任”，开展党的群众路线教育实践活动和“三严三实”专题教育及“两学一做”学习教育；做好党委政府换届工作，严肃换届纪律，确保风清气正；做好基层党组织建设，抓好党员发展工作，并建立和完善党费收缴的管理制度。

（供稿：梁雅琳）

城 东 镇

【概述】 城东镇位于梅州城郊，镇政府驻竹洋，距梅县区人民政府17.6公里。东邻丙村，西连石扇、城北，南与东郊、西阳交界，北与白渡和蕉岭县新铺接壤。辖区面积79.3平方公里，圩镇面积1.2平方公里。下辖12个行政村和1个居委会。2016年总户数4195户，总人口22529人。矿产资源有煤、锰、铜、铅、锌、石灰石、建筑石和黏土等。广东省（机电）技术创新专业镇。全镇规模以上工业总产值17.8亿元，同比增长10.29%；完成固定资产投资2.55亿元，同比增长51.79%；完成工商财税1.5亿元，同比增长26.1%，其中国税完成1.26亿元，地税完成2400万元；实现镇级财政收入4557万元，同比增长20.68%；农村年人均可支配收入16856元。

【农业】 全年水稻种植面积1036.8公顷，产量7361吨；水果种植面积1467.8公顷，其中沙田柚种植面积726.47公顷。水产养殖面积173.3公顷。培育“互联网+现代农业”模式，依托木子金柚建立惠农信息社和镇级电商示范服务站，加快实现“工业品下乡”和“农产品进城”双向流通；木子金柚获评“中国农产品好品牌500强”、梅州市农村电子商务示范企业。推动全市第一家小龙虾和稻米混养大型实验基地发展，已种植稻米、养殖小龙虾试验田7公顷。支持新围龙葡萄园扩大名优品种种植规模。在葵下打造53.33公顷早晚稻示范点。建立农业科技示范村9个。申请5个村级“一事一议”项目奖补资金51万元。

【工商企业】 全年引进项目2个、计划投资额5.5亿元，分别是东南房地产公司投资4亿元的房地产项目和庆达实业投资1.5亿元的二期项目。2016年，BPW车轴六期项目已投产，实现增加产值1亿元、增加税收800万元；庆达二期项目3.05公顷土地已摘牌，投入7000多万元建设厂房主体。全镇有私营企业238户，个体户1014户，其中私营企业新增36户，个体新增143户；有商店463户，新增48户；酒店2家；餐饮服务152户，新增31户；旅游业5家。

【圩镇与农村基础设施建设】 投入297.6万元，完成10个村、10.5公里村道硬底化和路面拓宽工程。预计投入1700多万元，建设兼备森林消防应急通道和潮塘旅游项目景区道路功能的4.67公里潮塘公路。投入56.57万元，对12.5公里路段实施亮化工程。筹资30多万元，对圩镇因涵洞塌陷造成路面严重积水的路段进行全面维修和疏通。投入165.2万元，加快完善灌区改造、水库除险加固、水毁灾毁农田水利工程建设等。做好自来水村村通工程勘察工作。

【环境保护与治理】 投入131.88万元，做好

13个村（居）农村城乡人居环境综合整治，突出抓好农村生活垃圾整治、圩镇建成区和重点地域（河道）环境整治、国道和省道沿线卫生整治和美化绿化建设。完成书坑、谢田省级卫生村和竹洋、石下、潮塘市级卫生村建设，配合城市规划区范围内开展黏土砖（瓦）厂污染问题专项整治工作，依法取缔书坑、石月机砖厂。

【土地保护与利用】 加强对农村农民建房的监管，引导群众依法依规建房。完善镇“两违”防控网格化管理责任，加强“两违三抢”防控，特别是东环高速和城东段监管，及时发现、制止和查处违抢行为，全年依法拆除违章建筑13宗2800多平方米。

【民生】 全镇有16828人参加城乡医保，全年经镇送区医保中心报销人数81人。有低保278户、591人，发放补助金138万元；有五保40人，发放救助金34.37万元。为160名在册优抚人员发放77.32万元。为774名80周岁以上老人发放高龄津贴23.22万元。全年农村劳动力技能培训118人；利用科技信息帮助各村富余劳动力参加应聘55人。做好全镇2个省级重点贫困村和其余10个分散贫困村共231户（535人）贫困户精准扶贫、精准脱贫工作。

【综治维稳】 做好G20杭州峰会、第二届对非投资论坛、十八届六中全会、市区镇换届选举期间维稳工作。投入80多万元，完成6个村平安视频建设，在主要路口安装“天眼”，镇村共有100个视频监控摄像头实现全天候监控。健全“大调解”机制和矛盾纠纷排查制度，受理批转各类矛盾纠纷16宗，解决15宗。为群众提供法律咨询80多人次。全年立刑事案件19宗，查处治安案件61宗。

【计划生育】 全年出生267人，其中一孩118人，二孩131人，多孩18人，出生率11.91‰，政策生育率97%，自增率6.91‰。长效节育措施落实率67.37%，及时率65.38%。依法征收社抚费8例共9.68万元。

【卫生】 镇卫生院现职人员有33人，其中主治医师2人，执业医师5人、执业助理医师9人、执业护士8人、药剂士3人、药剂师1人、其他4人，检验师1人。主要仪器设施有B超、心电图、血细胞分析仪、尿液分析仪、心电监护仪、胎心监测仪，X光机等，有住院病床8张。

【文化】 2016年，通过省、市对城东镇创建“广东省教育强镇”复评验收。文化部门组建11支业余文艺队伍，全年送戏下乡12场次、播放电影224场；做好原民办代课教师登记调查工作；投入5万多元，维修“春晖楼”。

【教育】 2016年，有初级中学1所（广益中学）、小学1所（城东镇中心小学）、幼儿园3所（公办的城东镇中心幼儿园和民办的金盘幼儿园、宝宝幼儿园）。全镇有教职工233人，有中学生523人、小学生432人，有在园幼儿565人。

【党的建设】 2016年，全镇有党委1个、村（居）党支部13个、机关企事业单位党支部11个、“两新”组织党支部3个。有党员1164人，其中新发展党员9人。投入112万多元，完成谢田、石下两个软弱涣散村党组织的整顿工作；通过抓好村“两委”班子和后备干部建设，统筹办好村道绿化亮化、建设平安视频、完善水利设施等。开展驻点联系群众工作为载体，解决联系服务群众“最后一公里”问题，全年收集各级班子建设、发展经济、民生实事、信访维稳四类意见建议126条，化解矛盾80多宗。开展“三严三实”“两学一做”活动，加强对党员领导干部的党性教育，提高党员干部履职能力。实施创新完善农村基层党组织设置、智慧党建平台建设、党代会年会制三大试点工作，致力将“三试点”打造为“三亮点”，加强镇、村党组织建设，提高镇、村干部执行力。

【城东白渡产业园】 2016年，全镇规模以上工业企业9家，新增规模以上工业企业1家，规上工业总产值16.14亿元。该镇重点培育工业企业"上规模"主要采取三大措施：一是由主要领导亲自部署、分管领导具体抓落实、业务部门重点跟踪服务，随时掌握培育企业的最新生产发展情况、面临的困难和诉求，并及时反馈，在每月镇党政联席会议上提出研究和制定帮扶对策。二是充分调动各种力量和资源，为培育企业创造良好的发展条件，实行党政领导挂点服务企业制度，班子成员每人挂点联系一个以上重点企业，深入企业开展"暖企行动"，根据实际情况采取"一企一策"的重点帮扶方法，同时向企业加大宣传"上规模"的政策和优势，如技改资金扶持、政银保、助保贷等资金扶持政策等，应享尽享，服务好企业发展。三是镇经济发展办认真指导、监督拟"上规模"企业的生产经营和财务管理，及时跟进重点培育企业的发展情况，发现问题，及时处理；统计部门从行业的角度，加强对企业数据填报的指导，确保统计数据能真实地反应企业的生产和销售情况；各相关职能部门协助开展培育工作，提供申报指导和服务，为企业解决生产经营过程中遇到的问题和困难，引导企业增资扩产、帮助企业拓宽销售渠道、提高企业的积极主动性、促使企业健康快速发展。

【广东省机电专业镇】 全镇现有机电企业28家，包括20家机电制造、4家机电销售、4家机电物流配送。其中，BPW（梅州）车轴有限公司和广东永利机械设备有限公司被认定为"广东省高新技术企业"；有机电下游机电维修个体企业100多家和相关服务业20多家，产业链初步形成，形成了"绿色经济工业走廊"。按照"组织机构规范化、队伍建设专业化"的要求，该镇进一步健全专业镇建设工作领导小组，负责制定并组织实施发展规划，切实加强对开展专业镇各项工作的统一领导和组织协调。2016年，根据该镇机电产业的现实状况和发展趋势，进一步完善机电产业生态发展规划，引导传统机电企业通过加大新品开发力度和绿色投入，提高产品的技术含量和附加值。通过建立科技经费管理制度，强化对科技经费投入的统筹协调，提高资金使用效益。该镇机电企业积极开展产学研合作，与华南理工大学、武汉理工大学和广东工业大学等多家高校签订了合作协议，建立起良好的产学研合作关系，进行材料配方、生产技术和机构设计等方面的合作研究。加强与嘉应学院的联系，致力于机电产业技术创新公共服务平台的建设，着力解决关键共性技术问题，为企业提供信息交流、咨询诊断及相关的技术服务。

（供稿：李依薇）

石扇镇

【概述】 石扇镇位于梅县区北部，镇政府驻中和圩，距梅县区人民政府27.8公里。东界城东镇，西邻平远县长田、热水，南连梅江区城北，北接蕉岭县新铺、徐溪。总面积91.4平方公里。下辖12个行政村和1个居委会。2016年，总户数5785户，总人口21630人。全年实现农村经济总收入9.86亿元，同比增长9.5%；完成规上工业总产值1.8亿元，同比增长5%；完成固定资产投资总额8072万元，同比增长146%；完成限上批零销售总额1163万元，同比增长33.7%；完成税收801万元，同比增长36%；年农民人均可支配收入16750元。

【农业】 全年粮食种植面积1733.33公顷，产量1.2万吨。全镇金柚种植面积1333.33公顷，产量5.6万吨，产值3亿多元，其中农电商销售总额5000万元。新增市、县级农业龙头企业各1家；梅龙柚果股份有限公司投入4950万元，兴建梅龙柚果产业发展中心，对柚果进行精深加工，有效延伸金柚产业链。全镇现有林地面积6600公顷，其中生态公益林近3600公顷，新增镇级森林公园1个。完成农村土地确权任务，全面铺开农业“三项补贴”改革工作。

【工商企业】 2016年，招商引资有嘉应灵芝、广拓建材等3家企业，总投资1.5亿元。全年新增规模以上工业企业1家，限额以上批发和零售企业1家；加快发展文化旅游、电商物流等现代服务业，全年新增农电商推广站2家，快递物流网点7家，农家乐8家。

【圩镇与农村基础设施建设】 投入3220万元，实施中小河流治理项目，治理河道17.9公里；投入500多万元，实施巴庄、加庄等村农综项目；投入520万元，实施中和、新东等村小型农田水利工程；投入1500多万元，古梅陂灌区、巴庄灌区、红南灌区等9个灌区实施升级改造；投入200多万元，治理水土流失和建设移民基础设施；投入400多万元，实施县乡道路绿化亮化和扩建工程；投入200多万元，实施X019县道生命防护栏工程，增设沿线候车厅。

【环境保护和治理】 按照“以块为主，条块结合”的原则，成立镇人居环境综合整治工作领导小组及五个专项工作组，镇村两级120多名干部成立13个整治工作小组，专门制发人居环境整治工作实施、考核和交互检查方案以及相关考核测评细则，制定“生态柚园”联创暨农业面源污染治理实施、督查和考核方案，全面推行“户收集、村集中、镇分类、区处理”农村垃圾收运处理模式。坚持以点带面、点线面结合，抓好圩镇建成区“六乱”行为、农村“脏乱差”问题和农业面源污染整治以及村庄绿化美化亮化建设，发挥“三会”作用（村民理事会、石扇商会、金柚协会），聚焦“三园”建设（乡村小公园、生态柚园、洁净幸福家园），实现农村“四化”（道路硬底化、村庄美化亮化、村庄净化、农村现代化）。全年投入6500万元，用于人居环境综合整治，配备专职保洁员30名。全年新增省级卫生村5个、市级卫生村2个、美丽乡村示范村2个、镇级森林公园1个、农村文化俱乐部1个和市级文物保护单位1个。

【民生】 强化创业就业服务保障和农村住房保障，实施农村危、旧房改造和棚户区改造工程，全年受理私人建房69户、老屋确权登记发证9户，完成93户农村危房改造、棚户区改造项目1个，已有2户群众搬进新居；医疗保险实现全覆盖，城乡居民医疗保险费用报销全部实现社会化发放；投入200多万元，改建镇卫生院和12个村卫生所，完成规划设计环评；投入40万元，升级改造镇村两级13个公共服务中心（站），基本实现一般事项“一站式”办理；全年组织农村劳动力培训2次280人次；“扶助特困学生上大学”等扶贫助困活动6场（次）；实施精准扶贫、精准脱贫，全年脱贫159户223人，完成脱贫任务的34.2%。

【综治维稳】 全面排查化解农村矛盾纠纷，全年受理办结信访件21宗，成功调处农村矛盾纠纷143宗；全面普及一村（居）一律师和镇村干部驻村包片“网格化”服务管理，建立护村护林队，投入100多万元，加装平安视频，实现社会治安实时监控全覆盖；全年查办治安和刑事案件30宗。

【计划生育】 全年出生270人，其中二孩121人，占比44.8%，出生率11.86‰，计划生育率97.78%，人口自然增长率7.68‰；落实四术42例。征收社会抚养费14.7万元。

【卫生】 全镇有中心卫生院1家，有各类医务人员30名，有床位20个。推进“基本医疗和基本公共卫生服务示范镇”创建活动，计划投入1000多万元，改建镇卫生院和12个村卫生所，其中2016年完成投资200多万元。

【体育】 全镇有足球场3个，其中新增标准7人足球场1个；有室内运动场馆1个；有篮球场5个；全镇13个村（居委）均建有文体休闲广场。

先后组织篮球赛、足球赛、羽毛球赛等各类文体活动10多场（次），春节期间举办了“丽辉建材杯”篮球赛和“石扇足协杯”足球邀请赛。

【文化】 投入60万元，新建金柚文化展馆；投入150万元，兴建矮寨森林公园；投入130万元，修缮肖向荣故居。有业余文艺健身队12支、农家书屋12个，全年开展各类文化下乡活动24场次，邀请农业专家教授开展技术讲座5场、培训585人次。石扇镇参加市广场舞比赛获第二名。

【教育】 全镇有初级中学1所，有教职工50人，有学生280多人；有小学1所，有教师48人，有学生680人；有幼儿园2所，有幼师26人，有在园幼儿395人。2016年高考梅北中学考取本科线以上有30人，比增30%，其中重本线8人，比增33%。

【党的建设】 2016年，全镇有党支部20个，党员1082人，其中新发展党员9人。建设学习型、服务型党组织，党委中心组带头、机关党支部示范、各基层党支部引领，结合“两学一做”学习教育和干部驻点普遍直接联系群众制度，学习党章党纪党规和习近平总书记系列重要讲话精神，精准整顿软弱涣散基层党支部，解决基层治理基础性源头性问题，抓好党员干部日常教育、监督和管理，引导党员干部立足职能岗位，改进作风、优化服务、创先争优，全年投入90多万元，升级改造银钱村村址，整顿转化软弱涣散党组织。完成镇级换届选举工作。开展农村基层党员干部和涉农领域违纪违法线索集中排查，坚决惩处违法违纪和腐败行为，排查线索13条，立案3宗，查处3人。

【广东省金柚专业镇】 聚焦金柚产业“提质、增效、亮牌”目标，坚持创新驱动，推进农业供给侧结构性改革，加快转变发展方式，借力省级科技创新专项经费，发挥青农会、金柚协会作用，完善产学研协同创新和成果转化平台，壮大梅龙柚果金柚产业园，优化农检中心、电商服务站和金柚文化展馆，严把种苗质量和柚果品质，推行有机耕作、生态循环种养等绿色生产方式，加快普及无公害、绿色食品、有机农产品示范基地建设，从严治理农业面源污染，创新实施“优质生态柚园”联创工程，切实从源头上提高金柚品质；创新产业内涵，培育新业态新动能，把金柚产业与二三产业、与美丽乡村建设和全域旅游“接二连三”深度融合、互动发展，大力发展农贸、农超对接和农村电商等新零售，大力发展特色种养、休闲农业、精深加工和乡村旅游等新业态，加快建成一批乡村公园、生态柚园、农宿农家乐、旅游特色村和美丽乡村旅游示范点，着力以“农业+”蓬勃发展的新动能不断激发金柚产业内生发展动力。2016年，全镇金柚种植面积1333.33公顷，总产量5.6万吨，总产值3亿多元。

（供稿：杨钢军）

丙 村 镇

【概述】 丙村镇位于梅县区东部，镇政府驻丙村圩镇镇南街，距梅县区人民政府26.8公里。东南邻三乡，西南连白宫、西阳，东北接雁洋、松南，西北界城东、白渡。辖区面积170.7平方公里。下辖21个行政村和1个居委会。2016年总户数12562户，户籍人口43378人。全年实现社会经济总收入22.14亿元，同比增长11%；农业总收入5.61亿元，同比增长10%；镇级税收入库1.07亿元，同比减少5%；年农民人均可支配收入18211元，同比增长15%。

【农业】 2016年，全镇粮食作物播种面积1880.2公顷，产量1.69万吨，其中水稻种植面积1247.47公顷，产量9253吨。水果种植面积1887.13公顷，产量4万吨，主要以种植柚果为主，特色水果有红肉蜜柚、三红蜜柚、红肉火龙果、银二枇杷、四季龙眼等。新增金柚、三红蜜柚、百香果等特色产业基地200公顷。全镇经济作物种植面积629.47公顷，主要种植花生、木薯、中草药材等。全年肉猪出栏量3.45万头，家禽出栏量108.67万只，肉用牛88头，肉用羊1120只，肉用狗3138只，家兔7650只；水产养殖面积208.33公顷，产量2705吨。全年完成造林绿化、森林抚育906.67公顷，植树3.2万株，全年木材（桉树）采伐量1.46万立方米。新增市级农业龙头企业3家、区级农业龙头企业2家，有农民专业合作社72家，新发展1家；有家庭农场34家，新发展5家；新发展无公害农产品认证2家。完成21个村的农村土地承包经营权确权登记的一轮公示、二轮公示。

【工商企业】 2016年，新引进梅州市梅县区久泰金龟养殖有限公司、梅州九五建材科技有限公司、梅州佳通电路板有限公司等企业3家，引资额1.5亿元。全镇工业总产值13.69亿元，其中规上企业有荷树园电厂、梅县泰山建材有限公司、丙村水泥厂、梅县锦江电路板有限公司、梅州新嘉建材有限公司，新培育梅州市客迁食品有限公司上规企业。全镇有农贸市场1个，连锁超市3家，酒店3家，餐饮服务120家；个体工商户1640户，其中商店户1514户。

【圩镇与农村基础设施建设】 2016年，投入30多万元，对高山流水段道路进行美化、亮化建设；投入20多万元，完成镇府机关大院生态停车场建设；投入35.89万元，新建镇消防站，购置消防装备，组建10多人的专业消防队；投入270万元，完成镇级和22个村（居）公共服务中心（站）建设；投入295万元，完成镇中心幼儿园改扩建工程；投入450万元，新建梅福、郑均、咀头村文化活动中心。投入210万元，规划、新建1个镇中心垃圾中转站；投入780多万元，在溪联、红光村分别新建一座镇级污水处理净化站，处于施工阶段。投入300万元，铺筑大雅、郑均、银场、梅福、旋风、田头村共6.9公里村道水泥硬底化；投入3805万元，建设丙村三堡大桥（全长670米，桥梁总长346米，桥梁宽16米，引道长324米），已动工建设。投入285万元，实施红光电排站工程建设；投入52万元，实施银竹电灌站工程建设；投入300多万元，完善人和、红光、旋风3个灌区项目及人和村电灌站进行加固改造工程。

【旅游】 丙村镇是民国时期革命烈士邓仲元、温生才、爱国人士温鸣剑将军、明清秀才李文古、原广东文学院院长、国家一级作家程贤章的故乡，境内有五百多年历史、规模宏大、气魄雄伟的中国传统民居建筑客家围龙屋——仁厚温公祠，有省级文物保护单位银场村邓仲元故居、有市级文物保护单位新圩村扬孝石刻、有叶剑英元帅少年时期就读的三堡学堂、有明末清初秀才李文固墓地等名人故居景点。2016年，投入120万元，对长寿山森林公园的风雨亭、运动场以及登山水泥石级等设施进行维修，并增添一批休闲健身器材，进一步完善了公园休闲健身功能，美化了公园整体环境；投入36万元，在圩镇、梅福新建2座旅游公厕，完善旅游配套设施。抓好旅游规划与发展。规划好锦江桥至梅福粗石坑旅游专线公路沿线村为重点的旅游线路，包括：梅福村李文古故居、墓地，梅州市梅县区刘屋家庭农场、梅州天绿农业发展有限公司、黄梅村广利达家庭农场、东溪辉鸿农业发展有限公司；仁厚温公祠、生泰鱼庄、邓仲元故居、银二村枇杷基地、杜陂坑农庄；旋风村、芦陵村（举人村）——市级生态村；郑均村、咀头村乡村游；利用沿路古民居风貌，在群丰、芦陵、咀头村等村鼓励开发民宿，并利用山水田园风光打造具有丙村特色的乡村旅游项目；结合丙村镇农业特色水果品种多的优势，利用田头红肉火龙果、四季龙眼、银二枇杷、大雅红肉蜜柚基地为游客推出采摘、品尝、购买于一体的亲子田园旅游项目。

【环境保护与治理】 筹资250万元，对秤子岌120公顷和东溪、黄梅、溪联、联和、雷丰、郑均、大雅、咀头共906.67公顷森林进行抚育；全年发出违规建坟通知 5 份，制止处理乱挖、乱占林地 15 宗；投入 430 万元，对石窟河丙村段的 83 户网箱非法养殖户进行整治、拆除；对辖区内两间不达标的黏土实心砖厂实施停电停产整治。建立健全镇对村卫生垃圾督查制度，完善各村（居）卫生垃圾治理台账。

【土地保护与利用】 开展耕地动态巡查工作，确保耕地面积稳定。完善镇村建房用地管理“网格化”巡查制度，规范管理圩镇和农村建房。抓好梅州东环高速公路丙村段“两违三抢”防控，专门成立 7 个巡查防控工作小组，全天候做好东环高速沿线“两违三抢”的防控；抓好区政府在溪联村招商项目 400 亩集约用地，土地集约已完成项目的 80%。全年制止无用地手续的违法建设 2 宗，查处违法用地 3 宗，拆除人和、溪联违章建设 4 宗。

【民生】 城乡居民医疗保险参保 32170 人，农村社会养老保险参保 16820 人，其中享受养老待遇有 7098 人。全镇有 738 户低保户，享受低保对象 1384 人，全年发放低保救助金 354.56 万元；享受五保 115 人，发放五保救助金 99.26 万元；做好部队退伍士兵的安抚工作，其中复员退伍 50 人、参战人员 118 人、60 周岁退役士兵 143 人、三属人员 4 人、伤残军人 7 人、五老人员 4 人、中华人民共和国成立前人员 2 人、烈士子女 7 人，共发放优抚补助 196.66 万元。在敬老院址正在兴建一栋老人宿舍楼；免费为 48 位贫困白内障患者成功施行复明手术（植入人工晶体）。投入 5750 万元，完成梅县矿务局丙村棚户区改造一期工程项目建设，解决 220 户职工的住房问题；投入 380 万元，抓好芦陵、旋风、新圩小型水库移民后期扶持住房改造补助资金及基础设施的建设。全年培训各类人员 250 人次。全年，发放生态林补偿 5946.67 公顷，补偿金 185 万元。郑均、田头 2 个省级贫困村共筹集帮扶资金 215 万元，对全镇 700 多户贫困户进行精准扶贫帮扶。

【综治维稳】 2016 年，完成“七五”普法，做好“一村（社区）一律师”顾问法律援助，常年聘请一名法律顾问，为 80 名家庭经济困难的群众提供法律援助。重点做好因梅坎铁路、丙村水电站、荷树园电厂征地拆迁过程中引发的历史老上访户遗留问题的调处。全年受理各类矛盾纠纷 80 宗，成功调处 79 宗，当场解决问题 9 宗，转交相关部门答复解决 70 宗，成功调处率 98%；领导干部接访群众 332 人次。投入 150 万元，在红光、联和、人和、梅福、溪联、田头、郑均、雷丰、银竹等村及圩镇主要路段新安装平安视频监控系统。全年立刑事案件 73 宗，破获 39 宗；全年逮捕 16 人，行政拘留 47 人。

【计划生育】 全年出生 486 人，出生率 10.44‰，自然增长率 2.04‰，政策生育率 96.91%，性别比 105。全年落实“四术”87 例。全年征收社会抚养费 7.5 万元。

【卫生】 2016 年，投入 52 万元，新建标准化村级卫生站 10 个，装饰标准化村级卫生站 8 个。申报省级卫生村有大雅、旋风、黄梅、梅福、银竹、群丰、雷丰，申报市级卫生村有横石、田头、程江、咀头、联和。投入 450 万元，进行三堡医院综合大楼建设，该项目已立项；投入 278 万元，进行公卫大楼建设，已进入立项审批程序；投入 74.8 万元，进行住院病房改造和购置医疗设备。

【体育】 投入 110 多万元，完成超华足球场（7 人制）建设；投入 8 万元，完成丙村镇乒乓球协会球场装修工程。2016 年，丙村男子代表队在梅县区百街千镇乒乓球赛中获得第一名；元旦期间，举办丙村镇“贺岁杯”村级足球联赛中，溪联、联和村和居委分获冠、亚、季军；春节期间，在丙村中学球场举办新年足球友谊赛。

【文化】 2016 年，投入 20 多万元，建设田头奠廷温公祠、红光资政第两家农村文化俱乐部，并通过市级考评验收；完成对全镇 22 个村（51 个自然村落）的自然村落历史人文普查。

【教育】 2016年，完成全镇466名原民办代课教师自查摸底；2016年丙村中学高考上重本线6人、上本科线44人、3A线以上107人，本科、专科上线率居全区第三。

【党的建设】 全镇有党支部38个，有党员2070名。其中新发展党员14人。围绕“三个强化”，实行“一二三”制度，开展领导干部驻点普遍直接联系群众工作；严格按规定落实党费收缴和补交完成补交，党费33.27万元；新成立非公有制企业党支部1个——广东梅州富柚生物科技有限公司党支部，实现“两新组织”党的组织和工作全覆盖；新一届15名领导班子，平均年龄39岁，全部达到大学以上学历，新提拔三类人员、中层干部5人。对照整顿重点和“三对接三查找”的原则，抓好黄梅村软弱涣散党组织整顿，提升党员干部服务能力；加强党员干部理论学习，培育一批“五强”支部书记，培养村级后备干部40人，全年举办学习培训班46期。成立镇“三资”管理办公室，建立完善“三资”管理信息平台，每月及时准确在平台上录入各村财务账和结好会计账；强化“两违线索”的排查，全年排查线索23条，其中属于七类范围的线索22条，其他1条，立案3宗3人，结案3宗、党内严重警告处分3人。

（供稿：林建）

雁洋镇

【概述】 雁洋镇位于梅县区东北部，镇政府驻雁洋圩镇荷树岗，距梅县区人民政府35.2公里。位于莲花山脉的五指峰下，东、南、西、北四面分别与大埔县英雅、银江和梅县区丙村、白渡、松口接壤。总面积188平方公里。下辖27个行政村和2个居委会。2016年总户数8472户，总人口33525人。有3家A股上市公司（梅雁、宝丽华、超华）、1家新三板上市公司（嘉元科技）、1家美股上市公司（卡莱橡胶）；有1家AAAAA级景区（雁南飞）、3家AAAA级景区（叶剑英纪念园、雁鸣湖、灵光寺）及五指峰旅游景区、桥溪古韵等。全年实现农村经济总收入100.1亿元；固定资产投资 8.09亿元；规上工业总产值 26.21亿元；“两税”收入 9.1 亿元；年农民人均可支配收入23133元。

【农业】 全年粮食作物种植面积 1074 公顷，产量9302吨，其中水稻种植面积1013公顷，产量8796吨；金柚种植面积893.7公顷，产量2.27万吨；生猪饲养量2.45万头，“三鸟”饲养量28.23万只。华银种猪场是国家级种猪场，年出栏生猪2650头。有农业龙头企业14家，其中省级农业龙头企业6家（梅县雁南飞茶业有限公司、广东万斛源生态农业有限公司、广东华银集团公司、广东梅县雁球食品有限公司、广东虎形山生物科技有限公司、梅县海霞水产品有限公司）、市级农业龙头企业4家（梅县英帅茶业有限公司、梅县恒盛农业发展有限公司、梅县鸿园花木有限公司、梅州好自然农业有限公司）、区级农业龙头企业4家（梅县世德果业有限公司、梅县新泓基发展有限公司、梅县安盛果蔬有限公司、广东雁归来养生产业有限公司）。有农民专业合作社 60家，其中新增10家；有家庭农场23家。有雁鸣湖南药生产基地、阴那山茶叶基地、南福金柚现代化示范区、雁南飞茶叶生产基地、雁上鸿园花木生产基地、雁上村金线莲种植基地、南福村火龙果种植基地。完成12个村的农村土地承包经营权确权登记颁证工作。开展全镇8000多户农户的农业三项补贴改革工作，争取到310万元奖补资金，扶持8家规模以上农业龙头企业，2家企业入选区创建国家农产品质量安全县、农业标准化项目示范企业。成功申报14名现代青年农场主培养对象和 15 名新型职业农民培训对象。

【工商企业】 2016年，引进“梅州公交盛兴充电站”和“大旗实业有限公司增资扩产”两个亿元以上项目。规模以上企业有卡莱（梅州）橡胶制品有限公司、梅雁旋窑水泥有限公司、广东翔龙科技股份有限公司、广东超华科技股份有限公司、梅州超华数控科技有限公司、梅县雁洋矿业有限公司、广东梅县雁球食品有限公司、梅州侨韵环保科技有限公司、广东嘉元科技股份有限公司共 9 家。有个体工商户 840 户，其中新增 75 户；有商店 692 户、酒店 10 家、餐饮服务 138 家、农贸市场 1 个；有企业 250 家，其中新增 67 家。至年底，全镇规上工业总产值 26.21 亿元，全年工业总产值 79.85 亿元。

【圩镇与农村基础设施建设】 全面启动“国际慢城 · 雁洋新城”建设。成立梅州市梅县区雁洋慢城建设投资有限公司，完成总体规划初稿编制，正在编制控制性详细规划和产业发展规划；完成中心小学、幼儿园规划设计，完成滨水景观、雁洋卫生院规划设计初稿；完成圩镇慢城文化建设，统一更换店铺招牌 316 个，建成雁上园盘和剑英桥头 2 个蜗牛标识；投入 3000 多万元，完成剑英桥头客家文化公园、雁上污水处理设施、大坪陈屋广场等 29 个项目；石楼、松坪、桥溪 3 个“中国传统村落”保护性开发工作进入维护特色传统民居阶段；筹集资金 398 万元，新建下村、小都等 12 个休闲公园；筹资 826 万元，新建道路 30.6 公里；筹资 329 万元，亮化道路 45.1 公里；谋划建设总长 9 公里的环镇公路，构建“三横三纵”的旅游道路格局；投入 1000 万元完成 3 个水库除险加固工程；投入 133 万元，新建饮水工程 6 个；投入 3000 多万元，启动雁洋水、长教水水系连通工程。

【环境保护与治理】 完成全年春季抚育造林 80 公顷，抚育深山含笑、山杜英、木荷、枫香、红椎等树木 9.1 万株，碳汇林抚育 100 公顷，综合治理有害生物危害的山林面积 1400 公顷；发放和张贴各类护林防火宣传册 2.1 万份，悬挂横额 20 多条，树立永久宣传牌 2 块；新开设森林防火林带 2 条 7.5 公里；组建 27 个村级扑火半专业队伍；调解山林纠纷 2 宗；制止破坏林地案件 18 宗；处理非法占用林地 1 宗；处理违规野外用火 3 宗；制止建坟 3 宗；投入 200 多万元，发动 29 个村（社区）进行人居环境整治，建成 2 个污水处理设施，规划 4 个污水处理设施，全镇日均产垃圾量 20 多吨；全镇新增绿化点 30 处，绿化带 1000 米；鹧鸪村、松坪村、雁中村、石楼村、上村村共 5 个村被评为“广东省卫生村”，黄坳村、永福村、四和村共 3 个村被评为“梅州市卫生村”。

【土地保护与利用】 加强基本农田保护区的管护，建立包片动态巡查责任制；加强土地跟踪监察，聘请 9 名土地巡查员，一周五天对雁洋全境进行巡查，全年查处土地违法案件 20 宗，其中 10 宗阻止在萌芽状态，责令拆除 10 宗；做好土地信访工作，全年接来信 2 宗，接访 25 人次，处理 26 宗。

【民生】 发放雅居乐公益基金 160 万元，受益群众 8243 人次；发放低保、五保、优抚金 454 万元，受惠群众 1409 人；发放助学金 15 万元，受益学子 45 人；举办农村劳动力培训 3 场，受惠群众 850 人次，实现转移就业 360 多人次；举办农业技术培训 4 场，参与群众 1000 多人次；建成 29 个村级综合政务服务平台。完成“村村通公交”工程，为全镇 627 名残疾群众和 5532 名老年人办理了爱心公交卡，完成 211 户 387 人相对贫困户的建档入卡工作，帮扶贫困户 40 户 146 人。

【综治维稳】 实行网格化管理和每月排除制度，全年调解矛盾纠纷 124 宗，其中，镇级调处 34 件，村调处 90 宗；成功调处 122 宗，调处成功率 98%。基层法律服务所担任常年法律顾问 35 家，代写法律文书 15 件，诉讼代理 9 宗，见证 3 件，解答法律咨询 300 多人次。建立法治公园（长廊）8 个，全镇 29 个村（居）均聘请了法律顾问。接收社区矫正人员 7 人，解矫 9 人，在矫人员有 12 人。举办普法培训班 2 场 800 多人次，到中小学上法制课 4 次，受教育 3000 余人次，下发宣传资料 2000 多份，张贴横额标语 160 多条，出版法制宣传栏 4 期。全年立刑事案件 16 宗，破获 7 宗；立治安案件 61 宗，查处 61 宗。

【计划生育】 全年出生 436 人，政策生育率 95.41%，人口出生率 12.5‰，自然增长率 5.64‰。征收社会抚养费 119.16 万元。

【卫生】 有镇级卫生院 1 个、村级卫生站 14 个。雁洋镇卫生院属一级乙等医院，占地面积 5000 平方米（含三乡门诊 2900 平方米），建筑面积 5257 平方米（含三乡门诊 2584 平方米）；卫生院编制 51 人，实有 42 人，其中在编人员 38 人；2016 年，投入 78 万元建设污水处理池 1 个，投入 35 万元改建门诊大楼；设内、外、妇、儿、中医、预防保健等职能科室，辅助科室有检验、放射、影像等；医疗设备有全自动血液分析仪、全自动生化仪、心电图机、彩超机、计算机 X 线成像系统等。

【体育】 有雁鸣湖 11 人制足球场 1 个、7 人制足球场 1 个；有富力足球学校 11 人制足球场 1 个、7 人制足球场 5 个、9 人制 6 个、5 人制 2 个；有雁洋中学 11 人制足球场 1 个；有三乡中学 11 人制足球场 1 个；有大坪村 5 人制足球场 1 个；雁洋镇参加广东省第二届百街千镇乒乓球赛“体彩杯”获梅县区赛区第二名、参加梅县区乡镇足球超级联赛获第六名。

【文化】 接待省汉乐团、市汉剧院、区山歌剧团、电影公司等专业团体送戏、送电影下乡 150 多场次；雁洋文化园被列入乡镇文体广场示范点；排查整治文保单位和古民居建筑的安全隐患。

【教育】 有初级中学 1 所、九年一贯制学校 1 所、中心小学 1 所、幼儿园 1 所、足球学校 1 所。

雁洋中学 创办于 1905 年，是梅州市一级学校。占地面积 7.8 万多平方米。2016 年，有 9 个教学班，有学生 338 人；有教职工 47 人，其中高级教师 8 人、中级教师 28 人。2016 年，中考考上重点线的学生有 18 人，其中考入梅县东山中学有 5 人、梅州市曾宪梓中学有 2 人、梅县高级中学有 11 人。

三乡中学 成立于 1912 年，占地面积 6.93 万平方米，建筑面积 5295 平方米。2016 年有学生 323 人，其中小学 219 人；有教职工 34 人，其中高级教师 4 人、中级教师 22 人、初级教师 8 人，教师达标率 100%；2016 年中考考取高级中学 5 人。

叶剑英红军小学 即原雁上小学，始办于 1967 年，1975 年政府公办民助，并于 1976 年经教育主管部门确立为中心小学，2009 年 8 月经全国红军小学建设工程办公室命名为叶剑英红军小学，占地面积 8000 多平方米，建筑面积 3800 平方米。2016 年，有教学班 30 个，有学生 982 人；有教职工 63 人，其中中级教师 51 人、初级教师 12 人。

雁洋镇中心幼儿园 创办于 1976 年，占地面积 4085 平方米，建筑面积 1382 平方米，户外活动场地使用面积 1064 平方米。2016 年，有在园幼儿 509 人，有教职工 25 人。

富力切尔西足球学校 坐落于雁洋镇雁下村，是一所民办公助学校。2011 年 9 月 22 日，广州富力地产集团与梅县人民政府签约共建，投资额 5 亿元，首期工程占地面积 16.67 公顷，建筑面积 2 万平方米。建设有行政中心、教学中心、生活中心、运动员培养与发展中心等，并铺设 14 块具备全天候训练条件的国际顶级足球场。学校实行基础教育与足球训练并重的全日制寄宿办学模式，以“打造球星梦工厂，培养新一代球王”为办学目标，与国际足坛豪门英国切尔西足球俱乐部签署合作协议，全套引进切尔西青训体系，按照广东省一级学校标准开设小学至高中课程，纳入梅州市国民教育系列。2016 年，有学生 216 人，其中小学 113 人、中学 103 人，广东籍学生占 74%；有教职工 111 人，其中一级教师 8 人、

二级教师1人、高级教师3人，教练（含队医翻译文员）38人，其中初级教练员3人、英足总一级教练员1人、足球高级教练员1人、C级教练员2人、D级教练员10人。

【党的建设】 2016年，全镇有党支部40个（新增1个党支部——富力切尔西足球学校党支部），有党员1745人，其中新发展党员14人；吸收预备党员8人。有党代表工作室1个、党代表工作站29个、党代表信箱31个、党员关爱基金1个。

完成镇级领导班子换届选举，选举产生新一届的镇级领导班子；抓好小都村软弱涣散党组织的整顿，完成村道路、休闲设施、亮化、绿化等民生项目，完善其他村（社区）支部运作规程和村务公开制度，"两个联席会议制度" 执行率100%。加强村级干部的教育培训，组织10名村"两委"干部报读大专班，组织全镇村（社区）党支部书记到区、镇参加集体培训6次，分4批组织党员干部群众85人次到先进地区现场学习，提前谋划村级换届选举工作，充实"村组干部后备人才库"20人；强化村级干部引领作用，在29个村（社区）发动党员成立或参与161个村民理事会，协调解决新农村建设中出现的集资、让地、拆旧等问题，协调管理监督人居环境整治。推进"两新组织"全覆盖，加大非公企业和社会组织党组织建设力度，组建富力足球学校党支部，全镇非公党组织数量增至8个。开展"两学一做"，组织镇村党员干部上党课12次，推进驻点联系群众工作，完成8472户村（居）民的建档立卡，覆盖率100%，解决实际问题719个，综治信访率下降40%以上。加强农村违法违纪线索排查，排查出30条农村党员干部违纪违法线索，已处置30条。

【广东省旅游专业镇】 制定专业镇产业发展规划，先后编制《梅州雁洋文化生态旅游产业园总体规划》《雁洋综合服务区城市设计方案》《叶帅故园客家天堂（叶剑英纪念园二期）修建性详细规划》《雁南飞茶田度假村旅游发展总体规划》《梅县雁洋镇桥溪古村落旅游概念性规划》《梅县雁洋大坪村生态宜居乡村建设规划》《梅县区南福村乡村旅游概念性规划》《梅县区阴那村乡村旅游概念性规划》等规划。规划注重整体统一，与地形地貌、自然环境和人文风貌相协调，突出乡村特色和地方特色。聘请广州首诚太合实业发展有限公司编制《梅县雁洋镇创新型专业镇"一镇一策"发展规划》，把雁洋打造成世界客家文化旅游新目的地、泛珠三角地区休闲旅游目的地和广东省文化、健康、教育休闲旅游的首选目的地，逐步形成客家文化旅游产业集聚区。已聘请棕榈园林的规划专家团队，用全域旅游的发展理念，突出国际前瞻视野，按照国际慢城提出的8条公约，以雁洋"叶帅故里·国际慢城"为核心，编制完善雁洋国际生态慢城旅游发展的详细规划，规划把雁洋的旅游产业与新型城镇化建设、特色高效农业、生态文明建设和美丽乡村建设紧密结合，着重发展乡村旅游、红色旅游、生态休闲、健康养生、客家民宿、房车营地等旅游新业态，打造融入客家文化元素的国际生态慢城。成立以镇党委书记为总负责的雁洋镇旅游专业镇建设领导小组，下设办公室，负责协调专业镇重点项目规划建设、招商引资、土地利用、重点难点问题等。创建专业镇旅游公共服务平台，该平台由科技管理与旅游管理部门联合推动组建，以梅州文化旅游产业为合作领域，由相关高校、科研院所、企业、协会及政府服务部门等单位共同参与，以雁洋特色旅游专业镇为基本依托，以"引领文化旅游产业发展，推动旅游商业模式创新"为核心任务的产学研合作组织形式，包括有暨南大学管理学院旅游管理系、华南师范大学文学院岭南文化研究中心、嘉应学院地理与旅游学院及嘉应学院客家研究院等加盟。支持旅游项目建设，突出特色，发展全域旅游，把旅游产业定位为经济发展新的增长点，明确"发展旅游产业，做大做强特色经济"的发展思路，走"大产业、大环境、大服务、大市场"的发展道路，实施旅游带动战略，突出特色，打造精品，构建旅游黄金线。引进梅雁、宝丽华、华银、广州富力、香港格林投资有限公司等企业前来投资开发。桥溪古韵景区、富力切尔西足球学校以及美丽乡村建设等项目建成开放。有序推进三乡养生度假村、中国收藏文化示范基地、叶帅故园扩建、国际足球赛事中心、国家青少年足球训练基地和国际夏令营基地等项目。2016 年，全镇接待游客 724 万人次，旅游收入 76.8 亿元。

（供稿：陈施思）

白 渡 镇

【概述】 白渡镇位于梅县区东北部，镇政府驻白渡圩，距梅县区人民政府 32.6 公里。东南与松口、丙村相连，南与城东为邻，东北与隆文、松口交界，西北与蕉岭县新铺、高思接壤。总面积 187.6 平方公里。全镇有山地面积 1.47 万公顷，耕地面积 1293.33 公顷，圩镇面积 0.43 平方公里。下辖 24 个行政村和 1 个居委会。2016 年，总户数 7603 户，户籍人口 2.8 万人。全年农村经济总收入 11.2 亿元，同比增长 8.3%；实现税收 2408 万元；实现镇级地方收入 683 万元；完成固定资产投资 8.56 亿元，完成规上工业产值 6.84 亿元；年农民人均可支配收入 17810 元，同比增长 9.5%。

【农业】 2016 年，全镇水果种植面积 2266.67 公顷，产量 4.2 万吨，其中柚子种植面积 2093.33 公顷，产量 3.5 万吨；全镇种植水稻 1933.33 公顷，产量 1.6 万吨；种植蔬菜 846.67 公顷，产量 3.6 万吨；种植花生 347.2 公顷，产量 813 吨。全镇有农业龙头企业 5 家，其中市级农业龙头企业 4 家（梅县白渡镇瓜洲芳华种养场、梅县白渡镇生辉种养场和梅州市晨丰水产养殖有限公司及公珠种猪场），有县级农业龙头企业 1 家（梅县利民水果专业合作社），有专业合作社 66 家，培育新型职业农民 15 户。2016 年，成立白渡金柚协会，在江南村设立农业服务超市，建立惠农信息社，整合“公益服务、便民服务、电子商务、培训体验”四类服务，实现信息精准到户、服务方便到村。有嵩溪村油茶种植业综合标准化研究基地和梅大金柚种植基地等农业基地 2 个。名优产品有梅大金柚、汶水香瓜、白渡牛肉干、强基酒、嘉珍无公害金柚、生辉无公害红肉蜜柚、芳华无公害石硖龙眼。

【工商企业】 2016 年，招商引资有立一新型轻质墙体材料等 4 个项目，计划总投资 2 亿元；同时计划引进广东御固创新科技有限公司等 7 家工业企业落户园区，计划总投入 9.2 亿元。梅兴华丰产业集聚带梅县集聚区城东白渡产业园区涵盖城东、白渡两镇，其中白渡控制区内面积约 14 平方公里，规划发展新型电子和新材料两大主导产业，落户的企业有 11 家，包括广东航鑫科技股份公司、梅州市佳居门业有限公司、源兴混凝土有限公司、粤一蒸压砖厂、凯盛旋窑、悦一石灰厂、梅州市三鸟批发市场、诚辉化工股份有限公司、博森光能科技有限公司、和安沥青混凝土有限公司和梅县区天恒水泥预制构件有限公司。2016 年，列入省、市重点建设项目的有 3 个，省重点项目 G205 国道至白渡梅州坑工业园道路项目（含瓜洲大桥）全长 5.91 公里，瓜洲大桥长 290 米，总投资 1.15 亿元；市重点项目广东博森光电多晶硅铸锭炉项目一期工程全部完工，47 台设备已投入生产，该项目由梅州博森新能源、江苏天龙光电和安徽中科共同建设，总投资 10 亿元，其中一期投资 4 亿元，预计年产值 20 亿元；市重点项目航鑫科技于 2016 年 1 月完成首期高锰酸钠生产线建设并投入试生产。至年底，白渡有各类大小企业 101 家，有规模以上企业 3 家（广东博森光电科技有限公司、凯盛旋窑水泥有限公司和源兴混凝土有限公司），全年完成规上产值 6.84 亿元。有个体工商户 706 户。

【圩镇与农村基础设施建设】 投入 5000 万元，改造完成省道 S332 线；投入 385 万元，铺筑径口等 11 个村长 10 公里的水泥路面；投入 170 多万元，维修罗寨等 7 个村的道路桥梁和渡口设施；

推进园区快速干线和瓜洲大桥建设；开通全区首条学生定制公交；投入 2500 多万元，实施石子岭灌区除险加固工程；投入 300 多万元，新建沙坪、建侨、蕉南三个电排灌站；投入 33 万元，完成鸡嫲石饮用水水源保护区规范化建设。

【民生】 全年筹集“一事一议”财政奖补资金 57.75 万元并发动乡贤捐资 115.5 万元，建设村级公益事业；投入 200 万元，改造 83 户农村低收入困难户住房；完成兑付生态公益林补偿资金 210 万元；全年发放低保、五保救济金和优抚补助 540 多万元，发放残疾补贴、高龄补贴、退伍安置费和义务兵优待金等 202 万元，为重度残疾人和低保五保优抚对象缴纳农村合作医疗 23 万元，为困难群众解决医疗救助、临时救济等 66 万元；全镇认定精准扶贫贫困户 616 户、1311 人，通过社会保障政策兜底脱贫帮助 399 户 661 人实现脱贫，脱贫率 53.3%。

【综治维稳】 筹资 150 多万元，在全镇各重点地段、路口安装视频监控 88 个。全年镇村综治信访维稳中心受理矛盾纠纷 82 宗，调解成功 70 宗；排查整治社会治安重点地区及突出问题 4 宗；“一村一法律顾问”参与调处矛盾纠纷和提供法律咨询 108 次。白渡派出所全年接处警情 332 起，受理行政案件 52 宗，立刑事案件 15 宗，调解纠纷 68 宗；抓获各类违法犯罪人员 25 人，其中捕判 5 人；有吸毒人员 12 人，强制戒毒 4 人，行政拘留 28 人。

【计划生育】 全镇出生 400 人，人口出生率 13.3‰，人口自然增长率 7.64‰，计划生育率 98.25 %。完成“四术”55 例。征收社会抚养费 2.28 万元。

【卫生】 白渡镇卫生院有职工 35 人，其中执业医师 7 人、执业助理医师 5 人、执业护士 8 人；主要仪器设施有 B 超、X 光、心电图、血细胞分析仪、尿液分析仪、心电监护仪和胎心监测仪等；有住院病床 30 张。投入 90 多万元，实施 9 个村的卫生站建设。径口、江南、悦来、桃柳、蔚彩、赋梅、峰溪等 7 个村获评广东省卫生村。

【文化】 2016 年，包括文化广场、宋湘文体中心和文化公园被评定为全市文体广场示范点；全镇 24 个行政村和 1 个圩镇居委均设置有村级文化室，配置齐全农家书屋和健身器材；2016 年，嵩山钟氏祖祠获评“示范文化祠堂”，峰溪村委石溪自然村入选中国传统村落名录，悦来村敦尚楼入选第四批梅州市文物保护单位；全镇有文保单位 5 个，分别是省级宋湘故居、市级凹下山新居、敦尚楼和区级龙居堂、光远居。

【教育】 白渡中学　位于白渡镇中心区，创办于 1951 年 10 月，是由原铸人公学、杏村学校、象宿中学三校合并而成。占地面积 3.7 万平方米，建筑面积 1 万平方米。2016 年，设有 6 个教学班，有学生 170 人；有教职工 50 人，其中有中学高级教师职称的 5 人、中学一级教师职称 28 人。

白渡镇中心小学　占地面积 1.36 万平方米，建筑面积 5018 平方米。2016 年，有 17 个教学班，有学生 745 人；有教职工 48 人，其中有小学高级教师职称 46 人、小学一级教师职称 2 人。设有 25 个功能场室（包括兼用），设施设备均按义务教育规范化要求配置。

白渡镇中心幼儿园（民办）　占地面积 3368 平方米，建筑面积 1572 平方米。有教室 6 间，设有图书室、体育活动室、音乐活动室、阅览室、美术室等 10 个功能室。有教学班 6 个，在园幼儿 160 人；有教职工 15 人。

【党的建设】 2016 年，全镇有党支部 37 个，有党员 1339 人，其中新发展党员 15 人。有“两新”组织 5 个，其中新社会组织党组织 1 个（幼儿园党支部）、新经济组织党组织 4 个（凯盛旋窑水泥有限公司党支部、水泥一厂党支部、升华纸业党支部、嵩灵村党支部）。完成镇党委、人大、政府换届工作。完成党员组织关系排查，完善全镇党员的基本信息、个人照片、联系方式等。完成2008年至2016年党员缴交党费清查。全年镇级配套关爱基金帮扶及慰问特困党员73人、9.2万元。将沙坪村党支部定为软弱涣散党支部整顿对象，投入资金40万元，完善沙坪村“两委”办公场所。全镇25个驻点直联团队每周二召开村“两委”与驻点团队会议，建立问题台账，解决群众实际问题，联系走访群众6350户、企业26家，解决实际问题650个，解决民生问题187宗，办结信访案件18宗，成功调处矛盾纠纷154宗。开展“两学一做”学习教育实践，举办党风廉政专题培训班4次、750人次。开展农村基层党员、干部违纪违法线索集中排查，全年排查出违纪违法线索25条，立案3宗，结案3宗，给予党纪政纪处分3人。

（供稿：管彦豪）

松口镇

【概述】 松口镇位于梅县区东北部，镇政府驻松口镇寺坑新区，距梅县区人民政府45公里。东与大埔县青溪为邻，西与白渡镇嵩山接壤，南接大埔县英雅和梅县区雁洋镇，北与桃尧镇、隆文镇相连。辖区面积328.6平方公里。下辖41个行政村和5个居委会。2016年，总户数14617户，总人口约7.3万人。全年实现农村经济总收入30.64亿元，同比增长15.5%；规模以上工业总产值6.69亿元，同比增长13.43%；完成本级税收1351.6万元；年农民人均可支配收入15930元。

【农业】 2016年，全年粮食作物播种面积5898.47公顷，其中粮食种植面积2813.67公顷，粮食总产量1.99万吨（水稻产量1.93万吨）。水果种植面积4680公顷，总产量13.16万吨，主要以种植柚果为主，特色水果有红肉蜜柚、三红蜜柚、金柚、香蕉、龙眼、李子等。经济作物种植面积1153.87公顷，主要有大豆、薯类、花生、木薯、烟草等。全年出栏肉猪4.58万头，出栏家禽49.54万只，肉用牛790头，肉用羊1700只，肉用狗7201只。水产养殖面积200多公顷，产量3895吨。评审通过市级农业龙头企业有1家、省重点农业龙头企业有2家。全镇有农民专业合作社160家、家庭农场133家，有12家企业和家庭农场入选省级惠农信息社。推行“公司+基地+农户”的发展模式，推动优良品种种植，加快农业产业结构调整工作。以沙田柚协会和嘉丰公司为基地，发动农户、科技示范户种植红心蜜柚、官溪蜜柚等，全年新种红心蜜柚、官溪蜜柚及“三红”蜜柚、“三黄”蜜柚233.33公顷，鼓励农户种植西瓜、蔬菜、烤烟等短期高效益品种。完成41个村农村集体土地确权登记资料搜集、外业指界和确认工作。

【工商企业】 2016年，招商引资企业有3家，计划投入2.05亿元。全镇规模以上工业企业有广东梅州建兴水泥厂和广东航鑫科技股份公司2家，规模以上工业总产值6.69亿元。有农贸市场2个；各类经营户1679户，其中商店户1529户、连锁超市3家、酒店4家、餐饮服务143家。

【圩镇与农村基础设施建设】 2016年，结合棚户区改造，完善圩镇和寺坑开发区的规划建设，推进圩镇扩容提质。投入345.2万元，完善软硬件设施，关闭原镇垃圾填埋场，将辖区垃圾统一转运至市填埋场处理，完成对原镇垃圾填埋场覆土、覆绿整治；投入50多万元，完善圩镇和农村治安视频监控系统建设；投入40多万元，建设新的镇公共服务中心和建成45个村（居）公共服务站；计划投资300万元，建设松南敬老院；投资6500万元，建设村村通自来水工程，新建自来水厂；投资533.63万元，建设圩镇中心污水处理厂；投入300多万元，建设富坑、界溪美丽乡村示范点；筹资825.6万元，建设大黄、富坑、镇郊等10多个村休闲文化活动广场；争取“一事一议”奖补资金547.5万元，建设相关村的公益事业。投入交通建设资金1156万元，完成新农村公路水泥硬底化改造工程35.2公里。整合南洋古道陆路沿线文化旅游资源，做好S223线雁洋到松口至松源出省快速通道的规划建设。投入2078.49万元，完成大小水利工程38宗，改善灌溉面积383.33公顷。投入906.74万元，完成松口镇石泉坝水库灌区改造工程及晓神坑水库灌区加固改造工程；投入147.81万元，完成企载坑水库灌区加固工程；投入453.94万元，完成黄沙坑水库灌区加固改造工程。

【旅游】 松口镇位于粤、闽、赣三省交界处，是岭南四大古镇之一。松口镇加强古镇古街、古村落、红色资源等的保护开发，争取文化名片，被授予“中国华侨国际文化交流基地”，被评为“广东十大海上丝绸之路文化地理坐标”，推进重点文物和非物质遗产的申报评选，中畲、车田、泰东、富坑村申报中国传统村落，圳头村入选“中国传统村落”，元魁塔申报国家文物保护单位；建成“世界客侨移民纪念馆”“叶帅童年纪念馆”“丘哲纪念馆”；擦亮“中国历史文化名镇”“中国历史文化名街”品牌，提升南寿峰健康产业园国家AAA级旅游景区，南寿峰森林公园被评为区级森林公园，申报市级森林公园。争取中国历史文化名镇保护修缮中央专项资金480万元，对古街、古建筑、古民居进行修缮保护；争取铜琶、大黄、小黄、南下、梅教村5个“中国传统村落”1500万元的中央财政专项资金；争取省文保单位“世德堂”古民居整修资金1500万元。投入800多万元，升级改造中山公园；修缮保护张榕轩祖屋，建设“张榕轩纪念馆”。修缮保护全国最早建立的镇级图书馆——松口图书馆，打造辛亥革命展馆。申报海上丝绸之路项目，打造“世界客侨海上丝绸之路第一港”品牌。

【环境保护与治理】 举办“梅州市送苗下乡活动”，现场发放树苗3万多株，累计植树5万多株；投入345.2万元，关闭原镇垃圾填埋场，将辖区垃圾统一转运至市填埋场处理，完成对原镇垃圾填埋场覆土、覆绿整治。投入环境卫生综合整治经费400多万元，综合治理城乡环境卫生，在镇村主要干道张挂横额和竖立固定宣传牌，在各村（居）委张贴标语，印发各村环境卫生综合整治宣传资料5000份，印发圩镇各商户、住户2000份，印发柚果销售户1000份。圩镇和各村购进垃圾桶620多个，对损坏、倒塌的垃圾池进行维修、改造。全年下乡卫生巡查150天次，拆除乱拉乱挂的遮阳网、遮阳布、塑料膜200处，拆除乱摆乱挂的灯箱招牌50处，清理乱涂乱画、乱挂的宣传广告300处，整治纠正乱摆乱卖360户次。

【土地保护与利用】 完成2016年度耕地保护目标责任制，全镇耕地保有量不少于2268.87公顷，基本农田保护区面积不少于1824公顷。审批备案农民建房60户。全年及时制止、查处违章建筑及未批先建26户；做好松口S223线出省快速干线“两违三抢”的防控；配合区国土资源局执法队利用卫星遥感影像图外业现场核查图斑20个、查处违法用地5宗、制止违法用地23宗、补办农设施用地7宗；改建全镇农村危房，全年现场勘查、放线50多宗。

【民生】 城乡居民医疗保险参保51553人，农村社会养老保险参保49827人，其中享受养老待遇有16137人。有农村低保户1012户、2352人，每月发放低保金约48万元；城镇低保户98户、98人，每月发放低保金约8万元；五保户304人，其中分散五保268人，集中五保36人，每人每月领取低保金732元，全年发放低保、五保救济金约910.7万元；为全镇3201名低保、五保人群购买2016年农村合作医疗，合计48.02万元。发放8名2015年冬季退役士兵安置费补助23.6万元。为13户困难的优抚对象发放临时补助6000元，12户患病住院优抚对象发放医疗补助约10万元，为全镇300名重点优抚对象购买2016年农村合作医疗合计4.5万元。对485名定补优抚对象发放补助314.5万元。省定重点贫困村富坑、桃宝2个村，38个分散相对贫困户村、

647户贫困户、1308贫困人口实施精准扶贫，完成精准识别、建档立卡和信息上网，完成40户、合计扶助资金 74 万元的农村低收入困难户危房改造。兑现粮种补贴、生态公益林补偿金等160.07万元。

【综治维稳】 完成“六五”普法，实现一村（社区）一法律顾问，创新开展“一镇一检察官”工作。投入 50 多万元，完善圩镇和农村治安视频监控系统。全年镇村两级受理各类矛盾纠纷 206 起，调处成功 203 起，调处成功率 98.5%。派出所受理群众各类报警 1000 多起，其中 110 警情 577 多起，调解群众纠纷 370 多起；立刑事案件 36 宗，破获 14 宗；受理治安案件 182 宗，查处 182 宗；全年抓获处理违法犯罪人员 57 人，其中逮捕 11 人，行政拘留 53 人，强制隔离戒毒 8 人，查处吸毒人员 24 人，抓获网上在逃人员 1 人，捺印指纹 1 份，采集 DNA 数据 130 份，手机数据采集 108 份。大黄村评为省级无邪教示范村。

【计划生育】 全年出生 820 人，出生率 11.02‰，自增率 5.66‰，计划生育率 96.71%。征收社会抚养费 37.54 万元。

【卫生】 松口镇中心卫生院地处松口镇寺坑开发区，占地面积 3.57 公顷，总建筑面积 1.21 万平方米；副科级建制，医院编制 158 人，现有在编干部职工 113 人（其中副高 5 人，中级职称 25 人，初级职工 73 人，其他 10 人），聘用 17 人，返聘 1 人，离退休人员 105 人；编制床位 99 张，开放病床 80 张。分设全科、外科、内儿科、妇产科、急诊科、中医科、门诊部、医技科、皮肤科、防疫组、药政科及行政后勤。设备有 X 光机、CR、DR、彩超、B 型超声波、多功能心电监护仪、心电图、进口全自动生化分析、半自动生化分析仪、进口血球计数仪、电解质分析仪、血气分析仪、凝血四项、尿 12A 机、碎石机、电子胃镜、进口自动眼压仪等。有卫生站 17 个，卫生站医生有执业（助理）医师 3 人、乡村执业医师 16 人。

【体育】 升级改造松口中学足球场；建成圳头、洋坑村全民健身广场，正建设梅教村全民健身广场；举办松口春节“超华杯”五人制足球、篮球和乒乓球等比赛，还组织体育爱好者与邻近乡镇及单位进行篮球、足球邀请赛。

【文化】 2016 年，建成梅教村“继述楼”农村文化俱乐部，铜琶村“爱春楼”被评为市级文物保护单位，举办梅县区第二十八届中秋山歌节。

【教育】 全镇有中学 2 间，其中完中 1 间（松口中学），初级中学 1 间（松南中学）；有小学 6 间，其中中心小学 1 间，辖村完小 3 间（作新小学、官坪小学、松东小学）、教学点 2 个；有幼儿园 4 间（中心幼儿园、实验幼儿园、蓝天幼儿园、童星幼儿园）。有小学教学班 57 个，有小学教职工 129 人，有小学生 1835 人；松口中学高考重本上线 6 人、本科上线 66 人、专 A 上线 187 人，其中刘建峰以总分 540 分的成绩居全县普通中学理科类第二名，黄富民以总分 521 分居全县普通中学文科类总分第二名；做好 800 多人原民办、代课教师材料收集、审核、上报工作。

【党的建设】 2016 年，全镇有党支部 71 个，有党员 3056 人，其中新发展党员 33 人。重视基层党建工作队伍建设，设立基层党建工作办公室，组织村（居）党支部书记参加省、市、区示范培训班学习，结合计育例会、部门工作会议等对现任村（居）党支部书记和后备干部进行集中培训，分批报送 10 名现任村（居）党支部书记或“两委”干部中的优秀党员报读农村行政管理大专班。开展“三严三实”专题教育和“两学一做”学习教育，举办镇、村两级的廉政知识竞赛。整顿德化、下坪软弱涣散村党组织，投入 80 多万元，落实民生实事 10 件。实施党建工作“一村一品牌”战略。完成镇级班子换届。落实服务群众专项经费，建立健全“服务、帮扶、管理”三位一体的党员关爱机制，补助党员 81 人次、补助 8.55 万元。投入 40 多万元，建设新的镇公共服务中心，建成 45 个村（居）公共服务站。

【中国历史文化名镇、名村】　松口镇建制早于梅州，经千年孕育，具有丰富的客家人文资源，有独特的区位优势、丰富的华侨资源、优良的生态环境和港口运输等良好条件，客家先民南迁的始居地之一，享有"文化之乡""华侨之乡""山歌之乡"的美誉。松口镇被评为"全国重点镇""中国历史文化名镇"，松口古街区被评为"中国历史文化名街"，联合国教科文组织在中国设立的唯一纪念项目"中国移民纪念广场"被评为"广东十大海上丝绸之路文化地理坐标"。获"广东省金柚技术创新专业镇"称号。争取到中国历史文化名镇中央资金 480 万元，专项用于松口镇国家文化和自然遗产保护利用设施建设项目。

（供稿：朱炳森）

隆 文 镇

【概述】　隆文镇位于梅县区东北部，镇政府驻隆文圩，距梅县区人民政府 62.5 公里。东连桃尧，西邻蕉岭县高思，南与松口、白渡交界，北与松源接壤。总面积 114.3 平方公里。下辖 14 个行政村和 1 个居委会。2016 年总户数 6113 户，总人口 2.5 万人。辖区耕地面积 1280 公顷，农田保护面积 920 公顷，山林面积 9160 公顷。自然资源有锰、铜、铁、煤和石灰石等。全年实现农村社会总产值 5.43 亿元，同比增长 7.6%；财税入库 736.8 万元，同比增长 21%；镇级净收入 247.2 万元，同比增长 19.6%；固定资产投资 980 多万元，同比增长 63.3%；年农民人均可支配收入 16476 元。

【农业】　全年粮食种植面积 960.13 公顷，产量 6487 吨，其中水稻种植面积 745.87 公顷，产量 5314 吨；全镇种植沙田柚、蜜柚、三红柚 1266.67 公顷，产量 5.7 万吨，同比增长 21%，产值 2.2 亿元；引进省级农业龙头企业梅州市正佳农业发展有限公司，发展农产品种养、加工、销售产业链，示范带动群众种植烟叶 90 公顷，烟叶产值 575 万元。生猪饲养量 1.15 万头，"三鸟"饲养量 5.5 万只，水产养殖面积 43.3 公顷。实行"合作社+互联网+农户"的发展模式，鼓励、引导水果合作社与果农签订购销合作协议，发展网络电商。

【招商引资】　引进广东户田农业发展有限公司、梅州市烟草公司等企业 2 家，计划投资总额 3500 万元，实际已投资 1500 万元。深圳市联教科技有限公司智慧教育项目、梅州市可嘉实业有限公司竹制品加工项目、广西柳工机械股份有限公司粤东重型机械零配件制造基地项目等在洽谈推进中。全镇有工业企业 9 家，工业产值 7436 万元；有农贸市场 1 个、酒楼饭店 13 家、超市 3 家、个体工商户 270 户，实现工商税收 610 万元。

【圩镇与农村基础设施建设】　邀请专业机构编制隆文镇总体规划和土地详规，推进隆文新圩镇的开发建设，在一期工程如期完工的基础上，新圩镇二期 5 亩城镇建设用地的征地工作完成 80%，供水厂址、污水处理厂址、市场商业用地、物流用地、酒店商业用地完成土地规划调整并交由设计院进行规划设计；推进圩镇棚户区改造工程，完成圩镇 34 间公房、23 间私房，共 2452.3 平方米范围的所有摸底工作。建成坑美、苏溪、横庄等村文体活动广场、篮球场，完成 S223 线隆文段，涵盖圩镇、岩前、横庄、木寨、村东、苏溪等村共 8.3 公里道路路灯亮化改造工程。投入 100 多万元，实施农村人居环境综合整治工程。投入 155 万元，改造升级各村村道；投入 1100 万元，实施林坑、马碑、苏溪等 3 个灌溉示范区改造工程；投入 670 万元，实施文普、苏溪、潭江、卢溪、梅州等村农业综合开发项目；投入 52 万元，对全镇各村农田基础设施进行维修和完善；完成投入 680 万元建设生活污水处理厂规划选址工作，完成投入 400 万元的自来水站升级改造工程规划选址工作，完成投入 209 万元建设坪头寨森林公园规划设计工作。

【旅游】 境内有“神秘龙宫”美誉的国内首个水下全淹洞绿窟潭；独具特色的客家文化遗产有龙岩寺、秉彝庄、龙岗围、600年古堡“将军第”、李氏祖祠“百三郎祠”等客家古民居。

【环境保护与治理】 投入资金50多万元，购置一台垃圾压缩车，实现城乡环境综合整治工程；实行媒体曝光问责制度，倒逼相关区域责任人加强环境卫生监管。做好森林管护工作，在每村各聘请2名专职护林员，与镇干部、村干部按照网格化原则进行护林防火巡查。檀江村、梅州村成立40人的专业应急扑火队，严防山火发生，全镇全年实现无山火。加大对乱砍滥伐行为的查处力度，全年查处违法案件2宗。

【土地保护与利用】 做好耕地和基本农田保护工作，成立三级网络监管机构，落实辖区国土资源动态巡查，每周不少于2次和“零报告制度”，健全和完善巡查登记台账，把国土资源管理工作列入驻村镇干部和村委干部岗位责任制考核，镇与村、村与村民小组签订了耕地和基本农田保护目标责任书。全年处理土地违法行为6宗，其中强制清理堆放废石耕地1宗、制止在萌芽状态的5宗。

【民生】 全年农村合作医疗保险参保19042人，参保率96%。全镇确定精准扶贫贫困户383户、732人，其中一般贫困户98户，低保贫困户171户，五保贫困户114户，完成当年脱贫30%的目标。

【综治维稳】 建立一村一法律顾问制度，全年调解矛盾纠纷78起；没有发生到省、市、区上访事件；全年立刑事案件10宗，破获3宗；发生治安案件26宗，查处26宗。

【计划生育】 全年出生302人，其中一孩144人，二孩154人，多孩4人，出生率11.31‰，自然增长率5.66‰，计划生育率96.36%，落实孕前优生健康检查105例。征收社会抚养费1.5万元。

【卫生】 隆文镇卫生院属一级乙等医院，有医务工作人员23人，其中中级职称2人、初级职称18人（含全科医生3人，在读1人）；病床20张，使用率70%；设预防保健科、内科、儿科、口腔科、妇产科、检验科、中医科、超声诊断、X线诊断、心电诊断等诊疗科室。全镇15个村（居）全部建成公共卫生站，并由镇卫生院提供技术指导和业务培训。

【体育】 有隆文中学、隆文镇中心小学两块标准足球场，14个村1个居委均建有一个篮球场并配备相应的体育活动设施。

【文化】 完善乡村文化活动基础设施，加强和规范各村“农家书屋”管理，丰富“农家书屋”书籍。至年底，有“农家书屋” 15家，藏书3万多册，建设文化信息共享工程网点9个。组建乡村行文艺乐社2支，交流演出6场。举办第一届隆文镇机关趣味运动会，在各村举办一场篮球赛与少儿游园活动。投入20多万元，将坑美村蒲风故居打造成为农村文化俱乐部，配备图书室、棋牌室、电子阅览室等。苏溪村投资50万元，建成占地面积250多平方米的村民休闲健身广场。

【教育】 有幼儿园1间、中心小学1间、初级中学1间。

隆文镇中心小学　占地面积1.3万平方米，小学部有教学班14个，有学生500多人；有教职员工45人，大专以上学历42人，占全体教师的93%。设有幼儿园一间，是梅州市一级幼儿园，有在园幼儿400多人。

隆文中学　创办于1904年。有教学班6个，有学生157人；有教职工44人，其中本科学历34人、本科率77.2%。1953年毕业于该校的廖万清，是第二军医大学文职将军、中国工程院院士。

【党的建设】 2016年，全镇有党支部23个，有党员1015人，其中新发展党员9人。开展“软弱涣散党组织排查整顿”工作，坑美 1 个软弱涣散党组织摘帽。成立驻村工作团队 15 个，全面铺开镇街领导干部驻点普遍直接联系群众制度，通过接访、走访、座谈会等形式，实现镇街领导干部与群众沟通交流全覆盖。全镇建立村（居）民档案 6145 户，收到群众反映问题 593 件，解决 575 件，结案率 97%。

（供稿：张赞峰）

桃尧镇

【概述】 桃尧镇位于梅县区东北部，镇政府驻桃尧圩，距梅县区人民政府 67.5 公里。总面积 118 平方公里，圩镇面积 1.5 平方公里。下辖 15 个行政村和 1 个居委会。2016 年总户数 5187 户，总人口 17654 人。有铁、稀土和石灰石等资源，水资源丰富。2016 年，实现农村经济总收入 3.6 亿元，同比增长 9.09%；工商各税收入 311 万元；完成固定资产投资 2423 万元；年农村人均可支配收入 16582 元，同比增长 8.87%。

【农业】 全年粮食种植面积 1533.33 公顷，水稻种植面积 1244.4 公顷；金柚种植面积 1263.67 公顷，产值 2.79 亿元，农民人均金柚收入 1.63 万元；烟叶种植面积 37.4 公顷；生猪饲养量 1.61 万头，“三鸟”饲养量 6.09 万只；一村一品有桃溪蕨干，金星、五星、新南烤烟村以及杨阁、宝坑、案背金柚村。金柚是桃尧镇的第一传统产业，也是桃尧的支柱产业；年初，镇成立桃尧金柚协会，增强果农、柚商之间的沟通交流；6 月中旬，组织金柚协会成员专程到福建平和，参观学习当地金柚种植的经验；在麻坝、螺江、练坑三个村开展黄龙病统防统治先行试验，提高金柚抵抗黄龙病能力和开展科技示范及新型职业农民培训工作。

【工商企业】 2016 年，全年招商引资项目有 5 个，其中农业项目 2 个，工业项目 1 个，批发零售业 1 个，旅游项目 1 个，累计计划投资近 4 亿元，2016 年已投入资金 1.2 亿元。

【圩镇与农村基础设施建设】 修筑泰康路水泥路面；解决学府路等街道部分路面排水问题；在平安视频全覆盖的基础上，再投入近 10 万元，对部分视频盲区地段加装高清摄像头 22 台；投入 132 万元，铺筑珠玉村村尾水泥路面 1.9 公里、螺江至黄牛么顶水泥路面 1.6 公里。全年投入水利建设资金 4203.5 万元，其中投入 2500 万元实施松源河（桃尧镇）20.25 公里中小河流治理工程，正施工中；投入 1661 万元实施黄沙、桃源、桃溪及泮溪水库灌区改造工程；投入 1553 万元完成尧塘水中小河流治理工程；做好各村 42.5 万元的冬春修水利工程的规划和实施工作。

【旅游】 王寿山位于桃尧镇黄沙村境内，海拔 1148 米，是梅县第三高峰，素有“九峰十八景”之美誉 ，主要景点有螳螂挂壁、棋盘石、笠麻栋、和尚拜烛等。鸡冠山位于桃源村境内，海拔 800 米。鸡冠山由桃源村乡贤张鼎信先生投资 3000 多万元在鸡冠山原“‘五七’知青农场”进行一期开发，建成有一栋酒楼、三栋别墅。现桃尧镇正按规划设计和建设鸡冠山森林公园。桃源村有大批保存完好、极富特色的客家传统古民居，2011 年 10 月被认定为广东省古村落，2012 年被评为广东省宜居名村，2012 年 12 月入围第一批“中国传统村落”候选名单，正进行桃源古村落保护开发项目。爱国将领张民达故居位于螺江村，由孙中山亲拨 1 万元光洋筹建，初建于 1924 年，取孙中山字“逸仙”之“逸”字，把该楼房命名为“逸庐”，“逸庐”二字由廖仲恺题写，2002 年被评为县级爱国主义教育基地。

【民生】 2016 年，全镇投入扶贫资金 100 多万元，其中：投入 20 万元完成 2 个贫困村（松林村、麻坝村）和 389 户贫困户（880 人）的精准识别及申报，重点帮扶的麻坝村和松林村；投入 35.7 万元完成新塘村民小组 1 公里长的村道硬底化、坝下村民小组至东风亭段 1 公里长的硬底化项目正施工中；铺设神坛、新塘村民小组的自来水工程主管道并投入使用；新建麻坝村村址、完成老人活动中心项目的初步规划设计和清基；完成松林村村文体广场的土地征集和平整。全镇参加新型农村养老保险 5000 多人，其中已经享受（60 周岁以上）养老金的有 3000 余人。全年开展劳动技能晋升培训班 3 期，解决农村富余劳动力转移就业 30 人，下岗失业人员再就业 5 人，贫困家庭劳动力就业 15 人，培训转移劳动力 27 人。投入 81 万元，建设镇卫生院和桃源村等 9 个村站“两基”（基本医疗、基本公共卫生站）基建及配套设施；投入 66 万多元，建设镇级公共服务中心和 16 个村（居）基层公共服务站。

【综治维稳】 2016 年，排查和化解调处各类矛盾纠纷，开展严打整治清查行动，严厉打击各种违法犯罪行为；加大产品质量和食品药品安全监管，落实安全生产“一岗双责”制度。全年接警 150 起，有效报警 39 起；立刑事案件 2 宗，破获 2 宗，刑拘犯罪嫌疑人 1 人，逮捕 2 人；受理行政案件 37 宗，查处 15 人，强制隔离戒毒 3 人；调解纠纷 15 起。

【计划生育】 全年出生 206 人，出生率 11.02‰，政策内生育率 96.60%，自然增长率 5.51‰，性别比 103.96。落实“四术”26 例。征收社会抚养费 30.83 万元。

【教育】 桃尧中学　占地面积约 8 万平方米，校舍建造面积约 9000 平方米。有教学楼二栋、教师办公楼二栋、学生宿舍二栋、教师宿舍楼二栋。设有一场十八室，建设标准达到省颁一类一标准。2016 年，有教学班 3 个，有学生 101 人；有教师 28 人。

桃尧镇中心小学　占地面积 2.3 万平方米，建筑面积 3500 平方米。设有 15 个功能场室（包括兼用），设施设备均按义务教育规范化要求配置。2016 年，有班级 9 个，有学生 282 人；有教职工 28 人。

桃尧镇中心幼儿园（公办）　建筑面积 450 平方米；有教室 3 间；设有图书室、体育活动室、音乐活动室、阅览室、美术室等 6 个功能室。有教职工 4 人，有在园幼儿 98 人。

【党的建设】 2016 年，全镇有党支部 21 个，有党员 949 人，其中新发展党员 10 人。一是召开中国共产党桃尧镇第十三次代表大会和梅县区桃尧镇第十六届人民代表大会第一次会议，选举产生新一届党委、纪委、人大、政府班子成员。二是做好干部直联工作。向群众发放 4000 多张写有驻点团队姓名、职务、联系电话的“亲情连心卡”的基础上，驻点团队坚持每周二进村入户，通过走访、接访、座谈等多种“零距离”方式，为群众排忧解难。全年接访群众 1385 人，走访群众 3128 户，电话联系外出群众 655 户，召开座谈会 198 场，群众反映问题或意见建议 312 个，其中解决 215 个。三是开展“两学一做”学习教育。开展学党章党规、学系列讲话，做合格党员活动，按时补缴党费，保持党的先进性和纯洁性。四是整顿螺江村软弱涣散党组织。落实“第一书记”挂点包村责任，制定“一村一策”，解决历史遗留问题，慰问困难群体，改善办公环境，建设农村道路等。

（供稿：李金富）

松 源 镇

【概述】 松源镇位于梅县区东北部，镇政府驻金星，距梅县区人民政府 83.4 公里。东邻福建永定洪山，西连蕉岭南礤，南与隆文、桃尧交界，北与蕉岭北礤、福建上杭、武平接壤，是两省五县八乡镇的集散地。辖区面积 149.5 平方公里，圩镇面积 3.5 平方公里。下辖 22 个行政村和 1 个居委会。2016 年总户数 11023 户，在册人口 41003 人。矿产资源有锰、铁、铀、煤、金、瓷土和石灰石等。全年实现社会总产值 7.27 亿元，比增 6.5%；农村经济总收入 5.51 亿元，同比增长 8%；实现工商税收 550 万元，同比增长 2.2%；实现镇级财政收入 1454 万元，同比增长 19.43%；年农民人均可支配收入 10982 元，同比增长 8%。

【农业】 松源是农业大镇，主要发展种植烤烟、柚果、优质水稻。全年种植烤烟面积 498.07 公顷，总收入 3000 多万元；种植粮食面积 1933.33 公顷，其中优质水稻面积 1780.87 公顷；金柚种植面积 740 公顷，蜜柚种植面积 673.33 公顷，合计产值 1.91 亿元；有农业合作社 70 个，新增 4 个；有家庭农场 180 个，新增 50 个；培育梅县区“十大优质金柚园”1 个，丰瑞果业有限公司被评为梅州市“金柚标准化种植”园地。

【工商企业】 全年招商引资项目有 5 个，计划投资总额近 11 亿元，已投入资金 6.17 亿元。分别是梅县区新大地纸品有限公司投资 1.05 亿元建设纸箱生产线；梅州市新燚实业投资有限公司投资 2800 万元兴建客家新世界幼儿园教育项目；广东佰为连锁超市有限公司投资 2.85 亿元的大润发购物广场有限公司梅县店项目；梅州市爱电影投资管理有限公司投资 1.08 亿元的客家新世界电影院项目；梅州乾坤润实业发展有限公司投资 9100 万元的乾坤润酒店项目。2016 年，有企业 69 家，其中新增 8 家；有商店 480 家，其中新增 67 家；有酒店 1 家，有餐饮服务个体户 39 户。

【圩镇与农村基础设施建设】 2016 年，投入 4871.5 万元，建设交通、农田水利设施。投入 271.5 万元，铺筑湖维、豪秀等 6 个村总长 9.05 公里农村公路硬底化；总投资 3600 多万元的梅县区小流域综合治理工程湾溪河段 6.3 公里及乌泥河段建设工程，完成湾溪河段 6.3 公里治理，乌泥河段治理处于进场施工阶段；投入 200 多万元，改造麻地水库灌区工程，修建和升级总长 300 多米的圳道，解决宝坑和湖维两村共 133.33 公顷农田灌溉问题；投入 800 多万元，进行高标准农田建设，该项目涉及案背、白玉等 5 个村，其中修建圳道 33.3 公里、机耕路 2.74 公里，已完成工程的 70%。

【环境保护与治理】 抓好植树造林，筹集绿化资金 10 万元，完成义务植树 1 万株，造林面积 66.67 公顷，抚育管理碳汇林 733.33 公顷，送出油茶苗 2.38 万株。全年依法制止、查处毁林开垦、擅自改变林地用途等违规现象 2 宗，违法采脂 1 宗，清除鸟网 5 张。全镇发放《致全区干部群众的一封森林防火信》1 万多份，张贴、发放《森林防火禁火令》7000 份，森林防火年历 5000 多张，森林防火环保袋、围裙 2000 份；投入资金 5000 多元，购置防火宣传设备，在各村的重点地方、路段、路口张贴宣传标语 600 多张、悬挂横额 15 条。

【土地保护与利用】 成立“两违三抢”联合执法队，并签订巡查责任书，加强土地巡查执法监察工作，把违法违规用地和非法采矿行为处理在萌芽状态。全年上报审批用地 45 宗；完善杨阁村将军帝梅州市宏牛养牛专业合作社设施农用地的报批手续；全年未发生新的违法用地。

【民生】 扩大新型农村合作医疗、城镇居民医疗保险、农村社会养老保险的覆盖面；享受城乡最低生活保障 668 户 1544 人，全年发放低保金 363.21 万元；为各类民政对象 1885 人免费参加 2017 年度新农村合作医疗；全年有 137 人次申报大病医疗救助，救助金额 45.54 万元；临时救济 55 人次，救助金额 8.68 万元；农村困难救助 68 人次，救助金额 1.43 万元；及时为 6 名 60 周岁以上退伍军人办理退伍补贴；及时发放在乡老复员军人、带病回乡退伍军人、病故军人遗属等优抚对象定期补助资金、现役军人优待金和 60 周岁农村退役士兵生活补助资金等 182.93 万元；及时发放退役士兵一次性安置费 19.19 万元，发放退役士兵家属优待金 25.60 万元；有五保户 163 人，其中在松源敬老院集中供养的有 15 人，分散供养的有 148 人，全年发放五保供养费用 129.06 万元。为 2112 名符合条件的老人投保每人每年 20 元的老年人意外伤害综合保险；对年满 100 周岁的 6 位百岁老人，每人每月发放 200 元长寿保健金；全镇贫困户建档立卡 816 户 1894 人。

【综治维稳】 投入 10 多万元，各村成立护村队，加强村级“两会一队”(治保会、调委会、护村队)建设，落实人防、物防、技防措施。投入 50 多万元，五星、黄坑、湖维、横坊安装视频监控系统。全年调解各类民事纠纷 304 宗，其中司法所受理调解 242 宗（镇级 48 宗，村级 175 宗，居委 19 宗），派出所受理调解 62 宗；接待群众来访 108 人次，组织排查 12 次，排查调处重点矛盾纠纷 5 件，受理上级交办信案 25 件，办结上级交办信案 22 件；镇、村级综治维稳站受理矛盾纠纷 57 件。

【计划生育】 全年出生 484 人，人口出生率 10.95‰，人口自然增长率 7.89‰，政策内生育率 97.14%。完成“四术”72 例；全镇全年免费孕前优生健康检查 210 例，补救措施 10 例，药具发放、随访服务率 100%。征收社会抚养费 43.38 万元。

【卫生】 宜康医院　是镇中心卫生院建制，占地面积 2001 平方米，建筑面积 5218 平方米。有卫生技术人员 45 人，其中有中级 3 人、医师 11 人、护师 3 人、护士 7 人。科室设内儿科、中医科、骨伤理疗科、妇产科、预防接种门诊等。设备有彩超、CR、全自动生化分析仪、全自动尿液分析仪、全自动血细胞分析仪及心电图等。

【文化】 投入 7 万多元，完善文化站、文化室的设备设施；投入资金 1 万多元，购置音响、服装、演出道具；筹集 40 多万元，建成松源横坊村文化服务中心，设有村史馆、校史馆、红色文化馆、传统文化馆、农耕文化馆和足球运动公园。抓好农村电影“2131”工程建设，推广数字电影放映，全年放映电影 260 多场；组织文艺队、音乐队和腰鼓队下乡演出，全年送戏下乡 10 多场。

【教育】 松源中学　占地面积 7.71 万平方米，建筑占地面积 1.21 万平方米，建筑面积 2.55 万平方米。初中部有班级 9 个，高中部有班级 7 个。有教职工 82 人；有学生 586 人，其中初中部 364 人、高中部 222 人。

松源镇中心小学　占地面积 2 万多平方米，建筑面积 5957 多平方米。有班级 34 个；有学生 1249 人；有教职工 79 人。

松源镇中心幼儿园（公办）　占地面积 2751 平方米，建筑面积 1481 平方米。有教室 8 间，有幼儿多功能活动室、厨房、寝室、户外体育活动场、种植园地、玩水池、玩沙池、饲养角等。有教职工 37 人，有在园幼儿 510 人。（另勤兴幼儿园有教职工 15 人，有在园幼儿 190 人。）

【党的建设】 2016 年，全镇有党支部 30 个，有党员 1634 人，发展预备党员 14 人。紧扣“五个真”做文章，坚持“辅助团队问联、驻点团队直联”的工作模式，分片上门走访群众 9920 户、3.47 万多人，入户率 90%；定点接访群众 977 人，召开座谈会 507 场次，群众反映问题 853 宗、解决 846 宗，群众满意度 98%。严格执行“三会一课”制度，排查出失联党员 10 人，其中取得联系 8 人，排查出党代会代表和党员违纪违法并处理对象 2 人；完成党费补缴 28.38 万元。整顿、解决软弱涣散党组织突出问题，召开专题研究解决问题会议镇级 11 次、村级 34 次，解决软弱涣散问题镇级 2 个、村级 31 个，落实民生实事 2 件；投入整顿资金 10 万元，改造伯公嘴、油草堂机耕路和方子尾下、幽兰庄自来水管网升级及慰问帮扶贫困户等。加强各级党员干部队伍建设，任免村级党支部书记 1 人、任免学校党支部书记 1 人、任职村级党支部第一书记 4 人。

（供稿：凌薏婷）

责任编辑：黎志康

国民经济主要指标

国 民 经 济 主 要 指 标

2016年梅县区主要经济指标（一）

表10

综 合

项 目	计算单位	2016年	2015年
1.地区生产总值	万元	1876364	1703287
其中：第一产业	万元	483638	430144
第二产业	万元	687446	636148
工业增加值	万元	520744	486370
第三产业	万元	705280	636995
2.公共财政预算收入	万元	218852	214982
3.公共财政预算支出	万元	559212	529703
4.税收总收入	万元	315511	314820
其中：国税收入	万元	126346	102785
地税收入	万元	189165	212035
5.金融机构本外币存款余额	万元	2979919	2518697
# 城乡居民储蓄存款余额	万元	2135657	1935865
6.金融机构本外币贷款余额	万元	147939	1253802

说明：1. 2015年数据为三经普调整后年报数，以此为准

2. 2016年数据为初步核算数

2016年梅县区主要经济指标（二）

表11

工　业（一）

项　目	计算单位	2016年	2015年
1.全区规模以上工业增加值	万元	520744	486370
2.全区规模以上工业总产值	万元	1808780	1608228
其中：按经济类型分			
①国有企业	万元	9439	10384
②集体企业	万元	4696	4454
③股份合作企业	万元	11999	13380
④股份制企业	万元	1512690	1253978
⑤外商及港澳台投资企业	万元	257954	299907
⑥其他经济类型企业	万元	12002	26125
3.七大支柱规模以上工业总产值			
电力生产	万元	533557	571698
电子产品	万元	259289	208961
机械制造	万元	263337	256021
医药化工	万元	102067	80224
工艺美术品	万元	125241	38392
建　材	万元	152195	156616
矿产品	万元	35028	46904

续表 11

项　目	计算单位	2016 年	2015 年
4.主要工业产品产量			
服　装	万件	91.5	94.8
水　泥	万吨	486.7	486
电路板	M^2	201421	2268302
橡胶轮胎外胎	万条	996.5	1222
发电量	万千瓦时	841099.08	869709.87
其中：火电	万千瓦时	771656.06	832726.61
水电	万千瓦时	69443.02	36983.26

2016 年梅县区主要经济指标（三）

表 12

农　业

项　目	计算单位	2016 年	2015 年
1.农业总产值	万元	774124	688254
2.粮食及经济作物			
（1）粮食播种面积（含大豆）	亩	472014	472108
其中：水稻面积	亩	350323	351060
粮食产量（含大豆）	吨	191775	194186
其中：水稻产量	吨	162649	164127

续表 12

项　目	计算单位	2016 年	2015 年
（2）花生产量	吨	11892	11213
（3）烤烟产量	吨	2167	2087
3.水果面积及产量			
（1）水果面积	亩	457208	457738
其中：柚类	亩	290337	290237
（2）水果总产量	吨	785086	739159
其中：柚类	吨	546080	511044

2016 年梅县区主要经济指标（四）

表 13

交通运输

项　目	计算单位	2016 年	2015 年
1.公路通车里程	公里	2803	2547
2.客运输量	万人	390	364
3.旅客周转量	万人公里	50721	47359
4.货物运输量	万吨	1754	1601
5.货物周转量	万吨公里	315693	288162

2016 年梅县区主要经济指标（五）

表 14

固定资产投资

项　目	计算单位	2016 年	2015 年
固定资产投资总额	万元	1529864	1383910
其中：项目投资	万元	1051303	899108
房地产开发投资	万元	478561	484802
按产业分			
1.第一产业	万元	0	47665
2.第二产业	万元	397054	359236
其中：工业	万元	397054	359236
3.第三产业	万元	1132810	977009

2016 年梅县区主要经济指标（六）

表 15

房地产、建筑业

项　目	计算单位	2016 年	2015 年
1.商品房施工面积	万平方米	209.9	235.1
其中：住宅	万平方米	163.9	153.8
2.商品房竣工面积	万平方米	41.4	151.1
其中：住宅	万平方米	30	107.9
3.商品房实际销售面积	万平方米	122.3	102.06

续表 15

项　目	计算单位	2016 年	2015 年
4.商品房实际销售额	亿元	58.4	46
5.资质等级以上建筑总产值	千元	2269082	1754706
其中：建筑工程产值	千元	2156712	1644769
安装工程产值	千元	60873	52271
其他产值	千元	51497	57666

2016 年梅县区主要经济指标（七）

表 16

国内贸易

项　目	计算单位	2016 年	2015 年
1.社会消费品零售总额	万元	1418701.6	1244581
其中：限额以上社会消费品零售总额	万元	476308.3	398276
按行业分：批发与零售业	万元	1219112.4	1078415.5
住宿餐饮业	万元	199589.2	166165.5
按城乡分：城镇	万元	993091.1	872511.2
乡村	万元	425610.5	372069.8
2.商品销售总额	万元	1597302	1425950.7
零售业销售总额	万元	1161503	1027648.7
3.住宿业营业额	万元	107534	74645.1
4.餐饮业营业额	万元	133660	120427.7

2016年梅县区主要经济指标（八）

表 17 对外贸易

项　目	计算单位	2016 年	2015 年
1.外贸进出口总额	万美元	28735	53225
其中：出口总额	万美元	23120	47804
进口总额	万美元	5615	5421
2.实际利用外资	万美元	1092	1900

2016年梅县区主要经济指标（九）

表 18 人民生活、物价

项　目	计算单位	2016 年	2015 年
零售物价总指数	%	100.3	99.5
居民消费价格指数	%	102.3	101.6

2016年梅县区主要经济指标（十）

表 19 人口、计划生育

项　目	计算单位	2016 年	2015 年
1.总人口	人	611638	610169
其中：农业人口	人	322708	475008

续表 19

项　目	计算单位	2016 年	2015 年
2.总户数	户	180421	166398
3.出生人数	人	8006	7203
出生率	‰	12.47	11.37
4.死亡人数	人	3434	3588
死亡率	‰	5.35	5.66
5.自然增长人数	人	4572	3615
自然增长率	‰	7.12	5.7
6.落实各种节育人数	人	95963	99520
7.总节育率	%	77.39	81.1
8.计划生育率	%	96.73	92.85

2016 年梅县区主要经济指标（十一）

表 20

教育事业发展情况

项　目	学校数（所）	班数（班）	在校学生数（人）	招生数（人）	毕业学生数（人）	教职员工（人）	在教职工中专任教师（人）
1.普通中学	26	565	21989	7558	8111	2922	2228
其中：初中	17	333	12684	4737	4244	1084	1328
高中	9	232	9305	2821	3867	1838	900
2.职业学校	6	84	3411	930	1863	275	223
3.小学	59	968	38968	7952	4910	2269	2286
4.幼儿园	110	634	20060	8025	6958	2094	1257
5.特殊教育学校	1	6	23	6	5	11	9

2016年梅县区主要经济指标（十二）

表21

卫生机构、床位、人员数

指　　标	计算单位	2016年
一、医疗卫生机构数	个	117
1．医院	个	23
县及县以上医院	个	5
乡镇卫生院	个	18
2．妇幼保健院	个	1
3．疾病控制中心	个	1
4．卫生监督所	个	1
5．慢性病防治院	个	1
其他医疗卫生机构	个	90
二、病床位数	张	2697

2016年梅县区主要经济指标（十三）

表22

体育事业发展情况

指　　标	计算单位	2016年	2015年
体育系统职工人数	人	37	41
其中：教练员	人	15	15
业余体校	所	1	1
班级数	班	9	6
在校学生	人	222	201
输送省以上优秀运动员	人	2	1
举办运动会（含单项）	场	18	3
体育设施	合计	369	361
足球场	个	104	103
篮球场	个	262	256

审核：陈福君

内设机构

内 设 机 构

2016年年底梅县区直和各部门内设机构

中共梅县区委办公室：秘书股、人事股、综合信息股、督查股、新闻秘书室、梅县区保密技术检查中心。

梅县区信访局：办信接访股、综合调查股。

梅县区委机要局：业务股、技术股。

中共梅县区委、梅县区人民政府接待办公室：接待股、后勤股。

梅县区国家保密局：办公室。

中共梅县区委、梅县区人民政府调研室：农村股、经济股、政教文股。

梅县区人大常委会机关：办公室、选举联络人事任免工作委员会、法律工作委员会、财政经济工作委员会、城乡建设环境与资源保护工作委员会、农村农业工作委员会、教育科学文化卫生体育工作委员会、华侨外事工作委员会、依法治区办。

梅县区人民政府：秘书股、行政股、综合股、督办股、经协体改股、文教股。梅县区打击走私综合治理办公室、梅县区应急管理办公室、梅县区法制局、梅县区金融服务办公室、梅县区政府系统党委、梅县区直属机关武装部、梅县区人民政府驻广州办事处。

政协梅县区委员会：办公室、联络科、文史科、人秘科、提案委员会、学习文史委员会、经济科技委员会、民营经济委员会、文教卫体委员会、社会法制委员会、港澳台侨委员会。

中国人民解放军广东省梅县区人民武装部：

梅县区综合政务服务管理办公室：政秘股、管理股、督查股。

中共梅县区纪律检查委员会：办公室、信访室（举报中心）、纪检监察一室、纪检监察二室、纪检监察三室、案件审理室、调研宣教室、执法和效能监察室、干部室、案件监督管理室、党风政风监督室、派驻纪检监察组。

梅县区监察局：

中共梅县区委组织部：办公室、干部室、干部监督室、组织室、党代表联络室、青干知工室、人才室、电教室、调研室、组织人事档案管理中心。

梅县区机构编制委员会办公室：综合股、行政机构编制股、事业机构编制股、监督检查股。

中共梅县区委老干部局：人秘股、综合股、业务股、关工股、活动中心股。

中共梅县区委统一战线工作部：办公室、 工商联络股、党派股、对台办公室。

梅县区民族宗教事务和外事侨务局：综合股。

梅县区工商业联合会：办公室。

中共梅县区直属机关工作委员会：办公室、组宣股。

中共梅县区委党校：办公室、行政股、教研室、对外培训股。

中共梅县区委党史研究室：人秘股、征研出版股。

梅县区总工会：办公室、组织宣传教育部、生产生活女工部、财务部。

共青团梅县区委员会：办公室、团务部、学少部、联络部。挂靠单位：共青团梅县区直属机关委员会。

梅县区妇女联合会：办公室、儿童部、妇工部。挂靠单位：妇女儿童工作委员会办公室。

梅县区招商局：办公室、综合部、招商部、投资服务部、信息联络部。

广州增城市（梅县区）产业转移工业园管理委员会：综合办公室、招商与经济发展办公室、规划建设办公室、资产管理办公室。

梅县区审计局：办公室、财金基建审计股、商粮贸审计股、经济责任审计股、工交审计股、行政事业审计股。下设事业单位：计算机审计中心。

梅县区国土资源局：办公室、土地规划与耕地保护股、土地利用管理股、不动产登记局（加挂地籍管理股、行政审批股）、测绘管理股、执法监察股（加挂执法监察队）、矿产资源开发管理股、地质勘查与环境股。下属事业单位：梅县区征地和土地储备中心、梅县区人民政府纠纷调处办公室、梅县区土地开发整理中心、梅县区地质环境监测站、梅县区国土资源信息中心、梅县区国土资源交易中心、梅县区地价所、梅县区国土资源测量队、梅县区国土资源局沙、石、土管理站。

梅县区民政局：办公室、计划财务股、双拥工作股、优抚安置股、救灾股、社会救助股、社会福利和社会事务股、基层政权和社区建设股、区划地名股、婚姻登记股。挂靠单位：老龄工作委员会办公室。直属企事业单位：民间组织管理办公室、福利彩票发行中心、军休所、光荣院、殡葬监察队、殡葬管理所和梅县南榕仙庄公墓有限公司。

梅县区归国华侨联合会：办公室。

梅县区扶贫开发局：人秘股、扶贫开发股、老区建设股。

梅县区残疾人联合会：办公室、教育就业股、康复股、残疾人用品用具供应管理股。下属事业单位：梅县区残疾人劳动就业服务所、残疾人康复中心、残疾人托养服务中心。

梅县区人民防空办公室：人秘股、工程通信股，人防工程管理所。

梅县区旅游局：办公室、业务股、行业管理股、质量监督股。

梅县区人民政府地方志办公室：人秘股、编审指导股。

梅县区档案局：人秘股、监督指导股、档案管理股。

梅县区安全生产监督管理局：安全生产执法监察局（副科级）、办公室、行政审批股、安全监督管理一、二、三股、应急救援股、职业安全健康监督管理股和离退休干部、职工管理股。下设事业单位：安全生产应急救援指挥中心。

梅县区体育局：人秘股、群体股、竞训股、市场管理股。

广东电网梅州市梅县区供电局：办公室、人力资源部、财务部、党群工作部、监察审计部、安全监管部、市场营销部、生产设备管理部、计划建设部。二级机构：输变电管理所、电力调控制中心、物流服务中心。18个基层供电所：扶大、南口、大坪、梅西、梅南、长沙、水车、畲江、西阳、雁洋、石坑、城东、白渡、石扇、松口、隆文、桃尧、松源。

梅县区科学技术协会：秘书室，下设事业单位：科学馆。

中共梅县区委宣传部：办公室（与宣传系统党委办公室合署，挂梅县区企业思想政治工作人员专业职务评定领导小组办公室牌子）、理论股（挂市讲师团梅县区教员组牌子）、宣传文艺股（挂区国防教育办公室牌子）、区委对外宣传小组办公室（挂区政府新闻办公室牌子、新闻出版办公室牌子）；挂靠单位：精神文明建设委员会办公室（正科级）；直属事业单位：互联网新闻信息中心、社会科学联合会办公室。

梅县区文化广电新闻出版局：办公室、社会文化股（加挂文化艺术股、文物股、广播电视股牌子）、文化市场管理股（加挂新闻出版与文化市场股、文化产业与政策法规股、行政审批股牌子）、非物质文化遗产管理办公室（加挂非物质文化遗产保护中心牌子）。

梅县区文学艺术界联合会：秘书室。

梅县区广播电视台：办公室、财会室、总编室、新闻中心、广告中心、广播节目中心、电视节目中心、播控中心、技术中心、网络传输中心、专题中心、信息中心。下设直属股级事业单位：发射中心、服务中心。

中共梅县区委政法委员会：办公室（信息化室）、政工办、调研与网络舆情室、综合协调室、法治监督一、二、三、四室。

梅县区公安局：指挥中心（内设秘书股、指挥股、宣传调研股、信息通讯股）国保大队（内设内勤中队、一中队、二中队），刑侦大队（内设内勤中队一、二、三、四、五中队、图侦中队），治安大队（内设内勤中队、一中队、二中队、三中队），政工室（内设人事股、组织股、宣教股、监督督室），法制大队（内设内勤中队、一中队、二中队、三中队），警务保障室，经侦大队（内设内勤中队、一中队、二中队），出入境管理大队（内设受理中队、审核中队、内勤中队、外管监督中队），网监大队，交警大队（内设内勤中队、事故处理中队、车管股、机动中队、城区中队、侦查中队，违法处理中队，松口中队，畲江中队，雁洋中队），巡警大队（内设内勤中队、一中队、二中队、三中队），拘留所，看守所，19个镇级派出所。

梅县区人民法院：政工科、执行局、办公室、监察室（与纪检组合署办公室）、研究室、执行一、二庭、立案庭、刑事审判庭、民事审判一、二、三庭、行政审判庭、审判管理办公室、司法警察大队；派出机构：松口、丙村、畲江、大坪人民法庭（副科级编制）。

梅县区人民检察院：监察室、政工科、办公室、反贪污贿赂局（包括侦查监督科和职务犯罪预防科）、案件管理科、公诉科、侦查监督科、行政装备检察科、反渎职侵权局、监所检察科、民事行政检察科、控告申诉检察科、技术检察科、司法警察大队、派驻程江检察室、派驻畲江检察室。

梅县区司法局：政治工作办公室（副科级）、办公室、基层工作管理股、社区矫正工作管理股、法制宣传教育股、公证律师管理股；管辖直属单位：梅县区公证处、梅县区公职律师事务所、梅县区法律援助处、梅县区普及法律常识办公室。

梅县区农业局：办公室、政策法规股（加挂行政审批股牌子）、农村经济体制与经营管理股、农业机械化管理办公室、农村经济组织管理股、种植业管理股、植物保股、科技教育股、市场与经济信息股（挂梅县区菜篮子工程办公室牌子）、人事股（与系统党委办公室、纪检组合署），农产品质量安全监管股。

梅县区林业局：秘书股、人事监察股、林政股、计划财务股、营林股、山调办、政策法规股、防火办、绿化委员会、生态公益林管理股、森防站、行政审批股、自然保护区管理股、林业科技推广站、森林资源监察大队、公安局森林分局。

梅县区水务局：人秘股、水政水资源股、计划财务股、建设与管理股、水土保持股、农村水利股、农电股、科技与信息股、供排水管理股、移民办。

梅县区畜牧兽医水产局：办公室、人事股、政策法规股（加挂行政审批股和综合信息股）、畜牧兽医股、牧政股、渔业股、渔业技术股、生猪屠宰管理股。下设：渔政大队（副局级事业单位）、动物卫生监督所、畜牧兽医水产技术推广站、区鱼苗场。

梅县区乡镇企业管理局（梅县中小企业局）：人秘股、改革发展股、技术进步股、服务体系建设股。

广东省梅县区气象局：办公室、预报股、测报股。

梅县区住房和城乡规划建设局：办公室（与建设系统党委办公室合署）、人事股、计财股、住房保障股（加挂区房改办牌子）、用地规划股、市政规划股、村镇规划股、行政审批股、城乡建设股、建筑管理股、房地产市场管理股、工程股、政策法规股。下设事业单位：梅州市住房公积金管理中心梅县区经办业务分理处，梅州市梅县区土地房屋征收安置中心，梅县区建设工程造价管理站、梅县区散装水泥管理办公室、梅县区建设工程质量安全监督检测站、梅县区建设工程质量安全监督综合检测室、梅县区城市规划设计室、梅县区城市规划测量队、梅县区建筑技术总工程师室、梅县区城建综合档案室、梅县区墙体材料革新办公室、梅县区房屋安全鉴定站、梅县区附城房管所、梅县区基层房管所、梅县区房屋白蚁防治管理所、梅县区房地产交易中心。

梅县区城市综合管理局：办公室、计财股、市政工程股、综合业务股。下属单位：梅州市梅县区城市管理监督指挥中心、梅县区城市管理监察大队、梅县区环境卫生管理所、梅县区路灯管理、园林绿化管理所、梅县区市场物业管理站。

梅县区环境保护局：办公室、评审股、污染防治股、法规宣教股、环境监察股。

梅县区交通运输局：办公室、人事股、规划股、基建管理股、安全技术股、财务审计股、综合行政执法局。下属单位：梅县区交通战备办公室、梅县区地方公路总站、梅县区交通运输总站、梅州市新城汽车综合性能检查站。

梅县区公路局：人事股、办公室、财务股、工程股、养护股、路政股、安全股、监察股、计划股、公路规费征稽所、工会；基层道班 15 个（养护中心）、1 个标志班、1 个绿化队。

梅县区发展和改革局：人事股（系统党委办公室设在人事股）、改革规划综合股、投资管理股、农业工交能源股、社会发展股、价格管理股、收费管理股、物价检查股（挂价格监督所牌子）。下属事业单位：重点项目办公室、国民经济动员办公室、铁路建设办公室、价格认证中心。

梅县区人力资源和社会保障局：办公室、人事与综合规划股、财务与保险基金监督股、就业与农民工工作股（区农村劳动力转移办公室）、人力资源管理股、培训教育股（职业能力建设股）、专业技术人员管理股、事业单位人事管理股、工资福利股、劳动关系股、养老与失业保险股（行政审批投）、医疗与工伤保险股（区劳动能力鉴定委员会办公室）、公务员管理办公室（区军队转业干部安置工作领导小组办公室）。劳动保障监察综合执法大队。

梅县区统计局：人秘股、综合股、农财股、能源股、社会经济调查股。下属事业单位：梅县区人口调查队、梅县区统计局电脑室、梅县区农村面上调查办公室。

中国人寿保险股份有限公司梅县区支公司：综合部。

中国人民财产保险股份有限公司梅县区支公司：办公室。

梅县区科工商务管理局：办公室、综合股、人事股（与系统党委办公室合署办公）、经济运行股（挂梅县区减轻企业负担工作办公室）、法规监察股、产业技术质量股、电力资源股、贸易市场股、行业管理股、生产服务业股、无线电管理股、信息产业管理股、离退休管理股、科技计划股、高新技术股、科技服务与管理股、知识产权办公室、加工贸易股、外商投资管理股、对外贸易发展管理股、行政审批股。下设：梅州市梅县区外经贸咨询服务中心、梅州市梅县区地震局、梅州市梅县区节能监察中心、梅州市梅县区经委职工学校、梅县区科工商务管理局加挂梅州市梅县区生产力促进中心牌子。

梅县区经济和信息化局：办公室、系统党委办公室、经济运行股减轻企业负担工作办公室、法规监察股、电力资源股（加挂节能监察中心牌子）、生产服务业股、行业管理股、煤炭管理股、产业技术质量股、贸易市场股、信息产业管理股（加挂信息网络中心牌子）、离退休管理股、

梅县区财政局：办公室、人事股、预算股、国库股、行政政法股、教科文股、经济建设股、综合规划股、社会保障股、外经金融股、财政监察股、会计股、公务用车管理股、法规股、农业股、企业股、绩效评价股、国有资产管理股。下设事业单位：财务总监办公室、政府采购管理办公室、国库支付中心、财政信息中心技改资金管理所、投资审核中心、农村财务管理审计办公室。

梅县区供销合作联社：人事股、业务股、财会股、办公室。

梅县区二轻工业联社：办公室、生产技术股、资产财务股。

梅县区粮食局：秘书股、人事股、财务审计股、监督检查股（加挂行政审批股牌子）、调控统计股、科技储运股。

梅县区工商行政管理局：办公室、人事股、政策法规股、登记注册股、企业监督股、经济检查股、商标广告监管股、市场规范管理股、经济检查股、经济执法大队。派出机构有松口、隆文、松源、丙村、雁洋、城东、白渡、梅西、畲江、梅南、南口、程江、宝华、城区 14 个工商行政管理所。

广东省梅县区国家税务局：办公室、政策法规股、收入核算股、征收管理股、税源管理一、二、三股、人事教育股、监察室、机关党委办公室、工会、纳税服务股，直辖稽查局：丙雁、畲江、梅西、松口税务分局。

广东省梅县区地方税务局：办公室、税政股、征收管理股、人事教育股、监察室、纳税服务股。

梅县区邮政局：综合办公室、市场经营部。

中国电信股份有限公司梅县区分公司：综合部、业务部驻广州（梅州）产业转移工业园办公室、政企客户中心。

中国移动通信集团广东有限公司梅县区分公司：综合部、市场部、服务销售中心。

中国联合网络通信有限公司梅县区分公司：营销服务室、城营销服务中心、乡镇营销中心、集客室、综合建及营业厅。

广东省梅县区烟草专卖局（公司）：综合管理部、营销部、财务部、烟叶管理部和专卖管理办公室（广东省梅县区烟草专卖局稽查大队）。烟叶管理部下设烟叶工作点分别为松源烟叶工作点、桃尧烟叶工作点、松东烟叶工作点、隆文烟叶工作点、南口烟叶工作点，专卖管理办公室（广东省梅县区烟草专卖局稽查大队）下设稽查中队分别为县城专卖稽查中队、丙村专卖稽查中队、南口专卖稽查中队、松口专卖稽查中队；营销部下设卷烟营销服务站即松口卷烟营销服务站。

广东省梅县区质量技术监督局：办公室、人教股、法规股、特设股、标准化股、计量股、质量股、稽查队、质量技术监督检测所。

广东省梅县区食品药品监督管理局：办公室、计划财务股、综合协调股（应急管理股）、行政审批股（政策法规股）、食品生产监管股、食品流通监管股、餐饮监管股、药品医疗器械监管股、保健食品化妆品监管股、稽查局（食品药品投诉举报中心）。内设12个食品药品监督管理所（南口、丙村、松源、雁洋、松口、城东、梅南、白渡、梅西、畲江、大坪、隆文）。下设事业单位1个（食品药品安全监管中心）。

梅县区农村信用合作联社：办公室、人力资源部、内审监察部、合规与风险管理部、授信审批中心、授信管理部、运营部、资产保全部、安全保卫部。贷款中心和三农专营中心。

中国农业银行梅县区支行：客户部、综合管理部、运营财会部；管辖支行营业部有华侨城、嘉大、府前、金穗、新城、丙村、畲江、松口、人民人道、五洲城支行营业网点。

中国银行梅县区支行：办公室。

中国建设银行梅县区支行：综合部。

中国农业发展银行梅县区支行：办公室、客户业务部、会计结算部。

中国工商银行股份有限公司梅县区支行：综合部。辖属营业网点：中国工商银行梅县区股份有限公司梅县区支行（营业部）、梅龙支行、中国工商银行股份有限公司梅州城区支行、华南支行、新中支行、大新城支行。中国工商银行股份有限公司梅县区支行有剑英支行、中央大道支行、丙村支行。

中国邮政储蓄银行有限责任公司梅县区支行：综合部。

梅县区客家村镇银行：综合办公室、会计结算部、营业部、合规风险部、综合业务部、市场扩建部、信息科技部。

梅县区盐务局（盐业分公司）：盐政法规股、专营部、财务部。

梅县区教育局：办公室、人事股、继续教育中心、教育股、教仪站、计财股、招生办、勤工办、信息中心、职成股、教研室、体卫股、督导室、幼教办、保健所、内审室、德育股、党委办。

梅县区卫生和计划生育局：办公室、规划与财务股、体制改革股、疾病预防控制与爱卫股（加挂爱国卫生运动委员会办公室、卫生应急办公室牌子)、妇幼健康服务股、医政股(中医药管理股)、人事股、政策法规监督股、信息与统计股、宣传与科教股、考核办公室、流动人员管理股。

梅县区疾病预防控制中心：办公室、职业病防治科、检验科、科教信息科、质量管理科、公共卫生科、财会科、后勤科、免疫流防科、健康监护科、司机体检科。

2016年年底梅县区各镇（办事处、高管会）内设机构

梅县区新城工委办事处：党政办公室、经济事务办公室、社会事务办公室、公共事务办公室、人口和计划生育办公室、社会治安综合治理信访维稳办公室、城乡规划建设管理办公室。另设4个服务中心：财政结算服务中心、社会保障服务中心、文教体育服务中心、人口与计划生育服务中心。

梅县区扶大高新区管理委员会：管委会办公室、经济建设办公室、社会事务办公室、招商引资办公室、人口和计划生育办公室、创业服务中心。下设四个服务中心：农业服务中心、人力资源与社会保障服务中心、文教体育服务中心、机关服务中心。

梅县区程江镇党委、政府：党政办公室、经济发展办公室、农业事务办公室、社会事务办公室、人口和计划生育办公室、社会治安综合治理信访维稳办公室、城乡规划建设管理办公室。另设4个服务中心：农业服务中心、财政结算服务中心、文教体育服务中心社会保障服务中心。

梅县区南口镇党委、政府：党政办公室、公共事务办公室、城乡规划建设管理办公室、农业事务办公室、社会治安综合治理信访维稳办公室、人口和计划生育办公室、社会事务办公室、经济事务办公室、农业服务中心、财政结算服务中心、社会保障服务中心、文教体育服务中心、卫生和人口计划生育服务中心。

梅县区畲江镇党委、政府：党政办公室、经济事务办公室、社会事务办公室、人口和计划尘育办公室、社会治安综合治理信访维稳办公室、农业事务办公室、城乡规划建设管理办公室。另设4个服务中心：农业服务中心、财政结算服务中心、社会保障服务中心、文教体育服务中心。

梅县区水车镇党委、政府：党政办公室、经济事务办公室、社会事务办公室、人口和计划生育办公室、社会治安综合治理信访维稳办公室、农业事务办公室、城乡规划建设管理办公室、农业服务中心、财政结算服务中心、社会保障服务中心、文教体育服务中心、人口和计划生育服务中心梅县。

梅县区梅南镇党委、政府：党政办公室、人口和计划生育服务办公室、农业办公室、社会事务办公室、社会治安综合治理信访维稳办公室、经济事务办公室、城乡规划建设办公室。另设5个服务中心：农业服务中心、计生服务中心、文教体育服务中心、社会保障服务中心、财政结算服务中心。

梅县区梅西镇党委、政府：党政办公室、社会事务办公室、人口和计划生育办公室、社会治安综合治理信访维稳办公室、农业事务办公室、城乡规划建设管理办公室。

梅县区大坪镇党委、政府：党政办公室、农业事业办公室、城乡规划建设管理办公室、社会事务办公室、人口和计划生育办公室、社会治安综合治理信访维稳办公室。另设5个服务中心：农业服务中心、财政结算服务中心、社会保障服务中心、文教体育服务中心、人口和计划生育服务中心。

梅县区石坑镇党委、政府：党政办公室、人口和计划生育服务办公室、社会事务办公室、社会治安综合治理信访维稳办公室、农业事务办公室。另设4个服务中心：农业服务中心、文教体育服务中心、社会保障服务中心、财政结算服务中心。

梅县区石扇镇党委、政府：党政办公室、人口和计划生育办公室、经济事务办公室、社会治安综合治理信访维稳办公室、城乡规划建设管理办公室、农业事务办公室、社会事务办公室。

梅县区城东镇党委、政府：党政办公室、经济事务办公室、社会事务办公室、人口和计划生育办公室、社会治安综合治理信访维稳办公室、农业事务办公室、城乡规划建设管理办公室。另设5个服务中心：农业服务中心、文教体育服务中心、社会保障服务中心、财政结算服务中心、人口与计划生育服务中心。

梅县区白渡镇党委、政府：党政办公室、社会事务办公室、经济事务办公室、人口和计划生育办公室、社会治安综合治理信访维稳办公室、农业事务办公室、城乡规划建设管理办、社会保障服务中心、人口计划生育服务中心、文体服务中心、财政结算服务中心、农业服务中心。

梅县区丙村镇党委、政府：党政办公室、经济事务办公室、社会事务办公室、人口和计划生育办公室、社会治安综合治理信访维稳办公室、农业事务办公室、城乡规划建设管理办公室。另设4个服务中心：农业服务中心、财政结算服务中心、社会保障服务中心、文教体育服务中心。

梅县区雁洋镇党委、政府：党政办公室、经济事务办公室、社会事务办公室、人口和计划生育办公室、社会治安综合治理信访维稳办公室、农业事务办公室、城乡规划建设管理办公室、公共事务办公室。另设5个服务中心：社会保障服务中心、人口和计划生育服务中心、文教体育服务中心、财政结算服务中心、农业服务中心。

梅县区松口镇党委、政府：党政办公室、经济事务办公室、社会事务办公室、人口与计划生育办公室、社会治安综合治理信访维稳办公室、农业事务办公室、城乡规划建设管理办公室、公共事务办公室。另设4个服务中心：农业服务中心、文教体育服务中心、社会保障服务中心、财政结算服务中心。

梅县区隆文镇党委、政府：党政办公室、社会事务办公室、综治信访维稳中心、人口和计划生育办公室。下设4个服务中心：财政结算服务中心、文教体育服务中心、财政结算中心、公共服务中心。

梅县区桃尧镇党委、政府：党政办公室、经济事务办公室、社会事务办公室、人口和计划生育办公室、社会治安综合治理信访维稳办公室、农业事务办公室、城乡规划建设管理办公室。

梅县区松源镇党委、政府：党政办公室、农业事务办公室、社会事务办公室、人口和计划生育办公室、社会治安综合治理信访维稳办公室、城乡规划建设管理办公室；下设4个服务中心：农业服务中心、财政结算服务中心、社会保障服务中心、文教体育服务中心。

名录

领导干部名录

2016年年底梅县区领导班子成员名单

中共梅县区委

书　记：张文广

副书记：钟光灵

　　　　钟秀堂

常　委：罗时亮

　　　　涂戈峰

　　　　林　砆

　　　　古　裕

　　　　张志锋

　　　　张小兰

　　　　王杞杨

　　　　黄增国

　　　　宁和国（挂职）

梅县区人大常委会

主任、党组书记：曾庆辉

副　主　任：李丹玲

　　　　　　刘　敏

　　　　　　王英豪

　　　　　　梁新强

　　　　　　黄钦昌

梅县区人民政府

区　长：钟光灵

副区长：罗时亮

　　　　宁和国（挂职）

　　　　赖启忠

　　　　管纪城

　　　　梁惠文

　　　　谢　芳

　　　　郭龙元

政协梅县区委员会

主席、党组书记：曾京铭

副主席、党组副书记：钟梅福

副主席：余洪昌

　　　　曾祥伟

　　　　赖良钊

　　　　李　刚

中共梅县区纪律检查委员会

书　记：古　裕

副书记：彭俊华

　　　　范文辉

2016 年年底梅县区直和各部门领导干部名单

（截止时间 2016 年 12 月 31 日）

中国人民解放军广东省梅县区人民武装部

部　长：方高华

政　委：王杞杨

副部长：杨　凡

中共梅县区委办公室

主任、党群系统党委书记：张志锋

常务副主任：徐凯达

副主任：翁尚华

副主任：韩晓晖

副主任挂职（兼）国安办专职副主任：梁　彬

党群系统党委副书记：王浩发

国家保密局局长：梁振放

机要局局长：吴福金

梅县区委、区政府调研室

主　任：王志华

副主任：叶君元

副主任：刘洪桥

副主任：安　平

梅县区区委、区政府接待办公室

主　任：李健华

副主任：古　毅

梅县区信访局

局　长：陈国和

副局长：谢小彬

副局长：卢坚干

梅县区人大常委机关

办公室主任、人大党组成员：郑伟荣

办公室副主任：张凤明

办公室副主任：梁权荣

财政经济工作委员会主任：卢基铭

财政经济工作委员会副主任：宋国栋

法律工作委员会主任：张文辉

法律工作委员会副主任：卜敬勤

选举联络人事任免工作委员会主任：古文辉

选举联络人事任免工作委员会副主任：黄佳昌

华侨外事工作委员会主任：郑作更

华侨处事工作委员会副主任：刘　岚

城乡建设环境与资源保护工作委员会主任：李　玉

城乡建设环境与资源保护工作委员会副主任：谭安泉

教育科学文化卫生体育工作委员会主任：梁　干

教育科学文化卫生体育工作委员会副主任：张秀华

农村农业工作委员会主任：卢建辉

农村农业工作委员会副主任：何荣春

梅县区人民政府办公室

主任、系统党委书记：丘孝良

副县级干部、叶剑英纪念园管理局副局长：张炳荣

副主任：曾繁进

副主任：钟加练

系统党委副书记：陈　明

打击走私综合治理领导小组办公室主任：梁　谨

直属机关武装部部长：潘伟炬

应急管理办公室主任：吴远光

法制局局长：徐婉玲

法制局副局长：杜　毅

金融服务办公室主任：李晓斌

金融服务办公室副主任：古海朋

机关事务服务中心主任：巫沐炎

梅县区综合政务管理办公室

主　任：李　梁

副主任：罗伟强
副主任：张国志
副主任：王彦标

政协梅县区委员会
办公室主任：李孟文
办公室副主任：陈启刚
办公室副主任：廖伟业
人秘科科长：姚　思
人秘科副科长：黄小勇
人秘科副科长：吴红英
文史科科长：李新有
文史科副科长：杨利芬
联络科科长：钟其志
联络科副科长：黄玉丽
港澳台侨委员会主任：肖曼丽
社会法制委员会主任：梁　斌
提案委员会主任：王杞龙
学习文史委员会主任：陈于洋
民营经济委员会主任：叶成林
文教卫体委员会主任：廖　青
经济科技委员会主任：丘文君

梅县区监察局
局　长：彭俊华
副局长：李忠青
副局长：钟俊方

中共梅县区纪委
纪委常委：杨焱宁
纪委常委、办公室主任：刘森江
纪委常委：钟俊方
纪委常委：李忠青
组织宣传室主任：钟轶蓉
党风政风监督室主任：熊伟生
信访室主任：吴威光
纪检监察一室主任：巫思斌
纪检监察二室主任：林　琳
纪检监察三室主任：李意强
纪检监察四室主任：曾干中
纪检监察五室主任：李华奇
案件审理室主任：黄宇标

中共梅县区委组织部
部　长：林　砝
副部长：叶金胜
副部长：张任权
副部长：饶迎春
副部长、两新组织党工委书记：邹彤祥
副部长、两新组织党工委副书记：邹　敏
副部长：冯　青
党代表联络室主任：温中华
组织人事档案管理中心主任：潘敏华

梅县区机构编制委员会办公室
主　任：陈纪珠
副主任：黄如珍
副主任：沈豪杰
事业单位登记管理局局长：杨冰冰

中共梅县区委老干部局
局　长：张任权
副局长：吕雪珍
副局长：彭文秀

中共梅县区委统战部
部　　长：张小兰
常务副部长：陈永征
常务副部长、对台办主任：李顺华
副　部　长：黄秋辉

梅县区各民主党派
致公党区委主委：徐婉玲
致公党区委专职副主委：陈瑞玲
民革区委主委：李朝晖
民盟区委主委：叶柳华

梅县区民族宗教和外事侨务局
局长、党组书记：朱晓云
副局长：古巧珍
副局长：古瑞琼
副局长：陈映兰
副局长：谢雪华
副局长：巫万胜

梅县区工商业联合会
主席、会长：黄志平
党组书记：黄秋辉
副主席：傅其杉
副主席：巫爱玲

中共梅县区直属机关工作委员会
书　记：刘展南
副书记：陈珍荣
副书记：许仕良

中共梅县区委党校
校　长：林　砝
常务副校长：王辉有
副校长：钟启明
副校长：伍剑锋

中共梅县区委党史研究室
主　任：梁文芳
副主任：丘丽芬

梅县区总工会
主席、党组书记：刘　敏
副主席：叶大章
副主席：谢丽春
副主席：温　炽

共青团梅县区委员会
书　记：魏南辉
副书记：古　彦
副书记：黎锡涛
副书记：林　鹏（挂职）

梅县区妇女联合会
主席、党组书记：余红梅
副主席：温友玲
副主席：梁雪梅

梅县区招商局
局　长：卜华兴
副局长：黄宣文
副局长：温淑芳
副局长：李卫民

广州增城市（梅县区）产业转移工业园管理委员会
主　任：黄伟政
副主任：洪福胜
副主任：王杰平

梅县区审计局
局长、党组书记：叶福祥
副局长：张永清
副局长：黎　勇

梅县区国土资源局
局长、党组书记：谢源兴
副局长：黄导文
副局长、党组副书记：饶志粦
副局长：余永辉
执法监察队队长：杨　铖
征地和土地储备中心主任：刘卫东

梅县区民政局
局长、党组书记：李建煌
副 局 长：刘捷胜
副 局 长：王　婷
副 局 长：黄康中

梅县区归国华侨联合会
主　席：赖广贤
副主席：黄小满

梅县区扶贫开发局
局　长：侯鹏伟
副局长：宋晋广
副局长：刘雪理
副局长：林芬兰

梅县区残联人联合会
理事长、党组书记：刘火云
副理事长：黄国强
副理事长：陈嘉玲
副理事长：廖伟涛

梅县区人民防空办公室
党组书记、主任：张捷先
副主任：丘平格
副主任：吴雪琳

梅县区旅游局
局长、党组书记：曾令文
副局长：黄利辉
副局长：宫　丹

梅县区人民政府地方志办公室
主　任：曾婉玲
副主任：叶永生

梅县区档案局、档案馆
局长、档案馆馆长：李敏均
副局长、档案馆副馆长：涂惠琴
副局长、档案馆副馆长：杨东梅

梅县区安全生产监督管理局
局长、党组书记：曾建强
副局长：古善群
副局长：陈　潇
副局长：余喜林
执法监察局局长：张伟忠

梅县区体育局
局长、党组书记：林　煌
副局长：刘明文
副局长：蔡汉恩
副局长：连永娇

广东电网梅州市梅县区供电局
局　　长：徐君政
党委书记、副局长：戴　志
副　局　长：古育文
副　局　长：黄雄文
副　局　长：赖敏军
纪委书记：杨　桢

梅县区科工商务管理局
局长、经贸系统党委书记：张云龙
副局长：傅传忠
副局长：谢源珍
副局长：黄学文
副局长：王志文
副局长：曾幼梅
副局长：钟志文
副局长：何国材
副局长：赖志宇
副局长：黄伟东
系统党委副书记：邓晓波

梅县区科学技术协会
主　席：黄锶强
副主席：王　伟

中共梅县区委宣传部
部长、系统党委书记：涂戈峰
副部长：李钦奋
副部长：张理昌
系统党委副书记：张春兰

梅县区精神文明建设委员会办公室
主　任：李钦奋
副主任：黄雄安
副主任：蔡英红

梅县区文化广电新闻出版局
局长、党组书记：廖峰松
副局长：钟　良
副局长：卜雪梅
副局长：张小宏
非物质文化遗产管理办公室主任：杨利霞

梅县区文学艺术界联合会
主　席：钟辉雄
副主席：余志明

梅县区广播电视台
台长、党组书记：黄忠健
副 台 长：古志强
副 台 长：刘志文
总 编 辑：戴伟洲

中共梅县区委政法委员会
书记、系统党委书记：黄增国
副书记：梁惠文
常务副书记：赖高峰
专职副书记：宋汉平
专职副书记：肖耀宗
政法系统党委副书记：丘佳丽

中共梅县区委 610 办公室
主　任：肖耀宗
副主任：赖强伟

梅县区社会治安综合治理委员会办公室
主　任：赖高峰
副主任：黎永康

梅县区全面依法治区办公室
主　任：钟谊先

中共梅县区委维护稳定工作领导小组办公室
主　任：宋汉平
副主任：陈维嘉

梅县区公安分局
局长、党委书记、警务督察长：梁惠文
政委、党委副书记：杨启宇
副局长、党委副书记：李志平
副局长：曾令普
副局长：温建光
副局长：蔡如通
副局长：魏少忠
副局长：沈宝德（挂职）
纪委书记：李概涛

梅县区人民法院
院长、党组书记：魏伟辉
副 院 长：古英智
副 院 长：张小琴
副 院 长：杨晓东
纪检组长：侯艾青

梅县区人民检察院
检察长、党组书记：梁振悦
副检察长、党组副书记、反贪局局长：张　俊
副检察长：曾华生
纪检组长：丘志英

梅县区司法局
局长、党组书记：丘建文
党组副书记：赖小林
副局长：肖小平
副局长：谢学平
副局长：李素玉
政工办主任：郑春娟

梅县区农业局
局长、党组书记、系统党委书记：钟匡仁
副局长：陈玲玲
副局长：黄利云
副局长：陈均祥
系统党委副书记：王浪欣

梅县区林业局
局长、党组书记：林作鹏
副局长：刘建潮
副局长：朱建文
副局长：王惠梅
副局长：李小铭
林业分局局长：刘师睿
林业分局教导员：钟柳昌

广东省梅县区阴那山省级自然保护区管理处
副主任：刘建潮

梅县区水务局
局长、党组书记: 李文杰
副局长: 古英桓
副局长: 梁强华
副局长：李标华
防汛防旱防风指挥部办公室主任：洪召强
小水电管理中心主任：曾均和

梅县区畜牧兽医水产局
局　长：冯勇文
副局长：刘志华
副局长：潘国强
副局长：巫达文

梅县区乡镇企业管理局（梅县区中小企业局）
局　长：陈标君
副局长：钟育明
副局长：黎　汕

广东省梅县区气象局
局　长：赖国宜
副局长：黄志兴

梅县区住房和城乡规划建设局
局长、党组书记、建设系统党委书记：刘演政
副局长、党组副书记：王广清
副局长：赖斯品
副局长：章爱革
系统党委副书记：李小勇
住房公积金主任：张双明
土地房屋征收安置主任：赖肇坤

梅县区城市综合管理局
局长、党组书记：李文海
副局长：林喜朋
副局长：古勇科
副局长：曾超群
城市管理监察大队队长：林诗砚
环境卫生管理所：钟绍迁

梅县区环境保护局
局长、党组书记：李志坚
副局长：何
副局长：黄伟政
副局长：卢好芬

梅县区交通运输局
局长、党组书记、系统党委书记：何问安
副局长、交管总站站长、党组副书记：王志昌
副局长：林　强
副局长：黄小明
交通运输执法局局长：郭　安
地方公路管理总站站长：黄勇青
系统党委副书记：陈舒雷

梅县区公路局
局长、党组书记：何绍清
副局长：陈建和

副局长：钟加保
副局长：邓志军

梅县区发展和改革局
局长、党组书记、系统党委书记：刘勇华
副局长、党组副书记：练建平
副局长：胡孟琴
副局长：黎奇新
副局长：吴　凡
副局长：宋　徽
系统党委副书记：王绍荣

梅县区人力资源和社会保障局
局长、党组书记：叶金胜
副局长：曾昭国
副局长：赖广东
副局长、基金管理局局长：温育泉
副局长：熊　栗

梅县区统计局
局长、党组书记：王庆润
副局长：梁　建
副局长：张小聪
副局长：李少华

梅县区物资总公司
经　理：梁桃荣

中国人寿保险股份有限公司梅县区支公司
总经理：谢东晓

中国人民财产保险股份有限公司梅县区支公司
经　理：罗汉强
副经理：谢明卿
副经理：张伟华

梅县区财政局
局长、党组书记：李晓斌
副 局 长：李华新
副 局 长：罗文兴
副 局 长：曾丽芳（挂职）

梅县区供销合作联社
主任、党委书记：钟国煌
副主任：陈淑欣
副主任：余　芳

梅县区二轻工业联社
主任、党委书记：
副主任：曾　辉

梅县区粮食局
局　长：李胜能
副局长：张文汉
副局长：温映珊
副局长：朱文辉

梅县区商业企业集团公司
总经理：谢昌云

梅县区工商行政管理局
局　长：余春文
副局长：杨集能
副局长：李国粦
副局长：黄　芬

广东省梅县区国家税务局
局　长、党组书记：罗志坚
副局长：曾钢强
纪检组长：李洪方
副局长：丘克波
副局长：李奋强
副局长：郑志坚

广东省梅县区地方税务局
局　长：张爱东
副局长：刘建青
副局长：罗继光

副局长：凌育升
副局长：曾东斌

中国邮政集团公司梅州市梅县区公司
总经理：朱胜君
副经理：陈红星
副经理：谭顺龙

中国电信股份有限公司梅县区分公司
总 经 理：余贤畅
副总经理：林文渊
副总经理：梁　军

中国移动通信集团广东有限公司梅县区分公司
总 经 理：饶宏舵

中国联合网络通信有限公司梅县区分公司
总经理：张剑文

广东省梅县区烟草专卖局
局长、党组书记、经理：戴新导
副经理、党组副书记：谢志东
副局长：阎小刚
副经理、工会主席：朱　斌

广东省梅县区质量技术监督局
局长、党组书记：廖秀丽
副局长：范伟军

广东省梅县区食品药品监督管理局
局长、党组书记：古天恩
副局长：廖法元
副局长、党组副书记：张文胜
副局长：蔡孝威
副局长：黄拥军
稽查局局长：冯彬彬

梅县区农村信用合作联社
理事长：罗胜源

中国农业银行梅县区支行
行　长：黄　寅
副行长：黄华坚
副行长：谢家裕
副行长：赖桂香

中国银行梅县区支行
行　长：卓　芬

中国建设银行梅县区支行
行　长：陈清华
副行长：李　健
副行长：郭金文

中国农业发展银行梅县区支行
行　长：李阳东
副行长：钟志勇

中国工商银行股份有限公司梅县区支行
行　长：罗伟东
副行长：侯雪元
副行长：陈树堂

中国邮政储蓄银行有限责任公司梅县区支行
行　长：张淑芬
副行长：林清梅

梅县区客家村镇银行
董事长：李东强

梅县区盐务局（盐业分公司）
局　长：李　剑
副局长：张富祥

梅县区教育局
局长、党组书记、系统党委书记：冯治山
副局长：洪春柳
副局长：邹光辉
副局长：吴维权

系统党委副书记：许敏玲

梅县区卫生和计划生育局

局长、党组书记、系统书记：叶世震
副局长、卫生监督所所长：李刚松
副局长：丘胜钦
副局长：唐春兰
副局长：梁碧梅
系统党委副书记：邱建光
人民医院院长：沈友权
中医院院长：冯华坚
疾控中心主任：邓友华
妇保院院长：陈　雄
流动人口计划生育服务队队长：钟建新

2016年年底梅县区各镇（办事处、高管会）领导干部名单

（截止时间2016年12月31日）

梅县新城工委、办事处

党委书记：李　扬
党委副书记、主任：冯丽锋
党委副书记：范斯亮
党委副书记：黄树金
党委委员：余志刚
党委委员：吴少南
党委委员：梁冬生
党委组织委员：廖龙美
党委委员、武装部长：李汉清
党委委员：陈雪芬
党委委员：廖稻香
党委委员、纪委书记：刘　智
党委委员：叶淑媚
副 主 任：曾　强
副 主 任：温瑞莲
副 主 任：李达元
副 主 任：黄洪伦

扶大高新区管理委员会

党委书记、主任、市高新区管委会副主任：郭龙元
党委副书记、副主任：殷永华
副 主 任：何　迈
副 主 任：黄明清
副 书 记：邓长河
副 书 记：张焕银
党委委员：温杰灵
党委委员：梁　宏
党委委员、武装部长：李　楠
党委委员、纪委书记：黄文浩
党委组织委员：曾　欢

程江镇党委、政府

党委书记：
党委副书记、镇长：赖宇坚
党委副书记：李建新
党委副书记：钟增兴
党委委员、副镇长：谢英强
党委委员：温军泉
党委委员：张爱民
党委委员、纪委书记：管依强
党委委员、武装部长：李启均
党委委员：叶勇彬
党委组织委员：刘仕梅
人大主席：江宏光
人大副主席：黄伟强
副 镇 长：李　青
副 镇 长：黄开瑜

南口镇党委、政府

党委书记：廖劲松
党委副书记、镇长：钟政堂
党委副书记：宋铁军
党委副书记：郑　宏
党委委员、副镇长：林嘉文
党委委员：余　强
党委委员：林伟方
党委委员、纪委书记：曾考兰
党委组织委员：宋世波
党委委员：刘向科
党委委员、武装部长：廖毅扬
党委委员：黄浩强
党委委员：黄文健
人大主席：陈伟平
人大副主席：曹志豪
副 镇 长：杨建军
副 镇 长：张文森
副 镇 长：陈　军

畲江镇党委、政府

党委书记：凌宏志
党委副书记、镇长：林军新
党委副书记：廖国昌
党委副书记：郭　斌
党委委员、副镇长：李元驹
党委委员：叶碧新
党委委员：何概生
党委委员：钟仁芳
党委委员、纪委书记：温燕权
党委委员、武装部长：李　涛
党委委员：庄辉龙
党委委员：刘龙才
党委组织委员：李自军
人大主席：罗国标
人大副主席：赖仁成
副 镇 长：刘宋明
副 镇 长：刘兆隆
副 镇 长：熊秀丽

水车镇党委、政府

党委书记：卢剑平
党委副书记、镇长：涂启文
党委副书记：杨达良
党委副书记：黄均盛
党委委员、副镇长：黄钦焕
党委委员、纪委书记：彭文东
党委委员、武装部长：陈良琛
党委委员：邹雨军
党委组织委员：林苑菲
党委委员：徐思明
党委委员：黄小君
党委委员：李伟怀（挂职）
人大主席：吴云昌
人大副主席：叶伟池
副 镇 长：刘敬强
副 镇 长：张奕洪

梅南镇党委、政府

党委书记：连焕荣
党委副书记、镇长：黄　玉
党委副书记：危越林
党委副书记：肖韵波
党委委员、副镇长：杨耀雄
党委委员、武装部长：吴东兴
党委委员、纪委书记：黄庆玲
党委委员：陈剑粦
党委组织委员：古盖立
党委组织委员：邹要文（挂职）
人大主席：吴健凡
人大副主席：李振鹏
副 镇 长：王红兰
副 镇 长：郑春凌

梅西镇党委、政府

党委书记：洪　明
党委副书记、镇长：洪伟锋
党委副书记：刘伟雄
党委副书记：黄通谋
党委委员、副镇长：凌远辉
党委委员：白伟荣
党委委员：张森华
党委组织委员：陈　伟
党委委员、纪委书记：卢　英
党委委员、武装部长：吴德松
党委委员：曾鸿文
人大主席：凌宏旺
人大副主席：陈英明
副 镇 长：邓远征
副 镇 长：赵严君

石坑镇党委、政府

党委书记：吴永生
党委副书记、镇长：陈国军
党委副书记：张　炜
党委副书记：陈　军
党委委员、副镇长：黄伟雄

党委委员：陈意宏
党委委员：余文忠
党委组织委员：林玉迁
党委委员：刘柳新
党委委员、武装部长：潘春标
党委委员、纪委书记：李馥滨
人大主席：温均辉
人大副主席：张英贤
副 镇 长：刘杏林
副 镇 长：陈万华

大坪镇党委、政府

党委书记：李志兴
党委副书记、镇长：邹其森
党委副书记：叶　友
党委副书记：肖强斌
党委委员、副镇长：白雪丹
党委委员、纪委书记：管蹈元
党委委员：温质明
党委委员：沈金山
党委委员、武装部长：余胜军
党委组织委员：张　珊
党委委员：谢伟浩
人大主席：张碧文
人大副主席：洪石金
副 镇 长：古　晓
副 镇 长：黄生文

城东镇党委、政府

党委书记：叶铭光
党委副书记、镇长：曾　谋
党委副书记：梁　浩
党委副书记：黎国标
党委委员、副镇长：谢国栋
党委委员、纪委书记：赵勇民
党委委员：温梓峰
党委委员：许志谋
党委组织委员：曾惠珍
党委委员、武装部长：罗　勇
党委委员：房森伦
人大主席：黎国生
人大副主席：古强中
副 镇 长：杨　青
副 镇 长：张志军

石扇镇党委、政府

党委书记：邹卓祥
党委副书记、镇长：杨文昌
党委副书记：胡梅清
党委副书记：张　良
党委委员、副镇长：管荣伟
党委委员：郑永青
党委委员：邓时恩
党委委员、纪委书记：吴奇罕
党委组织委员：黄姝雯
党委委员：邓通方
党委委员、武装部长：李华彬
人大主席：李潜辉
人大副主席：陈耿钦
副 镇 长：黄增超
副 镇 长：罗小勇

丙村镇党委、政府

党委书记：吕瑜泉
党委副书记、镇长：古　健
党委副书记：李光照
党委副书记：姚妮雅
副书记：孔志萍（挂职）
党委委员、副镇长：张晓生
党委委员、武装部长：陈国泰
党委委员：刘孟隆
党委委员：林朝阳
党委委员、纪委书记：李守鹏
党委委员：朱文杰
党委组织委员：林　健
人大主席：涂新兴
人大副主席：李彩诗
副 镇 长：温鸿华

副 镇 长：陈　锋

雁洋镇党委、政府

党委书记：王宏基
党委副书记、镇长：刘志刚
党委副书记：张柳然
党委副书记：洪　英
党委副书记：辜昀玥（挂职）
党委委员、副镇长：张剑辉
党委委员、纪委书记：王晓琼
党委委员：林光曾
党委委员：姚建辉
党委委员：温永剑
党委委员、武装部长：张柳赞
党委委员：利　涛
党委委员：梁晓峰
党委组织委员：曾永乐
人大主席：赖志雄
人大副主席：杨志华
副 镇 长：林敬宁
副 镇 长：何　懿
副 镇 长：王良诚

白渡镇党委、政府

党委书记：梁联胜
党委副书记、镇长：陈　浩
党委副书记：付国栋
党委副书记：谢松子
党委委员、副镇长：古　康
党委委员：黄冬梅
党委委员、武装部长：曾志明
党委委员：曹立平
党委组织委员：温兴明
党委委员、纪委书记：张科泉
党委委员：张　波
人大主席：刘连贵
人大副主席：谢利丹
副 镇 长：谢正强
副 镇 长：刘海峰

松口镇党委、政府

党委书记：章广润
党委副书记、镇长：谢建业
党委副书记：冯行山
党委副书记：刘永辉
党委委员、副镇长：饶伟荣
党委委员、纪委书记：张惠文
党委委员、武装部长：张鼎贤
党委组织委员：陈瑞芳
党委委员：李培才
党委委员：黄伟强
党委委员：钟志勇
党委委员：丘坤良
人大主席：吴昌增
人大副主席：钟银生
副 镇 长：周章雄
副 镇 长：许伟忠
副 镇 长：曾文彬

隆文镇党委、政府

党委书记：陈　宁
党委副书记、镇长：黄文辉
党委副书记：李友康
党委副书记：赖耀武
党委委员、副镇长：陈　丹
党委委员：卢明辉
党委委员：何华胜
党委委员：柯　峰
党委委员、纪委书记：钟伟胜
党委委员、武装部长：邓帮清
党委组织委员：黄东龙
人大主席：张淦辉
人大副主席：李健畴
副 镇 长：梁　辉
副 镇 长：赖贵明

桃尧镇党委、政府

党委书记：熊伟均
党委副书记、镇长：洪　苑

党委副书记：廖敏雄
党委副书记：杨秀霞
党委委员、副镇长：张群胜
党委委员、纪委书记：王海锋
党委委员、武装部长：曾　可
党委委员：郑能湘
党委组织委员：张宇峰
人大主席：吴龙茂
人大副主席：沈　越
副 镇 长：陈庆丰
副 镇 长：林　巧

松源镇党委、政府

党委书记：陈天新
党委副书记、镇长：李新泉
党委副书记：卢志勇
党委副书记：周海胜
党委委员、副镇长：王利灵
党委委员、纪委书记：李志煌
党委委员：刘　坚
党委委员：李　勇
党委委员、武装部长：肖　策
党委委员：郑建华
党委组织委员：侯蓉华
人大主席：何兰芬
人大副主席：沈运兴
副 镇 长：张忠胜
副 镇 长：刘志文

先　进　名　录

先 进 单 位

国家级先进单位

表 23

单　位	授予单位	荣誉称号	表彰时间
梅县区	农业部	国家农产品质量安全县	2015.7.8 2016 年未报
梅县区	中国（深圳）国际旅游博览会 中国（深圳）候鸟旅居研究院	中国候鸟旅居县	2015.12 2016 年未报
梅县区丙村镇	中华全国供销合作社	大雅红肉蜜柚合作社被评为《农民专业合作社示范社》	2016.5
梅县区卫生和计划生育局	国家卫生和计划生育委员会	（2014—2016）全国计划生育优质服务先进单位	2016.12
梅县富力切尔西足球学校	中国足协	全国夏令营联赛（武汉）2004 年龄组获亚军	2016.7
梅县区松源镇横坊村委横江村	住建部、文化部	中国传统村落	2016.12
梅县区工商联	中华全国工商联合会	2015 年全国“五好”县级工商联	2016.5.13
梅县区国家税务局	国家税务局总局	各省（区、市）税务局先进集体	2016.12
梅县区松口镇	中华全国归国华侨联合会	中国华侨国际文化交流基地	2015.12

续表 23

单　位	授予单位	荣誉称号	表彰时间
梅县区松口镇（圳头村）	住房和城乡建设部	中国传统村落	2015.8
梅县区雁洋镇	中国城市竞争研究会	中国十大美丽乡镇	2016.7
梅县区雁洋镇	住建部	中国特色小镇	2016.11
梅县农村信用合作联社	中国银行业协会	“柚农宝”产品荣获 2015 年服务三农五十佳金融产品	2016.6

省级先进单位

表 24

单　位	授予单位	荣誉称号	表彰时间
梅县区	中共广东省委、广东省人民政府、广东省军区	广东省双拥模范城	2016.8
梅县区	广东省人民政府	2014 年度全省高标准基本农田建设任务成绩突出奖励用地指	2016.6
梅县区丙村镇银竹村、群丰村、黄梅村、梅福村	广东省爱卫协	广东省卫生村	2016.6
梅县区丙村镇大雅村	共青团广东省委员会	广东省五四红旗团支部	2016.5
梅县区丙村镇文化站	广东省文化厅	广东省一级文化站	2016.1
梅县区人力资源和社会保障局	广东省妇女联合会	广东省三八红旗集体	2016.3
梅县区大坪镇大坪村、三台村	广东省爱国卫生运动委员会	广东省卫生村	2016.6

续表 24

单　位	授予单位	荣誉称号	表彰时间
梅县区程江镇周塘村、浒洲村、大和村、大塘村、槐岗村	广东省爱国卫生运动委员会	广东省卫生村	2016.6
梅县丽群小学	广东省足协	广东省 U 互动五人制足球赛（梅州赛区）冠军	2016.6
梅县庆达实业足球队	广东省足协	广东省 U 互动五人制足球赛（梅州赛区）冠军	2016.6
梅县丽群小学	广东省足协	广东省 U 互动五人制总决赛亚军	2016.8
梅县区业余体校	广东省足协	广东省少年女子足球联赛（乙组）亚军	2016.7
梅县区业余体校	广东省足协	广东省少年男子足球联赛（甲组）第四名	2016.7
梅县区业余体校	广东省足协	广东省少年男子足球联赛（丙组）第四名	2016.7
梅县区松源镇金星村、青塘村、白玉村、寨背村	广东省爱卫协	省级卫生村	2016.12
梅县区烟草专卖局	广东省扶贫开发领导小组	2013—2015 年扶贫“双到”工作优秀扶贫单位	2016.3
梅县区烟草专卖局	广东省烟草专卖局	2016 年广东烟草商业系统质量管理小组成果优秀奖	2016.5
梅县区松口镇	广东省文化厅	广东省一级文化站	2016.1
梅县区松口镇	广东省科学技术厅	广东省技术创新专业镇（金柚）	2016.5
梅县区松口镇桃宝村、车田村、大力村、泰东村、大涧村、盘龙村	广东省爱国卫生运动委员会	广东省卫生村	2016.12

续表24

单　位	授予单位	荣誉称号	表彰时间
梅县区雁洋镇	广东省文化厅	广东省特级文化站	2016.1
梅县区雁洋镇	广东省文联	广东省诗词之乡	2016.3
梅县区梅南镇上村村、北洞村、顺里村	广东省爱国卫生运动委员会	广东省卫生村	2016.12
梅县区梅南镇九龙嶂纪念馆	广东省精神文明建设委员会、中共广东省委宣传部	第七批广东省爱国主义教育基地	2016.11

市级先进单位

表25

单　位	授予单位	荣誉称号	表彰时间
梅县区程江镇	梅州市人民政府	2015 年度人口与计划生育工作先进单位	2016.3

先 进 个 人

国家级先进个人

表 26

单位	姓　名	授予单位	荣誉称号	表彰时间
梅县区检察院	钟坚	中华全国总工会	全国五一劳动奖章	2016.4
梅县区司法局	房春明	司法部	全国模范司法所长	2016.11

省级先进个人

表 27

单位	姓　名	授予单位	荣誉称号	表彰时间
梅县区国土局	余高科	广东省扶贫开发领导小组	2013-2015 年扶贫开发“双到”考核结果评为优秀个人	2016.3
梅县区检察院	钟　坚	广东省检察院	“守护正义”群众最喜爱的广东杰出检察官	2016.8
梅县区国家税务局	罗志坚	广东省总工会	广东省五一劳动奖	2016.4

责任编辑：陈福君

文献辑存

振奋精神 务实创新 努力实现“十三五”发展良好开局

——在区委十二届六次全体会议上的报告

（2016年1月31日）

张 文 广

同志们：

这次全会的主题是：深入学习贯彻习近平总书记系列重要讲话精神，全面贯彻落实党的十八届五中全会和省委十一届五次、六次全会以及市委六届六次全会精神，总结2015年和“十二五”工作，谋划“十三五”发展，部署2016年工作，动员全区上下抢抓机遇、振奋精神、务实创新、奋力攻坚、加快发展，努力实现“十三五”发展良好开局。

下面，我代表区委常委会向全会报告工作。

一、2015年的工作

2015年，是“十二五”收官之年，是在争当粤东西北振兴发展排头兵中取得重要成果的一年。一年来，我们认真学习贯彻习近平总书记系列重要讲话精神，全面贯彻落实党的十八届三中、四中、五中全会和省委十一届四次、五次全会以及市委六届五次全会精神，按照市委市政府建设“一区两带”的工作部署，认真落实“两大振兴政策”，扎实开展“三严三实”专题教育活动，深入推进各项改革，扭紧“三大抓手”，坚守“两条底线”，强力推动经济、社会、文化、生态和党的建设，经济实现中高速增长，各项事业全面进步，开创了振兴发展的新势头。

——全区生产总值169.65亿元；固定资产投资138.39亿元，增长30.2%。

——税收总收入31.48亿元，增收4.14亿元；公共财政预算收入21.5亿元，增收3.49亿元，增长19.39%。公共财政预算收入和本级税收总量均在粤东西北12个市74个县（区）中排名第二位。区财政在全省县级中唯一荣获全国先进集体殊荣。

——被认定为第三批国家现代农业示范区。

——被命名为“中国民间文化艺术之乡”、授予“中华诗词之乡”称号。

——县域旅游综合竞争力连续五届跻身全省十强，位列第三。

——电子商务产业园被评为“广东省电子商务示范基地”。

——企业上市实现新突破，新增3家上市企业。

一年来，我们重点抓了以下九项工作：

（一）坚持科学理论武装，学用结合推动振兴发展。健全党委理论中心组学习制度，始终把深入学习贯彻党的十八大和十八届三中、四中、五中全会和习近平总书记系列重要讲话精神作为一项重大政治任务，把学习系列重要讲话精神贯穿于“三严三实”专题教育全过程，采取有力措施推动学习贯彻向广度深度拓展，引导全区党员干部更好地用讲话精神统一思想、武装头脑、指导实践，切实把学习成果转化为推动全区加快振兴发展的工作本领和决策能力。一年来，区委常委会坚持理论中心组学习，组织专题报告会，举办学习培训班，营造浓厚学习氛围，把学习贯彻活动与加快发展的各项工作紧密结合，使各级党组织和广大干部进一步深化了对习近平总书记系列重要讲话精神的认识和理解，进一步增强维护党中央的权威、维护党的团结统一的坚定性和自觉性，始终在思想上、政治上、行动上同以习近平同志为总书记的党中央保持高度一致，不折不扣落实上级各项决策部署，有力推动全区经济社会的较快发展。

（二）全力推进新城建设，城区扩容提质步伐加快。城区规划面积 40 平方公里，其中 10 平方公里的梅县新城是嘉应新区起步区的重要组成部分，是广东梅兴华丰产业聚集带的功能配套区。按照“科学规划、产城联动、滚动发展”的理念，聚焦产业与项目建设，着力完善公共交通、公共服务、公共配套和产业项目建设，新城建设步伐加快，城市规模不断扩大，公共设施不断完善。新引进金利来、铁汉生态、棕榈园林等一批企业集团投资城市建设，建成了中山大学粤东医院、梅县外国语学校等一批公共项目；京东等一批知名电商进驻电子商务产业园，富力城、喜之郎、客商银行、新城水厂等一批项目建设加快。利用国家棚户区改造政策、发行企业债券、推行 PPP 投融资模式，加快推进城市路网、地下综合管廊、棚户区等公共设施建设。推进城乡环境综合整治，落实网格化、精细化管理，城市管理水平提升，顺利通过了国家卫生城市复审工作。围绕葵岗高速出口开通、梅县电厂搬迁，谋划了 15 平方公里的葵岗城市发展区和 10 平方公里的槐岗城市发展区，城市发展架构不断拉开。

（三）快速推进园区建设，产业集聚效应明显增强。在梅兴华丰产业集聚带核心区内规划建设以畲江产业园、水车产业园和城东白渡产业园“三园合一”产业集聚区，完成了集聚区的总体规划，依法征收土地 3300 多亩，道路等基础设施采用 PPP 项目建设模式推进，创业孵化中心以及医院、学校等一批重点项目正在建设，引进了广铁物流、深圳有信达保税物流、中新集团和锦丰科技集团汽车零部件、富力集团和海王集团建设生物谷、珠光集团“古梅梦景”等一批项目；综合保税区的申报和建设有序推进，部分道路开工建设，申报材料已由国务院批转海关总署征求相关部门的意见；航鑫科技首期、BPW（梅州）车轴六期等一批项目建成投产，一批招商项目正在建设或洽谈。集聚区基础设施不断完善，承载力明显增强，全年完成固定资产投资总额 18.8 亿元、增长 2.7 倍，工业增加值总额 11.2 亿元、增长 34.5%。

（四）积极推进交通建设，投资发展环境不断改善。全年规划实施的境内 34 个交通项目完成投资 9.4 亿元，增长 22%。保障了境内济广高速平兴段的建成通车和梅平高速的动工建设，梅汕高速铁路的征地拆迁和争取增设葵岗高速出口的前期工作有序推进。完成了城东至扶大等长 90.5 公里的 6 个国省道升级改造项目和 76 公里的县乡公路建设，加快了剑英大道延长线和客都大桥连接线建设进度，动工建设了新的进城大道和梅畲快速干线、白渡园区快速干线，开通了城区至各镇的公交线路，道路等级和通车能力进一步提升。同时，水利、信息、农村电网等基础设施建设稳步推进。

（五）狠抓实体经济发展，县域经济实力质提量增。抢抓国家促进原中央苏区和省促进粤东西北振兴发展的政策机遇，全面落实扶持实体经济发展政策，出台贴息贷款、助保贷等系列措施，重点扶持企业发展以及“新三板”上市培育企业，壮大发展实体经济。全区公共财政预算收入达 21.5 亿元，比 2011 年的 10.1 亿元翻了一番；新增规模以上工业企业 8 家，规模以上工业增加值达 46.75 亿元。发展和利用资本市场成效显著，企业上市实现新突破，集一家居在香港主板上市、嘉元科技和骅锋科技在“新三板”上市，还有 18 家企业与保荐机构签订了“新三板”挂牌合作协议，有望陆续实现挂牌目标。利用产业园区建设平台和第四届世界客商大会举办契机，强力推进招商引资工作，深入实施“乡贤回乡投资兴业”工程，全年引进计划投资5000万元以上的落地项目有43个、计划总投资240亿元。大力发展电子商务、文化旅游、现代物流、现代金融等新经济业态，推动大众创业、万众创新，加快推进了装备制造、电子信息、新能源、商贸物流四个产值超百亿元产业的培育发展。

（六）大力发展特色农业，农业产业化水平稳步提升。把农业发展与生态文明建设、文化旅游产业、农民增收紧密结合，扎实推进国家现代农业示范区建设和国家农产品质量安全县创建试点工作，农村土地承包经营权确权登记颁证工作稳步推进。全年新增省级龙头企业2家、市级7家。依托电子商务产业园，积极推进“全国电子商务进农村综合示范县”建设，在乡镇建立电商服务站，运用“互联网+”模式发展农村电商，积极推动主导农产品“上网触电”，有效带动金柚等主导农产品的市场拓宽和价格提升，增加果农收入。积极推进农业基础设施建设，完善中小型灌区续建与节水改造、中小河流治理工程。大力发展林下经济，新增2家省级林下经济示范基地。扎实推进森林碳汇、乡村绿化美化等重点生态工程建设，全面完成“一消灭三改造”任务，全年造林面积8.3万亩，森林覆盖率达74.62%。

（七）大力推进文化旅游，旅游综合竞争力明显提高。认真贯彻落实广东梅江韩江特色旅游产业带规划建设的部署，完善重点景区景点的旅游服务配套设施建设，加强古镇古街、古村落、红色资源等的保护开发和美丽乡村建设，加大对梅南九龙嶂革命根据地旧址群修缮保护。古梅梦景、雁鸣湖健康养生基地、新南湾水岸游乐休闲中心等一批旅游重点项目加快建设，一批休闲农业和农家乐旅游项目完善提升，“全国客家文化生态旅游知名品牌示范区”创建工作通过国家现场验收，进一步擦亮了中国长寿之乡、中国旅游强县品牌。全年旅游接待人数1442万人次、旅游总收入122亿元，分别增长19%和21%，县域旅游综合竞争力位居全省第三。

（八）统筹发展社会事业，各项工作取得显著成效。深入贯彻落实中央、省委和市委关于全面深化改革的部署要求，着力深化行政审批和商事登记制度、基层社会治理创新、医药卫生体制等方面改革，狠抓改革任务落地，发展活力进一步激发。坚持民生为重，办好“十件民生实事”。社保体系进一步完善，底线民生标准持续提高，社会保障水平稳步提升。全面完成市级下达的社会保险扩面征缴和被征地农民养老保险保障金分配任务，完成任务指标位列全市第一。实施更加积极的就业政策，鼓励多渠道多形式创业就业，推进“大众创业、万众创新”。全年培训各类人员1.5万人次，新增转移就业1.2万人次。完成770户城市棚户区改造、1062户农村危房改造任务。筹集“双到”资金1.7亿元，全面完成第二轮扶贫开发“双到”工作任务。广州增城对口帮扶梅县工作有新进展。梅县外国语学校建成启用，各类教育协调发展，争创“广东省推进教育现代化先进区”工作全面启动。优化配置医疗卫生资源，中山大学粤东医院的医疗技术、服务管理得到社会充分认可。积极实施人口与计生政策，全面完成上级下达的人口计划指标。扎实推进精神文明建设，认真开展“美丽梅县文明我先行”系列活动。公共文化基础设施和服务网络不断完善，创作了《拦门戏亲》等客家文艺精品。群众体育运动广泛开展，振兴足球之乡十年规划工作取得阶段性成效，制定实施足球综合改革方案。全力配合市委市政府成功承办了第四届世界客商大会等重大活动和系列赛事。行政服务实体大厅、网上办事大厅不断完善，行政效能不断提升。积极创新社会治理，健全完善社会矛盾纠纷防范调处体系，群众诉求渠道进一步畅通，“按法治框架解决基层矛盾试点”工作和“民主法治示范村（社区）”创建活动扎实开展，一村（社区）一法律顾问实现全覆盖。严格落实安全生产“一岗双责”，食品药品安全整治和质量强区工作扎实开展，安全生产形势持续稳定好转。全面开展“3+2”专项打击整治行动，严厉打击各类违法犯罪。加大投入，完善城区和农村治安视频监控系统建设，平安建设巩固提升，群众安全感增强。

（九）落实党委主体责任，全面推进从严治党。区委常委会坚持以严的精神、实的作风，贯彻从严治党要求，多次召开常委会专题学习和研究部署党建工作。根据《中国共产党党组工作条例（试行）》、《中国共产党地方委员会工作条例》等管党治党新规定，完善了“三重一大”制度，制定了区委党建工作清单。务实开展“三严三实”专题教育活动，常委们带头落实责任，到基层讲专题党课、参加专题民主生活会，挂点督导基层党建工作。积极主动配合省委巡视组做好巡视检查工作，对巡视发现的问题，落实责任，立行立改，以整改实际成效推进各项工作。严格按照《条例》要求，完善选人用人规程，一批想干事、能干事、干成事的优秀干部选拔进各级领导班子。软弱涣散基层党组织整顿等 19 项基层治理重点工作取得明显成效。加大财政投入，建立落实村干部报酬增长机制，保障村（居）办公经费。完善“联述联评联考”制度，落实各级党组织书记党建主体责任。强化党风廉政建设和反腐败工作，有效发挥了党委的主体责任和纪委的监督责任。严守政治纪律、政治规矩，持之以恒落实中央八项规定，加强干部“八小时以外”监管，从严执行领导干部重要事项报告等制度。保持反腐败斗争的高压态势，依纪依法查处违法违纪行为，曝光处理了 7 起 15 名“庸、懒、散、奢”违规干部，纪检监察机关立案查处违纪违法党员、国家工作人员 80 宗、80 人，营造了风清气正的干事创业氛围。同时，实行财政统一发放津补贴，干部职工收入提高，实现与市直机关同城同待遇。

与此同时，大力支持人大、政协依法履行职能，加强同各民主党派、工商联、无党派人士合作共事，支持工会、共青团、妇联等群团和社会组织工作。全面推进依法治区，支持司法机关公正司法。重视党管武装工作，军地军民关系进一步密切。

同志们，这些成绩的取得，是我们全面贯彻习近平总书记系列重要讲话精神的结果，是上级党委政府正确领导和关心支持的结果，是全区干群团结奋斗的结果，是海内外乡亲鼎力支持的结果。区人大、区政协、各民主党派和各乡镇、区直各部门以及省、市属驻梅单位、驻梅部队、各行业都为此作出了积极的努力，各位区委委员、候补委员对我们的工作给予了大力支持。在此，我代表区委常委会表示衷心的感谢！

二、关于“十三五”规划

“十三五”时期，是全面建成小康社会的决胜时期。科学制定我区“十三五”规划，谋划好未来五年的发展蓝图，对于我区加快振兴发展、如期全面建成小康社会意义重大。区委按照中央、省、市的“十三五”发展规划，开展系列调研，广泛征求意见，凝聚各方智慧，集思广益，形成了提交这次全会审议的区委“十三五”规划《建议》讨论稿。光灵同志将对《建议》讨论稿作说明，希望大家认真审议，提出意见，共同做好“十三五”规划的编制工作。下面，我就“十三五”发展强调三点意见：

（一）要实事求是总结“十二五”时期的成绩和经验

“十二五”时期，我们紧扣振兴发展主线，主动适应新常态，积极有效应对，不断创新发展模式，经济社会发展取得显著成果，顺利完成了“十二五”规划的主要目标任务，为“十三五”发展奠定了坚实基础。

五年的成就，振奋人心。一是经济实力显著增强。全区生产总值年均增长 10.5%，人均 GDP 由 2010 年的 22464 元增至 2015 年的 32348 元，增长 40%；税收、公共财政预算收入分别由 14.37 亿元、7.58 亿元增至 31.47 亿元、21.49 亿元，分别增长 1.19 倍、1.84 倍。二是城镇建设步伐加快。撤县设区，新城路网、学校、医院、公园、文体中心等城市综合配套功能有效提升，一批城市综合体有序推进，文体教育、医疗保健、汽车商贸、家居建材、电子商务、金融等产业不断发展，新城建成区面积扩大、人口增加。中心镇、重点镇和美丽乡村建设扎实开展，以城带乡、城乡互动，推进了新型城镇化融合发展。三是园区扩能增效初显。全面启动规划建设了产业集聚区，创办了电子商务产业园，产业发展空间得到拓展。装备制造、电子信息、新能源、商贸物流等产业发展加快，培育壮大文化旅游、电子商务等新业态，特色高效农业稳步发展。四是基础设施跨越发展。交通、能源、水利、信息等基础设施建设步伐加快，境内高速公路增加，高速铁路将建设，普通公路继续优化，综合交通网络进一步完善。能源保障体系不断完善，城乡水利防灾减灾能力全面提升，信息化取得新的突破。五是生态建设巩固提升。节能减排工作扎实推进，污染防治设施建设加强，城乡环境综合治理纵深开展，城乡生态建设取得新进展，绿色发展成效明显。六是社会事业全面发展。各项改革深入推进，每年办好一批民生实事。圆满完成两轮扶贫开发“双到”任务。公共服务体系覆盖面持续扩大，社会治理体系和治理能力提高，法治建设不断加强，人民生活明显改善，社会大局和谐稳定。七是党的建设全面加强。党的群众路线教育实践活动成果丰硕，各级干部队伍建设和基层组织建设进一步加强，作风建设持续深化，惩治和预防腐败体系不断完善，党的建设科学化水平提升。这些发展成效，凝聚了全区干部群众的智慧和汗水，鼓舞了全区干部群众的士气，坚定了加快振兴发展的信心和决心。

五年的经验，弥足珍贵。过去的五年，是我区各项建设投入最大、振兴发展变化最快、人民群众得到实惠最多的五年，创造了宝贵的实践经验。我们必须从实际出发，发挥优势，完善思路，创新发展；必须突出重点，扭紧“三大抓手”，聚焦产业和项目，大力发展实体经济；必须完善发展平台，大力招商引资，凝聚各方力量，激发市场和社会活力；必须致力保护生态环境，持续改善社会民生，维护社会和谐稳定，让人民分享更多发展成果；必须全面从严治党，深入推进作风建设，严格执行各项规章制度，营造风清气正的干事创业环境。这些发展经验，我们要倍加珍惜，认真借鉴，深化运用，在新的起点上，把握新形势，明确新要求，谋划新思路，开创新局面。

（二）要正确认识“十三五”时期的挑战和机遇

谋划“十三五”发展，我们要清醒认识面临的困难和挑战。一是产业结构不合理。经济总量仍较小，第一产业比重大，产业发展层次不高，调整产业结构任务艰巨。二是支柱工业较少。工业短板仍然突出，缺乏“造血型”“支柱型”企业，优势产业、高新技术企业比例不大，产业园区集聚能力不够强，创新能力不足，培育新的增长点任务艰巨。三是民生任务较重。社会保障整体水平还不高，推进基础设施向农村延伸、促进公共服务均等化的建设压力较大。四是发展意识不强。部分党员干部群众的思想观念尚未能完全适应新常态的要求，技术人才缺乏，转变工作作风、提升素质能力任务艰巨。对此，我们要以更强烈的忧患意识、责任意识，以更大的勇气和魄力破解难题、砥砺前行。

谋划“十三五”发展，我们更要看到全区发展迎来的众多机遇。从国际来看，新一轮科技革命和产业变革蓄势待发，以生物、信息、新材料、新能源技术为核心的产业技术革命将催生新的经济增长点，给我国产业转型升级带来新机遇。从国内来看，“四个全面”战略布局和“五大发展”理念的确立，为我们做好各项工作明确了总遵循、总抓手、总方略，国内经济发展步入新常态，发展处于可以大有作为的重要战略机遇期。从全省来看，省落实和出台扶持苏区政策，实施扶贫攻坚行动计划，“三大抓手”持续发力，将进一步加快补齐粤东西北地区发展的短板。从全市看，有国家和省两大振兴政策的强力保障，以及广州市的全面对口帮扶，政策机遇越来越好，特别是“一区两带”的推进和一批对外快速交通项目的建设，发展基础更加扎实。从全区来看，我区现有好的发展基础、好的创业氛围、好的治安环境，特别是产业集聚区建设，发展平台扩宽、发展后劲更大，全区干部群众的内生动力越来越强劲，在外乡贤、港澳台同胞和海外侨胞支持家乡建设越来越踊跃，还有广州增城的对口帮扶，发展合力前所未有。只要我们以高度的政治责任感和强烈的事业心，坚定信心、抢抓机遇，开拓创新、奋发作为，就一定能进一步加快振兴发展步伐。

（三）要明确"十三五"时期的奋斗目标和发展理念

"十三五"时期是我国全面建成小康社会的决胜时期。党的十八届五中全会提出创新发展、协调发展、绿色发展、开放发展、共享发展五大发展理念，明确了"十三五"乃至更长时期我国发展思路、发展方向、发展着力点。中央、省委、市委明确了"十三五"时期的奋斗目标。省委提出 2018 年是我省率先全面建成小康社会的目标年，市委要求梅县要在 2018 年与省同步率先在全市完成全面建成小康社会的各项任务。我们的"十三五"规划就要紧紧围绕实现这个奋斗目标来制定。要牢固树立"五大发展理念"，坚持发展是第一要务，立足实际，以更强的责任意识，自觉置身于全市乃至全省大局，跳出市内"龙头"、粤东西北 74 个县"领先"的思维束缚，加强与国家、省、市"十三五"规划与其他规划和政策措施的衔接，认真谋划一批事关长远发展的重大项目，以更高的定位、更高的目标、更高的要求、更实的措施，全力做好"十三五"规划，为"十三五"时期经济社会发展指好向、领好航，勇挑重担、加快发展、走在前列，奋力实现在 2018 年全面建成小康社会的奋斗目标。

三、2016 年工作安排

2016 年是"十三五"开局之年，是全面建成小康社会决胜阶段的起始之年，也是区、镇换届之年。做好今年工作，既关系当前，又影响长远，意义特别重大。我们要立足"十二五"发展基础，保持来之不易的良好发展态势，采取强有力措施，努力推进经济社会发展再上新台阶。

今年工作的总体要求是：深入贯彻落实习近平总书记系列重要讲话精神，全面落实党的十八届五中全会、中央经济工作会议和省委十一届五次、六次全会以及市委六届六次全会精神，按照"五位一体"的总体布局和"四个全面"的战略布局，贯彻"五大发展理念"，扭紧"三大抓手"，壮大实体经济，统筹城乡发展，改善重点民生，推进依法治区，全面从严治党，全力加快发展，确保实现"十三五"发展良好开局。

通过努力，全年全区生产总值增长 10%左右、公共财政预算收入增长 15%左右、固定资产投资增长 30%左右，居民收入增长与经济增长基本同步。

实现今年的目标任务，重点要抓好五方面的工作：

（一）着力加快项目和产业发展，推进"一区两带"建设。聚焦工业项目，加强产业谋划和产业招商，加快项目建设，精准发力，实现城市扩容、产业园区和产业发展的新突破。

1. 强力推进新区规划建设。在加快梅县新城建设的同时，围绕梅汕高铁建设和梅县电厂搬迁规划建设槐岗新城、葵岗新城，围绕国际慢城和园区发展谋划雁洋新城、畲江新城，形成五城联动、以城带乡、城乡互动发展，加快新型城镇化建设步伐。

——坚持规划引领。精心谋划新区功能布局、产业发展，分步实施，完善公共配套设施，引进投资主体，加快推进建设。

——完善公共配套建设。充分利用国家扩大投资、市政管廊建设和棚户区改造政策，运用政府购买服务、PPP 等投融资建设模式，吸引更多大型企业参与城市道路等基础设施建设。加快市政综合管廊、新城水厂、程江河亲水公园、梅江西堤亲水公园二期等城市公共配套设施建设，启动建设程江镇大沙、槐岗和扶大三丰 3 个棚户区改造项目，完成 1028 户棚户区改造任务。大力推进 1800 亩的征地工作，为项目落地提供土地保障。

——改善城区交通。继续完善去年未完工的 10 条市政道路建设，升级改造人民南路等城区道路，计划打通 2 条断头路、新建 3 条市政道路，争取动工建设程江大桥。规划建设府前大道与人民南路交叉口人行通道工程。实施绿色便民交通网络，在城区建立若干个自行车驿站，并向农村旅游区扩展。

——加快推进产业项目。促进足球产业基地等已签约项目落地建设，着力引进一批总部经济、金融服务、电子商务等产业项目。要以富力城、锦绣国际家居博览中心、宝丽华集团客商银行等为重点，兴建梅县新城“众创金融一条街”。统筹供给需求双向发力，有序化解房地产库存。在去年住房公积金从5%提高到9%的基础上，从今年1月份起再提高到12%，每人每月平均增加210元；实施住房公积金贷款转商业贴息办法，进一步支持缴存干部职工住房需求，充分发挥住房公积金作用，促进城镇住房消费。

——推进智慧城市建设。以市加快推进智慧梅州建设和创建“宽带中国”示范城市为契机，整合各部门信息资源，大力推进梅县智慧城市建设，提升城市可持续发展能力，促进新型城镇化发展。

——推进特色镇村建设。坚持因地制宜，抓好中心镇或特色镇建设，推进省级名镇名村、新农村示范片和中央苏区县幸福村居示范片（线）创建工作，加强农村人居环境整治、土地综合整治、农村生活垃圾和污水处理，促进城市基础设施和公共服务向农村延伸。

2. 强力推进产业园区建设。围绕“三年打基础，五年大突破，十年大发展”的目标，打好园区发展攻坚战，把培育产业体系与建设集聚区紧密结合，聚焦产业项目，抓功能配套，促项目落地，尽快把梅县集聚区建设成为梅兴华丰产业集聚带示范区，今年要在园区规模、基础设施和项目落户上取得新突破，争当梅兴华丰产业集聚带建设排头兵。

——全方位对接申报。发挥主体作用，主动加强与省、市相关部门沟通汇报，争取广州市委市政府的重视支持，共同加大与中央相关部委的对接力度，力争综合保税区今年获批。同时，全力推进综保区各项基础设施建设，做到申报建设“两不误、两促进”。

——着力完善配套设施。坚持大手笔投入，计划投入20多亿元推进集聚区的道路、管网和医院、学校公共配套及综保区配套服务项目建设。投资10多亿元的综保区基础设施及配套设施建设年底要初成规模；上半年要完成投资近亿元的水车生物谷项目道路、绿化、亮化工程；力争明年上半年完成投资3亿元的畲江医院、畲江中心小学扩建等配套工程。

——力促项目落地。全力跟踪服务和大力招商，力促更多更好项目落地。加快保税物流、汽车零部件、生物谷、省市共建创新创业孵化中心等落户项目建设进度，力促广铁物流、联邦快递、平盐铁路、盐田国际“无水港”、安盛华集团首饰进料加工等项目尽快落户。继续加强与上级环保部门的汇报沟通，采用工业废水零排放工艺，推进白渡新型电子产业化项目建设。

——高效率推进征拆。抓住土地利用总体规划中期调整契机，全力保障集聚区建设用地规模。积极争取更多用地指标，依法依规快速推进征地拆迁，为项目落地提供用地保障。今年集聚区计划争取2000亩以上用地指标、完成2000亩征地工作。

3. 强力推进文化旅游发展。围绕把旅游业打造成为战略性先锋产业和幸福导向型产业，将旅游产业与特色高效农业、生态文明建设、美丽乡村建设紧密结合，着重发展红色旅游、文化旅游、生态休闲、健康养生等新业态，打响“叶帅故里”和“国际慢城”的品牌。

——整合特色资源。主要是在巩固现有景区景点的基础上，加快推进城东古梅梦景、雁洋雁鸣湖健康养生基地、梅南新南湾等项目建设。引进企业投资开发雁洋松口梅江水系旅游项目，将雁洋现有景点景区与松口千年古镇等景点串珠成链，充分挖掘松口作为“印度洋之路”第一港的丰富内涵，规划建设与“21世纪海上丝绸之路”相切合的发展项目，融入“一带一路”建设。

——抓好名镇名村保护利用。开展全区自然村落历史人文普查工作。加强对历史文化名镇、古村落和古民居保护开发和美丽乡村建设，开发一批客家特色村镇；抓好梅南九龙嶂革命根据地旧址群修缮保护，弘扬红色文化。

——抓好旅游消费市场培育扩展。加强与周边地区的旅游合作，充分利用微博、微信等新媒体，开展宣传推介，扩大旅游品牌知名度和影响力。实施“旅游+”战略，推动旅游产业与工业、农业、体育等产业深度融合，延长产业链。要农旅结合，培育家庭农场、农家乐等新型经营主体，着力发展特色农业、观光农业，发展一批农业旅游综合体。

4．强力推进产业结构调整。认真落实《广东省工业转型升级攻坚战三年行动计划》和梅州市《进一步加快实体经济发展的意见》以及招商引资系列政策，加强对企业的分类指导，错位发展，大力扶持重点企业增资扩产、技术改造、技术创新、转型升级，加快企业上市步伐，加强专业技术人才培养，加快发展装备制造、电子信息、新能源、商贸物流产业，着力补齐工业短板。力争全年新增规上工业企业 8 家以上，力促 1 家企业上 10 亿元、1 家企业上 5 亿元、3 家企业上 3 亿元、5 家企业上亿元产值台阶，新增 5 家以上企业在“新三板”上市。

5．强力推进招商引资工作。在扶持现有企业增资扩产、培育发展企业上市的同时，全力跟踪服务，争取签约的一批项目尽早落地。深入推进“乡贤回乡投资兴业”工程，突出领导招商、产业链招商、乡情招商、以商引商，力争引进一批优质项目落户。

（二）着力加强交通基础设施建设，大力推进城乡一体化发展。围绕建设粤闽赣边区域性交通中心，将交通建设与城区、园区、镇村建设统筹规划，完善路网结构，以交通互联互通促进城乡互动，打好交通建设攻坚战。

——抓征拆防控。全力配合市做好梅汕高铁、梅平高速、梅州东环高速、长深高速公路葵岗互通等境内 4 条估算投资 89 亿元的高铁、高速公路建设的征地拆迁、“三抢”防控等相关工作，认真抓好梅县机场迁建前期工作，确保项目建设无障碍施工。

——抓建设进度。加快在建的客都大桥连接线、新的进城大道、梅畲快速干线、白渡园区快速干线等 4 条投资估算 25 亿元的通往城区和产业园区的道路建设进度。

——抓普通干线公路。动工 206 国道径义段改建工程、完成南口潘屋桥和雁洋大桥加固等 3 个总投资近亿元的工程项目。

——抓县乡公路。计划投资 1.2 亿元，加快推进丙村大桥建设，动工改造县道南口葵岗至圩镇段、石坑至梅西段、梅华线葵岗段共 25 公里路面工程，完成 70 公里新农村公路建设，推进 50 公里县乡公路“安全生命防护”工程建设，提升 294 公里县乡公路为省道干线。

——抓项目谋划。认真谋划连接西部快速干线，规划建设省道 S223 线雁洋至松源出省快速通道，推动 205 国道城区段改线工程，打通县域之间、旅游景区之间的便捷通道，加强区域内线路与高速路出口的连接线建设。

（三）着力建设国家现代农业示范区，加快推进农业转型升级。全面贯彻落实今年中央 1 号文件精神，把做好“三农”工作放在更加突出的位置，以国家现代农业示范区建设和创建国家农产品质量安全县为契机，加强农业供给侧结构性改革，加快推进农业转型升级，促进农村一、二、三产业融合发展，实现农业增效、农民增收、农村稳定。

大力推进农业现代园区建设。稳定粮食和主要农产品产量，因地制宜发展林下经济，加快绿色健康渔业发展。引导社会资金投入农业领域创办农业园区、基地，扶持农业企业创品牌、精加工，提高农产品附加值。扶持农业龙头企业等经营主体发展。全年力争新发展农业龙头企业省级 3 家、市级 5 家以上，省、市、区示范性农民专业合作社 10 家，区级示范性家庭农场 10 家，带动农民持续增收。

不断改善农业生产条件。抓好计划投入 9.18 亿元的 55 宗重点水利工程项目建设，加强水库、山塘、农村饮水安全等水利工程运行管理。加快现代标准农田建设，推广水稻全程机械化和山地机械运输系统等现代农业装备应用。实施好一事一议财政奖补项目。抓好计划投资 5000 万元的农网升级改造建设。

保障农产品质量安全。完善涉农服务体系建设，加大农资打假专项治理行动，大力扶持合作社组建农业服务超市。大力推进“全国农产品质量安全县”创建工作，加强农产品标准体系建设，坚持以发展无公害农产品、绿色食品、有机食品为导向，实行特色化布局、标准化生产和产业化经营，打造更多农业知名品牌，着力构建农产品食品安全网，确保“舌尖上的安全”。

大力发展农村电商。加快农业信息化建设，积极实施全国基层农技推广体系建设项目。大力发展涉农电商，推进“互联网+农产品”销售，鼓励农业企业开拓网上销售市场，将互联网商贸平台与传统农业产品合理融合，打造智慧农业，推动农村创业就业，推进“全国电子商务进农村综合示范县”创建工作。

深化农村各项改革。落实强农惠农政策，强化金融服务。着眼增强农业农村的发展活力，保护和发展农民权益，不断深化农业农村改革。全面铺开农村土地承包经营权确权登记颁证工作，引导农村土地承包经营权有序流转，盘活农村土地资源，支持农村发展适度规模经营。

推进生态文明建设。着力提高全社会造林绿化美化的责任意识，深入开展绿化造林，狠抓森林防火，保护森林资源。以市推进国家生态文明先行示范区建设、积极创建国家环保模范城市为契机，坚决守住新上项目的环保底线，严格环保门槛，加强空气、水体、土壤等资源保护，通过源头控制、严格监管等措施，加强节能减排降耗，全面完成污染减排目标任务。加强重点区域、重点流域、重点行业、重点企业的污染治理，抓好“一区两带”沿河城镇生态景观堤防工程和污水治理项目的规划建设。

*（四）着力推进民生实事建设，统筹推进各项事业发展。*继续坚持把 70%以上的财政用于民生领域，继续办好十项民生实事，重点抓好一批市政功能配套、文化教育、医疗卫生、交通水利等一批民生项目建设，创新社会治理，增进人民福祉。

进一步完善社会保障体系。扩大各类社会保障覆盖面，逐步提高保障标准，解决群众养老、就医等基本需求。积极稳妥推进机关事业单位养老保险制度改革，确保国家社会保险各项政策的落实。提高社会救助能力，落实农村“五保户”供养、大病救助补贴等制度。建立健全城乡综合性社会救助体系和社会福利体系，保障困难群众尤其是特殊困难群众基本生活。支持社会力量兴办福利机构和服务实体，开展社区居家养老服务试点。加强住房保障体系建设，扎实推进农村危房改造工程。

推进大众创业万众创新。完善公共就业创业服务体系，抓好青年电商创业孵化基地建设，加快建设区人力资源市场、区劳动保障监察应急处置中心，多渠道开发就业岗位。鼓励扶持自主创业，强化职业技能培训，提高就业创业能力。

打好精准脱贫攻坚战。要按照中央新时期精准扶贫、精准脱贫攻坚战部署，落实区镇村三级书记抓扶贫责任制，打好精准脱贫三年的开局之战。要精心组织，抓好摸底调查和识别核查工作，制定实施方案，注重因户施策、因人施策，动员全社会力量，重点在产业扶持、技能培训、转移就业、基础设施、医疗教育等方面精准扶贫，把脱贫措施精准落实到村、到户、到人，确保 2018 年前实现所有贫困村、贫困户全面脱贫。

加强和创新社会治理。抓好基层社会治理服务平台建设，开展村民理事会试点工作，提高专业社工、志愿者队伍建设水平。培育和发展社会组织，引导社会组织参与社会建设。运用优秀客家文化传统和现代法治理念，推进基层自律自治。依法依规开展信访工作，深化涉法涉诉信访改革，推进信访纳入法制轨道。深入推进食品安全专项治理整顿，扎实开展“广东省质量强县（市、区）示范县（市、区）”创建工作，强化公共安全监管和应急处置体系建设，尽快启动突发事件预警信息发布中心建设。高度重视做好安全生产工作，保持社会和谐安定局面。

加快各项事业发展。创新机制体制，探索教育现代化新路子，推进县域教育均衡优质发展，加快智慧校园建设，扎实推进“广东省推进教育现代化先进区”创建工作，打造学生体艺活动电视节目品牌。以纪念建党 95 周年系列活动为契机，进一步丰富群众精神文化生活，多出精品力作。加大文物保护力度。加强农村文化阵地建设，创建 16 个农村文化俱乐部。大力发展文化市场和文化创意产业，推动文化大发展大繁荣。稳步推进广电网络改革步伐。积极实施“卫生强区”工程，加快推进医药卫生体制改革，提升医疗卫生服务水平和管理能力，推动区中医医院及基层卫生院的扩能提升，促进健康医疗养生产业发展。加快足球事业发展，活跃足球赛事，抓好葵岗足球训练基地建设。稳妥实施“全面两孩”政策，实现生育政策平稳过渡。严守耕地红线，节约集约土地，切实为经济社会发展做好用地保障。抓好依法管粮工作，加快推进雁洋镇东洲 4 万吨粮库建设。做好妇女儿童、老龄、残疾人等工作。

（五）着力抓好换届选举，坚持全面从严治党。要从选好干部、配强班子入手，充分发挥管党治党的职能作用，全面加强党的建设，为加快振兴发展提供强有力的组织保障。

严守政治纪律和政治规矩。全区党员干部一定要绷紧政治纪律和政治规矩这根弦，把严明政治纪律和政治规矩摆在首要位置，牢固树立纪律和规矩意识，对党绝对忠诚，自觉在思想上、政治上、行动上同以习近平同志为总书记的党中央保持高度一致，坚决维护党中央权威。要按中央和省、市的部署，在全体党员中开展“学党章党规、学系列讲话、做合格党员”学习教育，坚定理想信念，增强看齐意识，立足岗位奉献。要牢固树立大局意识和责任意识，把中央、省和市“十三五”开局之年的各项决策部署与本地区、本部门的实际创造性地结合起来，努力交出振兴发展的满意答卷。

以换届选举为契机加强干部队伍建设。区镇两级领导班子今年要进行换届选举，这是组织建设、干部工作的一件大事。要切实加强党委领导，及早筹谋、精心组织、依法依规、严肃纪律，确保换届风清气正，进一步优化各级领导班子结构。要全面贯彻落实市纪委、市委组织部《关于落实“三个区分”原则实施容错减责的暂行办法》，激发党员干部干事创业激情，营造严惩失职渎职、支持担当作为、宽容工作失误的良好氛围。要加强干部教育培训，切实抓好理论武装，推动领导干部加强学习。要落实意识形态责任，管好思想文化阵地，树立社会主义核心价值观，唱响主旋律、汇聚正能量。要从严管理干部，加强对干部的教育、警示、诫勉，加大干部交流和优秀年轻干部、女干部、党外干部的培养使用力度。要围绕振兴发展需要，培育和引进高素质人才。

以服务群众为导向抓好基层组织建设。健全区镇村抓基层党建责任考核机制，全面落实党组织书记抓党建的第一责任。建立抓基层治理常态化工作体系，继续排查整顿软弱涣散基层党组织，规范和落实驻点直联工作制度。以“带头人”建设为重点加强村级班子建设，加强村组后备干部选拔。规范基层组织运作机制，强化基层党组织领导核心地位。深入开展“讲担当、比奉献”主题实践活动，打造各种类型的基层党建示范点，加强总结提升推广，带动增强党组织的核心带动能力。整合资源加快“智慧党建”云平台建设，提高基层党建信息化管理水平。落实村干部报酬增长机制，建立村（居）干部考核制度，进一步调动基层积极性。

深入推进党风廉政建设和反腐败工作。强化党委主体责任和纪委的监督责任，深化“三严三实”专题教育，加强党员干部党性修养。认真实施《中国共产党廉洁自律准则》和《中国共产党纪律处分条例》，恪守纪律底线。加强党员领导干部“八小时以外”监督管理，加强审计监督。坚持依规治党，持之以恒落实中央八项规定精神，保持反腐高压态势，以零容忍的态度惩治腐败，坚持标本兼治，履行“一岗双责”，抓好责任清单和“一案双查”工作，加大问责力度，着力解决重点领域的腐败问题，以党风廉政建设的明显成效取信于民。

加强民主法治建设。要进一步加强和改善党对人大工作的领导，发挥人大的监督职能作用，为人大履行职能、发挥作用创造条件、提供保障。要坚持和完善中国共产党领导的多党合作和政治协商制度，支持政协开展卓有成效的专题调研、参政议政、民主监督。重视新形势下的爱国统一战线工作，加强同各民主党派、工商联、无党派人士合作共事。支持司法机关依法独立行使职权。发挥工会、共青团、妇联等人民团体联系群众的桥梁纽带作用。加强党管武装工作，促进军政军民团结，加快推进双拥模范城创建工作。做好老干、党史、民族宗教、外事侨务、港澳台等工作，形成合力，共推发展。

同志们，做好“十三五”工作特别是今年工作意义重大。让我们紧密团结在以习近平同志为总书记的党中央周围，在市委、市政府的坚强领导下，振奋精神、务实创新、奋发有为、加快发展，夺取新胜利，开创新局面，确保实现“十三五”发展良好开局。

政府工作报告

——2016年2月17日在梅县区第十四届人民代表大会第六次会议上

钟光灵

各位代表：

我代表梅县区人民政府向大会作报告，请予审议。请政协委员参议，请其他列席人员提出意见。

“十二五”主要成就和2015年工作回顾

“十二五”时期，是我区发展变化最大、人民群众得到实惠最多的五年。区政府全面贯彻落实党的十八大和十八届三中、四中、五中全会以及习近平总书记系列重要讲话精神，在市委市政府和区委的正确领导下，在区人大和区政协的监督支持下，紧紧依靠全区人民，围绕从“梅州绿色崛起排头兵”到“全省山区五市排头兵”再到“粤东西北振兴发展排头兵”的目标任务，致力优化发展环境，大力发展经济，改善社会民生，经济社会取得明显成就，较好地完成了“十二五”各项工作任务。

——经济实现跨越发展。“十二五”末，全区生产总值169.65亿元，年均增长10.5%；预计人均生产总值31400元，比“十一五”末增长40%。公共财政预算收入在2011年突破10亿元的基础上，2015年又突破20亿元大关，达21.5亿元，是“十一五”末的2.84倍；税收31.47亿元，是“十一五”末的2.19倍；本级税收从2010年居全省山区五市30个县（市、区）第三位，上升到2015年居粤东西北74个县（市、区）第二位。固定资产投资138.39亿元，是“十一五”末的3.8倍，年均增长30.6%；进出口总额5.32亿美元，是“十一五”末的1.23倍。

——经济结构调整优化。全面启动畲江产业园、水车产业园和城东白渡产业园“三园合一”集聚区的规划建设，制订实施培育发展装备制造、电子信息、新能源、商贸物流四个产值超百亿元产业方案，出台系列扶持企业发展优惠政策，促进实体经济加快发展。三次产业结构比例为24.2:36.5:39.3。梅雁、宝丽华、超华、华银、BPW（梅州）车轴、卡莱（梅州）轮胎等一批龙头企业实力明显增强，新增3家上市企业，增加20家规模以上企业，“十二五”末规模以上工业总产值实现164.94亿元。创办电子商务产业园，入园企业58家，被评为“广东省电子商务示范基地”。农业发展水平不断提高，新增11家省级农业龙头企业、12个省农业名牌产品、2个省名特优新农产品、72个“三品”认证农产品，新发展农民专业合作社727家、家庭农场525家，金柚成为“岭南十大佳果”、“广东十件宝”，农业增加值年均增长3.9%。文化旅游产业加速发展，获评“中国长寿之乡”，雁洋成为全国第二个“国际慢城”，联合国教科文组织设立的“印度洋之路”移民纪念项目在松口落成，“全国客家文化生态旅游知名品牌创建示范区”通过国家验收，县域旅游综合竞争力连续五届跻身全省十强。深入开展质量强区工作，科技创新有新成效，被评为国家知识产权强县工程试点区，五年新增省工业类名牌产品5件、著名商标2件、专利授权量3077件。高新技术企业增加值占规模以上工业增加值的比重比“十一五”末提高10个百分点。全面完成节能减排任务，累计淘汰落后产能407万吨。大力招商引资，五年共引进项目307个，引进富力、喜之郎、红星美凯龙、金利来、龙洲股份、中海油、铁汉生态、棕榈园林等一批企业集团落户，一批招商项目建成。

——基础设施明显改善。五年交通建设共投入78.5亿元，是“十一五”总投资的1.1倍。全力配合推进“两高一场”建设，境内高速公路通车里程增加至116.5公里，新建公路488公里、改造公路891公里，通车总里程达到2547公里，每百平方公里公路密度102.59公里，比2010年增长24%；完成新农村公路硬底化改造480公里，具备通车条件的行政村客运通达率100%。水利惠民工程成效明显，五年完成水利投资12.79亿元，完成268宗水利工程建设、城乡堤围除险加固71公里、病险水库除险加固47座、中小河流治理31宗，解决了22.6万多人的安全饮水问题。完成高标准基本农田建设7.5万多亩，农业生产条件不断改善。农村电网改造深入推进。信息化取得新的突破，宽带网络、有线电视网络实现行政村全覆盖。

——城乡建设步伐加快。2013年，梅县撤县改区。梅县新城规划区面积由25平方公里扩展至40平方公里，建成区面积由2010年的12.31平方公里增至现在的20平方公里、人口由12万人增至18万人。建成了剑英大道、文体中心、曾宪梓体育场、中山大学粤东医院、外国语学校等一批城市功能配套项目，一批城市综合体加快推进，文化教育、医疗保健、汽车商贸、家居建材、电子商务、金融等产业不断发展，荣获“全国文明县城”称号。全面完成乡镇规划编制及村庄整治规划，城乡环境整治深入推进，生态建设全面加强，完成造林33.85万亩，建成1个湿地公园、136个绿化美化乡村。美丽乡村建设扎实推进，传统村落保护工作取得成效，12个村被列入中国传统村落名录，幸福村居示范片加快建设，“十村联动”美丽乡村建设成为全市新农村建设典型。

——社会事业全面发展。逐年增加民生投入，保障民生支出。城镇居民人均可支配收入、农村居民人均可支配收入分别达到20168元和14626元，年均增长11.7%和13.6%。机关事业单位工作人员收入大幅提高，五年月人均津补贴增加3950元。年末城乡居民储蓄存款余额194.97亿元，年均增长15.9%。底线民生保障水平逐年提高，城乡居民、职工医疗保险和城乡居民养老保险实现全覆盖，参加各类社会保险人数达415.73万人次，比“十一五”末增长12%。就业形势保持稳定，五年新增就业2.06万人、劳动力转移就业8.23万人、培训劳动力2.31万人，城镇登记失业率保持在2.4%左右。成功创建全国义务教育发展基本均衡县，启动争创广东省推进教育现代化先进区工作；梅县外国语学校建成，办学模式创新，优质学位增加，推进从“有书读”向“读好书”转变。完成了一批农村文化俱乐部、乡镇农民健身工程等基层公共文化体育设施建设，农家书屋实现全覆盖、20户以上自然村“村村通”广播电视，图书馆、文化馆、博物馆、乡镇综合文化站（室）免费开放，群众体育运动广泛开展。基层医疗卫生条件明显改善；中山大学粤东医院建成，创新运营管理模式，山区群众在家门口享受与大城市一样的优质医疗服务；成立了中医医院。为80岁以上高龄老人发放津补贴，为80岁以上老人、60周岁以上困难群体购买意外伤害保险。安居工程建设稳步推进，五年开工建设各类保障性住房610套，完成棚户区改造780户，农村危房改造5791户。圆满完成两轮扶贫开发“双到”任务。国防教育、兵役动员、双拥等工作扎实推进，人口与计生工作稳步发展。外事侨务、港澳和对台工作有新进步，民族宗教、人事编制、妇女儿童和食品药品监管、统计、物价、气象、打私、应急、人防、档案、方志等工作取得新成绩。

——平安建设深入推进。创新实施“客都民意警务”，平安村(居)建设全面完成。大力开展“社会矛盾化解年”活动，推进涉法涉诉信访改革，化解热点纠纷，维护群众利益，信访总量逐年下降，积案存量逐步减少。全面完成“六五”普法任务，民主法治示范村（社区）创建活动大力推进，实现一村（社区）一法律顾问。开展社会工作示范镇、村创建活动，加强基层农村法制建设和普法依法治理，区、镇、村三级公共法律服务实体平台建设有效完善，社会治理有新成效。落实一岗双责、党政同责，建立区政府常务会每月研究安全生产工作制度，安全生产形势持续稳定。“三打两建”专项行动取得成效，社会信用体系和市场监管体系不断健全。

——各项改革纵深展开。大力推进简政放权和职能转变，社会和市场活力进一步释放。开展行政审批制度改革，区级行政审批事项有效压减，审批时限缩减55%。全面实施商事制度改革，新增各类市场主体 8962 户。实行企业投资项目准入负面清单、行政审批清单、政府监管清单管理，完成区级权责清单公布工作。成立公共资源交易中心，强化政府采购、工程建设、产权交易、土地出让等重点领域监管，建成覆盖区、镇、村的农村“三资”管理服务平台。基本完成公务用车制度改革。政府机构改革、行政执法体制改革有序推进。农村综合改革不断深化，农村土地确权工作全面铺开。农村信用建设深入开展，乡村金融服务站实现行政村全覆盖，农村普惠金融水平进一步提高。

——政府自身建设加强。健全科学决策、民主决策机制，修订完善政府工作规则。坚持依法行政，自觉接受区人大及其常委会的监督和政协的民主监督，认真听取各民主党派、工商联、无党派人士及工青妇等人民团体意见。五年共办理人大建议 57 件、政协提案 114 件，办复率和满意率均达 100%。积极实施“微改革、微创新”项目，优化了审批流程，提升了行政效能。行政服务中心进驻单位 47 家、银行 4 家，进驻行政审批、服务事项 294 项，办事窗口 92 个，基本实现一般事项办理“一审一核”，“12345”政府热线、网上办事大厅、镇村政务服务中心和网上办事站点建成运行。扎实开展党的群众路线教育实践活动和“三严三实”专题教育活动，严格执行中央“八项规定”，持之以恒纠正“四风”问题，着力整治“庸、懒、散、虚、玩、奢”等不良风气。建立效能电子监察系统，重点领域审计监督进一步强化，廉政建设和反腐败工作取得新成效。认真做好省委巡视组巡查问题整改落实工作，切实以整改实际成效推进工作有效开展。开展大规模、多层次干部培训，引导和促进各级干部务实干事、创先争优，政府公信力和号召力有效提升。

2015 年，是“十二五”收官之年。区政府认真落实“两大政策”，扭紧“三大抓手”，坚守“两条底线”，狠抓各项工作落实，为“十三五”良好开局奠定了坚实基础。全区生产总值、公共财政预算收入、税收分别增长 7.8%、19.39%和 15.1%，公共财政预算收入和本级税收总量均在粤东西北 12 个市 74 个县（区）中排名第二位。固定资产投资、全体居民人均可支配收入分别增长 30.2%和 10.9%。一年来，我们主要抓了如下几方面工作：

一是大力发展壮大实体经济。着力提升经济增长速度、质量和效益，全面落实扶持实体经济发展政策，大胆创新，出台贷款贴息、“助保贷”等多项扶持措施，重点扶持“新三板”上市培育企业、招商引资落户企业、增资扩产企业发展，增强发展后劲。全年完成工业投资 35.92 亿元，增长 24.6%。航鑫科技首期、BPW（梅州）车轴六期等项目建成投产。规模以上工业总产值增长 5.8%，新增规模以上工业企业 8 家，新增 10 亿元产值企业 1 家、亿元以上产值企业 5 家。农业龙头企业、农民专业合作社、家庭农场等一批农业新型经营主体有效发展，被列为国家现代农业示范区。大力发展电子商务、文化旅游、现代物流等新经济业态，大力推动大众创业、万众创新。全年电子商务企业实现交易额 9.94 亿元；南寿峰创建成国家 AAA 级景区，旅游接待人数、旅游总收入分别增长 19%和 21%，旅游综合竞争力位居全省第三；新发展各类企业 765 户、个体工商户 3787 户，分别增长 15.3%、33.5%；专利申请量和授权量高速增长。发展和利用资本市场成效明显，集一家居成为梅州第一家在香港联交所上市的企业，嘉元科技和骅锋科技 2 家企业在“新三板”上市。强力推进招商引资，全年共引进计划投资 5000 万元以上的落地项目 43 个、计划总投资 240 亿元，实际利用外资完成 1900 万美元。

二是大力改善发展条件。全力推进产业集聚区等发展平台建设，增强投资吸引力和发展后劲。产业集聚区获得省产业转移政策 5000 万扶持资金，综合保税区的申报材料已由国务院批转海关总署征求相关部门的意见，深圳有信达保税物流、中新集团汽车零部件等一批产业项目和省市共建创新创业孵化中心、医院、学校等一批配套项目以及道路、供电、供水等基础设施加快建设，园区新增建设用地3300多亩。扎实推进交通建设，全年完成交通项目投资9.4亿元，境内济广高速公路建成通车，梅平高速、梅州东环高速丙村至城东段和梅汕高铁建设以及规划增设的葵岗高速出口建设前期工作有序推进，梅畲快速干线、白渡园区快速干线、进城大道动工建设；完成国省道"迎国检"项目90.5公里，建设县乡公路102公里，开通了城区至乡镇的公交线路。完成水利工程建设投资2.92亿元，开工建设中小型灌区续建与节水改造、中小河流治理等项目55宗。投入4500万元实施电网改造和变电站改造等工程，4G和宽带网络逐步延伸至行政村。

三是大力提升城乡建设质量。全年投入12.55亿元推进新城建设，外国语学校建成招生，新城水厂动工建设，富力城、锦绣国际家居博览中心、宝丽华集团客商银行等一批项目加快推进。新建进城大道等10条市政道路，改造、新建4座市场，剑英大道延长线基本建成，客都大桥连接线进展加快。改造了锭子桥圆盘和文化城圆盘，完成18座公交站港湾式改造，规划了30公里的综合管廊，推进网格化、精细化管理，拆除违法建筑110宗共6800平方米，城市综合管理进一步加强，国家卫生城市顺利通过国家暗访。谋划了16平方公里的葵岗和14.2平方公里的槐岗两个城市发展区，拉开城市发展构架。现新城建成区面积已达20平方公里、人口18万人，城镇化率为50.71%。以城带乡，城乡联动，大力开展农村道路、水利、农田基础设施建设和农村饮水安全工作，强力推进农村生活垃圾治理，加强重点生态保护区、水源涵养区、江河源头区保护。19个镇的垃圾处理设施建设全面完成，城区生活垃圾无害化处理率达100%，雁洋镇省级新农村连片示范建设和"中央苏区县创建幸福村居示范片"建设加快，建成万村绿美丽乡村示范村 46 个，雁洋镇列入省新型城镇化"2511"试点，美丽乡村建设稳步推进。

四是大力加强生态环境保护。深入推进新一轮绿化广东大行动，投入1.16亿元，完成造林8.3万亩，森林抚育11.67万亩，扩大生态公益林6.3万亩，建成生态景观林带50公里，生物防火林带187公里、森林公园5个、湿地公园1个，森林覆盖率达74.62%。实施环境监察网格化管理，大力加强污染治理，严厉打击环境违法行为。积极推进高耗能、高污染、资源消耗性产业转型淘汰进程，完成各项节能减排年度计划任务，单位生产总值能耗下降3.66%，新城水质净化厂二期投入运营，3个中心镇污水处理设施投入使用。创建国家环境保护模范城市、国家森林城市工作深入推进。全年未发生重大环境事件和污染事故。

五是大力发展社会各项事业。加大对社会民生各项事业的投入，全面完成十大民生实事，底线民生保障水平明显提高，残疾人就业及各项康复计划有序推进，儿童福利院、残疾人康复中心投入使用，农村劳动力创业就业能力有效提升。完成了公共租赁住房、保障性住房以及棚户区、农村危房改造任务。筹集帮扶资金1.7亿元，实施到村项目1174个、到户项目1.9万个，全面完成贫困村"三年规划"建设项目，贫困户全部实现脱贫。广州增城对口帮扶工作有新成效。全面启动"广东省推进教育现代化先进区"争创工作。新建成的梅县外国语学校与广东外语外贸大学和深圳外国语学校共建，聘任了首批海外顾问；新组建的华侨中学办学步入正轨，特殊教育学校建设全面展开，各类教育协调发展。卫生资源有效整合，城乡居民医疗保障能力有效提高，中山大学粤东医院的医疗技术、管理水平得到社会充分认可。完成了梅县区博物馆建设，创建了 10 个农村文化俱乐部，完善了一批文化站公共电子阅览室和村文化室，成立了文广视讯传媒有限公司。制订实施足球综合改革方案，成立了全市首个镇级足球俱乐部，校园足球运动大力开展。新增7处省级文物保护单位。被命名为"中国民间文化艺术之乡"、荣获"中华诗词之乡"称号。全面开展第三次全国农业普查工作。启动数字梅县地理空间框架项目。区级财政在全省县级中唯一荣获全国先进集体殊荣，工商联荣获全国“五好”县级工商联称号，档案工作被省确定为优秀等级。国防建设深入开展，双拥创建工作通过省考核验收，优抚政策全面落实到位。实施妇女儿童发展规划取得明显成效。外事侨务、港澳和对台工作有新进步，民族宗教、政府法制、人事编制、老区建设以及监察、统计、审计、物价、供销、气象、打私、人防、方志等工作取得新成绩。同时，实行财政统一发放津补贴，干部职工收入提高，实现与市直机关同城同待遇。

六是大力维护社会和谐稳定。加强依法治区，大力开展“按法治框架解决基层矛盾试点”工作，落实领导包案调处制度，推进矛盾纠纷大排查大调解活动。深入开展“3+2”严打专项行动，严厉打击各类违法犯罪。统筹安排 60 名律师进驻全区 390 个村（社区），一村（社区）一法律顾问实现全覆盖，公共法律服务体系覆盖城乡全体居民。改进信访工作机制，群众诉求表达渠道进一步规范和畅通。完成了首批农村气象应急预警“大喇叭”工程，新增城区 100 个高清监控点，农村治安视频监控系统建设深入推进，群众安全感增强。全面落实安全生产“网格化”管理制度，安全生产形势持续稳定好转。食品药品安全监管不断加强，被列为创建“国家农产品质量安全县”。

各位代表！成绩的取得来之不易，这归功于市委市政府和区委的坚强领导，归功于区人大和区政协的有力监督支持，归功于全区人民的共同奋斗和海内外各界人士以及广州增城的鼎力支持。在这里，我代表区政府，向全区人民、全体人大代表和政协委员，向省和市属驻梅单位、驻梅部队、武警官兵，向所有关心支持梅县区发展的海外侨胞、港澳台同胞和社会各界朋友们，表示衷心的感谢并致以崇高的敬意！

在看到成绩的同时，我们清醒地认识到经济社会发展仍存在不少困难和问题。主要表现在第一产业比重仍然较大，工业短板仍然突出，缺乏“造血型”、“支柱型”工业企业以及精深加工农产品企业，产业园区集聚效应能力不够强，城乡公共服务均等化建设压力较大，少数干部工作作风仍有待提高等等。对此，我们将高度重视，采取更有针对性的举措认真加以解决。

“十三五”主要目标任务和 2016 年工作安排

各位代表，区委十二届六次全会审议通过的《关于制定梅县区国民经济和社会发展第十三个五年规划的建议》，确定了我区“十三五”时期经济社会发展的指导思想、基本原则、目标要求和主要任务。根据区委《建议》，区政府编制了“十三五”规划纲要（草案），提请本次大会审议通过后实施。

纲要（草案）提出，2018 年要率先在全市完成全面建成小康社会的各项任务。到 2020 年，全区地区生产总值突破 280 亿元、人均 GDP 突破 5 万元，年均增速 10%以上；三次产业比例为 15∶40∶45；主导产业做大做强，基础设施完善升级，民生福祉明显改善，生态环境持续优化，法治建设全面加强。为实现以上目标，《纲要》提出了“十三五”期间经济社会发展的主要任务和措施。

在今后工作中，我们将深入学习贯彻习近平总书记系列重要讲话精神，坚持用讲话精神统一思想、武装头脑、指导行动。牢固树立并切实贯彻“创新、协调、绿色、开放、共享”的五大发展理念，坚持振兴发展、改革创新、统筹协调、开放融合、生态优先、包容共享六大原则，按照“一区两带”的发展格局，协同推进经济、政治、文化、社会和生态文明建设，推动全区经济持续健康发展和社会全面进步。一是坚持创新发展，着力提升发展质量和效益。积极推进制度创新、科技创新、产业创新、市场创新，全面优化产业布局，改造提升电力、建材等传统产业，稳步发展文化旅游、特色高效农业，大力发展装备制造、商贸物流、新型电子、休闲健康医疗、金融服务等产业，努力提升信息化水平，加快经济发展，走出一条量增质提的转型新路。二是加快新型城镇化建设，推动城乡协调发展。健全城乡发展一体化体制机制，进一步优化城市总体空间布局，推动梅县新城、槐岗新城、葵岗新城、雁洋新城和畲江新城“五城”联动发展，统筹城乡配套设施，以城带乡，实现城乡互动发展。三是加强生态文明建设，促进绿色发展。加大生态系统保护力度，实施重大生态修复工程，加强环境保护和污染治理，构建绿色化、循环化、低碳化发展体系。四是坚持开放合作，主动融入海上丝绸之路建设。加强区域联动发展，大力提升交通、信息、能源、水利、市政等基础设施的共建共享、互联互通能力和水平。五是推动公共服务均等化，促进共享发展。健全完善社会保障体系和公共就业服务体系，大力推进大众创业、万众创新，积极创建卫生强区，提升社会事业发展水平，维护社会和谐稳定。

2016 年，是“十三五”规划的起步之年，也是本届政府任期的最后一年，做好今年工作意义重大。我们既要树立忧患意识，充分估计可能出现的困难和问题；更要看到国家促进原中央苏区、省促进粤东西北地区振兴发展和市“一区两带”建设给我们带来的发展机遇和有利条件，增强责任意识，保持来之不易的良好发展态势，开拓创新，奋发作为，开创各项工作新局面。

今年政府工作的总体要求是：深入贯彻落实党的十八届五中全会、中央经济工作会议、中央农村工作会议、习近平总书记系列重要讲话精神，按照市委市政府“一区两带”建设和区委十二届六次全会的工作部署，以“创新、协调、绿色、开放、共享”五大发展理念为引领，紧紧扭住“三大抓手”，大力推进供给侧结构性改革，把去产能、去库存、去杠杆、降成本、补短板任务落到实处，壮大实体经济，统筹城乡发展，改善重点民生，推进依法治区，确保“十三五”经济社会取得良好开局。

综合考虑各方面因素，今年全区经济社会发展的主要预期目标是：生产总值增长 10%左右，公共财政预算收入增长 15%左右，固定资产投资增长 30%左右，居民收入增长与经济增长基本同步，城镇登记失业率控制在 3.5%以内；节能减排降碳约束性指标完成上级下达年度计划。实现上述目标，重点要抓好五方面工作：

一、突出“一区两带”建设，打牢振兴发展产业基础

推进新城扩容提质。加强公共交通、服务配套和产业项目建设，补齐公共服务和公共设施短板，集中精力把新城规模做大、设施做好、管理做细、经济做强。一是拉开发展构架。依托梅县新城发展和“两高一场”建设，围绕雁洋国际慢城和畲江园区发展，精心谋划好梅县新城、槐岗新城、葵岗新城、雁洋新城和畲江新城的规划建设，科学划定功能布局，完善公共配套设施，着力引进投资主体，分步实施，加快推进，构建“五城”联动、以城带乡、城乡互动发展的新格局。要全力抓好新城 1800 亩的征地工作，确保项目用地。二是提升城市品位。巩固提升华侨城、大新城、新城西片区基础设施，加大城区交通治堵力度，继续完善在建的 10 条市政道路，优化提升府前大道、人民南路等城区道路；计划打通 2 条断头路、新建 3 条市政道路；探索建设城市公共自行车项目，倡导绿色出行。加快市政综合管廊、程江河亲水公园、梅江西堤亲水公园二期等城市公共配套设施建设；新城水厂年底要建成运行，尽快缓解新县城居民用水不足问题。加强对城市“六乱”的整治力度，提高城市管理精细化、规范化水平。三是推进产城融合。加快富力城、锦绣国际家居博览中心、宝丽华集团和金利来集团经济总部及客商银行等银企组成的“众创金融一条街”、足球产业基地等一批城市综合体项目建设，研究制定促进总部经济发展的激励措施，大力推进文体教育、医疗保健、汽车商贸、家居建材、电子商务、金融等产业发展，促进城市经济发展壮大。抓好程江镇大沙、槐岗和扶大高新区三丰 3 个棚户区改造项目建设。四是促进住房消费。着力化解房地产库存，在去年住房公积金从 5%提高到 9%的基础上，从今年 1 月份起再提高到 12%，每人每月平均增加 210 元；充分发挥住房公积金作用，实施住房公积金贷款转商业贴息办法，进一步支持缴存干部职工住房需求；完善户口登记制度，鼓励和引导农村人口和外来人口向城镇有效转移。五是筹措建设资金。发挥政府土地融资平台作用，利用国家扩大投资、市政管廊建设和棚户区改造政策，运用政府购买服务、PPP 等投融资建设模式，吸引更多大型企业参与城市道路等基础设施建设，加快推进城市发展。

加快集聚区建设。要在园区规模、基础设施和项目落户上取得新突破，打好园区发展攻坚战。发挥主体作用，全方位对接申报，力争综合保税区今年获批。计划投入 20 多亿元推进集聚区的道路、管网和医院、学校公共配套及综保区配套服务项目建设。投资 10 多亿元的综保区基础设施及配套设施建设年底要初成规模；上半年要完成投资近亿元的水车生物谷项目道路、绿化、亮化工程；力争明年上半年完成投资 3 亿元的医院、学校等配套工程。加快深圳有信达保税物流、省市共建创新创业孵化中心、广铁物流、中新集团、锦丰科技集团汽车零部件等落户项目建设进度，力促联邦快递、平盐铁路、盐田国际“无水港”、生物谷、安盛华集团首饰进料加工、白渡新型电子产业化项目等尽快落户；博森光电一期项目、鸿荣重工扩产项目上半年要投产。积极争取更多用地指标，依法依规快速推进征地拆迁，计划争取 2000 亩以上用地指标、完成 2000 亩征地工作，为项目落地提供用地保障。

努力壮大工业经济。落实省工业转型升级攻坚战三年行动计划，制定出台招商引资以及中小微企业和建筑行业资质上规模、上等级、上档次等方面的扶持激励措施，让更多本土建筑企业参与梅县经济建设，做强做大经济总量。继续健全完善“助保贷”等优惠政策，深化政银企合作，强化服务，促进企业增资扩产、技术改造、转型升级和企业上市。发挥现有上市企业和骨干企业的龙头带动作用，吸引上下游产业配套，延长产业链条，促进现有企业、优势产业做大做强。强化招商责任，坚持产业谋划与产业招商并举，强化乡情招商、以商引商，探索利用中介招商，借力广州增城对口帮扶，集中力量招大项目、引好项目，力促项目引进有重大突破。力争全年新增规上工业企业 8 家以上，力促 1 家企业上 10 亿元、5 家企业上亿元产值台阶，新增 5 家以上企业在“新三板”上市。

促进文化旅游产业发展。巩固提升“叶帅故里”“中国旅游强县”“中国长寿之乡”品牌效应，突出“国际慢城”特色，围绕梅江韩江文化生态健康旅游特色产业带建设，优化提升现有景区景点，加快推进城东古梅梦景、雁洋雁鸣湖健康养生基地、中国收藏文化示范基地、梅南新南湾等项目建设。充分挖掘松口“印度洋之路”第一港的丰富内涵，将雁洋现有景点景区与松口千年古镇等景点串珠成链，全力推进雁洋松口梅江水系旅游项目开发。加强对历史文化名镇、古村落、古民居保护和美丽乡村建设，开发一批客家特色村镇，扶持 3 至 5 个特色古民居开发旅游项目，每个镇要建设一个乡村旅游示范村。抓好梅南九龙嶂革命根据地旧址群修缮保护，打造红色旅游新景区。推动“旅游+”，发展一批农业旅游综合体，促进文化旅游与现代农业、新型工业、新型城镇、新农村建设融合发展，全面提升文化旅游综合效益。

加快促进现代农业提质增效。全面贯彻落实今年中央 1 号文件精神，切实把“三农”工作做好。着力加强农业供给侧结构性改革，以国家级现代农业示范区建设推动农业转型升级，深入推进粮食稳定增产和现代农业生产基地建设，巩固提升特色优势农业。运用“互联网+现代农业”、“文化旅游+现代农业”，积极发展生态农业、休闲农业。大力发展农产品电子商务，拓宽农产品线上线下销售渠道。加快锦绣国际茶博城、富柚科技金柚深加工等项目建设，推动农产品的精深加工和流通，促进农业由第一产业向二、三产业优化提升。加快扶持培育农业新型经营主体和新型职业农民，推动农业企业上规模，计划培育规模或准规模以上农业企业 10 家，发展农业龙头企业省级 3 家、市级 5 家，省、市、区示范性农民专业合作社 10 家，区级示范性家庭农场 10 家。加强品牌农业建设，培育发展绿色安全健康农产品。深入实施政策性农业保险，创新金融支农方式，将农业龙头企业、农民专业合作社、家庭农场、新型职业农民列入新一轮产业发展贷款贴息扶持范围。加大农产品出口扶持力度，增大农产品出口份额。加快推进农业科技创新驱动，加强农业、农村信息化和农村三资平台建设，建立健全新型农业社会化服务体系，提升农业发展活力。

不断提高科技创新水平。鼓励引导企业开展技术创新，改造提升传统产业，加快发展装备制造、电子信息、新能源、商贸物流产业，积极培育发展战略性新兴产业，着力补齐产业短板。进一步完善科技创新平台建设，引导超华科技和嘉元科技筹建国家级工程中心。鼓励和支持企业技术入股和专利成果转化工作，深化与高校和科研院所的合作。完善知识产权质押融资贷款服务体系建设，支持主导产业加大自主创新和知识产权创造力度。筹备成立创业协会。致力推动“互联网+”工作，实现企业与信息化的高度融合。实施商标品牌战略，加强知识产权保护。

二、狠抓基础设施建设，优化振兴发展区位条件

推进交通互联互通。统筹交通建设与园区、城区、镇村建设，全力配合抓好境内“两高一场”建设，强力推进征地拆迁，确保梅平高速、东环高速和梅汕高铁建设无障碍施工。改造 G206 径义段等一批国省道，加固 G205 南口潘屋桥、雁洋大桥，加快推进客都大桥连接线、新进城大道、梅畲快线、白渡园区快速干线等一批城区和产业园区道路建设，力争长深高速公路葵岗互通、程江大桥早日动工。计划投资 1.2 亿元，加快推进丙村大桥建设，改造提升总长 95 公里的南口葵岗至圩镇段、石坑至梅西段等一批县乡公路和新农村公路，提升 294 公里县乡公路为省道干线。加强交通项目的谋划，对接济广高速和葵岗高铁站，力争打通西部快速干线；规划建设 S223 雁洋至松源出省快速通道，推动 205 国道城东金盘桥至扶大槐岗段改线工程，加强区域内线路与高速路的对接，完善路网结构，加快构建互联互通快速综合交通体系。

改善农村发展条件。计划投资 9.18 亿元实施省级水利示范县水利工程、山区中小河流治理工程等 55 宗水利工程项目，开展水系连通试点建设，深入推进村村通自来水提升工程。加强农田基础设施建设，建设 9933 亩高标准基本农田，改造中低产田，提高农业机械化装备水平。投入 5000 万元，推进农网升级改造。抓好雁洋新农村示范点工程，以点带面加快推进新农村示范建设。

推进信息化建设。贯彻落实“互联网＋”行动计划，实施宽带普及提速工程。加快 4G 网络建设，实现行政村、重点旅游景区、主干道路全覆盖。深入实施“全省农业信息进村入户试点县”、智慧校园等工程，加快推动电子政务向镇村延伸覆盖，推进“公共大数据中心”及“政务信息资源共享平台”建设，通过信息技术提升交通、医疗、教育、旅游和城市管理等领域的管理水平，全力推进“智慧梅县”建设。加强网络信息安全保障工作,确保互联网信息安全。

三、强化生态环境保护，坚守振兴发展生态底线

切实加强环保执法监管。深入推进国家环保模范城市创建活动，严格落实环保“一岗双责”制和企业环保主体责任，加强环境监管和隐患排查，加大污染治理和环境综合整治力度，着力解决跨界污染、城区噪声和油烟污染等群众关心的热点难点问题。深入推进新城水质净化厂配套集污管网和规模化畜禽养殖场标准化治污设施等环保设施建设，加大沿河企业排污整治力度，推进机动车减排，淘汰落后产能，确保完成年度减排目标任务。加强饮用水源保护，整治农业面源污染，切实改善人居环境。

加强生态环境建设。持续开展“绿满梅州”大行动，全力抓好生态造林工程，推动生态公益林扩面提质，全年完成造林 8.3 万亩，扩大生态公益林 6.3 万亩。加强森林资源抚育和管护，加大森林火灾的责任追究。抓好“一区两带”沿河镇生态景观堤防工程规划建设。推进农业气象、生态气象和温室气体观测站网的建设，完善气象监测网络，加强气象防灾减灾，争取完成突发事件预警信息发布中心和平台的建设。加强全民生态文明理念宣传教育，深入推进绿色创建工作。

促进资源节约集约利用。坚持节约优先，全面推广节能新技术、新工艺、新设备，加快淘汰高耗能高污染分散供热锅炉。实施最严格的水资源管理力度，推进水资源循环利用。抓好耕地保护，全力推进节约集约用地。抓好土地利用总体规划评估修改完善工作，争取低丘缓坡土地综合开发取得新突破，依法依规分类处置闲置土地，加大土地储备、收回和融资工作力度，有效盘活城乡存量建设用地。加强土地和矿产资源开采动态巡查监管，严控新增违法用地，管好已供土地，防止土地闲置。提高建筑节能标准，加快发展绿色建筑。

四、发展社会民生事业，推动振兴发展成果共享

强化社会保障体系建设。坚持保基本、兜底线、促公平、可持续方向，扩大社会保险覆盖面，积极稳妥推进机关事业单位养老保险制度改革，着力提高城乡居民最低生活保障、农村五保供养等底线民生保障水平，加大对困难弱势群体帮扶力度，提高城乡医疗救助水平，稳定保障贫困残疾人基本生活、医疗康复等基本需求，保障残疾人在新农合、新农保等各项惠民政策中得到特别扶助。加快建设以居家为基础、社区为依托、机构为补充的覆盖城乡的多层次养老服务体系，推动医疗卫生和养老服务相结合。大力发展福利慈善事业，做好优抚安置工作。加快创业公共服务平台建设，加强农村劳动力的实用技术、技能培训，推动创业就业工作。

实施脱贫攻坚工程。因人因地施策，打好新时期精准扶贫、精准脱贫攻坚战，重点在产业扶持、技能培训、转移就业、基础设施、医疗教育等方面精准扶贫，落实机关企事业单位挂点责任，办好社会扶贫活动，广泛动员全社会力量参与扶贫，全面完成年度帮扶任务，确保 2018 年前实现所有贫困村、贫困户全面脱贫。

提升社会事业发展水平。大力开展社会主义核心价值观宣传教育，加强公民思想道德建设。全力抓好争创广东省教育现代化先进区工作，进一步完善义务教育阶段标准化学校的设施设备，完善梅县外国语学校建设，加快城区德兴小学标准化学校建设和畲江镇中心小学扩建工程；突出外语、体艺、足球特色，打造一批特色名校；协调发展各类教育，均衡发展城乡教育。大力推进文化惠民工程，进一步健全完善公共文化设备设施，加快广播电视数字化、网络化、信息化的进程。推进足球综合改革，鼓励开展各类足球联赛，打造特色联赛，支持成立镇级足球协会或足球俱乐部，抓好葵岗足球训练基地建设，培育发展足球文化产业、休闲体育产业。加快粤东医院综合楼、中医医院、梅州畲江医院、妇幼保健计划生育综合服务大楼等卫生计生基础设施建设，实施农村卫生人才订单定向培养项目，全面提升突发公共卫生事件应急能力，促进社会办医和健康服务业发展，促进公共卫生服务均等化，推进“卫生强区”创建工作。推进计划生育服务管理改革创新，实施“全面两孩”政策，实现生育政策平稳过渡。加强文化遗产保护，重视优秀传统文化传承。建立健全社会志愿服务体系，提高专业社工、志愿者队伍建设水平。维护妇女儿童合法权益。全力以赴抓好第三次全国农业普查工作。推进“广东省质量强县（市、区）示范区”创建，加强民生价格监管，做好国防、人防、对台、审计、气象、民族宗教、人事编制、老区建设以及档案、打私、打假、方志、粮食等工作。

切实维护社会和谐稳定。坚持在法治框架下化解矛盾，整合各类维稳资源，加强维稳形势分析研判、矛盾纠纷排查化解，强化信访问题源头治理，加大重点领域和重大社会矛盾化解力度。完善社会治安立体防控体系，打防结合，坚决打击严重危害社会安全的各种违法犯罪活动，进一步增强人民群众安全感。加快区、镇、村三级公共法律服务信息化网络平台建设，健全完善法律援助体系。严格落实安全生产责任和挂牌督办制度，坚决遏制重特大安全事故发生。开展国家农产品质量安全县创建和食品安全城市创建试点工作，巩固完善区、镇两级监管网络，保障群众饮食用药安全。

五、加强政务环境建设，助推振兴发展目标实现

加强依法行政。高度重视法治政府建设，大力推进政府机构、职能、权限、责任法定化，切实转变政府职能及管理方式。加强政府绩效管理，落实公众参与、专家论证、风险评估、合法性审查、集体讨论决定等重大行政决策法定程序，提高决策透明度和公众参与度。完善公共资源交易平台，加强对公共资金、权力运行、民生实事的审计监督。改进执法方式、提高执法水平。完善预算管理制度，增强预算编制的准确性和预算执行的约束性。抓好“七五”普法工作，增强法制宣传渗透力和覆盖面，提高群众学法用法守法水平。自觉接受人大法律监督、工作监督和政协民主监督，主动听取民主党派、工商联、无党派人士意见建议，扎实办好人大议案、代表建议和政协提案。

深化各项改革。编制镇级权责清单，进一步调整和优化各政府部门的职能，继续清理压减行政审批和非行政许可事项，清理规范行政审批中介服务。探索行政执法职能和机构整合的有效方式，理顺综合执法机构与政府职能部门职责关系，推进综合行政执法体制改革工作。落实供给侧改革各项政策措施，以创新供给带动需求拓展。深化商事制度改革和信用体系建设，打造公平规范市场环境，激发市场活力。全面完成农村土地承包经营权确权登记颁证工作。

提升服务水平。强化政府公共服务、市场监管、社会管理、环境保护等职能，推动“微改革、微创新”。推进行政审批标准化建设，建立行政审批标准化体系。大力推进电子政务，健全行政服务中心、网上办事大厅服务功能，推进基层公共服务综合平台建设。进一步简政放权，扩大镇级政务服务中心的审批服务范围，推动职能部门的审批权力下放到中心办事窗口和网上办事大厅。严明政治纪律，严守政治规矩，严格落实中央八项规定精神，巩固扩展党的群众路线教育和“三严三实”专题教育活动成果，坚持不懈抓好作风建设。坚定不移推进廉政建设，严格落实党风廉政建设责任制。围绕中心工作，强化硬性指标，健全完善镇级考核激励机制，进一步调动基层积极性。全面深化政务公开，加强公务员队伍建设，促进干部清正、政府清廉、政治清明。

各位代表！今年，我们将继续办好十件民生实事，让群众得到更多实惠。

一是保障底线民生。城乡居民基本养老保险基础养老金标准从每人每月 100 元提高到 110 元；城镇、农村低保补助补差水平分别从每月 380 元、180 元提高到 419 元、191 元；农村五保对象供养标准提高到上年度农村居民人均纯收入的 60%以上；孤儿集中供养水平从每月 1240 元提高到 1340 元，分散供养水平从每月 760 元提高到 820 元；城乡医疗救助人均补助标准从每年 1556 元提高到 2178 元，政策范围内住院医疗救助比例提高到 70%以上。

二是帮扶困难弱势群体。用于社会福利事业的彩票公益金，50%以上的资金用于支持发展养老服务业。建立事实无人抚养儿童生活津贴制度，标准为每人每月 500 元。为重度残疾人、精神和智力残疾人缴纳城乡居民养老保险费。完成棚户区改造 1028 户和新开工建设 142 套公共租赁住房。

三是改善农村生产生活条件。完成新农村公路路面硬化改造工程 70 公里。完成区、镇、村（社区）三级多功能综合服务平台建设。完成 6 宗一般小型病险水库除险加固任务，完成 5 宗山区中小河流治理工程。将行政村全部纳入农村基层组织经费保障补助范围，提高村办公经费补助和村干部补贴。支持农村光缆建设。

四是提高城乡居民基本医疗保障水平。城乡居民基本医疗保险补助标准从年人均 380 元提高到 410 元。市内二级医院住院支付比例从 70%提高到 80%，市内三级医院住院支付比例从 55%提高到 65%，市外医院支付比例从 50%提高到 60%；基金年度累计最高支付限额从 20 万元提高到 45 万元（不含大病保险）；将大病保险起付标准从 1.5 万元降为 1.2 万元，年度累计 6 万元以下部分、报销比例从 50%提高到 60%，年度累计超过 6 万元（含）以上部分、报销比例从 60%提高到 70%，年度累计最高支付限额从 12 万元提高到 15 万元；提高符合计划生育政策分娩补助标准，顺产补助从 700 元提高到 1000 元、剖宫产补助从 1000 元提高到 1300 元。

五是优化文化卫生体育及法律援助公共服务。基本公共卫生服务经费标准提高到每人每年 40 元以上。建设区级出生缺陷综合干预中心，对孕产妇产前筛查和新生儿疾病筛查予以补助；35-64 岁城乡贫困妇女免费检查乳腺癌、宫颈癌。建设 16 个农村文化俱乐部；将法律援助的对象从低保群体拓展到低收入群体，将刑事法律应当援助扩大至侦查、起诉和审判三个阶段，对困难职工援助从工伤、欠薪扩展到家庭婚姻保障方面。

六是促进教育资源公平。区属中等职业学校免学费补助标准从每人 3000 元提高到 3500 元；农村寄宿制学校生均公用经费补助标准从每生每年 150 元提高到 200 元，学前教育困难家庭幼儿生活费补助从每生每年 300 元提高到 1000 元。新建 1 所标准化特殊教育学校。将山区和农村边远地区学校教师岗位津贴政策实施对象扩大到公办普通高中和公办幼儿园。

七是扶持创业就业。劳动力技能培训补贴 1000 人，促进创业 500 人，带动就业 2000 人。向珠三角地区输送劳动力约 1200 人，城镇新增就业 3800 人，失业人员再就业 2800 人，就业困难人员再就业 390 人。扶持 250 名残疾人自主创业就业。

八是加强生态建设和污染治理。规划新建 4 个森林公园；建设 3 个市级乡村美化绿化示范点。规划建设梅兴华丰产业集聚带及梅江干流重点镇的污水处理设施。新建 10 座、改扩建 8 座旅游厕所。完成 10 个集中式乡镇饮用水源保护区规范建设。定期进行生活饮用水水质检测和信息公布。

九是实施网络信息惠民工程。启动“电信诈骗防火墙”工程。提速光纤网络宽带，新开通 150 个行政村光纤入户（住户）业务，城市及乡镇中心区域光纤宽带普及率达 85%；新增一批公共移动通信基站、基站站址和公共区域无线局域网络热点、无线 AP 点；新增一批快递末端服务网点。推广应用互联网交通安全综合服务平台；建设 19 个标准化乡镇气象信息服务站。

十是保障公共安全。规范出租屋管理，安装一批出租屋应用“门禁+视频”系统。建成 5 个社区微型消防站。实施 50 公里县乡公路安全生命防护工程。在全区食用农产品批发市场、农贸市场开展食品安全快速检测工作。

各位代表！做好今年改革发展稳定各项工作，需要我们勇于担当、真抓实干。让我们紧密团结在以习近平同志为总书记的党中央周围，以习近平总书记系列重要讲话精神为指南，在市委、市政府和区委的坚强领导下，凝心聚力、锐意进取、狠抓落实，确保全面完成全年各项目标任务，确保“十三五”规划取得良好开局，努力开创全区振兴发展新局面！

附：

名词解释

1．客都民意警务：是梅州公安机关围绕平安建设新形势，在2013年提出的警务工作新理念。主要是运用优秀客家文化推动社会治理创新，通过抓好民意主导警务、民意支撑警务、民意评价警务“三大机制”建设，注重基层基础、注重主动预警、注重快速反应，努力实现社会治安好、群众评价好、警察形象好的“三个好”目标。

2．三打两建：打击欺行霸市、打击制假售假、打击商业贿赂，建设社会信用体系、建设市场监管体系。

3．三资：农村集体资金、资产、资源。

4．三严三实：严以修身、严以用权、严以律己，谋事要实、创业要实、做人要实，是新形势下党员干部的修身之本、为政之道、成事之要。

5．四风：形式主义、官僚主义、享乐主义和奢靡之风。

6．两大振兴政策：国家振兴赣闽粤原中央苏区和广东省促进粤东西北地区振兴发展两大政策。

7．三大抓手：加强交通基础设施建设、加强产业园区建设、做大做强地级市中心城区。

8．新三板：全国中小企业股份转让系统，主要为创新型、创业型、成长型中小微企业服务，境内符合条件的股份公司可通过主办券商申请在该系统挂牌，公开转让股份，进行股权融资、债权融资、资产重组等。

9．新型城镇化“2511”试点：在全省范围选择2个地级市、5个县（市、区）、10个建制镇作为新型城镇化综合试点，选择10类项目作为新型城镇化专项试点，为全省新型城镇化提供可复制、可推广的经验和模式。

10．一区两带：“一区”是指嘉应新区，“两带”是指广东梅兴华丰产业集聚带和梅江韩江绿色健康文化旅游产业带。

11．供给侧结构性改革：供给侧相对需求侧而言，包括生产要素投入、全要素生产率提高两个基本方面。供给侧结构性改革，是指从供给侧入手，针对经济结构性问题而推进的改革，更强调通过制度变革与完善，发挥企业和创业者作为市场主体的作用，扩大有效供给，形成高质量、多层次的供给体系，使供给结构更加适应需求结构。

12．PPP：是Public-Private-Partnership的缩写，指政府与社会资本之间，为了合作建设城市基础设施项目，或是为了提供某种公共物品和服务，建立的一种合作关系。

13．互联网+：把互联网的创新成果与经济社会各领域深度融合，形成更广泛的以互联网为基础设施和创新要素的经济社会发展新形态。

14．电信诈骗防火墙：利用内部网络与外部网络之间的网络安全系统，防止犯罪分子通过电话、网络和短信方式，编造虚假信息设置骗局，对受害人实施远程、非接触式诈骗，诱使受害人给犯罪分子打款或转账的一项信息安全防护系统。

15．无线AP：无线网络的接入点，其功能是把有线网络转换成无线网络。

梅县区典型案件报告曝光工作的规定（试行）

为进一步做好典型案件报告曝光工作，更好发挥案件查办的教育警示作用，正确引导社会舆论，根据《梅县区加强党员领导干部“八小时以外”活动监督管理工作方案》和有关文件精神，制定本规定。

第一条 本规定所称的报告，是指区纪委监察局结合党风政风监督相关工作，每月向市纪委上报查处“八小时以外”违纪典型案件情况的报告。本规定所称的曝光，是指区纪委制作警示教育片，通过广播、电视、网络等公众传播媒介，向社会公开有关“八小时以外”违纪案件情况。

第二条 本规定报告曝光的对象为违反“八小时以外”相关规定或制度的党员领导干部，包括区直和省、市驻梅单位副科级以上的党员领导干部；镇（办事处、高管会）副科级以上的党员领导干部；区直单位股级和乡镇基层站所主要负责人；国有企事业单位中层以上党员领导人员；村(居)党支部书记、村（居）委会主任等，非中共党员领导干部参照执行。

第三条 “八小时以外”违纪案件，是指党员领导干部“八小时以外”的生活圈、休闲圈、社交圈，在重要事项、重点场所、重点时段，违反党的政治纪律和政治规矩、组织纪律、廉洁纪律、群众纪律、生活纪律等受到查处的案件。

第四条 凡由区纪委监察局立案查处，或经区纪委批准，由镇（办事处、高管会）纪（工）委查处的“八小时以外”违纪案件，除涉及党和国家秘密的，都可以通报。

第五条 报告、曝光的内容包括违纪人姓名、工作单位和职务、主要违纪事实、处理结果。

第六条 报告曝光的违纪案件印发至区五套班子领导、区党风廉政建设领导小组成员，各级党委(组)、纪委。

第七条 全区各级党委(组)、纪委要切实履行党风廉政建设主体责任、监督责任，认真抓好党员领导干部“八小时以外”活动的监督管理，把党员领导干部“八小时以外”表现情况纳入每年的述责述廉述德、书面述廉、党风廉政建设责任制检查考核的监督范围，对出现违纪问题的，要按照有关规定及时报告(在向同级党委报告的同时，向上一级纪委报告)，并按干部管理权限，依纪依规处理。对压案不查、瞒案不报以及该报批、报备案件未报批、报备的，将依据有关规定追究相关党委(组)主要负责人主体责任、纪委主要负责人监督责任。

第八条 根据工作需要，区纪委可以通过召开“八小时以外”违纪典型案件通报会等形式，开展案件通报曝光工作。

第九条 本规定由中共梅州市梅县区纪委监察局负责解释。

第十条 本规定自印发之日起施行。

梅县区简化优化公共服务流程
方便基层群众办事创业工作方案

为贯彻落实《国务院办公厅关于简化优化公共服务流程方便基层群众办事创业的通知》（国办发〔2015〕86号）、《广东省人民政府办公厅关于印发〈广东省简化优化公共服务流程方便基层群众办事创业工作方案〉的通知》（粤府办〔2016〕27号）和《梅州市人民政府办公室关于印发梅州市简化优化公共服务流程方便基层和群众办事创业工作方案的通知》（梅市府办〔2016〕10号），协同推进简政放权、放管结合、优化服务改革，进一步提高政务服务质量和水平，为基层群众提供优质高效便捷的服务，结合我区实际，制订本工作方案。

一、总体要求

全面贯彻落实党的十八大和十八届三中、四中、五中全会精神，按照党中央、国务院、省委、省政府、市委、市政府和区委、区政府关于简化优化公共服务流程的工作部署，以服务便民利民、办事依法依规、信息公开透明、数据开放共享为目标，坚持问题导向，创新工作思路，完善细化工作措施。力争2017年底前在简环节、优流程、转作风、提效能、强服务方面取得更大成效，着力解决办证多、办事难等群众反映强烈的突出问题，更好地服务大众创业、万众创新，激发市场活力和社会创造力。

二、主要任务

（一）完善公共服务事项目录和办事指南。

1．梳理编制公共服务事项目录。各部门要根据法律法规规定，结合权责清单、负面清单以及规范行政审批行为等相关工作，对本部门以及相关国有企业事业单位、中介服务机构的公共服务事项进行全面彻底梳理，形成公共服务事项目录并实行动态调整。要以创业创新需求为导向，明确有关政策支持、法律和信息咨询、知识产权保护、就业技能培训等综合服务事项；以公共服务公平、可及为目标，明确公共教育、劳动就业、社会保障、医疗卫生、住房保障、文化体育、扶贫脱贫等与群众日常生产生活密切相关的公共服务事项。（区政管办、政府有关部门负责，2016年8月底前完成）

2．编制公共服务事项办事指南。各部门要按照全省推广“一门式、一网式”政府服务模式改革工作方案以及公共服务事项标准参考模板，编制本级公共服务事项办理标准，形成办事指南和业务手册。办事指南要列明办理依据、受理单位、基本流程、申请材料、表格下载、示范文本及常见错误示例、收费依据及标准、办理时限、责任追究、咨询方式、办公时间地址、乘车线路、状态查询等内容，并细化各个环节，为群众办事提供清晰指引。（区政管办、政府有关部门负责，2016年12月底前完成）

3．主动公开公共服务相关事项和信息。各部门要将公共服务事项目录和办事指南等相关事项和信息通过政府网站、宣传手册等形式主动向社会公开，并及时更新相关信息。公共服务事项较多的部门可结合实际情况分批、分重点公布。（区政管办、政府有关部门负责，2017年2月底前完成）

（二）取消各类无谓的证明和烦琐的手续。

4．清理办理行政许可和服务事项所需申报材料。凡没有法律法规依据的证明和盖章环节，原则上一律取消。确需申请人提供的证明，要严格论证，广泛听取各方意见，并作出明确规定，必要时履行公开听证程序。办事部门可通过与其他部门信息共享获取相关信息的，不得要求申请人提供证明材料。有条件的部门可结合实际，探索由申请人书面承诺符合相关条件并进行公示，办事部门先予以办理，再相应加强事后核查与监管。（区政管办、政府有关部门负责，长期工作）

（三）简化优化政府公共服务流程。

5. 大力简化优化政府服务办理流程。最大限度精简办事程序，减少办事环节，优化服务流程，重点整合压减和规范行政许可和服务事项的申请、受理、审查、决定等办理环节，绘制并公开办事流程图。对跨层级的行政许可和服务事项，探索按照扁平化的要求逐步简化为一级办理。可依法取消下级部门受理、初审环节的，直接由负责审批的上级相关部门受理和审批，或者将上级部门的终审权依法下放到负责受理（初审）的下级部门。对跨部门办理事项，要明确牵头部门，尽可能推行并联办理、集约化办理。（区政管办、政府有关部门负责，长期工作）

6. 加快推进行政审批标准化。按照省、市、区政府关于开展行政审批标准化工作的部署，严格实施行政许可事项目录管理，对所有行政许可事项编制办事指南和业务手册，并推动标准按照“一门式、一网式”政府服务模式实现线上线下融合应用。严禁要求申请人提供与许可无关的材料、多重证明等；上一审批环节已经收取的申报材料，下一审批环节可不再要求提交；对申报材料为本部门或本系统发放的证照或批准文书，可要求只提供批准文件名称、文号、编码等信息供查询验证，不再提交证照或批准文书的原件或复印件。（区政管办、区编办、政府有关部门负责，长期工作）

7. 清理规范行政许可中介服务项目。全面清理规范政府部门行政许可中介服务项目，编制并公布行政许可中介服务项目清单。除法律、行政法规、国务院决定、国家部门规章以及地方性法规、省政府规章设定的中介服务事项外，审批部门不得以任何形式要求申请人委托中介服务机构开展服务，也不得要求申请人提供相关中介服务材料。有效破除中介服务垄断，切断中介服务利益关联，逐步取消政府部门设定的区域性、行业性或部门间中介服务机构执业限制和限额管理。（区编办、区发改局、区财政局、区法制局、政府有关部门负责，2018 年 12 月底前完成）

（四）构建线上线下融合的政府服务模式。

8. 推广“一门式、一网式”政府服务模式。在推行行政许可和服务事项标准化的基础上，按照“一门在基层、服务在网上”的理念和线上线下紧密结合、自然人与法人分类推进的思路，依托各实体办事大厅和网上办事大厅，逐步将部门分设的办事窗口、审批服务系统整合为政府综合服务窗口、网上统一申办受理平台，打破部门界限、政务藩篱和信息孤岛，建立“前台综合受理、后台分类审批、统一窗口出件”的“一门式、一网式”政府服务模式，真正实现一个门、一张网办事。（区政管办、区科工商务局、区编办、区民政局，2016 年 12 月底前完成自然人事项“一门式、一网式”政府服务模式推广工作）

9. 加快网上办事大厅建设应用进程。加强与省、市协调，纳入省开发的事项目录系统，建设“一门式”网上统一申办受理平台，与部门审批系统无缝对接，并分批推进部门进驻统一申办受理平台。实现全省行政审批事项网上全流程办理率达 50%以上，上网办理率达 50%以上，网上办结率达 40%以上，70%以上网上申办事项到现场办理次数不超过 1 次，20%以上网上申办事项实现零次跑动。对具备条件的公共服务事项实行网上受理、办理和反馈，实现办理进度和办理结果网上实时查询。对暂不具备条件的，要通过多种方式提供全程在线咨询服务，及时解答申请人疑问。推广企业专属网页和市民个人网页应用，拓展省网上办事大厅手机版功能，丰富“支付宝”城市服务、服务窗、微信公众号的服务内容，开发第三方接入能力，拓展移动办事渠道。（区科工商务局、区政管办、区编办负责，2017 年 12 月底前完成）

10. 加快推进各级政务大厅功能升级改造。推动公共服务事项全部进驻实体政务大厅，逐步将部门分设的办事窗口整合为综合窗口，变多头受理为一口受理，由综合窗口提供统一的咨询答复、接件受理、收费发证、办件流转和跟踪等通办服务。建立健全首问负责、一次性告知、并联办理、限时办结等制度，为群众提供项目齐全、标准统一、便捷高效的政务服务。（区政管办、政府有关部门负责，2016 年 12 月底前完成）

11．推动实体政务大厅与网上办事大厅融合。以居民身份证号、统一社会信用代码分别作为自然人、法人及其他组织网上网下申办公共服务事项的唯一标识，构建群众办事统一身份认证体系，探索一站式办理、上门办理、预约办理、自助办理、同城通办、委托代办等服务，方便群众多渠道办事，并实现一次认证、无缝切换，逐步打造实体政务大厅、网上办事大厅、移动客户端、自助终端、行政服务热线等多种形式结合统一的公共服务平台，促进公共服务网上网下管理一体化、规范化运作。（区科工商务局、区政管办负责，2017 年 12 月底前完成）

（五）创新政府公共服务模式。

12．铺开全区基层公共服务平台建设。按照省委、省政府、市委、市政府和区委、区政府全面创新基层治理、推动公共服务向基层延伸的统一部署，采取地市统一建设、区级协同、街道社区统一应用的模式，有效整合现有各类基层公共服务场所、设备、人员、经费等资源，将面向基层群众的公共服务事项纳入基层公共服务综合平台集中办理，并向村（社区）延伸，进一步推动基层公共服务便利化、统一化、网络化，逐步实现公共服务事项和社会信息服务全人群覆盖、全口径集成、全区域通办。重点打造社区村居“一站式”服务实体，按照“应进必进”的要求，建立集卫生计生、人力资源社会保障、食品药品安全、民政、人口、党建等事项于一体的区、镇、村（社区）三级多功能综合服务平台。村一级服务平台重点提供政务、党务、村务、财务和各类生活生产等服务。（区财政局、区民政局、政府有关部门负责，2016 年 12 月底前完成）

13．开展市场准入负面清单制度改革试点。进一步完善企业投资项目审批制度，实行由发展改革部门统一受理、统一分派办理并明确部门办理时限的并联审批模式，探索开展“联合审图”、“联合验收”等方式，提高审批效率。按照国家统一部署，在全省范围内实行市场准入负面清单制度，按照渐进原则，结合实际做好我省现行市场准入管理措施与国家有关规定的衔接，全面评估企业投资项目清单管理，赋予市场主体更多的主动权，降低办事创业成本，激发市场活力。（区发改局、区政管办、区科工商务局、区编办、政府有关部门负责，2016 年 12 月底前完成）

14．以大数据创新政务服务模式。依托“互联网+”战略有效整合分析网上办事大厅群众行为数据、政务服务大数据库等资源，形成方便为群众服务的大数据资源体系。在全省逐步推进网上办事过程的智能服务，提供网上办事的用户体验，并积极利用大数据挖掘技术，开展跨领域、跨渠道、跨时间的综合分析，精准把握群众要求和办事行为，实现主动为群众服务，并提供精准推送。（区科工商务局、区政管办负责，长期工作）

（六）强化部门间信息共享和业务协同。

15．建设全区统一的政务服务大数据库。编制政务服务大数据库建设方案，制订数据库技术标准和运行规范。通过市、区两级政务信息资源共享平台进行数据归集和整理统筹，建立人口、法人、空间地理、宏观经济、电子证照等动态更新的全区统一政务大数据库，并构建数据安全和运行安全监控系统，完善技术防范、应急处置方案和措施，为“互联网+政务服务”提供数据服务和技术支撑。（区科工商务局、区编办负责，2017 年 12 月底前完成）

16．推进政务服务数据共享运用。运用大数据理念和云平台技术，将全区政务服务大数据库与网上办事大厅等平台对接，打破政务服务数据地区封锁和部门分割，加快推进群众办事创业信息跨区域、跨部门、跨行业互联互通、共享运用、校验核对，促进办事部门公共服务相互衔接、业务协同，实现历史办事数据重复利用，同一事项再次办理可复制历史办件，非同一事项新申请可调用申请人历史办件信息、附件信息、资料库存档信息等作为基础信息辅助录入，变群众奔波为信息跑腿，变群众来回跑为部门协同办。（区科工商务局、区政管办负责，2017 年 12 月底前完成）

（七）加强服务能力和作风建设。

17．提升政府公共服务能力。各部门要践行“三严三实”要求，从群众利益出发，设身处地为群众着想，建立健全服务规则，提升运用新技术新方法为民服务的能力。相关行业主管部门要督促面向群众提供公共服务的国有企事业单位及中介服务机构落实工作要求，公布其公共服务事项目录及办事指南，并持续简化优化办事流程，切实改进工作，不断优化服务。（政府有关部门负责，长期工作）

18．加大政务公开力度。各部门要推进政府服务过程公开，充分利用互联网、现代通信等技术，实现办理程序、进度、结果网上实时查询，逐步达到事前全部向社会公开办理事项的流程和要求，事中实时告知事项办理进展、经办人员姓名、联系方式等信息，事后及时公开办理结果，让办理过程全透明。推进政府数据信息公开，研究制定开放目录和数据采集标准，在确保信息安全的前提下，优先推动民生保障、公共服务和市场监管等领域数据开放，方便全社会开发利用。（区府办、区科工商务局、政府有关部门负责，长期工作）

19．开展公共服务效能评估。推动网上办事大厅与效能监督系统无缝对接，健全在线监督功能和监督平台数据分析功能，加强对服务事项申办、受理环节的实时监控，及时发现办理过程中的不作为、乱作为问题，确保服务过程可考核、有追踪、受监督，办事群众可以实时评价。推行办事工作日制度，对即将超时办理的事项，发布实时预警和黄牌警告，对超时仍未办结的事项给予红牌警告和督办；对同一事项要求群众多次申办、反复提供材料的，加强监督检查和整改。（区科工商务局、区监察局、区政管办负责，长期工作）

20．加强督导检查。各部门要建立健全内部监督机制，明确各层级监督责任，重点检查申请人知情权落实情况、审批时限执行情况、违规操作及不当行为情况等，及时督促整改存在的问题，加大问责追责力度。要充分发挥群众监督和舆论监督作用，畅通群众投诉举报渠道，完善举报受理、处理和反馈制度，大力整治群众反映强烈的庸懒散拖、推诿扯皮、敷衍塞责、服务态度生硬等问题。（政府有关部门负责，长期工作）

三、工作要求

（一）加强组织领导。各部门要高度重视简化优化公共服务流程工作，切实加强领导，主动作为、相互协同，持续下功夫，力求新成效。各级政府部门作为责任主体，要组织专门力量，制定具体计划，落实工作责任，严格按照任务分工和进度要求推进各项工作。各部门要结合本地实际，重点针对群众期盼解决的热点难点问题，认真查找现行公共服务流程中存在的不足，找准症结，尽快整改，研究制订具体解决方案，成熟一个、推出一个、实施一个，同步向社会公开，以改革的实际成效取信于民。要将群众关注的公共服务堵点、痛点、难点，作为政府改进工作、优化服务的着力点和突破口，探索建立群众点菜、政府端菜机制，及时了解群众需求，主动回应社会关切，接受社会监督。工作中遇到的问题和困难及时提请区职能转变协调小组研究。

（二）扎实开展工作。各责任单位要根据任务分工，创新工作思路，加大推进力度，认真做好公共服务事项的梳理、简化优化流程及公开工作，让公众切身感受到改革带来的变化。区有关部门要统筹推进本系统公共服务事项简化优化工作，结合全区推进基层公共服务综合平台建设要求，加强对政府有关部门的指导和督促，要注意衔接区有关部门工作要求，对区有关部门规定的不合理证明、烦琐手续及时提出意见，便于及时研究调整。区职能转变协调小组督查组要加大督查力度，开展专项检查，确保改革落到实处。

（三）注重宣传指导。区职能转变协调小组办公室要充分发挥统筹协调作用，加强指导，跟进了解、分析研究各部门工作进展情况，研究解决改革中遇到的困难和问题，及时总结推广有关部门的经验做法。各部门要采取多种形式，广泛宣传简化优化公共服务流程工作，拓宽公众参与渠道，提高改革透明度。

政府向社会力量购买服务实施暂行办法

第一章　总　则

第一条　为规范和推进我区政府向社会力量购买服务工作，进一步加快转变政府职能，优化公共资源配置，提高公共服务水平，根据《国务院办公厅关于政府向社会力量购买服务的指导意见》（国办发〔2013〕96号）、《财政部 民政部 工商总局关于印发〈政府购买服务管理办法（暂行）〉的通知》（财综〔2014〕96号）和《广东省人民政府办公厅关于印发政府向社会力量购买服务暂行办法的通知》（粤府办〔2014〕33号）、《梅州市人民政府办公室关于印发政府向社会力量购买服务实施暂行办法的通知》（梅市府办〔2016〕13号）等有关规定，结合我区实际，制定本办法。

第二条　本区范围内政府向社会力量购买服务及相关监督管理活动，适用本办法。

本办法所称政府向社会力量购买服务（以下简称"政府购买服务"），是指通过发挥市场机制作用，把政府直接提供、适合社会力量承担的一部分公共服务事项以及政府履职所需服务事项，按照一定的方式和程序，交由具备条件的社会力量承担，并由政府根据合同约定向其支付费用。

第三条　政府购买服务遵循以下基本原则：

（一）积极稳妥，有序实施。从实际出发，准确把握社会公共服务需求，充分发挥政府主导作用，探索多种有效方式，有序引导社会力量参与服务供给，形成改善公共服务的合力。

（二）科学安排，注重实效。突出公共性和公益性，重点考虑、优先安排与改善民生密切相关、有利于转变政府职能的领域和项目，明确权利义务，切实提高财政资金使用效率。

（三）公开择优，以事定费。按照公开、公平、公正原则，坚持费随事转，通过公平竞争择优选择方式确定政府购买服务的承接主体，建立优胜劣汰的动态调整机制。

（四）改革创新，完善机制。坚持与事业单位改革、社会组织改革相衔接，推进政事分开、政社分开，放宽市场准入，凡是社会能办好的，都交给社会力量承担，不断完善体制机制。

第四条　政府向社会力量购买服务工作在政府统一领导下，有关部门要按照各自职责分工，共同做好监督管理工作。

（一）财政部门负责建立健全政府购买服务制度，制订政府购买服务目录，监督、指导各类购买主体依法开展购买服务工作，牵头做好购买服务的资金管理、监督检查和绩效评价等工作。

（二）机构编制部门负责制订政府转移职能目录，明确政府职能转移事项，深化事业单位分类改革，建立健全与部门履行职责相适应的机构编制管理标准体系，不断提高机构编制管理科学化、规范化、法制化水平。

（三）发展改革部门负责会同有关部门编制和实施政府投资计划，推动政府投资项目列入政府购买服务计划。

（四）登记管理机关负责核实承接主体的相关业务资质及条件，参与购买服务绩效评价。

（五）监察部门负责对政府购买服务工作进行监督。

（六）审计部门负责对政府购买服务资金的使用情况进行审计监督。

第二章　购买主体和承接主体

第五条　政府购买服务的主体（以下简称“购买主体”）是行政机关和具有行政管理职能的事业单位。

党的机关、纳入行政编制管理且经费由财政负担的群团组织向社会提供的公共服务以及履职服务，可以根据实际需要，按照本办法规定实施购买服务。

第六条　承接政府购买服务的主体（以下简称“承接主体”），包括在登记管理部门登记或经国务院批准免予登记的社会组织、按事业单位分类改革应划入公益二类或转为企业的事业单位，依法在工商管理或行业主管部门登记成立的企业、机构等社会力量。

第七条　承接主体应当具备以下条件：

（一）依法设立，具有独立承担民事责任的能力；

（二）治理结构健全，内部管理和监督制度完善；

（三）具有独立、健全的财务管理、会计核算和资产管理制度；

（四）具备提供服务所必需的设施、人员和专业技术能力；

（五）具有依法缴纳税收和社会保障资金的良好记录；

（六）前三年内无重大违法记录，通过年检或按要求履行年度报告公示义务，信用状况良好，未被列入经营异常名录或者严重违法企业名单；

（七）符合国家有关政事分开、政社分开、政企分开的要求；

（八）法律、法规规定以及购买服务项目要求的其他条件。

承接主体的资质及具体条件，由购买主体根据第六条、第七条规定，结合购买服务内容具体需求确定。

第八条　政府购买服务应当与事业单位改革相结合，推动事业单位与主管部门理顺关系和去行政化，推进有条件的事业单位转为企业或社会组织。

事业单位承接政府购买服务的，应按照“费随事转”原则，相应调整财政预算保障方式，防止出现既通过财政拨款养人办事，同时又花钱购买服务的行为。

第九条　购买主体应当保障各类承接主体平等竞争，不得以不合理的条件对承接主体实行差别化歧视。

第三章　购买内容及指导目录

第十条　政府购买服务的内容为适合采取市场化方式提供、社会力量能够承担的服务事项。政府新增或临时性、阶段性的服务事项，适合社会力量承担的，应当按照政府购买服务的方式进行。不属于政府职能范围，以及应当由政府直接提供、不适合社会力量承担的服务事项，不得向社会力量购买。

第十一条　财政部门会同有关部门围绕转变政府职能，提升服务质量和资金效益的目标，按照积极稳妥、有序实施的原则，结合本地区社会公众需求、经济社会发展水平及财力水平等因素，拟订本级政府向社会力量购买服务指导目录，报同级政府批准后按规定公布实施，并实行动态调整。

纳入指导性目录的服务事项，应当实施购买服务。

第十二条　除法律法规另有规定外，下列服务应当纳入政府购买服务指导性目录：

（一）基本公共服务。公共教育、劳动就业、人才服务、社会保险、社会救助、养老服务、儿童福利服务、残疾人服务、优抚安置、医疗卫生、人口和计划生育、住房保障、公共文化、公共体育、公共安全、公共交通运输、三农服务、环境治理、城市维护等领域适宜由社会力量承担的服务事项。

（二）社会管理性服务。社区建设、社会组织建设与管理、社会工作服务、法律援助、扶贫济困、防灾救灾、人民调解、社区矫正、流动人口管理、安置帮教、志愿服务运营管理、公共公益宣传等领域适宜由社会力量承担的服务事项。

（三）行业管理与协调性服务。行业职业资格和水平测试管理、行业规范、行业投诉等领域适宜由社会力量承担的服务事项。

（四）技术性服务。科研和技术推广、行业规划、行业调查、行业统计分析、检验检疫检测、监测服务、会计审计服务等领域适宜由社会力量承担的服务事项。

（五）政府履职所需辅助性事项。法律服务、课题研究、政策（立法）调研草拟论证、战略和政策研究、综合性规划编制、标准评价指标制定、社会调查、会议经贸活动和展览服务、监督检查、评估、绩效评价、工程服务、项目评审、财务审计、咨询、技术业务培训、信息化建设与管理、后勤管理等领域中适宜由社会力量承担的服务事项。

（六）其他适宜由社会力量承担的服务事项。

第四章　购买方式及程序

第十三条　购买主体应当按照政府采购法的有关规定，采用公开招标、邀请招标、竞争性谈判、单一来源采购等方式择优确定承接主体。

第十四条　政府购买服务程序：

（一）购买主体应根据本级政府向社会力量购买服务指导目录，结合本单位部门预算安排情况及工作实际，编制年度购买服务计划，经财政部门审核后开展采购活动。

购买主体应当及时向社会公告购买内容、规模、对承接主体的资质要求和应提交的相关材料等相关信息。

（二）按规定程序确定承接主体后，购买主体应及时与承接主体签订购买服务合同，并可根据服务项目的需求特点，采取购买、委托、租赁、特许经营、战略合作等形式。

合同应当明确购买服务的内容、期限、数量、质量、价格等要求，以及资金结算方式、双方的权利义务事项和违约责任等内容。购买主体应将合同报财政部门备案，作为拨付资金的依据。

（三）购买主体负责对承接主体提供的服务进行跟踪监督，督促承接主体严格履行合同，并在项目完成后及时组织对履约情况进行检查验收。购买主体应严格按照国库集中支付管理有关规定和合同执行进度支付款项。

（四）承接主体应当按合同履行提供服务的义务，认真组织实施服务项目，按时完成服务项目任务，保证服务数量、质量和效果，主动接受有关部门、服务对象及社会监督，严禁转包行为。

第五章　资金安排

第十五条　政府购买服务所需资金，应当在既有财政预算中统筹安排。购买主体应当在现有财政资金安排的基础上，按规定逐步增加政府购买服务资金比例。对预算已安排资金且明确通过购买方式提供的服务项目，按相关规定执行；对预算已安排资金但尚未明确通过购买方式提供的服务项目，可以根据实际情况转为通过政府购买服务方式实施。

第六章　绩效和监督管理

第十六条　财政部门应当按照建立全过程预算绩效管理机制的要求，加强成本效益分析，推进政府购买服务绩效评价工作。

财政部门应当推动建立由购买主体、服务对象及专业机构组成的综合性评价机制，推进第三方评价，按照过程评价与结果评价、短期效果评价与长远效果评价、社会效益评价与经济效益评价相结合的原则，对购买服务项目数量、质量和资金使用绩效等进行考核评价。评价结果作为选择承接主体的重要参考依据。

第十七条　财政、监察、审计等有关部门应当加强对政府购买服务的监督、审计，确保政府购买服务资金规范管理和合理使用。对截留、挪用和滞留资金以及其他违反本办法规定的行为，依照《中华人民共和国政府采购法》《财政违法行为处罚处分条例》等国家有关规定追究法律责任；涉嫌犯罪的，依法移交司法机关处理。

第十八条　民政、工商管理及行业主管等部门应当按照职责分工将承接主体承接政府购买服务行为信用记录纳入年检（报）、评估、执法等监管体系，不断健全守信激励和失信惩戒机制。

第十九条　购买主体应当建立监督检查机制，加强对政府购买服务的全过程监督，积极配合有关部门将承接主体的承接政府购买服务行为纳入年检（报）、评估、执法等监管体系。

第七章　附　则

第二十条　本办法由区财政局会同有关部门负责解释。

第二十一条　本办法自印发之日起实施，有效期三年。原《梅州市梅县区人民政府办公室关于印发政府向社会力量购买服务实施暂行办法的通知》（梅县区府办〔2014〕21号）同时废止。